Sociology

普通高等学校社会学创新规划教材

社会学教程新编

第二版

主　　编　胡俊生
副 主 编　高布权 拓宏伟
参编人员（按执笔章节先后顺序排列）
古小波　拓宏伟　王　彦　杨晓华　马慧芳
高志奇　张娟娟　李晓有　陈小锋　王　宁
秦　敏　刘飞轮　胡俊生　刘传磊　冯建玫
高布权　惠晓峰　郝　琦　高延春

WUHAN UNIVERSITY PRESS
武汉大学出版社

图书在版编目(CIP)数据

社会学教程新编/胡俊生主编.—2 版.—武汉：武汉大学出版社，2016.8
普通高等学校社会学创新规划教材
ISBN 978-7-307-18471-8

Ⅰ.社…　Ⅱ.胡…　Ⅲ.社会学—高等学校—教材　Ⅳ.C91

中国版本图书馆 CIP 数据核字(2016)第 181841 号

责任编辑:聂勇军　　责任校对:李孟潇　　版式设计:马　佳

出版发行：**武汉大学出版社**　(430072　武昌　珞珈山)
(电子邮件：cbs22@ whu. edu. cn　网址：www. wdp. com. cn)
印刷：虎彩印艺股份有限公司
开本：720×1000　1/16　印张:28　字数:536 千字　插页:2
版次:2010 年 11 月第 1 版　2016 年 8 月第 2 版
2016 年 8 月第 2 版第 1 次印刷
ISBN 978-7-307-18471-8　定价:45.00 元

主编简介

胡俊生，延安大学公共管理学院教授、博士，硕士生导师，延安大学副校长。中国社会学会会员、中国教育社会学学会常务理事、陕西省社会科学界联合会理事、陕西省社会学会副会长、陕西省教育理论研究会副会长。长期从事社会学的教学与研究，曾参与国家级课题研究4项、主持和参与省部级课题研究5项、地厅级课题研究6项。发表学术论文近百篇，主要著述有：《农村教育城镇化研究》《失业下岗问题对比研究》《空心村•空壳校•进城潮》等，曾获省部级科研奖励项3项，厅局级奖励多项。

副主编简介

高布权，延安大学公共管理学院教授、硕士学位，硕士生导师，公共管理学院副院长。中国社会学会会员、陕西省社会学会常务理事。长期从事社会学的教学与研究，先后主持国家社科规划项目1项、教育部社科规划项目1项、省厅级项目4项以及校级项目多项。参编教材或著作10余部，在《生态经济》《农业现代化研究》《调研世界》《晋阳学刊》《中国教育报》等刊物上发表论文60余篇，多篇论文被人大复印资料检索或复印。先后获得陕西省人民政府教学成果二等奖2项，陕西省教育厅（教工委）教学科研奖励4项，延安市政策研究室科研奖励1项，多次获得校级奖励。

拓宏伟，延安大学公共管理学院教授、硕士生导师，延安大学泽东干部学院院长。中国社会学会会员、陕西省社会学会理事。长期从事社会学及其相关专业的教学与研究，曾参与国家级课题研究2项、主持和参与省部级课题研究3项、地厅级课题研究4项。发表学术论文30余篇，代表作有：《城市化进程中失地农民利益受损及其制度分析》《陕北地区社会主义新农村建设的对策思考》《延安特色文化产业：问题与对策》等，曾获省部级科研奖励项2项，厅局级奖励2项。

目　录

第一章　社会学导言

伴随着中国社会30多年的改革开放和社会转型与发展，我国经济社会取得了长足的进步。从1979年社会学在我国恢复和重建开始至今，我们欣慰地看到，越来越多的人对社会学产生了浓厚兴趣并学习和研究社会学，中国社会学的成就和作用令世人瞩目。这一切，都使得我们在面对社会学爱好者、专业学生乃至研究者的时候，充满了自豪和激情，也产生了使命感和责任感。因此，在本书的第一章中，我们首先要解决的就是：在初步接触社会学这一令人感兴趣的学科的时候，无论是门外汉、爱好者、初学者还是社会学专业的学生，都要在一开始的时候就应搞清楚“社会学是在怎样的背景下诞生的”、“它是研究什么的”、“它是一门什么样的学科”、“它与其他社会科学的关系如何”、“它有哪些特征和基本功能”等。对此，我们将在本章中一一做出初步的分析和回答。

第一节　什么是社会学

“社会学”是什么？社会学是研究什么的？学习研究社会学的目的和意义何在？应该怎样去研究和学习社会学？这些问题是初次接触这门学科的人首先应予以思考的。以上这些问题是社会学入门的基础，也是社会学学科中的基本问题。

一、社会学的背景与由来

(一)“社会学”的由来

“社会学”一词的法文为“sociologie”，是拉丁文“socius”与希腊文“logos”两词组合而成的。“socius”意即社会中的个人，“logos”意即科学；合而言之，即含有社会的科学之义。① 社会学界一般认为，社会学作为一门独立学科，是以1838年法国著名实证主义哲学家奥古斯特·孔德(1798—1857)的《实证哲学教

① 孙本文．当代中国社会学[M]．北京：商务印书馆，2011：3.

程》第四卷出版为标志。正是在这部著作中，孔德第一次明确提出了社会学的概念并阐述了他的社会学思想，社会学正是其试图创立的一门关于社会的内容与规模宏大的实证科学，他也因此成为了社会学的创始人，也被人们称为社会学之父。

静力学和动力学是孔德的社会学的两大部分，静力学主要研究的是他称之为社会协调的问题，而动力学则综观的是人类理性和人类社会发展的先后必要的阶段。① 孔德最初将社会学确定为社会静力学和社会动力学，就是运用了自然科学的方法来说明社会内部的状态，从而研究社会存在的条件、规律、秩序、组织、作用等；同时说明社会历史的发展，研究社会发展变化的过程及其规律。为了对社会进行正确的认识，孔德认为社会学研究应该采取自然科学的方法，例如：实验、观察和比较等方法进行研究，由此可以看出，孔德提出的"社会学"是区别于过去那种思辨的社会哲学或历史哲学的。

我国最早使用"社会学"一词是在1896年谭嗣同所著《仁学》一书中，他在书中写道："凡为仁学者，于佛学当通华严及心宗、相宗之书，于西书当通《新约》及算学、格致、社会学之书。"②而社会学在传入之初，也被称为"群学"或"人群学"，1891年康有为即在广州"万木草堂"讲授"群学"，并把它同政治学原理一起并列为经世之学。严复则是以群学的名称系统介绍西方社会学内容的第一人，他于1889年开始翻译斯宾塞的《社会学研究》，1903年以《群学肄言》为书名出版全书，从而标志着中国社会学的肇始。所有这一切，都奠定了我国20世纪上半叶的社会学以及当代中国社会学的基础。

(二)社会学产生的背景

(1)时代背景：社会学诞生于19世纪三四十年代，并非是偶然的现象，而是由时代的发展与社会的变革所决定的，是由西欧资本主义代替封建主义以及英国产业革命和法国资产阶级大革命(即两大革命)所带来的一系列社会后果的推动所造成的。在近代西方社会的变革与发展中，两大革命意义深远。在它们的推动下，出现了鲜明的社会变化和后果：

一方面，资本主义迅速替代封建主义成为西欧各国的主要政治制度，制度的进步使社会生产力得到了突飞猛进的发展，正如马克思、恩格斯在《共产党宣言》中所讲到的，"资产阶级在它的不到一百年的阶级统治中所创造的生产力，比过去一切时代创造的全部生产力还要多，还要大"。在非生产领域，人们的观念、价值和思想也都发生了剧烈的变动。两大革命对社会彻底的变革引起了社会全方位的深刻变化，而政治、经济、思想和生活等具体领域产生的社

---

① [法]雷蒙·阿隆．社会学主要思潮[M]．北京：华夏出版社，2000：65-66.

② 参见孙本文．当代中国社会学[M]．北京：商务印书馆，2011：9-10.

会问题则直接促成了社会学的产生。

另一方面，工业革命和科学进步为资本主义开辟了空间巨大的发展空间，生产力高速发展。然而社会却并没有出现如早期资产阶级思想家所预言的“理想国度”的建立，也没有能够带来普遍的“自由、平等、博爱”。与之相反，各种社会矛盾和社会问题频出：随着生产力水平的不断提高，社会阶层的贫富差距日益扩大，资产阶级对财富的大量占有和无产阶级的贫困形成了鲜明对比，大批工人贫困失业、农民破产失地成为社会常态现象；周期性的经济危机出现，在经济危机中，企业工厂纷纷倒闭，工人失业人数激增，城乡小生产者大量破产；社会问题大量出现，犯罪、环境污染、吸毒、卖淫、贫民窟等现象使整个社会陷入无政府状态。正是在这样的时代背景下，从孔德开始的西方社会学传统和从马克思开始的马克思主义社会学传统，都根据19世纪空想社会主义的主要代表特别是圣西门的思想，各自给出了不同的答案。西方的资产阶级学者和知识分子站在维护资本主义社会制度的立场上，着眼于社会改良，寻找解决社会问题的方式，维持资本主义的社会秩序，保证资产阶级的统治地位；而马克思主义社会学的创始者马克思、恩格斯，则是站在推翻旧社会、创建新社会的立场上，着眼于社会革命来谈论资本主义社会和社会主义社会的运行和发展的问题。①

(2)思想背景：社会学的产生，既有社会发展的必然要求，也有从已有的人类思想发展和社会理论中汲取的经验和启发。柏拉图的《理想国》一书中论述了社会起源于人类的共同生活需要；卢梭在《论人类不平等的起源和基础》中揭示了导致社会不平等的原因；从近代启蒙运动思想家孟德斯鸠“用古典哲学的方法，不断分析和比较各种政治制度，同时努力把握整个社会的各个部门，从中得出各种可变成分之间错综复杂的关系”②的思想到法国空想社会主义学家傅立叶、圣西门等空想社会主义思想，这些思想对社会学的产生起到了重大的作用。

(3)学科背景：社会学对于实证方法的要求和对社会问题的研究需要相关学科发展为基础和支撑。18世纪到19世纪，随着社会统计调查和定量分析方法的出现，其为社会学开展专题的调查研究，例如：贫困、人口、自杀、犯罪等社会现象提供了科学工具，对于社会学的发展起到了推动作用。

二、社会学的研究对象

任何一门学科都有自己的研究对象，否则这门学科就不可能建立起来，社

① 郑杭生．社会学概论新修[M]．北京：中国人民大学出版社，2009：3.

② 参见[法]雷蒙·阿隆．社会学主要思潮[M]．北京：华夏出版社，2000：前言.

会学亦不例外。从孔德提出社会学一词算起来已经有170余年，但是关于什么是社会学？社会学的研究对象是什么？学者们对这个问题一直存在争议。由于各个国家的国情不同，各个学者对社会学理解的角度不同，社会学的研究对象也各不相同。在社会学对象或社会学定义的争论中，据有关研究者的不完全统计，目前世界上至少有几十种不同表述，通过对理论界、学术界或社会学诸教材、读本以及社会学家的这些观点进行全面梳理归纳，社会学的研究对象有以下几种最具代表性的观点：

第一，社会学是研究社会整体的科学；持这一观点的如社会学创始人孔德、我国著名社会学家费孝通先生等。

第二，社会学是研究个人及其社会行为或社会行动的科学；如德国社会学家马克斯·韦伯、我国早期社会学家孙本文等持此观点。韦伯认为，社会学是一门解释人的社会行为的社会科学；孙本文先生认为社会学应研究个人行为所受的社会影响和个人行为对于社会的影响。

第三，社会学是研究社会现象或社会事实的科学；如法国社会学家迪尔凯姆、英国社会学家斯宾塞等。

第四，社会学是研究社会关系的科学；如卡尔·马克思、德国的齐美尔以及我国台湾社会学家龙冠海等。马克思特别关注人们在生产过程中形成的社会关系，尤其是阶级关系；齐美尔用形式社会学考察社会群体和社会关系的变化。

第五，社会学是研究社会组织和社会制度的科学；如法国的迪尔凯姆、美国的W.I. 托马斯和T. 帕森斯等。

第六，社会学是研究社会结构和功能的科学；最具有代表性的是美国的T. 帕森斯，他是结构功能主义的主要代表人物，对结构—功能分析理论作了系统阐述。

第七，社会学是研究社会互动和社会变迁的科学；如米德、斯宾塞等。

第八，社会学是研究社会运行的科学；如我国当代著名社会学家郑杭生、李强等，郑杭生先生提出社会学是研究社会良性运行和协调发展的条件和机制的综合性具体社会科学。

第九，社会学是研究社会问题的科学。不少社会学家或学者持此观点。

其他还有“剩余说”、“科学群说”、“组合说”等。

通过对以上定义的总结，社会学是有自己特定研究对象的一门社会科学。社会学的研究领域和范畴是较为广泛的，但就总体来看，主要有三种不同的观察视角、路径和定义的方法：

一是将社会作为出发点，侧重研究社会结构、社会现象和社会问题，将其作为社会学的研究对象并予以定义。这种观点在西方社会学传统中的主要代表是孔德、斯宾塞、迪尔凯姆等人，由此形成了社会学的实证主义路线。① 孔德研究的社会整体即社会结构问题；迪尔凯姆和帕森斯都关注了社会结构在整个社会发展和运行中的作用和影响。目前，国内较有权威性的专业教材《社会学概论新修》（郑杭生主编、中国人民大学出版社出版）则把社会学的研究对象规定为"社会良性运行和协调发展的条件和机制"。还有学者认为，社会学是研究"社会整体的基本构成及各部分的相互关系"。整体上看，可以认为，将社会作为社会学研究对象的理论和定义，侧重于社会的宏观分析。

二是将个人作为出发点，侧重社会关系、社会行为等问题的研究。其代表人物马克斯·韦伯要求在孔德和斯宾塞的基础上重新明确社会学的研究对象，并强调把人的社会行动作为社会学的研究对象；齐美尔也认为，社会学要研究社会交往的形式；中国的孙本文认为，社会学就是以社会行为，即"二人以上的交互与共同行为"为研究对象的，形成了社会学中的反实证主义路线。整体上看，可以认为，将个人作为社会学研究对象的理论和定义，侧重于社会的微观分析。

三是其他类型的出发点。代表性的有"剩余说"，认为随着社会科学发展的分化和功能化，社会学的研究对象主要是被其他社会科学划分完之后剩下的领域。"边缘说"认为社会学主要的研究对象是其他社会科学都在研究，但是不作重点研究的一些交叉领域，一些"边缘"区域；"问题说"认为社会学是专门研究当前社会发展进程中出现的种种社会问题，研究其表现、产生的原因和解决的对策等内容。

上述三种观点都紧紧围绕社会学的基本问题，却有着各自不同的出发点，而这不同的出发点正是导致社会学研究对象及其定义产生分歧的主要原因。那么如何才能正确地描述社会学的定义或者研究对象呢？我们认为，如果仅仅确定其中一种研究对象为社会学的研究对象，难免会导致社会学研究的局限性。因此，我们应从综合、全面和具有一定包容性的角度来给社会学下定义。根据对社会学定义所应遵循的这些原则，我们认为：社会学是从社会系统的整体出发，通过人们的社会关系和社会行为来研究社会的结构、功能、发生和发展规律的一门综合性社会科学。

第二节 社会学的学科特征及其功能

社会学是通过社会关系和社会行为来研究社会的综合性社会科学，这使得社会学的学科特征与其他学科有着明显的不同，而这种不同恰恰导致了社会学

① 李芹．社会学概论[M]．济南：山东大学出版社，2002：3.

与其他社会科学的紧密关系。社会学从社会整体出发，研究社会各个组成部分的相互关系，探讨社会发展规律，在社会发展领域中发挥日益重要的作用和功能。

一、社会学的学科特征

(一)整体性

社会学是把人与社会的关系问题作为基本问题，并把人和社会的相互作用作为一个变动着的整体来进行分析的，即把人和社会的各个方面看做是整体系统内部相互联系、相互作用的组成部分。因此，我们在研究人或人的社会行为的某一部分时，同时要研究这一部分在人和社会相互作用中所处的地位和所起的作用，研究人或社会的这一部分与其他部分之间相互影响、相互制约的关系。只有从人和社会相互作用这个变动着的整体出发进行系统的研究，才能做出科学的结论，而这正是社会学的任务。例如，当前，随着中国农村经济改革的发展，生产力解放，农村出现了大规模的富余劳动力的转移，农民开始由种植业向养殖业、手工业、商业以及其他产业转移，产生了向集镇和城市转移的要求。这就带来了农村经济结构、产业结构以及农村阶级或阶层结构的新变化，同时也带来工业化和城市化的一系列问题。这种变化的发生及其发展的趋势如何，就需要从人和社会相互作用的整体上加以研究，这样才能比较全面地认识社会现象，了解社会的组织和结构，了解人与人、人与社会、人与自然的关系，了解社会发展的趋势，进而了解和把握社会发展的具体规律。若是离开社会学的整体性的视野，对社会的研究就难以得出合乎实际的结论。

(二)综合性

既然社会学是以人和社会相互作用的整体系统来进行分析的，这就决定了它在研究方法上具有综合性的特点。综合性就是指在研究社会时必须纵观全局，放开视野，对任何社会现象、社会问题都不能孤立地看待，而注意从这些现象和问题与其他现象和问题的互相联系中去把握、去认识。① 如果说其他具体的社会科学(如经济学、政治学和法律学等)是把社会分解成各个部分分别加以研究的话，那么，社会学则把社会各个部分联系起来加以综合研究。这个综合性的特点还表现在，社会学的研究常常结合利用社会科学和自然科学有关的专门学科的成果进行综合考察，进行多层次、多角度、多结构的分析研究，所以，社会学进行跨学科领域的研究是常有的事。正因如此，我们可以这么说，社会学是一门综合性的学科。社会学研究方法的综合性特点，体现了这门学科的优势，社会学凭着这个独到的功能，可驰骋科学大地，探求复杂社会现

① 吴增基．现代社会学[M]．上海：上海人民出版社，2004：13.

象的奥秘，为国家的经济建设、社会建设、文化建设做出自己的贡献。

（三）现实性

社会学一开始就是时代和现实要求的产物，与其他学科相比较，社会学是与现实社会生活联系最紧密的学科之一。社会学的现实性是指社会学研究和解决的问题往往是当前社会中影响到社会良性发展的突出问题，而这些问题是人们感到迫切和急需要解决的问题，例如当前社会关注的热点问题：人口老龄化问题、留守儿童问题、大学生就业问题和腐败问题等，研究和解决这些问题必然要涉及社会的各个方面。社会学这个现实性的特点，说明了它对现实社会的反应是非常敏感的，由于社会学与社会生活息息相关，常常触及社会最敏感的问题，所以社会学研究常常成为社会生活的晴雨表。当前，社会学应当从人的全面发展和社会的全面进步出发，努力实现以人为本、全面协调可持续的科学发展，注重研究在市场经济体制下人的行为活动和社会运行、经济持续发展和社会全面进步以及关系群众切身利益等重大问题。总之，要保增长、保民生、保稳定，为改革开放和社会主义现代化建设服务。离开对现实社会的研究，社会学就不可能发展。社会学的生命力，也就在于它面向现实，并为改造现实服务。

（四）实证性

社会学的创始人孔德在《实证哲学教程》中首次提出“社会学”这一概念并非偶然，而是恰恰从根本上反映了社会学学科的实证性特点。孔德之后，迪尔凯姆运用实证的方法和手段，使得社会学得以彻底脱胎换骨，成为一门完全独立的学科。纵观社会学的历史，我们可以明确地看到，不管是古典的还是现今的社会学家或学者们，在面对大量社会现象、社会问题或社会事实时，无一例外地都会在一定程度上采用经验的或实证的方法和途径，大多都会遵循以经验事实为依据来建立和检验理论这一实证原则。正如社会学的现实性特征导致社会学研究历来注重现实、尊重现实一样，其结果就必然造成对经验的重视和依赖，这种从实践中得来的通过理性思维加工的关于社会的知识，是能够经得起一般的检验和推敲的。因为社会事实、社会现象、社会过程具有无可置疑的客观性和强制性，是不以个人意志为转移的。而且，这种实证对于社会学研究的精确化、定量化有着不可低估的重要意义。由此可见，社会学为什么被人们看做是一门经验科学或实证科学了。

（五）应用性

社会学家们大多把社会学分为理论社会学、应用社会学和经验社会学。这说明应用性本身就是社会学学科的重要特征。社会学发展到今天，无论是基础研究、应用研究还是分支学科的发达，始终都没有离开社会学的应用属性或特征。可以说，社会学或社会学研究的重要目的之一就是应用，应用于社会事实、社会现象和社会过程的方方面面。实际上，当社会学面对社会整体、进行综合研究、紧盯社会现实、注重实证调查时，当它为社会的和谐、有序、健康、良性发展提供理论和实践决策时，其本身的应用性特征便充分展示出来了。

此外，社会学还具有时代性，它总是紧扣时代脉搏，同社会的发展与时俱进；还具有动态性，它把人和社会以及各种社会关系、社会现象，总是放在运动和变化中进行研究的；也具有实践性，它非常注重对社会的实地调查研究，等等。

二、社会学的功能

功能是指事物或方法所发挥的有利作用，社会学功能是指社会学作为一门学科，在社会生活和社会发展中所起到的积极和正面的作用。具体说来，主要有描述功能、解释功能、预测功能、教育功能等。

（一）描述功能

所谓描述，是指通过搜集相关资料，对现有的社会现象和社会问题进行整体的说明，反映其真实客观特征的过程。社会学进行研究的基础应是在真实、客观掌握研究客体的准确信息的前提下进行的。描述功能要求我们在进行社会研究之前，必须进行大量的合乎实际的真实资料的搜集和整理，这是社会学的最基本的功能。社会学可以通过有计划、有系统的社会调查，通过社会统计分析的方法，搜集到研究所需的各种类型的资料。例如，我们要进行人口老龄化问题的研究，首先就要通过各种途径和办法搜集到某个国家或地区老龄人口的相关资料，诸如：老年人口的数量及老龄化率、老年人口中年龄段的分布状况、老年人口的城乡分布状况、基本养老状况等情况。只有掌握了这些资料，我们才能判断研究问题的真实性和意义，也只有基于这些真实资料，通过分析及研究所得出的结论，才能为政府部门的决策提供相关依据。

人的认识活动是一个由感性认识上升到理性认识的过程。在此过程中，经验描述属于感性认识阶段，它是对社会现象和过程的外部表现即感性材料的描述和认识，只有占有大量的、合乎实际的感性资料，才能在此基础上经过思维抽象和逻辑加工，上升到解释事物本质和规律的理性认识阶段。

对社会学研究一知半解的人可能会提出这样一个问题——进行社会学研究往往是从理论假设出发，然后制定方案再收集资料，这与从具体现象出发的描述性功能岂不矛盾吗？实际上并不矛盾，因为理论假设不是凭空想象得来的，它有两个来源，一是公理、公设和定理，二是基于过去的观察和经验。因而，轻视社会学经验描述的观点是错误的，是违背认识过程中感性认识和理性认识的辩证关系的。

（二）解释功能

社会是一个不断发展和变化着的有机统一体，社会中的各种现象和过程都是彼此有机地相互联系、相互依赖、相互作用的。每一个社会现象的发生、发展和变化，都要受到各种各样具体条件的制约，因此对社会现象生成和变化的因果分析，就成为社会学解释和理论说明的中心内容。解释功能是指在掌握相关资料信息基础上，根据社会发展的客观规律，合理地说明社会现象变化的原因，社会现象之间的联系，或者是社会发展的规律。认识和研究社会不能停留在“是什么”这个层面上，而应深入到社会现象的背后，搞清楚“为什么是这样”这一问题。社会学的解释功能就是将描述功能所搜集到的资料进行整理、判断和分析，从感性认识上升到理性认识，从而对社会现象和社会问题的原因进行说明和解释。例如，关于人口老龄化问题，解释功能的任务就是通过搜集到的基本数据和资料，深入分析人口老龄化和社会发展之间的关系，分析老龄化问题对社会保障、医疗服务状况、养老形式等相关内容的影响。

（三）预测功能

与描述、解释功能相联系的另一个功能是预测，即揭示将来的社会事件和状态是怎样的，它是社会学对社会关系及其表现的发展趋势、前景、可能性和后果等进行研究的主要形式之一。即在通过实证研究和资料搜集，详细地占有历史和现实资料的基础上，依据一定的方法和规律，严格地按照研究程序，运用科学方法，对未来可能发生的事件和趋势做出预计和推测。社会学的预测功能要想实现，必须严格遵守两条原则：一是预测来源的数据和资料必须是真实、准确的，只有资料的真实和准确，才能保证预测的结果的准确性，这就要求在原始资料的搜集中必须把握相关原则；二是推论的过程必须是科学和符合事物、社会发展规律的，要求寻找到事物之间的本质联系而不是随机的联系，依据正确的理论和研究程序，就可以把复杂社会中的本质性的联系或者关系揭示出来，为社会的发展服务，指导社会实践的开展。例如，在掌握了人口老龄化相关数据和资料，把握了人口老龄化和社会发展之间的关系基础上，我们就可以预测未来中国人口的年龄结构、家庭结构、社会保障等方面的状况和问题，从而为政策的制定和调整做好建议和提示。

作为研究人们社会行动、认识社会结构和社会过程一般特征和规律的科学，旨在阐明社会生活未来发展前景的预测功能，在社会学功能中占有越来越重要的地位，预测未来、探索未来成为社会学家不可推卸的责任。事实证明，没有较为准确的比较负责的预测，某些很理想的机会就会失去，而某些现在定下来的决策将会产生令人遗憾的或灾难性的后果。因而，重视预测，搞好预测，发挥预测的作用，是十分重要的。

（四）社会管理和社会控制功能

社会需要秩序和稳定，而社会秩序的建立和社会稳定局面的维护，需要靠社会管理和社会控制，这是社会学家的共识。孔德创立社会学时，曾提出观察是为了预见，预见是为了控制的观点。孔德认为，社会学的职能是解决当代资本主义世界的危机，即提供一种支配重组社会的科学思想体系，这里的重组社会不是推翻现存的社会制度和社会关系，而是在资本主义制度内，调整现有生产关系及其他社会关系，维护资本主义的社会秩序。经由法国社会学家迪尔凯姆、英国文化人类学家马林诺夫斯基和拉德克利夫·布朗、美国社会学家帕森斯和亚历山大等人奠基、发展出来的结构功能论，已经成为西方社会学占据主导地位的理论和方法。这种功能论把社会看做是一个由各组成部分构成的统一整体，它们以各自的特殊功能维系着社会整体的均衡和秩序；作为社会系统常态和本质特征的均衡，当受到外部因素干扰或系统内部发生病态变化时，原有的均衡被打破，社会系统内部实行调整以达到新的均衡。而社会学研究的目的就在于从功能着眼找出社会内部脱序失衡的原因，以求保持社会的有秩序和均衡发展。中国社会学的一项重要任务，就是要研究实现、保持社会稳定及促进社会协调发展的各种条件和因素，以更好地推进我国的改革、开放和建设事业。

（五）政策制定、参考功能

政府公共政策的制定和出台是需要建立在大量研究基础之上的，需要采取科学方法，广泛收集各种信息。社会学关注社会发展和社会问题的研究，注意收集相关信息并及时反馈于政府决策系统，在研究过程中取得的成果不断转化为政策制定的重要参考依据，收到了良好的效果。改革开放后费孝通先生主持的小城镇研究，就对我国的农村政策的制定和乡镇企业、小城镇建设的具体政策起到了非常大的推动作用；社会工作的教育和研究的诸多成果也被政府相关政策采纳，并在上海、深圳、北京多地实施；当前社会学普遍关注的农民市民化研究和新型城镇化研究的诸多成果，也成为政府相关政策制定的重要依据。

（六）教育功能

费孝通先生说过："我认为，社会学最根本的任务是解决一个生活在社会里的人，怎样学会做人的问题。"①社会学的教育功能最突出的表现就是使人顺利实现社会化。社会化是个体在特定的社会文化环境中，通过对知识、文化、价值观和社会规范等的学习，成为合格社会成员的过程。社会学使个体更容易理解自己的社会生活，将个人的发展和社会的发展有机结合起来；帮助个体自觉地认识群体、组织，明确自己的角色和社会地位，履行社会角色赋予的责任

---

① 参见韩广年．社会学基础［M］．北京：高等教育出版社，2007：13.

和义务。社会学不仅在个人、群体、社会交往、行为规则、行为模式等方面有大量的经验研究，也有理论，这些知识可以帮助人们在多种可能中选择合理的目标和行为模式。①

社会学的研究领域广泛，研究方法比较完备，社会学的作用和功能远非上述诸条。随着社会学自身的发展，更多优秀专业人才的成长，治学环境的改善，社会学美誉度的提升，尤其是人们对社会学重要性认识的进一步加深，社会学必将有更大更多的用武之地。

第三节 社会学与其他社会科学的关系

社会科学作为研究人类关系和行为各个方面的相互联系的学科体系，其规模庞大、分支众多。包括诸如社会学、经济学、政治学、历史学、人类学、心理学、教育学等学科，这些学科既在一个相关体系当中，又能各自自成一体，本身就说明它们之间既有联系又有区别。因此，社会学在研究特定领域的社会现象和社会过程时，必然要依靠和利用其他社会科学已经取得的研究成果，同时也会借鉴其他社会科学的研究方法和手段。近年来，各门社会科学之间的相互开放、相互交叉、相互借鉴、相互融合已成为一种趋势，社会学与其他社会科学更加密不可分。

一、社会学与历史唯物主义的关系

历史唯物主义是哲学中关于人类社会发展一般规律的理论，马克思主义哲学的重要组成部分，科学的社会历史观和认识、改造社会的一般方法论，亦称唯物史观。历史唯物主义的主要观点包括：生产力和生产关系之间的矛盾、经济基础和上层建筑之间的关系、人和环境的相互关系和人类社会的发展规律等，历史唯物主义对认识人类社会有重要的指导意义。新中国成立初年，我国取消了社会学学科和专业，其很大原因就是用历史唯物主义替代社会学，否定社会学存在的价值。在一些宏观社会结构、社会发展规律的理论分析方面，历史唯物主义的论述和观点对社会学研究有直接的指导作用。② 但是，历史唯物主义和社会学是有区别的，历史唯物主义并不能代替社会学。首先，二者的研究对象有区别，历史唯物主义研究的是人类社会发展的一般规律，其研究的角度是哲学层面，揭示人类社会发展的根本动因和基本规律；社会学研究也涉及宏观社会变迁，但是却不是整个人类社会发展规律的研究，而是具体的社会制

---

① 韩广年．社会学基础[M]．北京：高等教育出版社，2007：13.

② 王思斌．社会学教程[M]．北京：北京大学出版社，2010：21.

度、社会结构和社会现象等相对具体的结构制度。其次，历史唯物主义的研究方法主要采用历史比较法、推理等较为抽象的方法，而社会学的研究方法则是具体的社会调查法、社会统计法等方法。

二、社会学与历史学、人类学的关系

历史学是研究人类社会历史的科学，其侧重点一是关于人类社会已经走过的历程的活动规律，二是关于史实的确认。在研究的取向上，历史学面向过去，而社会学则面向现在及未来。历史学主要以丰富的历史材料展示社会发展的纵向过程，社会学则主要探索社会整体内各构成部分相互之间、某一构成部分与其他构成部分之间、各构成部分与社会整体之间的横向联系。① 然而，历史学和社会学仍在一些重要方面互通有无、互相借鉴。历史学者往往会进行社会史方面的研究和著述，社会学家的论述和分析也会被应用到历史问题研究中去，社会学家不会否认历史社会学是一个标准的特殊领域。

人类学是从生物和文化的视角研究人类进化、发展规律的学科，人类学包括了文化人类学、考古学、语言人类学和体质人类学四大分支。人类学在研究的内容(比如文化、权力、社会群体等方面)、方法(比如观察法)上与社会学有着较为接近之处。但是二者依然有较为明显的区别：人类学研究的主要对象是原始人类群体，而社会学以现代社会为研究对象；人类学一般采用的方法是田野观察法，而社会学一般采用的是社会调查、社会统计等定量研究方法。

从以上两门社会科学的研究对象看，它们虽然都是研究人类社会生活的整体，但侧重点各有不同，与社会学的关系在区别点上也是明确的。但它们毕竟都是围绕着人类社会的全貌进行研究的，因此多年来它们之间的交叉或边缘学科越来越多，其相互关系的密切性也是显而易见的。

三、社会学与政治学、经济学的关系

社会学和政治学、经济学都属于社会科学学科，同时也很明显地规定了各自学科的研究范畴。政治学是研究政治行为、政治体制以及政治相关领域为主的社会科学学科，政治学的研究对象是政治现象和政治关系，政治学研究的是人与人的权力关系。经济学是研究价值的生产、流通、分配、消费的规律的理论。无论是政治学还是经济学，这些学科都只关注于社会生活的一个方面，政治学重点关注权力的分配，经济学重点关注成本收益；而社会学综合研究各种社会现象之间的联系，研究各种社会科学的交叉、边缘领域，诞生了诸如经济社会学、政治社会学、法律社会学等学科。

---

① 吴方桐．社会学教程[M]．武汉：华中师范大学出版社，2007：12.

思 考 题

1. 社会学产生的历史背景是什么？
2. 应当如何确定社会学的研究对象？
3. 社会学的学科特征是什么？
4. 社会学的学科功能是什么？
5. 试谈社会学如何为社会发展服务。

主要参考文献

[1] [英]安东尼·吉登斯. 社会学(第四版) [M]. 北京：北京大学出版社，2003.

[2] 苏国勋，刘小枫. 社会理论的开端和终结[M]. 上海：三联书店，华东师范大学出版社，2005.

[3] 冯钢. 社会学[M]. 杭州：浙江大学出版社，2004.

[4] [法]雷蒙·阿隆. 社会学主要思潮[M]. 上海：上海译文出版社，2005.

[5] 邱泽奇. 社会学是什么[M]. 北京：北京大学出版社，2002.

[6] 李达. 社会学大纲[M]. 武汉：武汉大学出版社，2007.

[7] 钱永祥，等. 韦伯尔作品集：学术与政治[M]. 桂林：广西师范大学出版社，2004.

[8] 郑杭生. 社会学概论新修(第三版) [M]. 北京：中国人民大学出版社，2003.

[9] 张敦福. 现代社会学教程[M]. 北京：高等教育出版社，2001.

[10] 蔡文辉，李绍嵘. 社会学概要[M]. 北京：世界图书出版公司，2007.

[11] [美]杰佛里·亚历山大. 社会学二十讲[M]. 北京：华夏出版社，2000.

[12] [美] 迈克尔·休斯，卡罗琳·克雷勒. 社会学和我们(第七版) [M]. 上海：上海社会科学院出版社，2008.

[13] 王明辉. 何谓社会学[M]. 北京：中国戏剧出版社，2005.

[14] 费孝通. 社会学初探[M]. 厦门：鹭江出版社，2003.

[15] 孙本文. 当代中国社会学[M]. 北京：商务印书馆，2011.

[16] 李芹. 社会学概论[M]. 济南：山东大学出版社，2002.

［17］吴增基．现代社会学［M］．上海：上海人民出版社，2004：13.
［18］韩广年．社会学基础［M］．北京：高等教育出版社，2007.
［19］王思斌．社会学教程［M］．北京：北京大学出版社，2010.
［20］吴方桐．社会学教程［M］．武汉：华中师范大学出版社，2007.

推荐阅读书目

［1］张敦福．现代社会学教程［M］．北京：高等教育出版社，2001.
［2］郑杭生．社会学概论新修（第三版）［M］．北京：中国人民大学出版社，2003.
［3］［英］安东尼·吉登斯．社会学（第四版）［M］．北京：北京大学出版社，2003.
［4］［美］戴维·波普诺．《社会学》［M］．北京：中国人民大学出版社，1999.
［5］［法］雷蒙·阿隆．社会学主要思潮［M］．上海：上海译文出版社，2005.

第二章　社会学的缘起和发展

社会学思想古已有之，但真正成为一门认识社会的科学却是在19世纪中叶的工业革命之后。社会学孕育、创立于欧洲，发展、兴盛于美国，大体经历了创立与奠基、成熟与分化、多元化发展和西方社会学的新综合四个重要时期。在170余年的发展历史中，一大批思想敏锐、影响深远的名家及名作，以不同的方式，从不同的角度来观察、思考和分析社会，以探求解决社会问题的方法和探索对人类社会本质的终极认识。19世纪末西方社会学传入中国后，中国社会学历经引入与传播、成长与建设、中断与重建等阶段，在一个曲折的过程中一步步实现着本土化的使命。

第一节　西方社会学的发展历程

社会学在19世纪上半叶出现于欧洲绝非偶然，它是当时资本主义各种社会矛盾的理论反映，是人类对社会及其本质认识深化的结果，也是社会变革的需要和自然科学发展推动的结果。社会学有着漫长的史前时期，表现为各个时代所产生的不同的社会思想，但作为一门科学则是从近代开始的。创立与奠基时期，孔德和斯宾塞受自然科学的启发，试图把社会学从社会哲学中剥离出来，使之成为一门真正独立的学科；成熟与分化时期，在迪尔凯姆、韦伯等社会学家的共同努力下，社会学有了自己特有的研究对象和研究方法，奠定了学科地位；多元化发展时期，在对结构功能主义进行继承和批判的大背景下，形成了西方社会学史上最为辉煌的多元发展局面；从20世纪80年代开始至今，西方社会学又步入了一个对传统社会学理论重新审视、修正和综合为特征的全新的发展阶段。

一、创立与奠基时期(19世纪30年代—19世纪末)

19世纪上半叶，随着现代工业的发展和城镇化进程的加快，西方社会处在急剧的变迁之中。一场以工业革命和法国资产阶级大革命为直接导火索的变革使得西方社会的社会结构、社会组织、生活方式等都发生了翻天覆地的变化。传统的观念和传统的生活方式迅速改变，人与人、人与社会之间的关系紧张无序，阶级矛盾加剧，社会问题突出，甚至到了不可调和的地步，而新的社会规范和秩序又尚未建立。总之，当时的西方社会处于一个旧的社会秩序正在迅速瓦解而新的社会秩序方向不明的状态，因此，理解和阐释正在发生的社会现实便成为当时人们的迫切需要，社会学在近代社会科学的推动和自然科学的榜样作用之下应运而生。这一时期社会学的代表人物主要有提倡实证主义的孔德和信奉进化论、有机论思想的斯宾塞。

(一)奥古斯特·孔德(August Comte，1798—1857)

孔德，法国社会学家，是首先提出"社会学"概念并创立社会学的人，被称为"社会学之父"、"社会学综合理论的创始人"、"社会学眼界的开拓者"。他获此殊荣不仅是因为他命名了社会学这个学科，正式倡导建立社会学，而且他还明确提出了该门学科的研究对象和研究目标，并且确定了这门学科的方法论原则。孔德所开创的实证主义研究传统，后来经过迪尔凯姆等人的继承与发展，成为社会学的主流。

1838 年，孔德在《实证哲学教程》第四卷中首次提出了"社会学"一词，认为社会学的主题是探讨社会"秩序"与社会"进步"，一般认为，这一年也应是西方社会学起始的年代。为了建立有别于之前认识社会的思辨方式，孔德致力于构建庞大的实证主义理论体系，确立实证社会学是孔德给自己提出的"历史任务"。他认为，科学的任务在于发现一切事实和现象间的规律。

孔德社会学思想的主要内容可以概括为两大分支、三个法则、四种方法和五个层次。

两大分支是指孔德按照物理学的分类方法把社会学划分为社会静力学和社会动力学。社会静力学旨在研究社会各个不同组成部分的结构关系及其相互作用；社会动力学是从社会变迁的连续阶段和相互作用的过程来研究社会发展和进步的规律。也即社会静力学重在研究社会秩序，社会动力学重在研究社会进步。

三个法则，即三阶段法则。孔德认为，一切人类理性都经历三个阶段，即神学阶段、形而上学阶段和科学阶段(也就是实证阶段)。与之相适应，人类社会也经历了三个阶段，即神学阶段、过渡阶段和工业阶段。

四种方法，是指孔德提出了社会学研究的四种方法，包括观察法、实验法、比较法和历史法。孔德认为，观察需要在理论指导下进行，观察的某种社会事实应是对一种预备性理论的确认。观察法分为直接观察和间接观察两种方法。实验法只可部分地应用于社会研究，有直接实验和间接实验两种形式。孔德认为比较法是社会研究最重要的方法，它是通过对人类社会内部的比较与人类社会和动物社会的比较来研究社会。历史法是把人类不同的、连贯的状态作历史的比较。

五个层次，是指孔德把理论科学划分为五类，即天文学、物理学、化学、生物学和社会学，这五类科学是按所研究的现象复杂性的增长原则而建立的，社会现象最为复杂，因此，社会学也就处在科学发展的最高层次，是科学之“王后”。① 当时自然科学，如天文学、物理学、化学、生物学都已先后进入科学的实证阶段，唯有社会科学还处在形而上学的抽象思辨的王国中，因此，必须建立实证的社会学的研究方法。

（二）赫伯特·斯宾塞（Herber Spencer，1820—1903）

斯宾塞，英国早期社会学家。由于他对社会学的独特贡献，也有人将他与孔德并称为社会学创始人，也被世人称为“维多利亚英国的亚里士多德”。斯宾塞的社会学理论主要是围绕社会有机论和社会进化论两个方面展开的，他认为社会学的主要目的是发现社会有机体的形态学（社会结构的原理）和生理学原理（社会运动和发展的原理）。

斯宾塞将人类社会比作生命有机体，认为社会的各个组成部分都是相互依赖的，并为着保证整个制度的巩固和生存而发挥作用，这正如一个动物的各个部分，如肺和心脏互相依赖，并为整个有机体的生存做出贡献。社会秩序与进步就像自然规律一样有着自己的“自然定律”，不能随意破坏。在《社会学原理》一书中，他对社会与自然界之间统一性的思想作了进一步的论证。他明确指出社会与自然生物有机体之间存在着许多相似之处，如生长过程、结构进化、功能分化、相互依赖等，因此，完全可以用分析生物有机体的那些概念、原理和方法来分析人类社会。② 在他看来，人类社会是从“原始”社会中发现的那种简单形式，逐步进化到有比较复杂形式的工业化社会。社会的进化是按照“物竞天择，适者生存”的原则进行的，而进化则意味着进步。因此，他强烈反对进行社会改革的尝试，认为任何人为的干预必将引出灾难性的后果。斯宾塞还从进化论的观点出发，以社会内部管理类型为依据，将社会区分为军事社会（强制性特征）和工业社会（个人自由特征）。社会进化过程可以简化为“积聚”和“分化”；社会进化是一个自动的过程，人们不能有意识地加以延缓或加速。

此外，孔德关于建立实证社会学的主张在斯宾塞这里得到了响应和进一步的改进。斯宾塞从社会有机体和社会进化的思想出发，对社会的结构和变迁过程作了比孔德更为细致的描述和分析，从而使孔德关于建立一门有关社会的“科学”的主张变得更具有可行性，更具诱惑力。

---

① 范和生．现代社会学[M]．合肥：安徽大学出版社，2005：21.

② 谢立中．西方社会学名著提要[M]．南昌：江西人民出版社，2009：3.

孔德和斯宾塞作为社会学的奠基人功不可没，但他们都只是热衷于把自然科学的原理、方法运用类比思维推广于社会领域，这种逻辑的科学性值得怀疑。两人的思想还没有摆脱传统思辨哲学的影响，更没有实证过自己的理论，这一问题直到法国社会学家迪尔凯姆那里才得到了克服。

二、成熟与分化时期(19 世纪末—20 世纪 30 年代)

继孔德、斯宾塞之后，19 世纪末到 20 世纪初，西方社会学进入到作为一个独立学科的形成时期，形成了以迪尔凯姆为代表的实证主义传统、韦伯为代表的人文主义传统和以马克思为代表的批判主义传统。这一时期社会学发展的主要特征有三：一是社会学发展的重心在西欧，但 20 世纪初开始转向美国；二是社会学从其他学科中独立出来，尤其是从哲学中独立出来，确立了独特的学科地位；三是这一时期的社会学思想形成了社会学学科的基本概念和核心论题，对以后的社会学发展产生了深远的影响。

(一)埃米尔·迪尔凯姆(Emile Durkheim，1858—1917)

迪尔凯姆(又译作涂尔干)，法国社会学家。迪尔凯姆创立了法国第一个教育学和社会学系，1891 年，他被任命为法国第一位社会学教授。1898 年，创办了法国《社会学年鉴》，法国年鉴学派即以该刊为中心形成。在迪尔凯姆那里，社会学才真正实现了建成一门完整、严密的学科的目标。

迪尔凯姆社会学的核心是社会秩序问题。在论述社会秩序时，迪尔凯姆使用了“社会团结”这个概念。“社会团结”是指维持社会的最基本力量，即是什么把不同的社会个人联结在一起，是什么纽带把不同的个人维系在社会之中？在迪尔凯姆看来，把个体联结成社会的是社会成员共同的信仰、道德规范和价值标准，亦即“集体意识”，尤其是当这些信仰、道德规范和价值标准表现为宗教的教义和仪式的时候。迪尔凯姆把社会团结的类型分为机械团结和有机团结两类。

迪尔凯姆认为社会学的研究对象是“社会事实”，社会事实是发生在社会集体层次上的现象，是个人每时每刻都遵守的、存在于个人之外的集体行为和思维方式之现实。社会事实可以分为两类：一类是物质性的社会事实，另一类是非物质性的社会事实。这两类社会事实都具有外在性、强制性和普遍性的特点。

迪尔凯姆还确立了社会学的方法论原则，第一，坚持实证主义原则；第二，必须把社会事实看做物；第三，坚持用社会事实解释社会事实；第四，必须把功能分析同因果分析区分开来。与其他几位社会学家不同，迪尔凯姆不仅提出并论证了这些原则，而且在他的代表作《自杀论》中实践了这些原则，为实证研究提供了范例。在这部著作中，它采用了大力提倡的统计、比较等方法，得出结论，即自杀行为受到社会力量的影响而不像表面那样仅仅是个人的问题。《自杀论》的发表标志着社会学与社会哲学的彻底分离。由于迪尔凯姆的努力，社会学第一次获得了自己的具体研究范围和特定的研究方法，也第一次在社会科学中获得了独立的地位。

（二）马克斯·韦伯（Max Weber，1864—1920）

韦伯，德国社会学家，1910年与腾尼斯、齐美尔等人联合发起成立德国社会学学会，对社会学在德国的发展贡献巨大，影响深远。

韦伯社会学的出发点与孔德、迪尔凯姆等实证主义社会学家不同，他主张通过理解行动者的主观意义来认识社会实在。在韦伯看来，客观存在的只是每个具体的个人及其社会行动，社会作为实体并不存在，它仅仅是我们用以称谓一群人的名称而已。因此，对社会的研究只能从作为客体的个人及其社会行动出发，而不是从社会结构或社会本身出发，也即应该从个人赋予其行动的主观意义出发来理解社会行动。理解这种主观意义，无法用实证主义的传统方法，而应该使用反省与移情等主观理解的方法。总之，韦伯认为社会学应是"对社会行动的解释性理解的科学，是对社会行动的过程和结果的因果性解释的科学"。①

韦伯把社会行动划分为四种理想类型：（1）目的合理性行动，这种行动把对外界对象以及对他人行为的期待作为达到目的的手段；（2）价值合理性行动，是对自身行为本身的绝对价值所持的自觉信仰而采取的行动；（3）情感行动，指由于现实的情感冲动和感情状态而引起的行动；（4）传统行动，即通过习惯而进行的行动。在这四种行动类型中，严格来说，后两种行动不属于社会行动，因为在它们中间不包含行动者明确的主观意义，只有价值合理和目的合理的行动才属于合理的行动，其中目的合理的行动是最纯粹的理性社会行动。当然，韦伯同时指出，任何分类法都不能穷尽现实中的行动，"现实的行动只是或多或少接近这些纯粹类型，更常见的则是来自这些类型的混合"。②

在分析社会行动类型的基础上，韦伯按统治的合理性把历史上的统治划分为三种类型，即魅力型统治、传统型统治和法理型统治。与前两个类型相比，法理型统治具有最大的合理性、合法性和稳定性。法理型统治具体表现在科层制这种社会组织形式中。

此外，韦伯还严格区分了科学研究中价值相关性与价值中立性的区别。韦伯认为在研究的不同阶段，研究者要遵循不同的原则。在研究工作开始之前和得出研究结论之后，研究者可以有价值介入，而在研究过程进行期间，研究者

① 参见张敦福．现代社会学教程[M]．北京：高等教育出版社，2007：36.

② 参见贾春增．外国社会学史[M]．北京：中国人民大学出版社，2000：48.

必须放弃任何先入为主的价值判断，严格以客观的、中立的态度进行观察和分析，如此才能保证研究的客观性和科学性。

韦伯创立的“理解社会学”被人们公认为是与迪尔凯姆为代表的实证主义社会学相对应的另一大流派。社会学界把韦伯和迪尔凯姆并称为古典社会学理论的主要奠基人。

(三)卡尔·马克思(Karl Marx，1818—1883)

马克思，德国人，公认的社会学的主要思想奠基人和科学的社会学的创始人。在社会学史上，他是唯一一位拒绝使用社会学来称谓自己的理论，然而却又被冠以社会学创始人之一的理论家。

马克思面对资本主义的种种弊端，对圣西门的空想社会主义学说发生了兴趣，开始寻求解决这些弊端的科学的理论和方法。马克思正确分析了圣西门思想的两重性，吸取了它的积极因素，摒弃了它调和阶级斗争的社会改良主义思想，将唯物主义和辩证法应用于社会历史领域，创立了历史唯物主义(唯物史观)。

马克思社会学思想主要有以下几个观点：第一，社会的运动是受客观规律支配的“自然历史过程”。因此，重要的是找出社会事实之间的内在联系和客观规律，这是社会学研究的真正关键所在。第二，强调社会的经济基础，主张应从经济条件出发解释社会现象及其关系。生产力决定生产关系，经济关系是形成其他一切社会关系的基础。第三，重视社会现象之间的辩证关系。社会是一个相互联系的有机整体，不能孤立地看待任何一个事物。在研究具体社会现象时，要把经济的、政治的、法律的、文化的、心理的种种相关因素都考虑进去。这是社会学思维方式的主要特点之一。第四，社会冲突和社会革命的不可避免性。历史的关键是阶级冲突——拥有生产资料者和不拥有生产资料者之间的激烈斗争。这场争夺只能以推翻占统治地位的剥削者，建立自由、人道的无产阶级的社会而告终。在马克思看来，资本主义社会从根本上、总体上说是一个恶性循环和畸形发展的不合理的社会，只有通过工人阶级的革命运动，建立社会主义和共产主义社会取而代之，最后才能达到社会的解放、良性运行和协调发展。

总之，马克思试图通过经济基础，即生产力状况、科学技术知识、工业和劳动组织来理解全部社会。① 马克思对社会学发展的最重要贡献在于开创了批判主义传统，他所开创的社会学传统不仅成为了后来的社会学家分析社会历史和现实的概念工具，而且成为革命家认识社会和改造社会的有力武器。

这一时期，除了迪尔凯姆、韦伯、马克思以外，德国的滕尼斯、齐美尔，

① 参见[法]雷蒙·阿隆．社会学主要思潮[M]．北京：华夏出版社，2000：120.

英国的麦肯齐、马林诺夫斯基，意大利的帕累托等都对社会学的形成做出了很大的贡献。

三、多元化发展时期(20世纪30年代—20世纪80年代)

西方社会学在迪尔凯姆、韦伯等人的推动之下形成的实证主义、人文主义和批判主义三大传统，为社会学的学科地位奠定了重要的基础。但如何整合各种不同取向的社会学，使之融合成一个更具综合性和更具解释力的社会学体系，成为许多后继社会学家们追求的目标。二战后，美国社会学家帕森斯就试图在这方面做出努力但未获成功，所幸的是帕森斯在综合西欧早期古典社会学理论的基础上发展出了一个后来被称为"结构功能主义"的宏大的社会学理论体系，并形成了"独霸天下"的局面。其后，随着社会的不断发展，人们开始对结构功能主义进行批判，以这些批评为基础，一大批反帕森斯主义或非帕森斯主义的理论从不同的理论立场出发，产生了社会冲突论、符号互动论、社会交换论和本土方法论等几大理论体系，形成了西方社会学史上的一个"群雄割据"时代。这一时期社会学理论的中心已从欧洲转移到美国。①

(一)结构功能论

结构功能论鼎盛于20世纪60年代，代表人物是美国社会学家帕森斯和默顿，他们为这一学派的形成做出了突出的贡献。

帕森斯(Talcott Parsons，1902—1979)在批判和继承功利主义、实证主义和唯心主义的基础上，对以往的行动理论做出了高度的综合，并发展出了自己的社会行动理论。他认为，任何社会行动都可以分解为以下要素：(1)行动者，是指作为行动主体的个人；(2)目标，行动者所要达到的目的；(3)情境，目标实现的环境因素，它又分为两个方面，行动的条件和手段。其中前者是行动者不能控制、难以改变的，而后者是行动者可控制的；(4)规范，指行动者在确立目标、选择手段、克服障碍时所需遵循的社会标准。

帕森斯的社会行动理论认为，行动者在与其他行动者的互动过程中，会面临五个方面的抉择，这些可供抉择的五对范畴被称为"模式变量"：(1)普遍性与特殊性，这一抉择涉及的是互动过程中行动标准的适用范围；(2)扩散性与专一性，这一抉择涉及的是互动双方权利义务关系的宽窄；(3)情感性与中立性，这一抉择涉及的是互动关系中是否包含着情感因素；(4)先赋性与自获性，这一抉择涉及行动者之间相互识别标准的性质；(5)私利性与公益性，这一抉择涉及互动中优先考虑的是哪一方的利益。行动者在进入某种社会关系时，会预先通过内化在人格系统中的价值规范，了解社会文化在角色关系中的

① 贾春增．外国社会学史[M]．北京：中国人民大学出版社，2000：404.

影响，以便根据具体情境选择模式变量、调整自己的主观取向。

帕森斯的社会系统理论认为，任何行动系统都是由这一系统必须满足的功能要求决定的。他提出了适应、达鹄、整合、维模这四个基本范畴来概括这些功能要求，并认为这四项功能是任何行动系统都必须满足的：(1)适应，是指系统为了能够存在下去，必然同环境发生一定联系，必须拥有从外部环境中获取所需资源的手段与能力；(2)达鹄，任何行动系统都需具有目标导向，且系统必须有能力确定自己的目标次序，并调动系统内外的资源以集中实现目标；(3)整合，为了使系统能够作为一个整体有效地发挥效能，必须将各个部分紧密联系在一起，使它们之间协调一致，不致出现游离、脱节和断裂；(4)维模，是指在系统运行过程暂时中断的情况下，原有的运行模式必须能够完整地保存下来，以保证系统重新启动时能照常运行。

在论述社会行动理论和社会系统理论的基础上，帕森斯发展出了一个后来被称为"结构功能主义"的宏大社会学理论体系。这个理论体系最初产生了巨大影响，在美国乃至西方社会学界取得了近乎霸主的地位，但很快便受到了人们的质疑和批评。批评者普遍认为该理论具有如下特征或者缺陷：(1)过于抽象，缺乏经验基础；(2)过于注重社会的客观层面，忽视了主观层面；(3)注重宏观分析，缺乏微观分析；(4)过于强调社会的一致和稳定，忽视了强制与冲突；(5)对现实过于乐观，具有保守主义倾向等。

帕森斯的学生默顿(Robert King Merton，1910—2003))是结构功能主义的另一个杰出代表。他针对帕森斯理论体系过于抽象、宏大、缺乏经验基础等缺点，提出了中层理论，完善了功能分析范式，确立了结构分析方法，通过对传统功能分析方法的反思和批评，从而将结构功能主义推进到了一个新阶段。

鉴于帕森斯功能论过于抽象、缺乏操作性的特点，默顿提出了更容易为大多数人接受的中层理论。中层理论是指"介于抽象的综合性理论同具体的经验型命题两者之间的一种理论"，① 这一理论的主要特点有：(1)主要用于指导经验研究；(2)只涉及有限的社会现象；(3)可以融入社会学理论体系中；(4)区分了微观与宏观社会学问题；(5)是理论研究工作的直接延续；(6)可以指明未知的方面，或需进一步研究的方面。

默顿通过对早期功能分析三个假设(功能统一性、功能普遍性、功能不可或缺性)的批评，发展出了一套精确的、可操作性的功能分析范式，主要包括功能归属、主观意向、客观结果、功能指向、功能需要、功能实现机制、功能选择等分析视角。此外，默顿还详细阐释了功能分析范式的步骤：(1)明确所研究项目；(2)对项目的客观后果进行分析；(3)说明项目和客观后果之间相

① 参见宋林飞．西方社会学理论[M]．南京：南京大学出版社，1997：110.

互作用的机制；(4)认识项目客观后果的多重性；(5)对项目的后果进行功能评价；(6)界定客观后果所涉及的群体范围和系统范围；(7)认清不同社会结构中发挥相同功能的不同事项，并解释这种功能替代过程。

(二)社会冲突论

社会冲突论是在批判和吸收马克思、韦伯和齐美尔等人社会冲突思想的基础上，加以修正和发展而形成的重要理论流派。该理论针对结构功能主义过于强调均衡、一致，忽视社会生活中的强制与冲突现象而产生和发展起来的，其特征是强调社会结构的强制性，认为“社会冲突和变迁是社会的常态，不应将之视为社会的病态，并且社会冲突对于社会的巩固和发展起着积极的作用”。①美国社会学家米尔斯、科塞和德国社会学家达伦多夫是社会冲突理论的代表性人物。

米尔斯(Charles Mright Mills，1916—1962)关心的中心问题是社会结构中的阶级及其各种统治形式。在《白领：美国的中产阶级》和《权力精英》等书中，他以社会冲突论为指导，对现代美国社会的阶级结构和权力机构做出了深入的描述和分析，指出所谓“权力均衡”在大多数情况下只是西方社会的一个神话，社会中的政治精英和经济精英有着范围广泛的共同利益，他们相互合作，共同维护他们的统治和既得利益，普通大众则被剥夺了公共事务的影响力，被迫依附于统治集团。

默顿的学生科塞(Lewis Coser，1913—2003)认为社会冲突有三个根源：结构性根源、物质性根源和非物质性根源。② 结构性根源是指由于社会系统的各个部门的整合与适应程度不一致，社会系统不可避免地伴随出现紧张、失调和利益冲突现象；物质性根源是指由于人们争夺社会地位、权力和资源而导致的冲突；非物质性根源是指由人们价值观和信仰的不一致而导致的冲突。科塞把社会冲突按不同属性划分为现实冲突与非现实冲突、紧密关系中的冲突、内群体冲突与外群体冲突、意识形态下的冲突。科塞承认冲突是社会的常态，但他反对达伦多夫那种认为冲突只破坏稳定、导致社会变迁的看法，认为冲突与社会整合、稳定并不矛盾，甚至还有积极的促进作用，他主要从群体内和群体外分析冲突的积极功能。此外，科塞指出为了化解社会冲突的消极作用，每一个社会都应该有自己的安全阀制度，这一点对僵化的社会尤为必要。

达伦多夫(Ralf G. Dahrendorf，1929—2009)认为，社会冲突与变迁是普遍存在的，每一社会都是建立在某些成员被另一些成员压制的基础之上。他认为，社会冲突的根源是根据统治与服从之间的权威关系来划分而成的特定社会

① 参见侯钧生．西方社会学理论教程[M]．天津：南开大学出版社，2006：192.

② 参见范和生．现代社会学[M]．合肥：安徽大学出版社．2005：53.

的阶级结构，特定阶级结构中权力的分配不均和对社会角色的强制性安排是社会冲突的两个主要原因。他从韦伯的分层思想得到启发，认为划分阶级的依据不是马克思所认为的是否占有生产资料，而是要看是否拥有对生产资料的支配权。从潜在利益的"准群体"向显在利益的"显群体"转化是社会冲突形成的条件，社会冲突的程度可以从冲突的强度与烈度两个方面来衡量。社会冲突能促进社会的变迁，冲突的调节则维护着现存的社会结构。

（三）符号互动论

符号互动论是一种反实证主义的主观社会学，这一理论是针对帕森斯理论注重社会客观层面、忽视主观层面这一缺陷而提出的。这一理论的核心观点是：社会现象与社会行为只有通过人际间的互动和相互影响才能得到解释，而人际互动是以运用符号来解释和确定相互间行为的意义为媒介的，因此，社会是人际间借助符号互动的结果，人与人之间的符号沟通过程是社会过程的基础与实质，个人行动与社会结构都是人们之间符号互动的产物。

美国社会学家布鲁默（Herbert Blumer，1900—1987）是该理论公认的创始人。在《符号互动论：观点与方法》一书中，布鲁默论述了符号互动论的基本理论预设，阐述了符号互动理论对人与社会关系的看法，从而为符号互动理论建立了一个相对完整的思想体系。布鲁默认为，互动过程中，人们之间总是会对他人的行为做出自己的意义解释和定义，并以此为依据进一步互动。事物的意义也不是一成不变的，它在解释过程中可以随时加以修改。

布鲁默的学生戈夫曼（Erving Goffman，1922—1982）对人们之间日常的符号互动过程进行了一系列更为深入、具体的研究。戈夫曼认为，社会就像一个大舞台，人们的社会行为实质上就是社会表演。人们在互动过程中按一定的剧本扮演多种社会角色，并试图通过言行、表情、姿态等表现以使他人对自己产生自己所希望的印象；为了实现印象管理，人们还会运用一些手段装点门面。人们表演的区域有前台和后台之分；表演根据不同的目的可以分为"理想化表演"、"神秘化表演"、"误导性表演"和"补救性表演"。正是由于戈夫曼使用了一套研究戏剧的术语来描绘和分析人们的互动过程，因此他的理论也被称为"拟剧理论"。

（四）社会交换论

社会交换论是针对帕森斯理论注重宏观分析缺乏微观理论基础、注重结构忽视个人的缺陷形成和发展起来的。这一理论认为，分析、理解人际间大多数行为的最佳方法是将行为当做一种有形或无形的商品和服务来交换。社会交换理论的代表人物是美国社会学家霍曼斯和布劳。

霍曼斯（George Caspar Homans，1910—1989）认为，制度、组织和社会都可以归结为个人的行动，因而必须用有关个人行为的命题来解释它们。霍曼斯把人的行为归结为“对利益的追求”和“对惩罚的逃避”，把人与人之间的交往看成是一种计算得失的交换行为。他为社会交换论的发展构造了行动、互动、情感、刺激、报酬、成本、投资和利润等基本概念，提出了人类行为的六大基本命题：成功命题、刺激命题、价值命题、剥夺满足命题、攻击赞同命题和理性命题，并认为这些关于个人之间交换行为的命题同样能够对社会制度进行解释。此外，霍曼斯还就社会交换中的公平性问题作了探讨，认为报酬的公平与否是相对的，行动者的公平感取决于行动者过去的经验和行动者所认同的参照群体。

布劳(Peter Michael Blau，1918—2002)在很多方面修正和发展了霍曼斯的交换理论。首先，布劳指出，虽然大部分人类行为是出于对交换的考虑，但并不是所有的人类行为都是交换行为。社会交换与经济交换有着严格的区分，行为变为交换必须具备两个条件：一是某行为的最终目标只有通过与他人互动才能达到；二是该行为必须采取有助于实现这些目标的手段。因此，他将社会交换定义为：当别人做出报答性反应就发生、当别人不再做出报答性反应就停止的行动。① 其次，布劳认为霍曼斯的理论只适合于解释小群体的人际互动关系。在布劳看来，微观领域和宏观领域的社会交换是不同的，他认为，宏观社会过程虽然产生于微观社会交换过程，但它一经产生就获得了一种突生性、自主性，它有着独立于它所产生过程的自己的规则。接着，布劳在霍曼斯理论的基础上分析了宏观社会结构中的交换与权力。布劳认为，微观与宏观社会交换的过程都经历“吸引—竞争—分化—整合”四个阶段，但在宏观结构中交换过程变得更为复杂。具体表现在：一是交换主体由个人扩展到群体和社会组织；二是交换性质也由直接扩展到间接；三是交换从先于创造社会制度和社会结构的过程变为受制度和结构制约的过程。

(五)本土方法论

本土方法论(又称“民俗方法论”、“常人方法论”)是以强调社会生活中的主观方面为特征的一个社会学流派。与符号互动论不同，本土方法论更多的是以舒茨的“现象社会学”理论为基础形成和发展起来的。美国社会学家加芬克尔被认为是这一理论的创始人。

加芬克尔(Harold Garfinkel，1917—2011)认为，所谓“本土方法”，指的是社会成员在他们的日常生活中构造和解释他们的社会世界并对其赋予意义与秩序时所使用的方法及程序。该理论的研究目标是找出人们在日常面对面互动过程中的主观意义，致力于揭示行动者相互交谈时所掩盖的未曾言说、无法提

---

① [美]布劳．社会生活中的交换与权力[M]，孙非，张黎勤，译．北京：华夏出版社，1988：5.

及、潜在的社会现实。① 本土方法论者反对社会秩序有其自己的客观现实性，认为社会现实与迪尔凯姆所表述的社会事实的客观性大为不同，社会秩序完全是互动参与者赋予周围环境的；社会秩序只是看上去存在，而它之所以看上去存在，只是由于人们对社会的主观感受。② 加芬克尔把社会看做是互动中个人的主观意识所创造了的和正在创造着的世界，只强调社会进程中的主观因素，排除客观与理性因素。社会成员为创造这种秩序感所使用的方法论的核心，是用解释和理解的方法对常识性行动和情景过程进行说明。

多元化发展时期的西方社会学，是以帕森斯对先前各派社会学取向的尝试性综合为起点，最后却以社会学理论的进一步分化为终点。在这一发展阶段，之前的分歧不仅没有被消除，反倒又产生了许多新的分歧与对立。社会学的各个流派各执一端，互不沟通，将社会图景分裂为互不连贯的许多碎块，既阻碍了人们对人类社会的完整认识，也阻碍了社会学知识的积累和发展。实现不同社会学流派之间的沟通和综合，似乎显得比以前更为紧迫。

四、新的理论综合时期(20世纪80年代至今)

西方社会学的发展的第四个阶段主要是指20世纪80年代以来社会学家们对传统社会学理论进行的修正和综合阶段。这场新的综合运动与帕森斯时代相比具有一些新的特点：第一，新的理论大多采取对传统理论进行重构的方式，以发展出全面而多维的综合性理论，弥补以往社会学理论的不足；第二，1980年代后，好多理论家尝试着以不同的途径对以往社会学理论中宏观与微观、个体与集体、主观与结构等二元对立进行综合；第三，新的理论不再谋求建立一个宏大的理论体系，而是通过不同的方式与途径构建多种不同的综合理论，从而构成多种综合理论并存的局面，③ 形成了一种与帕森斯学派曾达到的“一元综合”态势不同的“多元综合”态势。

(一)亚历山大的“新功能主义理论”

“新功能主义”是当前西方社会学界影响最广的“综合性”理论取向之一。它的基本思路是要在坚持功能主义传统基本特征的基础上，广泛吸取冲突论、互动论、交换论、批判论、现象学等对立学派的思想观点，将他们整合进功能主义的框架中去，建立起一个新的具有“多维性质”的综合性一般理论。

亚历山大(Jeffrey C. Alexander，1947—　)认为，在众多的理论流派中，

① 参见[澳]马尔科姆·沃特斯．现代社会学理论[M]．杨善华，等，译．北京：华夏出版社，2000：43.

② 谢立中．西方社会学名著提要[M]．南昌：江西人民出版社，2009：13.

③ 贾春增．外国社会学史[M]．北京：中国人民大学出版社，2000：439.

只有“帕森斯的分析模式为一种新综合提供了唯一可行的基础”。① 因为功能主义比其他社会学理论传统具有更大的包容性，它是对社会学理论进行新综合的最合适的基础。只是由于帕森斯理论本身具有的综合性质，使得它在内容上既是异常丰富的又是非常模糊并常常自相矛盾的，才使得人们对它做出不同的解释。在新的条件下，完全有必要也有可能对其做出新的解释。在亚历山大撰写和参与编辑的一系列论著当中，他努力从事于这种对功能主义传统进行重新解释的工作，并力图将其他各派的理论成果与这种重新解释过的功能主义理论结合起来，以期为新的功能主义取向确立一个有效的理论与方法论基础。② 此外，蒙奇以新康德主义哲学为指导，鲁曼以系统理论为形式来进行上述工作，克罗密、阿切尔、斯梅尔瑟等人则以各种局部性的研究领域为依托，来推进新功能主义取向的确立。

新功能主义理论的主要贡献在于重新解释了功能主义传统，确立了后实证主义立场，重构了社会行动理论并修正与改进了帕森斯的结构功能理论和四个功能分析模式。但总的来说，新功能主义目前还是一个有待继续发展的理论。

(二)哈贝马斯的“沟通行动理论”

德国社会学家哈贝马斯(Jurgen Habermas，1929—　)将帕森斯的结构功能论、韦伯的理解社会学、布鲁默的符号互动论、迪尔凯姆的社会整合思想等多种思想融合起来，通过改造，综合在沟通行动理论之中，提出了一种综合了各种思想的批判理论，即“沟通行动理论”。

哈贝马斯认为，并不是所有行动都是沟通行动，只有以“语言”为媒介，为“理解”服务的，使行动者“得到合作”的行动才是沟通行动。他从社会行动的意义上把社会行动分为“目的合理行动”与“沟通行动”两类。“目的合理行动”是“以成就为方向”的行动，“沟通行动”则是以“理解为方向”的行动。他采用了沟通行动、生活世界和系统三个基本概念，利用社会学家已有的思想成果，对社会过程中这三者的性质、机制及其互动关系进行了深入的分析和讨论。他认为，一个理想的社会必须满足沟通行动得以形成的基本条件；现代社会的根本问题是社会的系统过程侵占、扭曲了作为沟通行动之前提条件的生活世界，从而阻碍了沟通行动的合理化；重建系统与生活世界之间的关联，使整个社会建立在合理的沟通行动基础之上，正是批判理论的基本目标。哈贝马斯的“沟通行动理论”，从批判理论的角度打通了社会学中宏观与微观、主观与客观等诸种不同的理论取向，又以其他各家各派的思想来改造批判理论，从而

① 参见杨善华．当代西方社会学理论[M]．北京：北京大学出版社，1999：136.

② 参见谢立中．西方社会学名著提要[M]．南昌：江西人民出版社，2009：17-18.

构成了一个具有独特风格的综合性社会理论。①

（三）吉登斯的"结构化理论"

英国社会学家吉登斯（Anthony Giddens，1938— ）的结构化理论具有高度的综合性，他的理论综合了语言哲学、现象社会学、本土方法论、拟剧理论、现代解释学、结构主义、马克思主义、沟通行动理论和后现代主义等多种理论，特别是大量吸收了马克思、迪尔凯姆和韦伯的思想，构建了极具综合性的"结构化理论"。

在这一理论体系中，吉登斯认为以往理论传统中诸如个人与社会、微观与宏观、主观与客观之类的二分法并不对立，它们双方都是相互包含的，并不构成各自对立的客观现实。为此，他提出具有原创性的"结构二重性"概念，即社会结构是由具有能动作用的人在互动中建构的，同时，这种结构又影响行动者的互动，它们是改造或再造社会结构过程的媒介。在《社会的建构：结构化理论大纲》一书中，吉登斯对其"结构化理论"作了系统的论述。他将社会结构具体化为"规则"和"资源"。规则是指能为行动者所理解并可运用于各种场合的一整套方法和技巧；资源是行动者为完成其所做的一切行动而在其活动过程中可以运用的所有要素。吉登斯将"结构"理解为不断卷入到社会系统再生产过程中的规则和资源；"结构"不仅对人的行动具有制约作用，而且也是行动得以进行的前提与媒介，它使行动成为可能；"结构"还具有"转换性"和"传递性"，可以随行动者的活动需要转换为许多不同的模式，可以随着行动者在不同情境中使用它而得到改变。总之，社会系统的结构性特征，既是人们实践的条件，又是这些实践的结果。结构并不是外在于个人的，它既有制约性同时又赋予行动者以主动性，这正是吉登斯结构化理论的中心思想。

（四）科尔曼的"理性选择理论"

理性选择理论是以理论综合为目标的另一种当代社会理论。理性选择理论借鉴和扩展了经济学的"理性选择"，不仅用它来解释人们的经济行为，而且用来解释更广泛的社会行动。这一理论学派的主要代表人物是美国社会学家科尔曼（James S. Coleman，1926—1995）。

理性选择理论的基本原理是，一个行动发生的可能性是行动者所期望从多种可能的行动结果中获得的功利的函数，② 也即行动者所追求的是价值或利益的最大化。该理论以"理性人"假设为出发点，认为现实生活中人们的行动不仅仅追求经济效益，而且还包括社会、文化、情感、政治等目的。理性行动是为达到一定目的而通过人际交往或社会交换所表现出来的社会性行动，这种行

① 谢立中．西方社会学名著提要［M］．南昌：江西人民出版社，2009：18.

② 范和生．现代社会学［M］．合肥：安徽大学出版社，2005：89.

动是否理性需要通过行动者自己的眼光来衡量。

科尔曼的理论主要在两个层次上展开：一个是基本行动层次，另一个是系统行动层次。基本行动是指两个行动者互相依赖的行动，与这一层次相联系的基本概念有行动者、资源、行动者的利益、简单社会关系。系统行动包括三方面或更多的行动者，与此相联系的概念有复杂关系、社会规范、社会资本、法人行动。

科尔曼与迪尔凯姆等人一样，坚持认为社会科学的主要任务应当是解释社会现象，而不是解释个人行为。但他又接受韦伯等人的主张，指出社会系统行为归根结底是许多个体行为相互作用的结果，必须以对个体行为的微观分析为基础来解释宏观的社会现象。

(五)布迪厄的“实践社会学理论”

法国社会学家布迪厄(Pierre Bourdieu，1930—2002)也试图将那些长期困扰社会科学的二元对立，如主观与客观、宏观与微观、结构与主体、符号性与物质性等运用结构主义与建构主义两种途径进行沟通，并提出了一套分析社会现实的研究模式。

布迪厄试图建立一种实践理论，这便是围绕实践、结构、场域、资本与惯习建立的理论。实践是社会研究的首要对象；结构既有客观的社会结构，也有主观的精神结构；场域是由众多社会行为之间的联系所构成的网络，客观社会结构由无数具体的场域所构成；资本是个体可以利用的各种经济的、社会的与符号的资源；个体的主观精神结构称为惯习。布迪厄认为，一方面，实践受到惯习的指引，人们在惯习的指引下，运用各种可能的资本，通过实践不断形塑、建构起“场域”，并且在这一过程中同时也不断地创造、再生惯习本身；另一方面，惯习又受到场域及结构的制约，场域及结构通过塑造惯习而制约着实践。因此，实践既是能动的又是被动的。布迪厄确立了一套与此观点相对应的社会研究方法，并将其运用于经验研究，为人们提供了一些具体的研究范例。

除了以上述及的诸位学者及其理论活动之外，理论综合的趋势也出现在其他一些理论传统的发展过程中。柯林斯致力于把交换论、互动论、拟剧论等微观社会学的思想结合到冲突理论模式中去；符号互动论者们也力图“重建”布鲁默的思想，努力将符号互动理论推动到“后布鲁默主义时代”；艾默生、库克等人则提出了“网络交换理论”，试图以此为基础来解决宏观与微观的连接问题。凡此种种，都推动了社会学各种取向之间的相互渗透、相互接近，在西方社会学界构成了一种全新的发展态势。①

① 谢立中．西方社会学名著提要[M]．南昌：江西人民出版社，2009：20-22.

第二节　社会学在中国的发展

1840年鸦片战争之后，中国沦为半殖民地半封建社会。在救国图强、向西方学习的大背景下，康有为、梁启超、章太炎、严复等有识之士率先在19世纪末20世纪初将社会学从国外逐步引入中国，并在中国大地生根发芽。新中国成立后，由于受极左思想的影响，社会学在中国的发展曾一度中断30年之久，但随着思想界的拨乱反正，社会学得以重建，并获得了蓬勃的发展，目前中国社会学已经进入了一个稳步发展的时期。社会学在中国的发展大致可以划分为引入与传播、成长与建设、中断与重建三个重要阶段。

一、社会学在中国的引入与传播(19世纪末—20世纪20年代)

鸦片战争后，由于外敌入侵，民族矛盾、社会矛盾日益尖锐，一些进步的知识分子渴望向西方学习，寻求救国救民的真理。在“师夷长技”和“西学东渐”的背景下，适应社会变化的需要，西方社会学在19世纪末20世纪初开始传入中国。

社会学最早是由康有为、谭嗣同、梁启超和严复等人自主引入中国的。1891年，康有为在广州万木草堂讲学时，第一次把社会学列入教学课程，标志着社会学在中国的出现。1896年，谭嗣同在他著的《仁学》中，最先采用了日文的“社会学”一词。1902年，梁启超发表了《进化论革命者颉德之学说》，介绍了西方社会学学说。同年，章太炎翻译出版了日本社会学家岸本能武太的《社会学》。1903年，严复根据斯宾塞《社会学研究》编译的《群学肄言》一书的正式出版，标志着社会学传入中国的开始。这是西方社会学原著引入中国的第一部，严复因此也被称为是西方社会学初传中国的第一人。这些学者为西方社会学最初向中国的引入与移植起到了宣传、启蒙的作用，也为这门学说在中国译介的名称习惯、学科移植的民族形式方面奠定了初步的基础。①

西方传教士在中国办的教会学校也成为社会学引入中国的重要场所。1908年，美国基督教会办的上海圣约翰大学开设了社会学课程，这是中国最早的社会学课程之一。1913年，另一所教会学校上海浸会学院(后改成沪江大学)设立了中国第一个社会学系。其他教会学校也相继设立了社会学课程。到20世纪初期，美国在中国创办了十余所教会大学，这些大学不仅开设了多门社会学课程，而且开展了一系列社会调查。虽然他们的办学动机不纯，且具有很浓厚的基督教社会改良色彩，但客观结果是社会学毕竟以一门全新的学科进入了

① 郑杭生．中国社会学史新编[M]．北京：高等教育出版社，2000：59.

中国。

推动西方社会学传入中国的第三股力量，是在欧美和日本学习社会学的留学生。他们归国后，有不少人从事了社会学的教学和研究。由于他们的努力，西方社会学大大扩大了在中国的影响。康心孚于1916年开始在燕京大学讲授社会学课程，成为我国自授社会学课程的第一人。20年代末中国留学生陆续回国，国内许多大学纷纷成立社会学系，扩充社会学课程，培养中国的社会学人才，中国教师肩负起了培养新一代社会学人才的责任。

1922年，中国最早的社会学学术团体"中国社会学会"由余天休发起成立，会刊为《社会学杂志》。1927年，燕京大学社会学系主任许仕廉主持创办了《社会学界》。1928年，为联络东南的社会学者，由孙本文、吴泽霖、吴景超等发起成立了"东南社会学会"，并出版了《社会学刊》。

20年代，社会学者在中国开始小规模的社会调查。随着社会学教学科研队伍的形成，全国性的调查研究机构逐步建立，大规模的社会调查相继展开。与此同时，社会学的教学与科研队伍也逐步形成，并成立了独立的教学科研机构和学术团体，为社会学的学科建设和人才培养奠定了基础，社会学在中国逐步传播开来。

二、中国社会学的成长与建设(1930—1949年)

20世纪30年代，中国社会学步入学科基本建设和系统研究的阶段，社会学作为一门单独的学科进入了成长和建设时期。这一时期的显著特点是中国社会学家借用西方社会学的理论和方法来研究中国的现实问题，并做出了社会学中国化的尝试。社会学的研究向着方法的科学化、问题的具体化的方向发展，社会调查的深度和广度达到了前所未有的程度，分支社会学的研究逐步展开。中国社会学家形成了自己的理论，中国社会学趋向成熟。

社会学成为一门真正独立的社会科学，它的显著标志就是各高等学校专业和课程设置的日趋完备，学术团体的成立和学术刊物的出版，以及大量社会学著作的问世。1922年，中国社会学界在上海正式成立了全国性的学术团体——中国社会学社。1930年代，我国出版了20种普通社会学著作，其中一半为国内学者著作。较有影响的有孙本文主编的《社会学大纲》、应成一的《社会学原理》、简贯三的《理论社会学》和孙本文的《社会学原理》等。1938年，国民党政府的教育部颁布大学课程设置时，规定社会学成为文、理、法、师四学院的社会科学类共同的必修课之一。1940年国民政府又成立了社会学部。此前，《社会学杂志》、《社会学界》相继出版发行。到1948年，设立社会学系的大学已达21所。

1937年至1949年，中国的社会学发展进入到一个新的阶段。抗日战争爆发后，社会学者云集我国西南边陲，他们在那里培养人才，搞农村建设试验，开展战时社会服务，深入不同类型的社区和少数民族地区进行深入的社会调查，对一些重大的社会问题开展了研究，取得了许多成果，也为社会学的中国化做出了重要贡献。1937 年 1 月，中国社会学会召开主题为“中国社会学之建设”的第六届年会，赵承信在《社区研究与社会学之建设》中建议将实地研究作为中国社会学建设的途径。陈达提出“国内各大学积极推行社区研究”的倡议，得到与会者的一致拥护。吴文藻主张把社会学的理论和方法与文化人类学或社会人类学结合起来，对中国进行社区研究，并认为这种做法与中国国情最为吻合，是社会学中国化的一条重要途径。吴景超明确提出把社区当做社会研究的对象之一。费孝通通过实地研究出版了《江村经济》、《乡土中国》和《乡土重建》。孙本文 1948 年著《当代中国社会学》一书，具体阐明了社会学中国化应从事的工作。

在此期间，社会学界还以理论研究与社会实践相结合的方式，参与了涉及中国社会改造等一系列的实践运动。其中最著名的是晏阳初的平民教育运动和梁漱溟的乡村建设运动。晏阳初认为，要医治中国社会的“病症”，平民教育是基础。梁漱溟则认为，中国只有靠乡村建设才能求得发展。两者的共同点在于试图在不触动旧的社会制度的前提下来解决当时中国的社会面貌问题。

新中国成立前社会学界的前辈们为建立中国社会学做出了巨大的努力，他们对社会学理论的研究，对中国实际的调查，对中国社会问题的探讨，都为建立中国社会学积累了丰富的材料和宝贵的经验。但是由于种种条件的限制，他们还不可能对中国实际进行有计划、有组织的调查研究，因此尚未建立起真正的中国社会学。

三、中国社会学的中断与重建(1950 年至今)

新中国成立之初，一方面，社会的巨大转型给社会学研究提供了全新的条件，另一方面，由于科学、社会和文化教育事业还处于复杂的社会环境中，社会学和在旧社会接受教育的知识分子都面临着所谓的“思想改造”。

1950 年代，由于受极左思想的影响，外国教会在中国创办的教会大学先后被取缔，与教会传统联系密切的社会学专业也随之被取消。政府在对高校改革的院系调整中，先后撤销了社会学系，取消了社会学专业，解散了社会学研究机构，停止了社会学的学术活动。与社会学关系密切相关的社会心理学、文化人类学和社会工作等也都相继被取消。至此，社会学作为一门独立学科，从中国的高等教育和科研机构中消失，① 我国高等学校社会学教学和研究活动中

① 张敦福．现代社会学教程[M]．北京：高等教育出版社，2007：51-52.

断了30年之久。

1978年，随着思想界、学术界的拨乱反正，中国社会学的恢复和重建迎来了春天。1978年，学术界恢复重建社会学的主张得到了党中央和国务院有关部门的重视。1979年春节期间，中国社会科学院院长胡乔木约见社会学家费孝通，提出要恢复重建社会学，并请在北京的一些社会学工作者进行具体筹备工作。1979年3月，全国哲学社会科学规划会议筹备处在北京召开了座谈会，胡乔木代表党中央为社会学正名，从科学、政治上恢复了社会学的名誉。会上宣布中国社会学研究会成立，通过了《中国社会学研究会工作条例(草案)》，选举了有50人组成的理事会。随后，邓小平同志在《坚持四项基本原则》的重要讲话中指出："政治学、法学、社会学以及国际政治的研究，我们过去多年忽视了，现在需要赶快补课。"于是，在老一辈社会学家和学术界的共同努力下，中国社会学恢复重建工作开始走上了健康发展的道路，并取得了可喜的成果。

1981年起，多所高校陆续设置了社会学系，开始招收本科和硕士研究生。截至2007年底，全国共有159所高等院校建立了社会学系和专业。中国社会科学学院、北京大学、中国人民大学、南京大学、复旦大学、中山大学、清华大学、上海大学等十多所高校还拥有了博士点。其中有些高校和机构还有博士后流动站。在课程体系方面，1999年确定了大学本科社会学专业的10门主干课。在研究机构方面，中国社会科学院设立了社会学研究所，各省市也相继建立了专门的社会学研究机构并成立了社会学学会。① 在学术期刊方面，创办了《社会学研究》、《社会》、《社会理论》、《社会工作研究》等一批有影响力的专业刊物，出版了《中国社会学年鉴》。国内综合性学术杂志也大多设有社会学专栏。在人文社会科学体系中，社会学正日益被看做是一门规范、严谨和有影响力的学科。

30多年来，在中国社会巨大变迁和改革开放伟大实践的推动下，中国社会学经过艰辛创业与探索逐步提高了自己的成熟度，并为构建社会主义和谐社会做出了自己应有的贡献。20世纪80年代，中国社会学努力探索中国工业化和城市化道路，提出了小城镇发展理论，总结了"苏南模式"、"温州模式"、"珠江模式"等乡村工业化路径，对实践产生了重要影响。90年代，中国社会学提出了社会结构转型问题，探讨转型期社会结构变化的机制和规律，回答城乡结构、区域结构、阶级阶层结构、就业结构、消费结构、生活方式、价值观念等方面变化所引起的一系列新问题，大力倡导经济和社会协调发展。进入21世纪，中国社会学努力研究新时期社会发展的新趋势、新挑战，大力倡导

① 赵克斌．改革开放三十年与社会学[J]．中国社会科学院院报，2008(9)．

和谐社会的理念，探索和谐社会建设的规律和途径。

可以说，当前的中国社会学已经进入到一个快速、稳步的发展时期。正如费孝通教授曾说的，中国社会学的目的是要“立足于中国社会实践，从科学地调查中国入手，在中国的泥土里生长出反映中国社会实际、具有中国特点的、为我国社会主义建设服务的社会学”。只要我们认真努力、不断创新，具有中国特色的社会学学科之树一定会在中国大地枝繁叶茂。

思考题

1. 简述孔德、斯宾塞、迪尔凯姆、韦伯的社会学思想。
2. 简述当代西方社会学的主要理论流派及其代表人物。
3. 简述社会学在中国引入与传播、成长与建设、中断与重建的历史过程。

主要参考文献

[1] 谢立中．西方社会学名著提要[M]．南昌：江西人民出版社，2009.
[2] 贾春增．外国社会学史[M]．北京：中国人民大学出版社，2000.
[3] 张敦福．现代社会学教程[M]．北京：高等教育出版社，2007.
[4] 吴增基．现代社会学[M]．上海：上海人民出版社，1997.
[5] 范和生．现代社会学[M]．合肥：安徽大学出版社，2005.
[6] 郑杭生．中国社会学史新编[M]．北京：高等教育出版社，2000.

推荐阅读书目

[1] 谢立中．西方社会学名著提要[M]．南昌：江西人民出版社，2009.
[2] 贾春增．外国社会学史[M]．北京：中国人民大学出版社，2000.
[3] 张敦福．现代社会学教程[M]．北京：高等教育出版社，2007.
[4] 侯钧生．西方社会学理论教程[M]．天津：南开大学出版社，2006.
[5] 宋林飞．西方社会学理论[M]．南京：南京大学出版社，1997.
[6] 郑杭生．中国社会学史新编[M]．北京：高等教育出版社，2000.
[7] [法]雷蒙·阿隆．社会学主要思潮[M]．北京：华夏出版社，2000.

第三章 社会学研究方法

社会学作为具有独立知识结构的系统的社会科学，有自己独特的研究方法。社会学方法是社会学研究的指导原则、逻辑基础、研究模式、调查技术、操作程序等的总称。

第一节 社会学研究的方法体系与基本程序

社会学研究方法是一个综合的体系，这一体系包括不同层次和方面的众多内容，它的各部分之间有着紧密的内在联系。学术界一般将社会学研究的方法体系划分为方法论、研究方式和技术手段三个层次。社会学研究的过程可以分为四个阶段，即选择研究课题、研究的设计、实施阶段、分析和阐释结果。

一、社会学研究的含义及特点

（一）社会学研究的含义

研究，就是一个提出问题，并以系统的方法寻找问题答案的过程。社会学研究就是依据社会学的理论，运用社会学所特有的研究方法对社会世界中人们的行为、态度、关系，以及由此所形成的各种社会现象、社会产物所进行的科学的探究活动。其目标是探索和理解我们生活于其中的社会世界，从而达到对一定的社会现象进行解释、说明或预测的科学认知活动。

（二）社会学研究的特点

社会学研究的主要特点包括如下几个方面：

1. 研究的主题具有社会性

社会学研究的主题首先必须是有关社会的。这一特点意味着：社会学研究的对象必须包括作为社会主体的人、人的社会行为，以及由人们的行为所构成的各种社会现象。

2. 研究具有综合性

人是一个生物体，同时又是一个社会体的事实，决定了导致一种社会行为发生的原因是极其复杂的，它必然涉及许多社会的、心理的、历史的、文化的和其他的因素。同时，各种社会现象之间不是孤立存在的，一种社会现象往往与其他多种现象之间具有联系。因此，社会学研究的对象本身具有错综复杂的特点。社会学研究侧重的是对影响某种社会现象的各种因素进行综合分析与考察。

3. 研究的方式具有经验性

所谓经验性，是指社会学研究必须依据可感知的资料，即社会学研究只对那些可以看到、听到、接触到的东西感兴趣。社会研究者所收集的大量类似的经验资料，反映了更大规模的社会现象的某些部分，将所有这些部分的资料整合起来，我们就可以“经验地”认识社会现象的整体。

4. 研究的问题具有科学性

科学认为一切事物都是可知的，或具有潜在的可知性。社会学研究中所探讨的问题必须是可以由科学来回答的，防止对难以解释现象的神秘化。这也是说，社会研究者不应该去探讨某一现象“是否应该如此”的问题，而只应该去探讨某一现象“状况究竟如何”，或者“为什么如此”的问题。这种区分的一个关键之处在于所提的问题是“科学的”或是“非科学的”。

二、社会学研究方法体系

(一)社会学研究方法的含义

社会研究是一个复杂的认识过程。在研究的过程中需要遵循科学的方法、程序和步骤。社会学研究方法，是一个由方法论、研究方式、具体方法与技术构成的综合方法体系，它的各个部分之间有着紧密的内在联系。

(二)社会学研究方法体系

1. 社会学方法论

社会学方法论是社会研究过程的逻辑和哲学基础，是规范社会学研究方式方法的原理、原则和方法的体系。它是进行社会研究的基本原则和指导思想。方法论决定研究者如何提出假设，如何解释资料和得出结论。社会学方法论主要有历史唯物主义方法论、实证主义方法论和人文主义方法论。辩证唯物主义和历史唯物主义是社会学研究中最基本的方法论。

2. 社会学研究方式

社会学研究方式是指社会学研究的具体形式或研究的具体类型，它说明了研究者通过何种途径得出研究结论。不同的方法论决定着研究者对研究方式的选择。社会学研究的具体方式主要有调查研究、实地研究、实验研究和文献研究四种类型。其中，调查研究、实验研究和文献研究属于定量研究，更多体现的是实证主义方法论倾向；实地研究属于定性研究，较集中地体现人文主义方法论倾向。

3. 具体方法与技术

社会学具体方法与技术就是研究社会学过程中所使用的各种资料收集的方法、资料分析的方法，以及其他操作程序与技术。具体方法与技术具有鲜明的操作性和技术性特点。在实际的社会学研究中，各种具体方法必须与其他方法与技术相互配合并综合应用。

社会学研究方法体系是一个有机整体，每一种方法与技术均有自身的功能与价值，同时又是相互联系的。

三、社会学研究的基本程序

社会学研究的程序是指整个研究过程中包含的各个步骤，以及这些步骤的先后顺序。它是大量社会学研究人员在长期的研究实践中摸索总结、逐步形成的。大体上，我们可以将社会学研究的整个过程分为四个阶段：选择研究课题、设计研究方案、收集处理资料、分析阐释结果。

(一)选择研究课题

根据已有的经验、理论和丰富的想象提出一个有价值且可行的研究课题，是整个研究过程中最困难的部分。课题选择不当不仅会使整个研究工作失去意义，还会使得研究工作难以进行。因此，恰当地选择研究课题，就成为社会学研究的首要任务。在实践中，人们常常依据下列几条标准来进行课题选择：

1. 重要性

即课题所具有的意义或价值。这种意义或价值既可以是理论方面的，也可以是实践方面的。从理论上看，研究课题应该对社会学的基本理论或基本概念有所突破、有所发展；从实践方面看，研究课题则应该对现实社会问题、社会管理、社会决策、社会工作等有所帮助、有所参考。

2. 创造性

即课题所具有的独特性和创新性。所选的课题要有新的内容，即要能增加人们对现实生活的新知识。对于社会学研究中的大多数课题来说，这种创造性更经常地体现在其角度、方法或内容等有自己独特的地方。

3. 可行性

即进行课题研究时所受到的主客观限制。通俗地说，就是要考虑课题的研究工作是否行得通。主观限制是指研究者自身条件方面的限制，客观限制是指进行研究时所受到的客观条件或环境方面的限制。

当课题初步确定后，应进行一定的探索性工作。这种探索性工作主要包括三方面内容，即围绕课题查阅有关文献资料，请教有关专家和实地进行初步考察。这样就能使我们原先考虑的课题范围逐步明确和集中，最终形成一个有意义、有价值、有可行性且明确表述的研究课题。

(二)设计研究方案

这一阶段的具体工作内容主要包括：提出研究假设、选择研究方法、制定研究计划、进行实验研究等。

1. 提出研究假设

就是把研究的课题命题化，即从一定的理论框架或事实出发，应用一系列已有的概念，提出有概括或推测意义而又可用经验事实加以验证的命题，这种命题就叫做研究假设。它是整个研究工作的出发点，是一种有待于事实检验的理论陈述。

2. 选择研究方法

社会学研究的具体方式和方法是多种多样的，每一种方法又都有各自的优点与不足，有着各自适用的内容与范围。因此，在设计研究方案时，要根据不同的研究目的、研究对象和研究内容，有针对性地选择一种或几种恰当的方法，以达到最佳的研究效果。

3. 制订研究计划

即有关研究人员的组织、研究对象的选取、研究工具的准备、研究经费的使用、研究进度的安排等项内容的确定。这是研究设计阶段最具体的工作任务，它将整个研究的过程和方面一一进行规划，并将研究的主题和思路具体化为一项项工作内容。

4. 进行试验研究

即在正式开展研究之前，在一个很小的范围内，对研究的主要方法、内容、对象、工具等进行尝试性的研究工作。其目的在于发现并及时修订研究计划中可能存在的问题和不足，检验研究计划是否切实可行。

(三)收集处理资料

这一阶段又分为收集资料和处理资料两个具体部分。

收集资料部分所要做的主要工作有：聘用、挑选并培训工作人员；确定并选取调查对象、观察对象、实验对象和所分析的文献；设计并印制调查问卷、访问表、观察表、文献分析记录单等；与有关单位或部门取得联系，实地开展调查、观察、实验和文献分类记录等工作。收集资料阶段是整个研究过程中最为艰苦的阶段，也是最容易出现和产生各种误差的阶段。因此，必须精心地进行组织，并尽可能严格地按所制定的研究方案实施，努力将各种误差减少到最低程度，以保证资料的真实性和有效性。

处理资料部分的主要工作包括对所收集的原始资料进行审核、整理、复查、登录、输入计算机及统计等。这是一项十分细致的工作。一方面，它要求通过资料的评估技术和重访技术来审核资料、校正资料、补充资料，以减少原始资料中可能出现的误差；另一方面，它又要求采用检录技术和列表技术等，对资料进行汇总、整理、分类，使之条理化、系统化。

(四)分析阐释结果

这是整个研究过程的最后阶段。资料的分析工作首先是对经过初步处理的资料进行分析研究，可以从定量和定性两个方面进行。定量分析是运用统计工具和手段进行的数量分析，它可以简化、揭示和推论研究总体的各种数量特征，从而找到某种现象或事物内部的规律性。定性分析则是运用分类、比较、概括、归纳、推理等手段和方法，发掘事物或现象的内在机制及相互联系，寻找事物各种数量特征背后所蕴含的意义，对现象或事物做出质的规定。资料的定性分析是定量分析的前提与基础，而定量分析则是定性分析的深化。在实际的研究过程中，二者缺一不可，应努力将二者紧密结合，以便更好地理解和认识事物的内在机制及其相互关系。

对资料进行分析所要达到的第一个目标是描述，即从对现象的各种指标测量所得到的数据中，揭示出现象的一般状况及其在范围、对象、程度、类型等方面的各种特征；第二个目标是解释，即对现象形成或变化的原因做出说明，由此揭示出与该现象相关联的众多因素及其相互关系；第三个目标是预测，即在对资料进行分析、对现状进行描述、对原因进行解释的基础上，对现象发展变化的趋势、后果进行推断。一般地说，描述是基础，解释是关键，而预测则是应用。三者相互关联，层层深入。

社会学研究的基本程序中，每一具体步骤都不是孤立的，而是与其他步骤相互联系、相互依赖、相互影响的。每一步既有待于前面的步骤提供基础，同时又为后面的步骤开辟道路。

第二节 方法论与研究方式

社会学方法论规定着社会学研究所应当遵循的最基本原则，是社会学研究方式和具体研究方法的理论与逻辑基础，是对研究方式方法的一般原理和规律的系统探讨和评价。社会学研究方式则说明研究者是通过何种具体途径得出研究结论，是社会学研究的程序、策略和方法。社会学研究方式有四种类型，即调查研究、实验研究、实地研究和文献研究。

一、社会学方法论

对社会学方法论探讨的阐述，是建立和发展社会学的必要条件之一。从社会学学科发展史来看，社会学有三种基本的方法论，即实证主义方法论、人文主义方法论和历史唯物主义方法论。

(一)实证主义方法论

实证主义方法论的主要观点有：

(1)社会现象与自然现象之间没有本质的差异，都遵从同样的科学法则。社会研究应该向自然科学看齐，对社会现象应进行类似自然科学式的探讨。

(2)重视经验和感性资料在社会认识中的重要作用，在方法论上恪守经验主义原则，认为经验是知识的唯一来源和基础，只有被经验证明了的知识才是科学的。

(3)强调价值中立性，要求在社会学研究中不作任何个人的价值判断，反对个人的情感介入，以保持严格的客观性和科学性。社会学不是探讨“应该如何”，而只是客观地阐明社会“究竟是如何”，它不关注独特的历史事件，而主要关注社会现象的原因和规律。

在研究方式上，定量研究是实证主义方法论的典型特征。

(二)人文主义方法论

人文主义方法论认为，社会现象对社会行动者来说是“有意义的”，不能用自然科学的方法加以研究。属于这一学派的许多社会学家指责实证主义忽略了社会行动者的特殊性、自主性与互为主体性，忽略了历史、文化和意识形态的作用，抹杀了社会现象与自然现象的本质区别。强调在研究社会现象和人们行为时，需要发挥研究者的主观性。历史社会学认为，任何社会学研究都是历史研究，并且都无法与价值倾向和意识形态相分离，所谓客观的实证研究实质上是为了维护现有社会秩序。社会学的任务是在历史脉络中运用类型构造法和比较法来探讨历史因果关系。他们主张以阐释和理解的方法来发现影响社会历史发展的原因。

人文主义方法论与实证主义方法论共同构成现代西方社会学方法论的两大基石。在研究方式上，定性研究是人文主义方法论的典型特征。马克斯·韦伯是人文主义方法论最重要的代表。

(三)历史唯物主义方法论

从方法论的角度而言，马克思主义哲学具有哲学方法论和具体研究方法论两层含义。

在哲学层次上，唯物史观是考察整个社会的具有普遍意义的世界观和方法论。马克思在认识起源问题上，强调经验事实先于理论而存在，强调知识来源于实践，主张以现实的“市民社会”和人的活动作为哲学思考的重心。他用一种历史的、发展的观点取代了传统的静态分析，以历史的动态的观点分析社会。认为客观世界的各种矛盾与对立的现象，并非是一种静态的关系或属性，而是内在于事物之中的，具有动态特征的认知关系，认为社会是处在经常发展中的动态的有机体。在马克思看来，社会历史的发展是人类生产力及其所创造的社会关系的辩证发展过程，只有通过对历史过程的认识才能解释人们的社会活动。马克思承认社会发展存在着客观的规律，并从经济因素出发解释社会，认为对基本社会矛盾的分析是研究社会的根本方法。马克思还指出，知识的发展也是一个辩证过程，因为人类所认识的世界，不一定是真实的世界，而是经过思想加工的文化世界，这种文化世界体现了人类所创造的思想产物，即社会价值、社会制度、社会关系和意识形态等上层建筑。随着社会历史的发展，人们的知识以及上层建筑也必然会发生变化。辩证观、历史观和实践观是马克思哲学方法论和社会理论的基本观点。

在研究方法的层次上，马克思的辩证法具有两大特点：其一，强调研究过程的经验性和实践性；其二，把社会作为一个整体来研究，侧重通过分析社会结构及各个分系统之间的相互关系，做出对社会发展变化的原因的解释，从而达到对现存社会秩序进行批判和改造的最终目的。

在具体研究方法上，马克思一生最常采用的方法是文献分析法。

二、研究方式

(一)调查研究

1. 调查研究的概念

调查研究简称调查，是指一种采用自填式问卷或结构式访问的方法，系统地、直接地从一个取自某种社会群体的样本那里收集资料，并通过对资料的统计分析来认识社会现象及其规律的社会研究方式。

调查研究包括两个研究阶段，即社会调查阶段和研究阶段。社会调查是指运用观察、问卷、访谈等系统的社会学方法直接从社会生活中了解情况，收集事实、数据和资料的感性认识活动，主要目的在于为研究收集素材和资料；研究则是指通过对收集上来的事实、数据、资料的思维加工，由感性认识上升到理性认识的科学活动，其目的在于说明社会现象的本质特征，以便科学地解释社会现象的产生、发展和变化，并由此得出规律性的认识。

2. 调查研究的主要特征

(1)要求从某个调查总体中抽取一定规模的随机样本。这一特征是其他研究方式所不具有的。

(2)资料收集需采用调查问卷的方式，并有一套系统的、特定的程序要求。

(3)研究所得到的庞大的量化资料，必须在计算机的辅助下完成资料的统计分析，才能得出研究结论。

3. 调查研究的类型

依据不同的标准可将调查研究划分为不同类型。根据调查研究的任务性质，可划分为理论性调查研究和应用性调查研究；按照调查的目的，可分为描述性调查、解释性调查；根据调查研究对象的范围，可分为普查、抽样调查。不同的社会调查研究类型具有不同的特点，其在调查方式、方法、程序、步骤、适用范围等方面都有所不同。

4. 调查研究的一般程序

调查研究作为一种科学的认知活动，具有很强的规律性和程序性。因而使用社会调查研究方法对社会现象和社会过程中的实际问题进行研究时，都需要有目的、有步骤地进行，即遵守一定的程序和步骤。社会调查研究的一般程序，是指调查研究工作实际开展的基本顺序和步骤，包括对实际问题进行调查、研究和解答的全过程。社会调查研究程序的确定是基于人们对于客观事物的认识规律而做出的逻辑安排。调查研究一般包括以下几个相互关联的步骤：

第一阶段，确定研究课题。选题要明确、具体、可行并具有理论或实际意义。

第二阶段，提出研究假设。研究假设是在对调查研究对象一定了解的基础上，对调查对象的特征及有关现象之间的相互关系所做出的推测性判断。研究假设使调查研究所要解决的问题明确化，并使研究课题更加具体。通常为进一步把研究课题具体化，还应对研究假设操作化，即把研究假设中的抽象概念和大问题转化为具体概念和具体问题甚至是指标或题目。通过操作化，就可以对调查用经验材料去检验。

第三阶段，设计调查研究方案。调查研究方案一般包括以下内容：调查研究的目的、内容和意义；调查地点的选择、调查对象和研究单位的选择；研究类型和研究的方式方法、抽样方案；调查的人员、经费、时间和物质手段的安排等方面。

第四阶段，收集资料。使用具体社会调查方法与技术，收集对于课题研究有用的、准确的资料。

第五阶段，整理与分析资料。整理资料就是根据研究目的对收集到的资料进行条理化和系统化，其最终目的是为了便于对资料进行分析。分析资料就是利用相关分析、内容分析等方法，对所获得的文字或数字材料进行思维加工。通过分析，得出研究对象的一些基本结论，并对所做出的假设进行检验。

第六阶段，撰写调查研究报告。

（二）实验研究

1. 实验及其基本要素

实验是一种经过精心的设计，并在高度控制的条件下，通过操纵某些因素，来研究变量之间因果关系的方法。

一般来说，在实验过程中，研究是通过引入（或操纵）一个变量（即自变量），以观察和分析它对另一个变量（即因变量）所产生的效果。从方法论上看，实验是定量研究的一种特定类型。

作为一种特定的研究方式，实验有着三对基本要素：

(1)实验组与控制组。实验组是实验过程中接受实验刺激的那一组对象。控制组也称为对照组，它是各方面与实验组都相同，但在实验过程中并不给予实验刺激的一组对象，控制组的作用是向我们显示，如果不接受实验刺激那样的处理，那么实验组将会发生什么。

(2)前测与后测。在一项实验设计中，通常需要对因变量（或结果变量）进行前后两次相同的测量。第一次是在给予实验刺激之前，称为前测。第二次则在给予实验刺激之后，称为后测。

(3)自变量与因变量。自变量是引起其他变量变化的变量，也称作原因变量。在实验研究中，自变量又称为实验刺激。而因变量则称作结果变量，它往往是研究所测量的变量。实验研究的核心目标是探讨变量之间的因果关系，其基本内容是考察自变量对因变量的影响，即考察实验刺激对因变量的影响。

2. 一项具体实验必须满足的五个基本条件：

(1)必须建立变量之间因果关系的假设。

(2)自变量必须能够很好地被"孤立"。

(3)自变量（实验刺激）必须是可以改变的，同时也是容易操纵的。

(4)实验程序和操作必须能够重复进行。

(5)必须具有高度的控制条件和能力。

3. 实验的类型

(1)实验室实验与实地实验。在实验室内进行的严格的实验研究，称为实验室实验。在现实社会生活中进行的实验，称为实地实验。

(2)标准实验与准实验。具备实验设计中实验条件的实验称作标准实验。缺乏实验设计中一个或多个"条件"或"部分"的实验，称为"准实验"。

(3)双盲实验。双盲实验是指在一项实验中，实验刺激对于实验对象和参与实验的观察人员来说都是事先未知的。即究竟是实验组还是控制组被给予了实验刺激，参与实验的双方（指实验对象和实验人员）均不知情，实验刺激是由实验人员和实验对象以外的第三者任意分派和给定的。

4. 基本实验设计

(1)经典实验设计。经典实验设计也称为古典实验设计，是最基本、最标准的实验设计。由于该设计中包含了实验设计的全部要素：实验组、控制组、前测、后测、自变量（实验刺激）、因变量，以及随机指派，故也有的书中称它为"双组前后测模式"。

经典实验设计的实施步骤为：①随机指派实验对象到实验组和控制组；②

对两个组的对象同时进行第一次测量，即前测；③对实验组给予实验刺激，但不对控制组实施这种刺激；④对两个组的对象同时进行第二次测量，即后测；⑤比较和分析两个组前后两次测量结果之间的差别，得出实验刺激的影响。

(2)所罗门三组设计。所罗门三组设计是在经典实验设计的基础上，又增加一个控制组后形成的。这个控制组只有实验刺激和后测，没有前测。由于第二个控制组有实验刺激，而无前测，因而这个组中因变量的任何变化只能归因于实验刺激。

(3)所罗门四组设计。这种设计是在三组设计的基础上，再增加一个既无前测也无实验刺激，只有一个后测的控制组。由于该设计中既无前测也无实验刺激，所以发现的任何变化就只能是实验以外的因素影响的结果。

5. 影响实验正确性的因素

在实际社会研究中，实验的正确性还受到某些特定因素的影响。其中比较突出的问题有以下几个方面：

(1)重大事件的影响。由于大多数实验设计都需要进行前测和后测，并且常常是对实验对象在实验刺激前后的态度、观念、价值和行为进行测量。而前测和后测之间又往往会相隔相当长一段时间，因此，出现在前、后测结果上的差异除了实验刺激所造成的影响外，还有可能受到发生在这一段时间中的某些重大事件的影响。

(2)实验对象的发育所造成的影响。实验对象的发育是指在实验的前测和后测之间的成长、成熟及其所带来的变化。这种变化对实验结果也会造成一定的影响，在一些特定的实验中，这种影响还会相当大。

(3)前、后测环境不一致的影响。进行前测和后测时所具有的环境也常常是不同的。即使用的是一份同样的问卷，在相同的地点，由相同的研究人员参与，有时也会造成前、后两次测量在某些细节、某些方面、某些条件上出现差别，从而给实验对象带来不同的影响。

(4)初试及复试效应的影响。实验中的前测和后测还具有一个突出的特点：它们的形式、内容完全一样。这是由实验方法的基本逻辑所要求的。然而，也正是由于实验方法的这一特点、容易产生初试及复试的影响问题。

(5)实验对象选择和缺损的影响。实验对象作为实验不可缺少的一个部分，也可能产生出一些影响实验正确性的因素。这种情况首先存在于实验对象的选择上。其次，与实验对象有关，并影响到实验正确性的另一个因素是实验对象的缺损问题。

(三)文献研究

1. 文献与文献研究

文献，指一切记录人类知识的物体。文献必须具备三个基本要素：一定的知识内容、一定的物质载体、一定的记录方式。

文献研究是一种通过收集和分析现存的，以文字、符号、数字、画面等信息形式出现的文献资料，来探讨和分析各种社会行为、社会关系及其他社会现象的研究方式。

2. 文献研究的类型

根据研究的具体方法和所用文献类型，可以将文献研究划分为不同的类型。其中社会研究者最常用的有内容分析、二次分析和现存统计资料分析三种类型。

(1)内容分析。内容分析是通过考察人们所写的文章、书籍、日记、信件，所拍的影视、照片，所创作的歌曲、图画等，来了解人们的行为、态度及特征，进而了解和说明社会结构及文化变迁。内容分析方法假定：在这些传播的材料中所发现的行为模式、价值观念和态度，反映出并影响着创造和接受这些材料的人们的行为、态度和价值观。因此，除信息本身的内容外，内容分析还被用来研究信息发出者的动机，以及信息传播的效果或影响。内容分析可以按大的方法论取向分为定量的和定性的两种。

内容分析的程序为：

①抽样。在对某种文献进行内容分析时，需要通过抽取有代表性的样本的方法，来达到研究全部对象的目的。内容分析中的抽样通常分为三个主要的阶段：首先是名称的抽样，经常采用分层抽样的方法；其次是期号的抽样；最后是内容的抽样。

②编码。对样本中的信息进行编码，是指根据特定的概念框架，对信息一一进行分类记录。编码是内容分析的基本做法。与编码工作相关的问题有两个，即选择编码单位和制定一份编码单。

选择编码单位，即选择具体的观察和点算单位。编码单是对文献材料进行观察和记录的工具，在某种程度上，它同结构式观察所用的记录单十分相似。它的形成和结构要依赖于编码单位的选择。一旦选定了编码单位，研究者就应为它们制定或赋予数值。

(2)二次分析。也称第二手分析，是指对那些由其他人原先为别的目的收集和分析过的资料所进行的新的分析。二次分析所用的资料是别的研究机构或研究者通过实地调查所得到的原始数据，以及各种统计部门所编制的统计资料。

二次分析的步骤：

①选择研究的主题。适用于二次分析的主题可以是相当大的，它有时只能采用那种在一个国家规模上所得到的数据资料。一旦提出了某个假设或某种研究问题，就必须仔细地考虑操作化工作。通常，在研究设计中，要留有一定的

余地，以便一旦发现相关的资料中并不具备所想要的各种特征时，就可稍微修改研究设计，以保持与可用资料的一致性。

②寻找合适的资料。由于二次分析所用的都是原始调查或统计所得到的数据资料，因此明确所寻求的资料十分重要。

③对资料的再创造。得到所需要的数据资料后，往往要对这些资料进行一些加工才能更好地为自己的研究服务。首先，必须从资料中寻找或重新定义你所要研究的变量。其次，应该仔细地研究这些变量。如果有一份每一变量的频率统计，就可以帮助研究者加深对资料的了解。

④分析资料。调查研究往往是研究者根据自己的研究目的去实地收集第一手资料，也可以说他们是先“创造”出资料，然后再对这些资料进行分析。而二次分析则是研究者自己不去进行实地调查，不去“创造”第一手资料，只是根据自己的研究目标在别人已“创造”出的各种原始资料中去“寻找”合适的资料进行分析，即只是把别人已“创造”好的资料拿来为自己所用。

(3)现存统计资料分析。在社会科学研究中，人们也常常运用各种现存的统计资料来进行自己的研究。这种现存的统计资料，既可为研究提供历史背景材料，又可以成为研究本身的数据和资料的一种来源。后一种情况下，研究就被称作现存统计资料分析。

现存统计资料分析的主要步骤为：

①选择合适的材料。要从各种调查统计部门现存的统计资料中，选择最适合你的研究问题、最有代表性和最有说服力的证据。

②处理资料。由于聚集资料都是基于一定的基础之上建立起来的，所以，把它们分解开来是不可能的。为此，只能在现有统计资料本身的结构中去发现、发掘和利用，特别是从不同的角度来利用。

③说明资料来源。要说明所用的现存统计资料的来源，并使这种资料能够被理解。

(四)实地研究

实地研究是唯一一种具有定性特征的研究方式，与前面介绍的几种定量研究方式有着较大的差别。

1. 实地研究的概念

实地研究是指以参与观察和非结构访谈的方式，深入到研究现象的生活背景中收集资料，并通过对这些资料的定性分析来理解和解释现象的一种社会研究方式。按照不同的标准，它常常被区分为参与观察、个案研究等。

实地研究既是一种定性研究方式，也是一种理论建构型的研究方式。实地研究方式的基本特征是强调“实地”，即研究者一定要深入到所研究对象的社会生活环境，并在其中生活相当长一段时间，通过观察、询问、感受和领悟，理解所研究的现象。其基本的逻辑结构是：研究者在确定了所要研究的问题或现象后，不带任何假设进入到现象或对象所生活的背景中，通过参与观察和收集各种定性资料，在对资料进行初步的分析和归纳后，又开始进一步的观察和归纳。通过多次循环，逐步达到对现象和过程的理论概括和解释。

2. 实地研究的过程

从实施的程序上看，实地研究通常可分为以下几个主要的阶段：

(1)选择研究背景。实地研究必须深入实地，因此，选择“实地”是进行实地研究的第一步。在客观条件许可的情况下，应尽量选择那些既与所研究的问题或现象密切相关，又容易进入和容易观察的研究背景。

(2)获准进入。获准进入在实地研究中具有其真正的含义，它是实地研究中非常重要，同时也十分关键的一个环节。正式合法的身份以及单位或组织的介绍信，只是一种保证能获准进入的必要条件，并不是充分条件。研究者要能参与研究对象的实际社会生活，还经常需要某些“中间人”或“关键人物”的帮助。

(3)取得信任和建立友善关系。研究者进入实地后，面临的首要任务是尽快取得当地人的信任，并与他们建立友善的关系。信任的取得、关系的建立，需要有一定的时间，需要一个过程，也需要一定的机会。只有经过一段时间的共同生活，人们才会慢慢习惯你的出现，习惯你的参与，慢慢从心里接受你。而在这种参与生活的过程中，常常会出现一些自然的契机，这些契机将成为一种转折点，使得研究者逐渐从当地人的“他群体”，进入到他们的“我群体”里。

(4)通过记录收集资料(观察或访谈)。参与观察的记录通常是先观察在眼，然后再记录。回忆和记录一般在当晚进行。访谈的记录可以分两种情况：一种是比较正式的、事先约好的访谈；另一种是非正式的、偶然的、闲聊式的、非常随便的访谈。

由于研究者的记录行为本身也是一种刺激物，它会影响和改变研究对象的行为表现。因此，记录时动作要小、速度要快、时间要尽可能短。关于观察记录材料的详略，原则上是越详细越好。

(5)整理和分析资料。

(6)报告研究结果。

第三节　操作技术

操作技术是指在研究过程中所使用的各种资料收集和分析方法，以及各种特定的操作程序和技术。资料收集与分析是社会研究过程中的两项重要任务，与四种不同的研究方式相对应，研究者在研究中可采用多种不同的资料收集方法和分析方法。

一、问卷技术

问卷方法也称问卷调查法，是指在社会调查中，调查者采用统一设计的问卷向被调查者了解情况和征询意见的调查方法。作为一种收集资料的工具，问卷的形式是一份预先精心设计好的问题表格，用于测量人们的行为、态度和特征。

（一）问卷的类型与结构

根据问卷的填答者的不同，可将问卷分为两类，一类是自填式问卷，即由被调查者自己填写的问卷；另一类是访问问卷，是指由调查员根据被调查者的回答来填写的问卷。

一般来说，问卷的结构通常包括以下几部分：封面信、指导语、问题及答案、编码等。

1. 封面信

封面信，即一封致被调查者的短信，主要用来说明调查的基本情况。主要内容包括：（1）调查者的身份、单位；（2）调查的目的、意义；（3）调查的内容；（4）调查对象的选取方法和对结果的保密措施。封面信的位置一般在问卷的封面或封二，字数以 200 字为限，语言要亲切、诚恳、简洁。

2. 指导语

指导语，即用来指导被调查者填写问卷的各种说明。它的内容包括：填答问卷的方式、填答问卷时应注意的问题、对被调查者的希望和要求。指导语的语言要简明易懂。

3. 问题及答案

它是问卷的主体，一般包括调查所要询问的问题、回答问题的方式、对回答方式的说明。

问题的形式可以分为两种类型：一类叫开放式问题，即只提出问题，不提供具体答案，而由被调查者自由填答；另一类叫封闭式问题，即在提出问题的同时，还列出若干个要求被调查者根据实际情况选择的具体答案。

问题设计应简短、准确，避免双重提问和带有倾向性、诱导性，不要使用抽象概念，所提问题不要超出回答者的能力。回答方式的设计可以采用填空式、是否式、选择式、矩阵式、表格式和后续回答式等方式。问题的数量，一般限制在被调查者 20~30 分钟内能顺利完成为宜。

4. 编码

编码是对每份问卷和问卷中的每一个问题、每一个答案均编定一个唯一的代码，并以此为依据对问卷进行数据处理。对问题的编码，就是对每一个询问问题编定一个代码。对答案的编码可分为前编码和后编码，封闭型问题的每一个答案，在设计问卷时就设计了代码，称为前编码；开放型问题的答案，一般是在调查结束后根据答案的具体情况再编定代码，称为后编码。

(二)问卷设计的原则与步骤

问卷调查的关键和难点在于问卷设计。这是因为，问卷设计得如何，将直接影响调查资料的真实性与实用性，影响问卷的回收率，进而影响整个调查的结果。

1. 问卷设计的原则

问卷调查要求设计问卷时要为被调查者考虑，为此，应坚持以下几项原则：

(1)适合性原则。设计时要从被调查者的角度出发，设计适合他们的问卷，减少他们填答问题所需的时间和精力。

(2)有效性原则。问卷的问题必须围绕研究课题和研究假设进行设计，凡是对于研究课题和研究假设来说是多余的问题，都必须删去。

(3)可行性原则。问卷中的问题必须符合被调查者回答问题的能力和意愿。

2. 问卷设计的步骤

(1)初步探索。即确定研究题目，提出理论假设，再找出理论假设所涉及的变量以及测量这些变量的指标。

(2)设计问卷初稿。一般采用卡片法或框图法设计初稿。

(3)试用和修改。试用就是在很小的范围里试用一次，然后检查填答中的错误，找出问卷在设计上的不足，进行修改。也可采用请专家评价的方法对问卷初稿进行修改。只有经过了试用和修改后，才能将问卷用于正式调查中。

(三)问卷的发放与回收

问卷的发放与回收是搜集资料、进行问卷调查的必经途径。一般采用集中分发，当场填写，当场回收；登门发送，登门回收；通过邮局，寄去寄回等方式。

二、访谈技术

(一)访谈法的含义和种类

访谈法，也称访问调查法，是访问者通过口头交谈等方式向被访问者了解社会实际情况或探讨社会问题的方法。访问调查，一般都是访问者向被访问者做的面对面的直接调查，是通过口头交流方式获取社会信息的口头调查。

访问调查法的种类，可以根据不同的标准作不同的划分。根据访问内容的不同，可分为标准化访问和非标准化的访问；根据访问方式的不同，可分为直接访问和间接访问。标准化访问(亦称结构式访问)，是按照统一设计的、有一定结构的问卷所进行的访问。非标准化访问(亦称非结构式访问)，是按照一个粗线条的访问提纲所进行的访问。直接访问是访问者与被访问者进行面对面的交谈，间接访问是访问者通过电话或书面问卷等工具对被访问者进行访问。

(二)访谈的程序与技巧

访谈过程，大体上可分为访谈的准备、进入访谈、控制访谈、访谈的结束几个环节。

1. 访谈的准备

(1)准备好详细的访问提纲和调查工具。进行标准化访问，必须熟悉统一设计的问卷。做非标准化访问，则应把访问提纲具体化为一系列的访谈问题。

(2)选准访谈的具体对象，并尽可能充分了解被访问者。访谈对象的选择要服从访谈内容的需要，要找那些最了解情况的人来回答最适合的问题，并尽可能充分地了解被访问者的基本情况。

(3)计划好访谈的具体时间、地点和场合。一般来说，最佳访谈时间是被访问者心情比较舒畅的时候。访谈地点和场合的选择，应以有利于被访问者准确回答问题和畅所欲言为原则。至于访问的具体场合，最好是能单独与被访问者个别交谈。

2. 进入访谈

(1)进入访谈现场。在实地访谈之前，可与调查对象所在地的有关管理部门取得联系，争取他们的支持与合作。或与被访对象“约定”访谈的时间和地点。

(2)接近被访问者。接近被访问者的第一个问题，是如何称呼的问题。称呼恰当，就为接近被访问者开了一个好头。称呼要随乡就俗，亲切自然。同时，应注意称呼习俗的发展和变化。

几种可供选择的接近方式：一是自然接近，即在某种共同活动的过程中接近对方。二是求同接近，即在寻求与被访问者的共同语言中接近对方。三是正面接近，即开门见山，先作自我介绍，直接说明调查的目的、意义和内容，然后进行正式访谈。四是友好接近，即从关怀、帮助被访问者入手，来联络感情、建立信任。五是隐蔽接近，即以某种伪装的身份或目的接近对方，并在对方没有觉察的情况下调查了解情况。

3. 控制访谈

(1)提问的方式。提问是访问调查的主要手段和环节，提问的方式可以多种多样，采取哪种方式提出问题，要考虑三个方面的因素：问题本身的性质和特点、被访问者的具体情况、访问者与被访问者之间的关系。

(2)引导和追询的技巧。访谈过程中不仅要提问，而且需要引导和追询。引导实质上是提问的延伸或补充，是访谈过程中一个不可缺少的环节或手段。当访谈遇到障碍不能顺利进行下去或偏离原定计划的时候，就应及时引导。如何进行引导呢？这就要具体情况具体对待。比如被访问者对问题的理解不正确、有思想顾虑、回答离题太远时，就应引导被访者排除干扰和障碍，使访谈过程得以按预定计划顺利发展下去。

当被访问者的回答没有正确、完整地说明问题的时候，就要适当地追询。追询的方式是多种多样的。有正面追询，即正面指出回答不足的地方，请对方补充回答；有侧面追询，即调换一个角度或提法来追问相同的问题；有系统追询，即系统地追问下去；有补充追询，即补充追问那些没有搞清的部分或问题；有重复追询，即对前面已经回答过的问题，再追问一次，检验其前后回答是否真实和一致；有反感追询，即"激将"追询。

4. 访谈的结束

一般来说，访谈的结束应该注意两方面的问题，一是要适可而止，二是要善始善终。

所谓适可而止，主要掌握两点：第一，每次访谈活动的时间以一两个小时为宜，不宜过长；第二，访谈活动必须在良好的气氛中进行，如果良好的交谈气氛一经破坏，就应马上结束访谈活动。所谓善始善终，主要是做好两件事：第一，真诚感谢被访问者对调查工作的支持；第二，要为以后的调查作好铺垫，即表示今后可能还要再次登门请教。

三、观察技术

(一)观察法的含义及种类

观察法，也称实地观察法，是观察者有目的、有计划地运用自己的感觉器官或借助科学的观察仪器，直接了解当前正在发生的、处于自然状态下的社会现象的方法。

依据不同的标准，实地观察法可以划分为许多不同的类型。

根据观察者是否参与被观察者的活动，可分为参与观察和非参与观察。参与观察也称局内观察，是指观察者参与到被观察者的社会环境中，并通过与被观察者的共同活动从内部进行观察。按照参与程度的不同，参与观察又可分为不完全参与观察和完全参与观察。不完全参与观察，是指观察者部分地参与到被观察者的群体之中，并通过自己的活动来进行观察。完全参与观察，就是观察者完全参与到被观察者的社会群体之中，作为其中的一个成员进行活动，并在这个群体的正常活动中进行观察。非参与观察也称局外观察，即观察者不加入被观察者的群体，不参与他们的任何活动，完全以局外人或旁观者的身份进行观察。

根据观察的内容和要求，可分为有结构的观察和无结构的观察。有结构的观察也称有控制的观察，它要求观察者事先设计好观察的内容和项目，制定统一的观察表格或卡片，严格按照设计的要求进行观察，并作好详细的观察记录。无结构的观察也称无控制的观察，它只要求观察者有一个大致的观察内容和范围，或一个总的观察目的和要求，然后到观察现场去根据当时的具体情况有选择地进行观察。

（二）实地观察的步骤和技巧

1. 实地观察的步骤

实地观察的步骤可概括为：准备阶段、实施阶段、整理阶段。

（1）准备阶段。准备阶段的主要工作有：①确定观察的目的和任务。②选择观察的对象和环境。为了使观察结果具有典型的意义，应该选择那些典型环境中的典型对象作为观察的重点。只有抓住了典型环境中的典型对象作为观察的重点，才能收到"一叶知秋"的观察效果。③选准观察的时间和场合。进行实地观察，要注意选择最佳的观察时间，最佳的观察场合。④确定观察的具体手段。⑤制定观察提纲。⑥选择和培训观察人员。

（2）实施观察阶段。实施观察阶段的主要工作有：进入观察现场、与观察对象建立友好关系、进行观察和收集资料、从观察场所退出。

（3）观察整理阶段。观察整理阶段的主要工作有：整理观察资料、分析观察资料、撰写观察研究报告。

2. 实地观察的技巧

（1）消除观察对象的戒备心理，努力减少观察活动对被观察者的影响。观察活动本身会对被观察者产生一定影响，使被观察者产生一种戒备心理，甚至出现行为失常状态。为此必须设法消除被观察者的戒备心理，可以通过当地政府和在群众中有威望的人作必要的引荐和介绍，取得观察对象的支持和信任。观察者同时应注意控制自己的观察活动，努力减少被观察者的反应性心理和行为，以免产生反应性的观察误差。

（2）深入观察对象的生活，积极参加观察对象的各项社会活动。只有深入到观察对象中去，同观察对象打成一片，才能取得他们的信任，了解他们的所思所想。

（3）尊重观察对象的风俗习惯、道德规范，顺应观察对象的生活方式。

（4）参与群体活动与个别接触相结合。既要重点深入观察对象，又要尽可能广泛地接触了解观察对象的群体。

（5）给观察对象提供帮助，增进同他们的友谊。在观察对象需要帮助的时候，在条件允许的情况下，应尽量给他们以帮助。

(6)努力减少观察误差。减少观察误差的途径和方法有：正确选择观察人员、进行思想教育、做好观察前的知识准备、加强感官训练、合理安排观察任务、充分利用科学的观察仪器或工具、自觉控制观察者的观察活动、进行多点对比观察或重复对比观察。

四、抽样技术

(一)抽样的含义与类型

所谓抽样，是指从组成某个总体的所有元素的集合中，按一定的方式选择或抽取一部分元素(即抽取总体的一个子集)的过程，或者说，抽样是从总体中按一定方式选择或抽取样本的过程。抽样在社会研究中主要解决的是对象的选取问题，即如何从总体中选出一部分对象作为总体的代表的问题。

根据抽取对象的具体方式，可把抽样分为不同的类型。从大的方面看，各种抽样都可以按照是否依据概率论原理为标准，分为概率抽样与非概率抽样两大类。在概率抽样与非概率抽样两大类中，还可细分出若干不同的形式，具体分类见图 3-1。

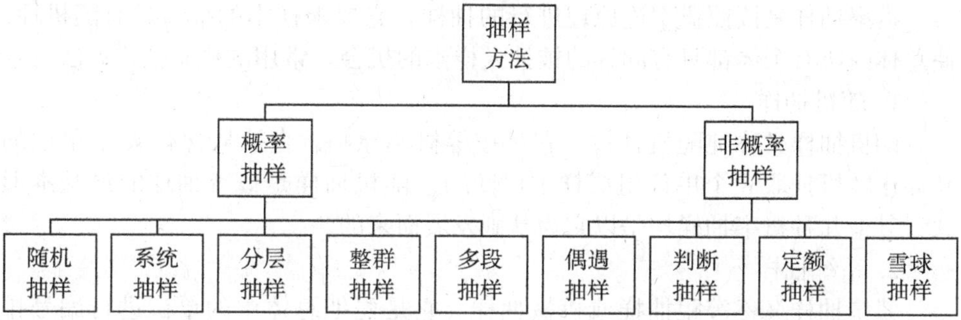

图 3-1　抽样的分类

(二)抽样的程序

1. 界定总体

总体是指所有研究对象的总和。界定总体就是根据调查课题的要求，在具体抽样前，对抽取样本的总体范围与界限做出明确的界定。

2. 制定抽样框

抽样框又称抽样范围，是指抽取样本时所有抽样单位的名单。制定抽样框就是依据已明确界定的总体范围，收集总体中全部抽样单位的名单，并对名单进行统一编号，从而建立起供抽样使用的抽样框。

3. 确定抽样方案

不同的社会研究，研究目的、客观条件、对象和范围都存在着差异性，因此所适用的抽样方法也不一样。这就需要在具体实施抽样之前，依据研究的目的要求、各种抽样方法的特点，以及其他相关因素来决定具体采用何种抽样方法。

4. 实际抽取样本

实际抽取样本是指严格按照所选定的抽样方法，从抽样框中抽取一个个的抽样单位，构成样本。实际的抽样工作，由于受到不同的抽样方法，以及抽样框是否可以事先得到等因素的影响，既可能在研究者到达实地之前就完成，也可能是到达实地后才能完成。

5. 评估样本质量

样本评估，就是对样本的质量、代表性、偏差等进行初步的检验和衡量，其目的是防止由于样本的偏差过大而导致的失误。基本方法是：将得到的反映总体中某些重要特征及其分布的资料与样本中的同类指标的资料进行对比。若二者之间的差别十分明显，则样本的质量和代表性就一定不会很高；反之，若二者之间的差别很小，则可认为样本的质量较高，代表性较大。

（三）概率抽样方法

概率抽样是按照概率论原理进行的抽样。它要求样本的抽取具有随机性，使总体内所有个体都具有同等的被抽入样本的机会。常用的概率抽样方法有：

1. 随机抽样

随机抽样又称纯随机抽样。它是按等概率原则，直接从含有 N 个单位的总体中随机抽取 n 个单位组成样本（N>n）。随机抽样是概率抽样的最基本形式，其他几种概率抽样均是以它为基础发展而来的。

2. 系统抽样

系统抽样又称等距抽样或机械抽样。它是先把总体中的单位进行编号排序，再用总体单位数（N）除以样本单位数（n）计算出抽样间距（K），然后按抽样间距来抽取个体号码组成样本的方法。系统抽样适用于同质性较强的总体。

3. 分层抽样。又称类型抽样，它首先将总体中的所有单位按某种特征或属性（如性别、年龄等）划分成若干类型或层次；然后再采用随机抽样或系统抽样的方法，在每个类型或层次中抽取一个子样本；最后，将这些子样本合起来构成总体的样本。

4. 整群抽样

整群抽样是从总体中随机抽取一些小的群体，然后由所抽出的若干个小群体内的所有元素构成的样本。

5. 多段抽样

多段抽样又称多级抽样或分段抽样，是指按抽样元素的隶属关系或层次关系，把抽样过程分为几个阶段进行。多段抽样的操作方法是：先从总体中随机抽取若干大群(组)，然后再从这几个大群(组)内抽取几个小群(组)，这样一层层抽下来，直至抽到最基本的抽样元素为止。

(四)非概率抽样方法

1. 偶遇抽样

偶遇抽样又称作方便抽样或自然抽样，是指研究者根据实际情况，以自己方便的形式任意抽取偶然遇到的人，或仅选择那些离得较近的且最易找到的人作为调查样本。

2. 判断抽样

判断抽样又称立意抽样，它是研究者根据研究的目标和自己的主观判断，有意选择和确定样本的方法。

3. 定额抽样

定额抽样又称作配额抽样。进行定额抽样时，研究者要依据那些有可能影响研究变量的各种因素来对总体进行分层，并找出不同特征的成员在总体中所占的比例，然后依据这种划分以及各类成员的比例去选择对象，使样本中的成员在上述各种因素、各种特征方面的构成及其在样本中的比例都尽量接近总体。

4. 雪球抽样

当我们无法了解总体情况时，可以从总体中少数成员入手。先找出符合条件的个别对象对他们进行调查，然后通过向他们询问还有哪些符合条件的人，再去找这些人调查并再询问他们知道还有哪些符合条件的人。这样便扩大了样本范围，就如同滚雪球一样。

五、测量技术

(一)测量的概念

1. 什么是测量

测量，就是根据一定的规则，将某种物体或现象所具有的属性或特征用数字或符号来表示出来的过程。测量的主要作用，在于确定一个特定分析单位的特定属性的类别或水平。它可对事物的属性作定量说明，也能作定性说明。

2. 测量的四个要素

任何测量的构成都包括四个要素，即测量客体、测量内容、测量规则、测量数值。测量客体，即测量的对象，它是客观世界中所存在的事物或现象。测量内容，即测量客体的某种属性或特征。所谓测量规则，即用数字和符号表达事物各种属性或特征的操作规则。所谓测量数值，即用来表示测量结果的数字和符号。

3. 社会现象测量的特殊性

各种社会现象都是建立在人及其活动的基础上，对人及其社会行为的测量与对自然现象的测量相比有着显著不同的特点。第一，人既是测量的客体或对象，又是测量过程的主体，因而社会现象的测量存在主客观矛盾。第二，社会测量的内容是社会中人们的行为，以及由人们的行为所构成的各种社会现象。与此同时，社会现象测量活动本身也是一种社会行为，也是一种社会现象。二者相互联系，也相互影响。第三，测量的量化程度较低，可重复性较差。

(二)社会测量的层次

按照测量对象数量化程度，可将社会测量分为定类测量、定序测量、定距测量和定比测量四个层次。

1. 定类测量

定类测量也称为类别测量或定名测量，它是用来对测量对象的类别属性进行鉴别的测量。其本质上是一种分类体系，即将研究对象按不同属性或特征加以区分，并标以不同的名称或符号，确定其类别。

2. 定序测量

定序测量也称为顺序测量或等级测量，它是对测量对象具体属性的等级或顺序进行的测量。定序测量的取值可以按照某种逻辑顺序将研究对象排列出高低或大小，确定其等级及次序。

3. 定距测量

定距测量也称为等距测量，它是对测量对象之间的各变量值间的确切差别的测量。它不仅能够将社会现象或事物区分为不同的类别、不同的等级，而且可确定它们之间不同等级的间隔距离和数量差别。其测量结果可进行相互之间的加减运算。

4. 定比测量

定比测量也称为等比测量或比例测量，它是对测量对象之间的各变量值的比例或倍数关系的测量。定比测量除了具有上述三种测量的全部性质之外，还具有一个绝对的零点(有实际意义的零点)。因此，它测量所得到的数据除可进行加减运算外，还可进行乘除运算。

上述四种测量的层次是由低到高，逐渐上升。高层次的测量具有低层次测量的所有功能，即它既可以测量低层次测量可以测量的内容，也可以测量低层次测量所无法测量的内容，同时，高层次的测量还可以作为低层次测量处理。

(三)测量的信度与效度

1. 信度

信度即可靠性，是指采取同样的方法对同一对象重复进行测量时，所得结果相一致的程度。其基本的类型主要有以下三种：

(1)再测信度。对同一群对象采用同一种测量，在不同的时间点先后测量两次，根据两次测量的结果计算出相关系数，这种相关系数就叫做再测信度。

(2)复本信度。如果一套测量可以有两个以上的复本，则可以根据同一群研究对象同时接受这两个复本测量所得的分数来计算其相关系数。

(3)折半信度。即将研究对象在一次测量中所得的结果，按测量项目的单双号分为两组，计算这两组分数之间的相关系数，这种相关系数就叫做折半信度。

2. 效度

测量的效度也称作测量的准确度，它是指测量工具或测量手段能够准确测出所要测量的变量的程度。

3. 信度与效度的关系

社会测量的信度与效度之间的关系，主要有四方面的表现：第一，不可信，必无效。就是说，测量结果若不能可靠地反映被测客体的真实特征，那么，它就必然不能有效地说明测量所要说明的问题。第二，可信，可能有效，也可能无效。有信度的测量，不一定有效度。第三，无效，可能可信，也可能不可信。无效的测量，其对被测对象的反映未必不可信。第四，有效，必可信。社会测量若是有效的，那么，它必然具有可信这一前提。上述四种情况说明，社会测量的信度与效度间的关系并非是对称的，其中信度是效度的前提和基础，效度则是信度的目的和归宿。任何社会测量，只有做到二者的辩证统一，才会具有科学性。

第四节 定量研究与定性研究

任何事物都具有量和质两个方面。在社会研究中，相应地存在着定量研究与定性研究两种不同的研究方式。

一、方法论背景

实证主义与人文主义两种不同的方法论主张，在经验研究中则代表着两种不同的探求知识的方法，其一是科学主义的，其二是自然主义的。而定量研究方式与定性研究方式则可以说是这两种方法论的最集中体现。

长期以来，伴随着科学技术的发展而形成的实证研究范式在社会学研究中一直占据着主流地位。实证研究者受到自然科学量化研究范式的影响，主张对社会现象的研究也采用自然科学的研究方式进行，像探讨自然规律那样去探讨社会规律，认为只有客观的、实证的和定量的研究才符合科学的要求，才具有价值。统计学学科和概率论数学的发展为用量的方式探讨社会现象提供了条件。

然而，社会研究的客观性和确定性比自然科学差得多，因为它不仅研究可观察的现实(客观事件)，而且也研究主观现实(即这些事件对人们意味着什么)。并且，社会研究既受到其特定的研究内容和研究对象的制约，同时也由于实证研究范式本身所具有的缺陷，因此研究者不能完全依赖这种范式来达到对社会现象的全面理解。自20世纪70年代以来，社会学研究领域的学者们开始重视对这一范式所存在的缺陷进行批判，并逐渐发展出更具人文主义色彩的解释范式。

与实证范式相反，解释范式是一种定性研究范式。这种范式的发展主要受到西方社会思潮中现象学、诠释学、民俗方法论、批判理论等思想和理论的影响，同时也部分源于文化人类学的研究方法。其哲学基础相当复杂。从本体论上看，定性研究范式假定人类行为是一种有意义的行动，它可以通过人的意识和情感作用来完成一切认知。同时，人的行动也是有社会取向的，因此，主体是走向社会的，而不是封闭性的自我系统。人不仅通过自我来追求意义，同时也必须通过他人来赋予世界意义。从认识论上看，它强调知识的形成和发展并非只受知识内在理性原则的限制或是纯粹由理性推论而来，它是由主体的意识作用在日常生活世界不断与其他的人或事物的接触中，来建立可供沟通的知识。因此，人们应从相互主体的立场，交换彼此的观点，并用来诠释行为的意义，进而建立日常生活中共识的知识或规则。

二、定性研究与定量研究的含义

定性研究是根据社会现象或事物所具有的属性和在运动中的矛盾变化，从事物的内在规定性来研究事物的一种方法或角度。它以普遍承认的公理、一套演绎逻辑和大量的历史事实为分析基础，从事物的矛盾性出发，描述、阐释所研究的事物。进行定性研究时，要依据相关的理论与经验，直接抓住事物特征的主要方面。

定性研究有两个不同的层次，一是纯定性研究，由于没有或缺乏数量分析，其结论往往具有概括性和较强的思辨色彩；二是更高层次的定性研究，其结论是在定量分析的基础上形成的。

定量研究是运用基于统计原理和概率论对社会现象的数量特征、数量关系和事物发展过程中的数量变化等方面进行的研究。

定性研究与定量研究在实际研究中经常配合使用。在进行定量研究之前，须借助定性研究确定所要研究现象的性质；在进行定量研究过程中，则须借助定性研究确定现象发生质变的数量界限及引起质变的原因。

三、定量研究与定性研究的比较

定量研究侧重于且较多地依赖于对事物的测量和计算。而定性研究则侧重于和依赖于对事物的含义、特征、象征的描述和理解。

从方法论角度看，定性研究与定量研究存在着根本的区别——它们基于不同的范式。定性研究是人文主义的范式，其核心是力图对社会生活的自然情景加以整体的理解和解释。而定量研究则来源于实证主义，它在范式上更接近于科学的范式。

从研究的逻辑过程看，定性研究基于描述性分析，它在本质上是一个归纳的过程，即从特殊情景中归纳出一般的结论；而定量研究则与演绎过程更为接近，即它从一般的原理推广到特殊的情景中去。

定量研究者往往强调客观事实、现象之间的相关以及变量之间的因果联系，其主要目标是“确定”变量之间的关系、因果联系和相互影响。定性研究者则更注重现象与背景之间的关系、现象的变化过程以及现象和行为对于行为主体所具有的意义，它的主要目标是深入地“理解”社会现象。定性研究者相信特定的自然和社会环境与人类的行为有很大的关系，认为事实和价值是无法分离的。而定量研究者则强调在研究中一定要努力做到“价值无涉”和“价值中立”。

在理论与研究的关系上，定性研究通常与理论建构的目标相伴随。定性研究的理论是在研究的过程中逐渐发现和形成的，并随着研究进行不断被选择、被改变、被修正，是研究过程的一部分，是“资料分析的结果”。它并不强调在研究开始时就对所研究的问题有一种明确的理论基础。相反，定量研究则经常是用来对理论的正确性进行检验，其最终结果是支持或者反对假设。由于定量研究所具有的演绎性，因而它从一开始就倾向于以理论为基础。以理论的检验为目标的研究，通常都采取定量研究的方式。

在研究方式上，定量研究者强调研究程序的系统化、标准化和操作化；而定性研究者则强调研究程序、研究方式和研究手段上的灵活性与特殊性。定量研究中最常见的研究方式是实验、调查、内容分析等；常用的资料收集方法有量表测量、结构式访谈、问卷调查、结构式观察等。定性研究最常见的研究方式是实地研究，主要的资料收集技术有参与观察、无结构访问、个人生活史等。

思　考　题

1. 社会学研究方法体系包括哪些部分？

2. 社会学研究的基本程序是什么？
3. 人文主义方法论的主要特点是什么？
4. 调查研究的主要特征是什么？
5. 信度与效度的关系是什么？
6. 定量研究与定性研究存在哪些差别？

主要参考文献

[1] 风笑天．社会学研究方法[M]．北京：中国人民大学出版社，2001.
[2] 袁方．社会研究方法教程[M]．北京：北京大学出版社，1997.
[3] [美]D. K. 贝利．社会研究方法[M]．杭州：浙江人民出版社，1986.
[4] 郝大海．社会调查研究方法[M]．北京：中国人民大学出版社，2005.
[5] 水延凯．社会调查教程[M]．北京：中国人民大学出版社，2007.

推荐阅读书目

[1] 风笑天．社会学研究方法[M]．北京：中国人民大学出版社，2001.
[2] 袁方．社会研究方法教程[M]．北京：北京大学出版社，1997.
[3] 风笑天．现代社会调查方法[M]．武汉：华中理工大学出版社，1996.
[4] 徐经泽．社会调查理论与方法[M]．北京：高等教育出版社，1994.
[5] 李沛良．社会研究的统计应用[M]．北京：社会科学文献出版社，2001.

第四章 社　　会

人是社会中的人，只有存在于一定形态的社会中，人才能得到生存和发展。我们每个人的行动既对所生活的社会产生影响，同时也要受到社会的影响和制约。因此，作为人类生活的共同体，社会就成为社会学研究的一个起点和最基本的范畴。那么，究竟什么是社会？社会具有什么样的功能和特征？它是由哪些要素构成的？社会结构和社会关系又是什么样的？这些问题是学习社会学首先需要认识清楚的基本问题。

第一节　社会概述

“社会”这个词虽然对于我们每一个人来讲并不陌生，而且我们也经常会在不同的场合赋予社会不同的涵义，但是如何从社会学的角度来真正科学地理解社会的本质却并不是一件容易的事情。因此，本节通过探讨社会的涵义、特征及其功能和类型，旨在加深我们对社会的了解和认识。

一、社会的涵义

对于社会的涵义和本质，古今中外的学者有不同的理解。

（一）中国传统社会中的社会概念

“社会”一词在中国古汉语中早就存在。但最初的“社”和“会”是分开使用的，而且涵义不同于现代汉语中的“社会”概念。其中，“社”是指用以祭神的一块地方。如《白虎通义·社稷》中就记载有“封土立社，示有土也”。而“会”是指集会、聚会的意思。“社”、“会”两字连用，并作为一个整体概念出现的最早记载可见于唐代典籍中。如《旧唐书·玄宗本记》中记载有：“十八年闰六月辛卯，礼部奏请千秋节（即唐玄宗钦定他的生日八月五日为千秋节）休假三日，及村闾社会。”此处两字连用是指人们为了祭神而集合在一起。后来，“社会”一词又发展出了第二个意思，即志趣相同者结合的团体。这两层含义可以进一步引申为许多人为一个共同的目的而聚集在一个地方进行某种活动。可见，“社会”一词发展到这里，其涵义已基本接近今天现代汉语中的“社会”，但尽管如此，它仍然只是古代中国人对社会的一种简单、朴素的认识，还谈不上涉及社会的内在本质。在西方语言中，英语 society 和法语 sociologie 都是出自拉丁语 socius，意思是伙伴。明治年间，日本学者将英文 society 一词译为汉字“社会”，近代中国学者在翻译日本社会学著作时，沿用了这个概念。由此可见，汉语和西方语言中的“社会”一词的基本含义是相似的。

近代以来，中国学者对“社会”一词的理解和认识有了较大进步和提高。如严复认为：“社会者，有法之群也。”①即社会并不是一群人的简单相加，而是以“法”作为其联系的纽带。但严复也并没有揭示出社会的本质，直到马克思主义传入中国，人们才有了对社会概念的真正科学理解。因此，可以说，正是在中外文化的交流中，才形成了今天汉语里“社会”一词的涵义。②

(二)西方学者对社会的理解

在西方，不同的社会学家对社会的理解也各有不同。在众多的观点中，最具代表性的主要有社会唯名论和社会唯实论两大派别。

1. 社会唯名论

社会唯名论的主要代表人物有法国的塔德、英国的霍布斯、美国的吉丁斯和德国的韦伯等，德国哲学家尼采的意志主义理论和弗洛伊德的精神分析理论也有明显的社会唯名论色彩。唯名论者认为社会是一群“同心的人”的集合体，是代表许多人的总和。如法国社会心理学家塔德就认为，社会是由具有共同心理的人的集合。在社会唯名论者看来，社会仅仅是单纯的名称，是空名，而非实体，只有个人和个人行动才是实际存在的，而且个人及其行动相对于社会来说是先在的，社会只是个人行动的产物或互动的形式；对社会的认识是以对个人的认识为基础的，认识社会的目的最终也是为了认识个人。

2. 社会唯实论

社会唯实论又称社会实体论，主要以英国的斯宾塞、德国的齐美尔、法国的迪尔凯姆、美国的斯莫尔等为代表。与社会唯名论完全不同的是，唯实论者认为，社会不仅仅是许多个人的集合体，也不仅仅是空名，而是一种超越人类个性，本身含有客观性的真实存在的统一实体。比如，斯宾塞就将社会看成是一个真实存在的超级有机体。他认为，社会是个体活动与族类活动达到相互一致的整体状态。它像生物体一样具有完备的器官构成和内部功能系统，这些器官和功能系统相结合发挥作用，使社会成为有机的整体。迪尔凯姆也认为，社会是建立在个人意识之上的独立实体。而且社会唯实论者主张社会是先于个人而存在的，因此，他们强调从实体出发，把社会作为一个具体事物来描述。

① 参见[英]斯宾塞．社会学研究[M]．北京：商务印书馆，1982：1.

② 郑杭生．社会学概论新修(修订本)[M]．北京：中国人民大学出版社，1997：67.

从以上观点可以看出，个人与社会的关系问题是社会唯名论和社会唯实论这两大派别争论的焦点问题，即社会究竟是不是客观存在的实体？是不是先于个人而存在？这两种理论尽管从局部看都包含着某些合理的因素，诸如它们都看到了社会与个人的区别，特别是社会唯实论肯定了社会的真实客观性，这种观点无疑具有科学性。但从整体上看，二者又都有其局限性：社会唯名论者只看到处于社会中的个人所具有的独立性和自主性，否认社会的真实存在性，犯了“见人不见社”的错误；而社会唯实论者则只看到了社会的独立性，却看不到社会对个人的依赖性，把社会看成是先于个人或“超个人”的存在，犯了“只见社不见人”的错误。因此，二者都不能真正揭示社会的本质。

(三)马克思主义的社会观

对于什么是社会，马克思主义者从多方面进行了论述，从而正确揭示了社会的本质。马克思指出：“社会——不管其形式如何——究竟是什么呢？是人们交互作用的产物。”并且还说：“生产关系总合起来就构成为所谓社会关系，构成为所谓社会，并且构成为一个处于一定历史发展阶段上的社会，具有独特的特征的社会。”按照马克思主义的观点，社会的本质表现为以下两个方面：

第一，社会是人们交互作用的产物，是各种社会关系的总和。人类要生存，就必须进行物质资料的生产活动，并在生产劳动中与他人进行互动，从而建立起一定的交互关系。因此，社会虽然是由人构成的，但并不是个体的简单相加，而是人们进行相互交往的产物，是人们彼此之间发生联系的纽带。没有人与人之间的交往，也就没有社会的产生。

第二，社会的基础和本质是生产关系。在社会生活中，人们通过相互交往而形成的社会关系是复杂多样的，但由于人与人之间的交往首先是发生在生产、分配、消费中的经济交往，因此，在这种经济交往基础上建立起来的生产关系就成为人们之间最基本的关系，不仅决定着其他社会关系的性质，也决定着社会的性质，是社会的基础和本质。

马克思在对西方古典哲学思想进行批判继承的基础上，从历史唯物主义的立场出发，第一次科学地揭示了社会的本质。根据马克思关于社会本质的思想，我们可以对社会做出如下定义：社会是以共同的物质生产活动为基础而发生相互联系的人类生活共同体，是以生产关系为基础的各种社会关系的总和。

二、社会的特征与功能

(一)社会的特征

作为人类共同生活的最大群体，社会主要具有以下几方面的特征：

1. 社会是由人们相互交往、相互联系而形成的有机整体

社会的主体是人，没有人就没有社会。但人在社会中并不是孤立存在的，

而是彼此间存在着密切的联系和交往。在社会生活过程中，人与人之间不仅形成了生产关系，而且还形成了政治关系、法律关系等各种各样错综复杂的社会关系；不仅存在横向联系，而且还存在历史的、纵向的联系。正是人与人之间的这种复杂的相互关系与相互作用，才形成了整个社会生活系统。因此，社会就是由相互交往、相互联系的人群组成的有机整体，人与人之间的交往是社会系统运行的纽带。

2. 物质生产活动是社会存在的基础

人在社会生活中总是从事着各种各样的活动，但在所有的活动中，物质生产活动是人类最基本的活动。因为人不管从事什么样的活动，都要首先进行物质资料的生产，以解决衣、食、住、行等最基本的生存问题，否则，其他一切政治的、精神的活动都将成为空谈。这也是人类社会区别于动物群体的最根本之处。因为尽管人和动物都要谋生，但谋生的手段和方法却截然不同。动物是靠本能在自然界中寻求现成的东西，而人却是通过生产劳动创造出生存需要的物质生产资料。因此，没有物质生产活动，就没有人，更没有人类的社会。物质生产活动是人类社会最基本的活动，是社会存在的基本前提和基础。

3. 社会是处于发展变化中的自然历史过程

社会作为一个有机整体，并不是静止不变的，而是一直处于不断的发展变化之中的。社会的发展变化尽管具有曲折性，但总体趋势却是向前发展的。如人类社会所经历的每一次社会形态的更替都推动了社会的向前发展。而且即使在同一社会形态内部，社会也在不断地进行改革和调整，使其自身不停顿地向前发展。其中，生产力是社会的发展变化中最为活跃的因素。归根到底，生产关系和上层建筑的变革，以及整个社会的发展变化都是由生产力的不断发展变化所决定的。

4. 社会是一个有文化、有组织的系统

人是群居性动物，然而人类的群体生活与动物的群体生活有着本质的区别。动物的群体生活属于遗传性行为，是自然选择的结果；而人的群体生活是社会性行为，是社会发展的结果。人在适应自然、改造自然的群体生活过程中，形成了一套语言、文字、价值准则、行为规范等，创造出了被社会成员所共享的文化，控制着人类自身行为，以维护群体生活的正常运行，从而将社会协调成有组织、有秩序的系统。因此，人类社会完全是按照一定的文化模式组织起来的。

5. 社会具有能动性和创造性

社会的能动性和创造性是由构成社会的主体要素——人的能动性和创造性所决定的。人是具有认识世界、改造世界的主观能动性的高级动物，这就决定了由人所组成的社会也必然具有能动性和创造力。社会的这种能动性和创造力首先表现在它能够主动地发现其自身内部以及自身与自然环境之间出现的种种不平衡，并主动地进行调整，使之实现平衡。社会是极其复杂的体系，其内部经常充满着种种矛盾和不相适应的情况，而且它在和自然界的联系过程中也会出现不平衡状态。对此，社会并不是被动地接受和适应，而是主动地进行调节控制，使问题得到解决。此外，社会的能动性还表现在它总是不断地创造着维持自身生存和发展的物质条件。自从有人类社会以来，我们周围环境所发生的种种巨大变化，都是人类社会的这种创造性活动的结果。因此，社会就是一个具有能动性和创造力的“活的有机体”。

(二)社会的功能

社会在人类的生存和发展中发挥着极其重要的作用和功能，满足着人类生活的各种需求。社会的基本功能主要有整合、交流、导向、继承和发展等几个方面。

1. 整合功能

整合功能是社会的一个最基本的功能。所谓整合，就是指社会能够把无数单个的人聚合在一起，在一定时间和一定空间内形成一个整体，使人与人之间的相互联系、相互作用成为可能。同时，社会还不断调整内部的各种矛盾、冲突与对立，并将其控制在一定范围内，使人类生活的这个整体能够维持稳定统一的局面。社会的整合功能主要包括文化整合(核心方面是价值观的统一，以使社会成员能够按照相对统一的价值观念协调一致的行动)、规范整合(如道德规范的统一)、制度整合(各种制度之间的相互统一与协调)、意见整合(统一各种不同观点和意见，以避免冲突)、功能整合(统一各种不同的社会功能，以达到社会的稳定与协调发展)等几个方面。

2. 交流功能

社会不仅提供了人们相互交往的场所，而且还创造了语言、文字、符号等各种工具，使人们能够顺利地进行思想、情感的交流、沟通，传递各种信息，从而使人类最基本的生活和情感的需求得到满足。而且社会的各种行为规范还为人类的交流互动提供了基本规则，保证了人们相互交往的顺利进行和各种社会关系的建立。

3. 导向功能

社会在长期的形成和发展过程中，逐渐形成了一整套为人们所认可的价值观念、行为规范等，这些价值观念和行为规范或者是通过法律等强制手段，或者是通过舆论、道德习惯等非强制手段潜移默化地规定和引导着人们的行为方向，使人们知道什么事情是可以做的，什么事情是不可以做的。社会的这种导向功能不仅使人们的行为和生活变得可以预见，而且还使正常的社会秩序得以维持。

4. 继承和发展功能

社会的继承和发展功能是指人类通过物质资料的生产和精神文化的创造，不仅使个人的生命能够繁衍更替，而且还使社会文化得以继承和发扬光大，这就保证了社会生活的延续和长久维持。

三、社会的类型

社会是一个复杂的有机体，在不同的时间、不同的空间内，社会往往会表现出截然不同的面貌。由于依据的标准不同，社会的类型划分具有多样性。迄今为止，社会学界还没有一个普遍认可的社会类型划分模式，但在众多的分类标准中，较具代表性的主要有以下几种：

(一)按社会物质生产方式划分

以社会物质生产方式为依据来划分人类社会的类型，这是历史唯物主义的观点，也是马克思主义者的划分方法。这种方式是按照人类社会物质生产方式的演进程度的不同，将人类社会基本形态划分为依次更替的几种类型。马克思在他的《〈政治经济学批判〉序言》中第一次明确提到："大体说来，亚细亚的、古代的、封建的和现代资产阶级的生产方式可以看做是社会经济形态演进的几个时代。"后来，在这一思想的基础上，人们进一步把人类社会分成原始社会、奴隶社会、封建社会、资本主义社会和共产主义社会(社会主义是共产主义的初级阶段)五种类型。

(二)按社会生存方式划分

以社会的生存方式为标准来划分社会类型的方法主要以美国社会学家格哈特·伦斯基的观点为代表。格哈特·伦斯基按照人类社会赖以生存的基本方式，把社会分为狩猎与采集社会、园艺社会、游牧社会、农业社会、工业社会几种类型。在此基础上，随着社会的发展，一些社会学家又提出了后工业社会的类型。

1. 狩猎与采集社会

狩猎与采集社会是人类最早的和最简单的社会形式。其主要特征就是人们以狩猎和采集为主要生存方式，人口规模较小且居住分散，技术原始，几乎没有专门的劳动分工，社会关系是建立在血缘和亲属联系的基础之上。在今天的非洲和南美洲的一些极为落后的地区仍残存着这种社会类型。

2. 园艺社会

园艺社会最早出现于阿拉伯半岛的两河流域。在这种社会里，人口规模扩大，并开始定居下来，人们生存的主要方式变为谷物等农作物的种植，而且有了初步的社会分工，开始出现了剩余产品，因此，社会不平等和阶级分化也开始出现。

3. 游牧社会

游牧社会是与园艺社会几乎处于同一时期的一种社会类型，它与园艺社会所不同的是人们谋生的主要手段是捕获、驯服和饲养动物。这种生存方式决定了在游牧社会人口居住的流动性很大。游牧社会通常出现于不适于耕作而适于放牧、饲养牲畜的地区，它与园艺社会一样，开始出现剩余产品和私有财产，都是由蒙昧社会向文明社会的过渡时期。

4. 农业社会

随着犁等农业生产工具的发明和铁具的使用，人类社会开始进入农业社会时期。在农业社会，农业生产成为社会最主要的生存方式，而且人口的规模进一步扩大，剩余产品大量出现，社会分化也进一步加剧。随着社会生活的巨大变化，城市开始出现，货币经济有了初步发展，各种制度日趋独立并越来越复杂，社会文化也更加多样化。

5. 工业社会

工业社会又称现代社会，它是在17—18世纪的欧洲工业革命之后形成和发展起来的。工业社会的一个重要特征就是科学技术取得了突飞猛进的发展，机械生产开始取代手工生产，并且出现了复杂的劳动分工体系，业缘社会关系也由此而逐渐取代血缘和亲属的社会关系。而且随着城市化的发展，教育、医疗、保险、服务等现代社会机构开始形成，家庭的功能逐渐减弱。

6. 后工业社会

进入20世纪后半期后，随着科技革命的快速发展，一些发达国家开始进入一个新的发展阶段，即后工业社会阶段。在后工业社会，由于自动化和信息技术得到普及和发展，因此社会生产和生活表现出许多新的特点，机器让位于计算机，工厂让位于办公室，蓝领让位于白领；在后工业社会，重要的谋生手段是知识而非技能，便捷的谋生方式是服务而非生产，有效的谋生资源是信息而非产品。①

（三）按照社会的整体结构划分

以社会的整体结构为标准来划分社会的类型是以德国社会学家费迪南德·滕尼斯为代表的一些社会学家惯用的分类法。他们认为，按照社会的整体结构，社会可以分为两大类，但对这两种类型的称呼目前还没有一个统一的提法。有的社会学家称之为公社社会和社团社会，有的社会学家称之为礼俗社会和法理社会，也有的社会学家称之为传统社会和现代社会。本书沿用美国社会学界通用的称呼，即公社社会和社团社会，并对两种社会类型特征进行说明。

1. 公社社会

① 孙中国．社会学基础教程[M]．北京：中国人民公安大学出版社，2002：129.

公社社会习惯上是指前资本主义社会，它的特征主要是：规模小，社会分工极为简单，家庭是社会中最基本的组成单位，并且几乎承担了所有的社会职能，因此，社会组织的分化程度也很低；血缘关系较为浓厚，是绝大多数社会关系的基础；人们对伦理道德极为重视，社会行为主要受习俗、道德等传统势力的影响和控制；自给自足的自然经济是主要的经济形式，社会发展较为缓慢。

2. 社团社会

社团社会一般是指资本主义产业革命以来的社会，其基本特征与公社社会完全相反，表现为：规模大，社会分工复杂，社会组织的分化程度大大提高，家庭的核心地位被各种正式的社会组织所取代；非个人的、不具感情色彩的次级关系在人际交往中占统治地位；社会行为主要受法律和各种规章制度的控制；生产的社会化程度极高，社会变化迅速。

第二节　社会结构

社会虽然是一个极其庞大复杂的有机整体，但其内部的各构成要素之间却并不是杂乱无章地随意组合在一起的，而是按照一定的规则，处于有序的运行状态之中的。社会内部各组成部分之间的这种相对稳定的联系和有序的运行状态使社会形成了其固有的结构模式。

一、社会结构的涵义和特征

(一)社会结构的涵义

社会是有结构的，这一点早就被社会学界所公认，但对于社会结构的涵义和内容，社会学界却有着众多的解释。

在社会学史上，较早地对社会结构概念做出解释的是法国社会学家孔德和英国社会学家斯宾塞等，在他们看来，社会结构就是生物有机体的社会表现形式，是自然进化的结果。例如，孔德认为社会是一个生命有机体，是社会制度、宗教观念、道德价值等相互连接成的一个整体；斯宾塞则提出社会是由生产、分配、调节三大系统组成的结构。后来的社会学家在批判继承孔德和斯宾塞观点的基础上对社会结构进行了更为深入的研究。如法国的社会学家迪尔凯姆认为社会结构是由社会分工造成的社会结合的组织形式和功能；德国社会学家齐美尔则认为社会结构就是社会关系的形式；而德国社会学家韦伯则把文化现象视为社会结构的中心，把社会结构归结为各种文化要素形成的不同社会形态。

在现代西方社会学界，对社会结构研究影响最大的是以美国社会学家帕森斯为代表的结构功能主义。他们认为社会就是各个行动者相互作用的体系，而行动者所处的地位和承担的角色就是社会结构最基本的分析单位。社会结构也就是各个地位、角色之间稳定的关系，其得以建立和维持的前提就是承担角色、参与互动的行动者认同于共同的价值规范体系。

马克思主义社会学也对社会结构做出过重要论述。在《〈政治经济学批判〉序言》中，马克思指出："人们在自己生活的社会生产中发生一定的、必然的、不以他们的意志为转移的关系，即同他们物质生产力的一定发展阶段相适合的生产关系。这些生产关系的总和构成社会的经济结构，即有法律的和政治的上层建筑竖立其上并有一定的社会意识形式与之相适应的现实基础。"在这里，马克思把社会结构分成了两个层次，一是社会物质存在的决定层次，即经济基础层次，包括生产力和生产关系两大部分；二是受其制约的上层建筑层次，主要是指政治、法律制度以及与之相适应的思想、道德、哲学、宗教、艺术等社会意识形态。根据马克思的观点，社会结构取决于经济基础，而经济基础又取决于生产力的发展，也就是说，由生产关系的总和所构成的社会经济结构就是全部社会结构的基础。马克思认为，这种由经济基础决定上层建筑的社会经济、政治、文化等各个基本活动领域之间相互联系的一般状态就是广义的社会结构；而共处于一个特定社会中的各阶级、阶层、民族等主要群体之间相互联系的基本状态则是狭义的社会结构。马克思主义社会学对社会结构的分析为我们科学地认识社会结构具有重要的指导意义。

我国学者也对社会结构的涵义做出了不同的解释。吴铎主编的《社会学》一书把社会结构的涵义表述为：社会构成要素、部分或方面按一定的方式有机联系而成的系统网络。① 边燕杰、陈皆明主编的《社会学概论》中把社会结构界定为：一个群体或一个社会中的各构成要素之间相对稳定的关联方式，简言之，社会结构是指某种"稳定的关系模式"。② 此外，还有些学者把社会结构定义为：人与人之间、人与自然之间相互关系和相互作用的结合模式；社会因素之间的稳定性联系和内在的组织方式，等等。

根据中外众多社会学家对社会结构的理解，我们可以将社会结构理解为社会内部各组成要素之间比较稳定、持久的相互关系和构成方式。

（二）社会结构的特征

社会结构一般具有以下几个主要特征：

1. 相对稳定性

社会结构首先具有稳定性，这是因为社会的构成要素虽然极其复杂，人的

① 吴铎．社会学[M]．北京：高等教育出版社，2004：70.
② 边燕杰，陈皆明．社会学概论[M]．北京：高等教育出版社，2013：50.

活动也是灵活多变的，但其内部各要素之间的相互关系却能够在一个比较长的时期内保持不变，因此，社会内部各部分的运行和联系也是有序的、有章可循的。然而社会结构的这种稳定性又是相对的，因为从长远发展来讲，社会结构一直是处于不断地发展变化之中。由于生产力会不断地发展变化，所以，在生产力的不同阶段，生产关系、经济基础和上层建筑迟早也会随之变化，这就必然会引起社会结构的变化。本书第十六章将要学习的社会变迁，从本质上说，就是社会结构的变迁。

2. 整体性

社会结构是由各部分组成的一个有机整体。社会结构的各组成部分之间相互依存、相互制约，不可分离地紧密结合在一起，共同构成了社会这个矛盾统一体。离开了社会这个整体结构，各部分之间的关系就变得毫无意义。

3. 具体性

社会结构是一个具体的概念，而不是抽象的。在每一种不同形态的社会内部，各要素之间都有其具体的、相对稳定的排列组合方式，从而形成一个大的社会具体结构。

4. 层次性

社会结构的层次性是指社会各组成部分之间的关系和地位是有主次高低之分的。它们之间既相互依存，又相互矛盾、斗争，共同构成社会的整体结构。

二、社会结构的组成

社会结构是一个由多种要素组成的极其复杂的有机体系。在众多的组成要素中，社会地位、社会群体、社会角色、社会制度四种要素最能够反映一个社会的基本面貌和整体状况。

(一)社会地位

人是社会中的人，每个人在生活中都必然要与他人发生各种各样的联系，形成各种社会关系体系，并在社会关系体系中占有一定的位置，人们在社会关系体系中所处的位置就是社会地位。由于每个人在社会中拥有的财富的多少，声望、权力和受教育程度的高低各不相同，决定了每个人在社会中的地位高低也各不相同。根据不同的标准，可将人们的社会地位划分为不同的类型和不同的等级序列，如经济地位、政治地位、职业地位、阶级地位、权力声望地位等。根据地位获得的方式不同，人的社会地位可以分为两大类，即先赋地位和自致地位。先赋地位又称既得地位，是指建立在血缘、遗传等先天的或生理的因素基础上的地位，如父母、子女等。这类地位由于是社会强加给我们的地位，所以不管我们个人的能力如何，都是不能控制或改变的。自致地位又称获得地位，是指主要是通过后天努力获取的地位，如教师、画家、董事长等，这类地位是个人能力可以控制的地位。

由于人往往会同时处于不同的关系体系中，因此，我们每个人经常会同时拥有多种社会地位。这些不同的社会地位之间有时可能是相一致的，有时也可能出现高低不同的情况。如一个大学教授的社会声望很高，但同时经济地位收入却可能较低；一个在职业地位上很显要的人在家庭中却可能扮演被支配的角色。这些现象就是一个人在不同方面的地位不相一致的情况。当一个人在不同方面的地位不一致的时候，通常人们认为职业地位是首要地位，支配着其他地位，并决定着一个人总的地位水平。

(二)社会角色

社会上的每一种地位都有一套为社会所期待的权利、义务和行为模式。这种与个人的某种社会地位相一致的一整套权利、义务和行为模式，就是社会角色。社会角色与社会地位是密切联系的两个概念，也是一个问题的两个方面。社会地位是指个人在社会中所处的位置实体，如教师、学生、军人等都是一种地位；角色则是指个人在这个位置上的行为模式，如教师就应该教书育人，学生就应该好好学习，军人就应该保家卫国。因此，社会地位是社会角色的内在依据，社会角色是社会地位外在的、动态的表现形式。社会角色也是构成社会群体和社会组织的基础。

由于同一个人在社会中总是处于多种不同的地位，这就决定了一个人在社会上扮演的角色也是多样的。如一个男人在家里既是父母的儿子，也是妻子的丈夫，同时也是子女的父亲，在单位可能是一名领导，在朋友面前又是一个好哥们……总之，每个人扮演的社会角色都是复杂多样的。一个人所承担的各种社会角色的总和就是角色丛。

每个人所扮演的社会角色与他所处的社会地位应该是相一致的，也就是说，一个人在社会上处于什么地位，就需要扮演什么样的相应角色。如果二者不一致，就说明他没有承担好这个角色。如作为父母，不能用心抚养和教育孩子，只顾自己享乐，那就没有扮演好父母的角色。在现实生活中，还经常会出现人的多种角色之间互相矛盾、冲突的角色失调现象。如一个女性如果整天过多地忙于工作，就会疏于对家庭的照顾，影响她妻子、母亲等角色的扮演。当出现这种角色失调的现象时，就需要角色的扮演者协调各种矛盾，合理解决矛盾冲突。

(三)社会群体

人是群居性动物，每个人在社会生活中总是凭借各种不同的社会关系而隶属于各种不同的社会群体。因此，群体也就成为社会结构的一个极其重要的组成单位。社会学所研究的群体不是任何人的随意组合，而是指人们通过某种社会关系联结起来进行共同活动和情感交流的集体。

关于社会群体的具体内容将在本书第八章中进行详细讨论，此处不再赘述。

(四)社会制度

社会制度是指在一定的社会活动领域中形成的具有普遍意义的、比较稳定和正式的社会规范体系。它是为了满足人类生活的需要而产生的，在社会生活中发挥着十分重要的作用，对维护社会秩序与促进社会整合，以及规范个体行为都具有重要意义，是社会良性运行和有序发展的重要基础。

关于社会制度的详细内容参见本书第十四章，此处不作细述。

三、社会结构的表现形态

社会结构的表现形态有多种多样，但最基本的形态主要有经济结构、政治结构、观念结构、阶级结构、人口结构、民族结构、家庭结构等几个方面。

(一)经济结构

社会的经济结构是指在一定历史发展阶段上的生产关系的总和，包括生产资料的占有关系、人们在生产过程中的相互关系和产品的分配关系三个方面。其中，生产资料的占有关系即所有制关系的性质决定了经济结构的性质和经济结构中其他诸种关系的性质。因此，所有制关系就成为社会学研究社会经济结构的重点考察对象。在整个社会结构中，经济结构是基础，影响和制约着政治结构、文化结构等社会结构的其他部分，并决定着整个社会的面貌。根据马克思的分析，生产关系一定要适应生产力的发展水平，因此，社会经济结构也决定于生产力。有什么样的生产力，就有什么样的生产关系以及以此为基础的社会经济结构。社会经济结构也是区分人类历史上不同社会经济形态以及同一社会形态不同发展阶段的标准。如根据社会经济结构的质的规定性即生产关系的特征，人类社会可以区分为原始公社制、奴隶制、封建制、资本主义和共产主义五种社会经济形态；根据同一社会经济结构的部分质变，资本主义社会经济形态内部又可以区分为自由竞争的资本主义阶段和垄断资本主义阶段；而共产主义社会经济形态内部也可以区分为低级阶段即社会主义社会和高级阶段即共产主义社会。

(二)政治结构

社会的政治结构又称政治上层建筑，是指建立在一定经济结构之上的政治法律制度和政治法律设施，包括政治制度、法律制度、军队、警察、法庭、监狱、政府部门、政党等国家机构和政治组织，它是社会发展到一定阶段的产物。正如马克思和恩格斯曾指出的："随着城市的出现也就需要有行政机关、警察、赋税等，一句话，就是需要有公共的政治机构，也就是说需要一般的政治。"①在政治结构中，国家政权是主要成分，也是全部上层建筑的核心。在阶级社会，国家政权凌驾于整个社会之上，起着组织和控制社会政治、经济与文化等各方面的作用。政治是经济的集中反映，一定社会的政治结构是由一定社会的经济状况和经济结构决定的。政治结构总要为经济结构良性运行服务，总要维持和保护一定的社会经济秩序和社会经济生活。但政治结构作为第二性的东西，并不是消极被动的，而是对经济结构具有能动的反作用，影响着社会经济的发展状况。

(三)观念结构

社会的观念结构又称思想的上层建筑或观念的上层建筑，是社会意识形态组成的有机整体，包括政治思想、法律思想、道德、艺术、哲学、宗教等社会观点和思想体系。它与政治上层建筑一起构成了社会上层建筑的整体。社会的观念结构与政治结构一样，也是建立在经济结构的基础之上，为经济结构服务，并对社会经济结构具有能动的反作用，直接或间接地影响着社会的经济结构的发展变化。

(四)阶级结构

社会的阶级结构是指一个社会的阶级构成(包括各阶级内部的阶层构成)，是一定社会内部各阶级、阶层的地位及其相互关系的总和。阶级是一个历史范畴，它是和人类历史中一定的生产关系相联系而产生的。阶级也是一个经济范畴，是指在一定的生产关系中处于不同地位的集团。在阶级社会中，阶级划分的根源就是社会的经济结构。在不同形态的社会里，由于社会的经济结构不同，阶级结构也不同。因此，阶级结构总是处于不断的发展变化中。在每一个社会的阶级构成中，总有基本阶级和非基本阶级两部分，而哪些阶级是社会的基本阶级，哪些是非基本阶级，则是由在这个社会中占统治地位的生产方式所决定的。阶级是可以划分为不同的阶层的，社会的阶级结构影响着阶层结构的划分。

(五)民族结构

民族结构是指一个社会的民族成分以及各个民族的分布状况和发展程度。一般的社会都有多种民族成分，而且各个民族的人数和规模差别很大。如我国已确认的民族有56个，其中汉族人口9亿以上，约占全部人口的80%。相比之下，其他55个民族就成了少数民族。民族分布状况是指各民族的居住位置和相互分离或者是渗透的状态。发展程度主要是指各民族政治、经济、文化等方面的发展水平。由于各民族所处的地理位置和历史发展的不同，因此，各民

① 马克思恩格斯选集(第三卷)[M]. 北京：人民出版社，1972：75.

族的发展程度往往存在很大差异。在整个社会关系体系中，民族关系居于重要地位，因而社会学特别重视民族结构研究。

(六)人口结构

人口结构又称人口构成，是指将人口按照年龄、性别、种族、民族、宗教、教育程度、职业、收入等不同的标准划分而得到的一种结果。它是反映一定地区、一定时间的人口内部各种不同质的规定性的数量比例关系。人口结构包括性别结构、年龄结构、素质结构、职业结构、分层结构等。一般来说，通过人口结构可以反映出一个国家大体的社会和经济状况。人口结构的变动主要受社会经济发展以及社会生产方式影响，同时又反作用于社会经济发展。探求人口结构及其变动趋势，对进行人口预测、制定合理的人口政策和社会经济政策有着重要的意义。

(七)家庭结构

家庭结构指的是一个家庭中成员的组合状况，它是家庭中的代际结构和人口结构的统一组织形式，也是人类社会比较稳定的社会结构之一。有关家庭结构的具体内容详见本书第九章第一节的论述。

第三节　社会关系

社会关系是人类社会的重要影响因素，无论是对于整个社会的发展，还是对于每个人的生活，社会关系都具有极其重要的影响。正如马克思所言，人的本质，在其现实性上，就是一切社会关系的总和。因此，社会学作为一门主要研究社会及其主体——人的学科，其重要任务之一就是研究人在社会生活中所形成的各种社会关系的协调发展。

一、社会关系的涵义

群居性和社会性的特点决定了人们在社会生活中总是离不开与他人的交往和互动，并在与他人的相互联系和相互作用中结成各种各样的相互关系。这种人们在社会交往中所形成的，以生产关系为基础的各种联系和关系的总称就是社会关系。可见，社会关系就是人们在社会生活中相互交往的产物。

社会关系对社会生活具有重要意义，是人类生活的根本条件之一。每个人从降生的时候起，就总是处于各种各样的社会关系之中，并且随着年龄的增长和生活范围的逐渐扩大，其所处的社会关系也更加复杂多样。如人在小时候有父子(女)关系、母子(女)关系、兄弟姐妹关系等；长大上学之后有同学关系、师生关系等；工作之后又有同事关系、上下级关系等。因此，人就是各种社会关系的综合体，人的本质也正是体现在其所处的各种各样的社会关系之中。没有人与人之间的这些相互关系，就不存在人的社会生活，也就无所谓社会。正是从这个意义上，我们才说社会就是人们的各种社会关系的总和。人的社会关系总是与其从事的社会活动相联系，即人们从事什么样的社会活动，就有什么样的相应的社会关系的存在。社会活动和社会关系的并存及相互作用，构成人类的全部社会生活。

根据马克思对人的社会关系的研究，在人们所形成的所有社会关系中，最基本、最核心的社会关系就是生产关系，即人们在物质资料的生产过程中产生的不以人们的意志为转移的社会关系。因为物质资料的生产活动是人类社会赖以生存和发展的基础。只有在物质资料的生产活动基础上，人才有可能从事政治活动、教育活动、宗教活动等其他的社会活动，并结成生产关系之外的其他社会关系。因此，人们在社会生产中结成的生产关系就成为一切社会关系的基础，其他所有社会关系都是在生产关系的基础上派生出来的。生产关系决定着整个社会关系的性质，并且影响和决定个人在整个社会关系中的地位和状态。

二、社会关系的分类

依据不同的标准，社会关系可以分为不同的类型。在众多的分类方法中，目前社会学界较为常用的主要有以下几种：

（一）初级关系和次级关系

按照人们进行社会交往的密切程度，社会关系可以分为初级关系和次级关系两种。

1. 初级关系

初级关系的概念来自社会学者对初级群体的研究，是指人类社会最早出现的、最简单、最直接的关系，也是人与人之间最密切、相互最了解的关系。由于初级关系一般产生于范围较小、人数较少、互动频率较高，并且往往是面对面的直接发生互动的初级群体之中，而且也是人们在进行物质生活资料的生产和自身生命生产的过程中产生的关系，因此，感情色彩较为浓厚。根据这些特点，最典型的初级关系就是家庭关系。此外，邻里关系也具有初级社会关系的特征。当然，初级关系也并不仅仅存在于初级群体之中，几乎在所有的社会场景中和每一种社会组织中都存在初级关系。正因为初级关系能够给个人带来亲密感、安全感和归属感，所以，除了初级群体以外，在以次级关系为主的大型正式组织中，人们往往会有意无意地发展出自己的初级关系，营造一种初级关系的氛围，这往往有助于特定组织目标的实现。①

2. 次级关系

① 陈立旭．社会学概论［M］．北京：中共中央党校出版社，2005：53.

次级关系是在初级关系基础上派生出来的各种关系的总称，它是一种人们为了实现某种特定目标或完成某种特定任务，通过一定的分工协作方式联系在一起而产生的关系，如同学关系、同事关系、上下级关系、雇佣关系等。次级关系产生于社会中的大量次级群体之中，自然也就具有与初级关系完全不同的特点，如人数众多、范围广泛，以间接互动为主，而且互动的方式除了语言、动作之外，还有文字、意识和许多现代化的交往工具。次级关系一般联系较为松散，感情色彩较为淡薄，因此，具有较强的可替代性和可置换性。人类社会的广泛性和复杂性，决定了社会关系中大量的是次级社会关系。但是由于社会生活各方面的相互渗透性，在现实生活中两种社会关系的划分并不是绝对的，在很多时候，初级关系和次级关系是可以互相转化的，如上下级关系可以转化为朋友关系，同事关系可以转化为夫妻关系，而夫妻离异之后也可以转化为路人关系。

(二)血缘关系、地缘关系与业缘关系

社会关系按照其产生的客观条件可以分为血缘关系、地缘关系与业缘关系三种。

1. 血缘关系

血缘关系是指人类因生育、繁衍而自然形成的一种社会关系，它是人类社会最早出现的社会联系，也是人与人之间最基本的关系，如父母与子女的关系、兄弟姐妹关系、祖孙关系、叔侄关系等。在人类历史的发展中出现的种族、氏族、宗族、家族等社会群体就都是由血缘关系组成的。而在现代社会，家庭则是最为主要的由血缘关系组成的群体。在不同的时代、不同的民族和地区，血缘关系的地位和作用是不一样的。如对于中国人而言，无论在传统文化中，还是在现代社会里，家庭关系、亲戚关系都具有极其重要的意义和影响。因此，重视对血缘关系的研究在我国具有重要意义。

2. 地缘关系

地缘关系是指人们因出生或居住场所在空间地域上的联系而形成的一种社会关系，如同乡关系、邻里关系等。地域关系是继血缘关系之后出现的又一种重要的社会关系。虽然早在人类社会形成之初，人们就已有了一定的地域关系，但游牧狩猎的生产方式使这时的地域关系具有临时性和不稳定性。真正比较稳定的地域关系的出现是在人类社会出现第一次社会大分工，即农业与畜牧业的分离之后。第一次社会大分工之后，随着农业经济的出现，人们逐渐开始定居下来，相对稳定的地域关系由此开始形成。在历史发展过程中，地缘关系始终有不断扩大的趋势，尤其是城市的出现更是大大扩展了人们的地域关系。社会学上一般把人们的地域关系分为封闭型地缘关系和开放型地缘关系两种。所谓封闭型地缘关系，主要是指在社会分工不发达、人们生活于较小的地域范围内、流动性很低的情况下所形成的社会关系，它是传统农业社会的一种地缘关系类型。所谓开放型的地缘关系，是指在社会分工发达、城市化、工业化、社会流动性增强的情况下所形成的社会关系，它是现代工业社会的一种地缘关系类型。从社会的发展看，这种开放型的地缘关系有不断扩大的趋势。

3. 业缘关系

业缘关系是指人们由职业或行业的活动需要而结成的人际关系，如同事关系、上下级关系、师生关系、同窗关系、买卖关系等。与血缘关系和地缘关系不同，业缘关系不是与人类社会相伴而生的，它是在血缘关系和地缘关系的基础之上，由人们广泛的社会分工形成的复杂的社会关系。人类社会最初的业缘关系是比较简单的，但是随着社会经济的快速发展和社会分工的日益细化，业缘关系也变得越来越广泛，越来越复杂。在现代社会里人与人的交往，占支配地位的就是这种以职业为纽带的业缘关系。

(三)个体关系和群体关系

社会关系按照其发生的范围可以分为个体关系和群体关系两类。

1. 个体关系

个体关系是指日常发生的人与人之间的直接联系或互动，主要表现为个人和个人之间的人际关系。个体关系是一种较低层次的社会关系，这种关系没有什么严格的明确的行为规范的要求，更没有通过法律、法规、规则、规章等形式固定下来。因而个人层面的社会关系一般具有较多的感情色彩，是一种比较灵活、自由的关系，如夫妻关系、父母与子女关系、朋友关系、同事关系、恋爱关系等，都属于个人层面的社会关系。个体关系虽然是社会中最简单的关系，但也是最基本的关系，是全部社会关系的起点。因此，对个人层面的社会关系的研究，就具有非常现实的意义。

2. 群体关系

群体关系是指发生在社会群体或组织层次上的关系。个体形成群体之后，相互之间必然存在各种各样的联系，但这些联系并不是个体关系的简单相加。与个体关系相比，群体关系由于要受到社会群体或组织的规则、规范的约束而具有一定的稳定性、持久性，是一种规范化的社会关系，如各种组织与个人的关系、上下级关系、部门之间的关系等。群体关系在社会关系中具有重要地位，与个体关系相比，它更明确、更集中地表现了社会关系的基本倾向，它是社会制度的基础。

(四)先赋关系和派生关系

先赋关系和派生关系是社会关系按照其产生的原因而区分的两个重要类别。

1. 先赋关系

先赋关系又称不可选择关系，是人与生俱来的社会关系，如父子关系、兄弟关系、种族关系、民族关系等，人们对这种关系是无法进行自我选择的，一般在血缘群体中产生的关系都是这种先赋关系。

2. 派生关系

派生关系又称可选择性关系，是个人在后天的社会生活中发生的关系，具有很大的选择性，如朋友关系、交换关系、合作关系、师生关系等。

（五）结合关系和对立关系

社会学界常以外在的关联形式为标准，根据肯定或否定的状态，把社会关系分为结合关系和对立关系两种。①

1. 结合关系

所谓结合关系，是指人们在感情和行为诸方面相互结合，以达到共同目标的关系。结合关系可以分为和睦关系、协作关系、共同关系和强制关系四种。和睦关系是一种内在的结合关系，它以人们人格上的信赖和献身为基础，有时包含着某种价值合理的行为。这种关系的当事人常常自发地制定出相互结合的目标，以使命感来接受维持其结合所需的规范和义务，并积极参与，不期望对方报酬，不怕牺牲。协作关系是为达到行为者相互间的自发性目标，经过合理思考而达成的相互适应的关系，这种关系的基础是合理的满足感。共同关系是在特定条件和不可避免的情况下出现的规范和义务关系。在这种关系中，人们一般是有条件地顺应或迎合。强制关系是各人根据一定的人为的强制目标，不自愿但却被迫接受的关系。这种关系内部极不稳定，处理不好，随时可能转化为对立关系。

2. 对立关系

对立关系是人们的相互需求在一定程度上相对立或否定的一种社会关系，与结合关系相比，在形式上处于从属地位。在一定条件下，对立关系还是结合关系的基础。没有对立关系，就没有人与人之间的相互作用。对立关系表现为反感关系、竞争关系、斗争关系和敌对关系四种。反感关系是指互相的对立直接以同仇敌忾的心情和憎恨而表现出来的关系，如个人与个人、个人与集团间的反目、吵架等。反感关系有特定的表现方式却少有制约双方的规范，相互结合的积极因素极少。竞争关系是具有对立动机但排除个人感情因素的合理关系。按其本来面目，竞争关系是一种积极关系，有时是行为上竞争但内心和睦的关系，但竞争也可能转化为反感关系。斗争关系是集团成员因某种原因产生对立后而积极支持和参与的关系。敌对关系是在外部条件的强制下参与的对立状态，就双方成员而言，可能有感情上的对立，也可能没有感情上的对立。

① 刘豪兴．社会学概论[M]．北京：高等教育出版社，1992：94.

第四节　社会的构成要素

社会的构成要素是指人类赖以生存和发展的基本成分。社会究竟是由哪些要素构成的，目前社会学界还没有一个统一的观点。在各种关于社会要素的分析中，比较具有代表性的观点主要有：以我国早期社会学家孙本文为代表的学者认为，社会赖以存在和发展的最基本要素有四个，即社会地理要素、生物要素、心理要素和文化要素。而现代社会学家边燕杰、陈皆明则认为社会的构成要素主要包括：自然环境和资源、人口、文化、经济、政治等几个方面。① 目前我国的多数社会学家更倾向于三要素的观点，即以自然环境、人口与文化作为社会的基本构成要素。本书也持此论。本节将分别从自然环境、人口和文化三个方面对社会要素进行逐一分析。

一、自然环境

自然环境是指人类赖以生存与发展的各种自然条件的总和，由人类生活的生态环境、生物环境和地下资源环境三部分组成，包括地形、地貌、气候、土壤、山林、河流、陆地和地下矿藏、动植物等。可见，此处所说的自然环境不是指整个无限的自然界，而是指构成人们生活和活动的自然条件的那一部分。

自然界与人类社会生活之间存在着密不可分的关系。一方面，自然环境作为人类社会存在和发展的必不可少的前提和条件，对人类社会发挥着极其重要的作用；另一方面，人类社会也对自然环境具有能动的反作用，人类的活动影响着自然环境的发展变化。

(一)自然环境对人类社会的影响和作用

自然环境对人类社会的影响和作用主要是通过以下几方面体现出来的：

首先，自然环境为人类社会提供了基本的活动场所和资料来源。人类是自然环境的产物，没有自然环境就没有人类的生存和发展。自然环境之所以能成为人类生存的先决条件，就是因为它为人类提供了最基本的活动场所和资料来源。人类要生存，首先需要阳光、空气、水、土壤等最基本的生活资料，而这些资料都是来自自然界。自然环境不但是人类获取基本生命物质的场所，还是向人类提供生产原料的基地。人类进行物质生产活动所需的所有原料都是自然环境提供的，如金属、煤炭、石油、水力、风力、太阳能等。

其次，自然环境影响和决定着人类社会生产活动的内容和方式，并进而影响人们的职业。如前所述，人类社会生产活动所需的所有资料都是来自自然环

① 边燕杰，陈皆明．社会学概论[M]．北京：高等教育出版社，2013：46.

境，因此，自然环境也就决定和影响着人类社会生产活动的内容和方式。不同的地区由于自然环境不同，提供给人们的生产资料也有所不同，因此，人类的生产活动的内容和方式也就不同，人们的职业自然也就不同。如气候温和及土壤肥沃的平原地区，有利于耕种，因此，居住在这里的人们就以从事种植业为主；草原地带宜于放牧，人们一般都以畜牧业为主；沿海地区的人们则大多从事渔业和盐业。这就是人们常说的“靠山吃山，靠水吃水”。人类的生产活动方式对自然环境的依赖不仅存在于生产力不发达的国家和地区，即使在一些生产力水平较高的社会中，也表现得相当明显。如在中东地区，石油出口之所以能成为国家的支柱性产业，就是因为这里的石油储藏量极其丰富。可见，人类的生产活动是以自然环境为基本前提的。

再次，自然环境影响着社会经济的发展速度。社会经济发展速度的快慢与人们在劳动生产中的效率高低有很大关系，而劳动生产效率的高低则在很大程度上受到自然环境的影响和制约。正是在这个意义上，我们说自然环境影响着社会经济的发展速度。一般而言，在生产力水平相同的情况下，气候温暖、资源丰富、交通便利的地区，社会经济发展就较快，而在地理位置偏僻、自然条件恶劣、资源匮乏、交通不便的地区，人们的劳动生产效率就相对较低，社会经济的发展速度自然也较慢。因此，在人类社会的发展中，经济发达的国家和地区总是出现在自然环境较好的地方，而经济落后的国家和地区则一般在资源匮乏、气候恶劣的地区。如我国东西部经济发展速度的差异在很大程度上就是由于东西部自然条件的不同。

最后，自然环境影响着人类的生活方式和行为习惯。在不同的自然环境下，人们的生活方式和行为习惯甚至性格特点也有着很大的差异。如在饮食方面，由于南方地区的气候高温多雨，耕地多以水田为主，较为适合水稻等农作物的生长，因此，南方人喜欢吃米饭；而在北方地区降水较少、气温较低，耕地多为旱地，适合喜干耐旱的小麦生长，自然北方人的饮食也就以面食为主。再如在我国湖南、湖北、四川一带地区的居民喜欢吃辣椒，就与这些地区降水丰富、空气潮湿有很大关系。在居住习惯方面，北方地区的人们之所以喜欢住窑洞、睡热炕就是因为当地冬天气候寒冷。从性格特点来看，平原地区的人多从事农业生产，对土地的长期依赖养成了他们喜好安宁、纯朴务实的性格；草原地区的人多从事畜牧业，辽阔的大草原，纵马驰骋的放牧生活，养成了他们强悍、忠诚的性格；沿海地区的人驾舟行船，张网捕鱼，形成了好动、冒险的性格。由此可见自然环境对人类生活方式和行为习惯影响之深。

（二）人类社会对自然环境的反作用

人类社会的生存和发展虽然离不开自然环境，但人类并不是完全被动地接受自然环境的制约，而是对自然环境具有能动的反作用，影响和改变着自然环境。人类的社会活动对自然环境的这种反作用既有积极的方面，也有消极的一面。

1. 人类的社会活动对自然环境的积极影响

在漫长的历史发展过程中，人类在依赖大自然的同时，也在通过自己创造性的社会活动积极地改变着自然环境的面貌，使之更适合人类居住。从人类文明起源之初就不乏人类征服自然、改造自然的故事和成功例子。如历史上的女娲补天、精卫填海和大禹治水的神话故事无不体现了人类对征服大自然的渴望；再从战国时期都江堰的修建、隋朝时期京杭大运河的开凿，到我国现代的三峡水利工程，则更是人类积极改造自然环境的成功典范。尤其是人类在面对自然灾害时总是能积极地同大自然作斗争，对自然环境进行积极改造。如2008年在我国汶川发生的8.0级强烈地震虽然无情地毁坏了当地居民的家园，但在全国人民的努力下，积极抗震救灾，最终还是战胜了灾难，在震后的废墟上重新建起了漂亮的家园。人类活动对自然环境的积极影响还体现在人类通过对自然资源的积极开发，不仅使自然资源得到了充分利用，使之能够造福于人类，而且还增加了社会财富。如太阳能、风力发电等技术的使用，煤、石油、天然气以及各种矿产资源的开发无不对社会经济的发展具有重要意义。另外，人类对自然环境的治理和保护也对自然环境具有积极意义。随着环境污染的日益严重，人类现在已经认识到了环境治理的重要性，如我国现在实行的退耕还林、节能减排、禁止乱砍滥伐等各项措施都是人类对治理环境做出的积极努力。总之，人类活动对自然环境的积极影响是多方面的，而且随着科学技术和生产力的发展，人们改造自然环境的这种能力将会越来越强，对自然环境的开发和利用也会变得越来越广泛。

2. 人类的社会活动对自然环境带来的消极影响

我们应该看到，人类在对自然环境进行积极改造的同时，却也给自然环境带来了一系列消极影响。由于人类改造自然的力度过大，在很多情况下利用自然资源的速度超过自然资源再生速度，由此而导致了一系列环境问题的出现。进入工业化社会以来，随着科学技术和工业机械的发达，人类改造自然以及向自然索取的能力逐渐提高，再加上近年来人口爆炸式的增加，人类对自然的改造、开发和掠夺能力也就达到了惊人的程度。尽管人类现在已认识到了环境问题的严重性，但仍无法停止对自然资源无节制开发的步伐。目前，由于人类对自然资源的掠夺性开发而导致的生态环境问题和资源危机问题已经成为全世界共同面临的一个严峻问题，并且严重地影响到了人类的生存和发展。如目前全球气候变暖、“温室效应”增强，就是由于人们在工业生产中燃烧化学燃料时释放出来的大量二氧化碳，使太阳热能无法从地球散发出去而造成的。而全球性的水土流失严重、耕地面积急剧减少、森林资源锐减，也是由于人们只顾眼前利益，盲目乱砍滥伐、毁林开荒、过度放牧造成的。由于森林覆盖面积的急剧减少，致使水土流失严重，并由此而导致了沙尘暴、洪水泛滥等一系列气候灾害的出现。再如我国近年来各地矿难事故频发，这固然有其管理方面的原因，但究其深层原因却是一些煤炭生产企业盲目追求眼前利润，置安全和生态保护于不顾，超限开采、超负荷运转，实行粗放型经济增长模式所导致的。不仅如此，人们还在生产中乱排乱放废气、废水、废渣等工业垃圾，生活中随手丢弃塑料袋、一次性餐具等生活垃圾，导致了目前日益严重的空气、水资源的污染，严重危害到了人类自身的生命和健康。据世界卫生组织统计，世界上的疾病80%以上与水污染有关，在每年死亡的1800万儿童中，约有半数的死因与饮水不良有关。总之，人类对自然环境的过度开发和利用，一方面正在危害和侵蚀着我们所赖以生存的大自然，破坏了生态环境；另一方面，也给人类自身生活带来了严重危害和消极影响。

（三）合理保护和利用自然环境

面对日益严重的生态环境问题，人类已经开始觉醒过来，充分认识到了环境保护的重要性。因此，保护生态环境，实现人与自然的和谐发展，已成为当前全世界人民的共识。为此，我们需要从以下几方面做出积极努力：

第一，树立可持续发展的观念，合理地开发和利用自然资源。我们必须认识到，无论是不可再生的自然资源还是可再生的自然资源，都不是取之不尽用之不竭的，而是有限的。因此，人类在谋求经济发展和享受自然财富的过程中，不能再像过去那样无节制地、掠夺性地开发自然资源，而是应该树立起可持续发展的观念，改变粗放型的经济增长模式，合理地开发、利用和保护自然资源。否则就会因为眼前的利益而最终殃及我们的子孙后代。

第二，大力发展科学技术，合理调整产业结构，实现科学的节能减排。环境治理从根本上讲也要以人为本。防止环境的污染，并不是要求人类从此停止工业生产，重新回到传统的农业社会中去，而是要妥善处理工业废物，实行科学的节能减排。为此，需要人类进一步发展科学技术，加快节能减排的技术改造。同时要在生产中合理调整产业结构，降低能耗，对那些高耗能、高排放行业，要采取措施，管住增量、调整存量、扶优汰劣。此外还要大力发展节能环保产业，推广使用节能环保新技术，促进自然资源的循环利用和废物的资源化处理。

第三，控制人口的数量，使人口数量的增长与资源、环境相协调。人口数量如果过度膨胀，也会导致自然资源的相对匮乏。因为人口增长就意味着资源需求增大，然而地球的资源是固定的，不可能随着人口的增长速度加快而增多，所以人口增多，地球资源和环境的负荷就随之加重。因此，控制人口数量的急速增长，就成为有效保护生态环境，提高环境质量的重要举措。

第四，强化环境保护的宣传教育，努力营造爱护环境、保护环境的良好社会氛围。环境保护需要有良好的社会氛围，因此要通过通俗易懂、丰富多彩的宣传教育活动，使人人都能树立起环境保护的意识，并能行动起来，从自身做起。只有全社会的共同参与，环境保护才能真正落到实处。

第五，建立健全环境保护的相关法律法规，以法律规范人们破坏环境的行为。用法律手段维护生态环境，规范人们肆意破坏环境的行为，是目前解决生态问题的一个重要途径。因此，各级政府都要加强环境保护的法制观念，在现有立法的基础上，进一步建立健全有关环境保护的法律、法规，并加强执法力度，使环境保护能够真正有法可依、有法必依。

总之，环境保护迫在眉睫，刻不容缓。如果我们继续对大自然进行肆意掠夺，我们就将失去这个人类赖以生存和发展的家园。“皮之不存，毛将焉附”，面对日益严重的生态环境问题，人类必须行动起来，共同为保护和合理利用自然环境而努力。

二、人口

社会是由人组成的，一定数量和质量的人口是社会存在和发展的前提，正如马克思所言：“任何人类历史的第一个前提条件无疑是有生命的个人的存在。”因此，对人口的研究就成为社会学的重要任务之一。

(一)有关人口的几个重要概念

1. 人口

人口是指生活在一定时间和地域范围内的具有一定数量和质量的人的总称，它是社会的基本构成要素，没有人口的存在也就无所谓社会。作为自然界的产物，人口首先具有自然属性，即同其他动物群体一样，有生老病死以及遗传变异等生物的本性。此外，人与动物又有着本质区别，即人还具有社会属性。因为人在生产劳动中彼此之间必然会发生各种联系而形成一定的生产关系，并在此基础上形成政治关系、经济关系、宗教关系、家庭关系等各种各样的社会关系。因此，人总是处于一定的社会关系中，是名副其实的社会性动物。

社会学对人口的研究一般是从静态和动态两种视角来进行的。从静态方面主要是考察人口的构成等内容。从动态方面主要是考察一定时期内发生的有关人口数量、质量、分布等人口变动的基本情况。人口状况的变动一般通过自然变动、机械变动和社会变动三个方面表现出来。人口的自然变动是指由于人口出生和死亡而引起的人口数量的增减和人口性别年龄构成变化的过程；机械变动则是指人口在地理位置上的移动而引起人口地区分布发生变化的过程；人口的社会变动是指人口从一个社会集团转入另一个社会集团的变动过程。通过对人口的静态特征和动态特征的分析，可以全面了解一个社会的人口和社会发展状况。

2. 人口数量

人口数量是指一定时间、一定地域范围内有生命的个人的总数，反映人口在量的方面的规定性。人口的数量特征是社会学研究人口时关注的重点内容。

一定社会的人口数量总是处于不断发展变动之中，而引起这种变化的主要原因是人口的自然变动。因为人口的机械变动和社会变动只会引起人口的空间分布变化，而不会引起人口总量的增减。在人口的自然变动中，影响人口数量变化的指标主要有三个：人口出生率、人口死亡率和人口自然增长率。人口出生率，通常是指一年内出生并存活的婴儿与总人口的比例；人口死亡率，是指一年内的死亡人数与该年平均人口的比例；人口自然增长率，通常指一年中出生的活婴儿人数减去死亡人数的差与总人口的比例。人口自然增长率是人口变动的根本原因，它是反映人口再生产过程的综合性指标。在人口无迁徙行为时，人口自然增长率的变化反映人口增长的规模和趋势。

3. 人口质量

人口质量又称人口素质，主要是指在一定的社会生产力和社会制度下，人们所具备的身体素质、科学文化素质和思想道德素质的水平。它同人口数量相对应，反映人口范畴的另一个基本方面即质的规定性。其中身体素质指人的身体器官和生理系统的发育、成长和机能的状况，也是人口质量的自然条件和基础。人口的身体素质水平可以用婴儿死亡率、青少年发育成长水平、人口的患病率和死亡率、人口平均预期寿命等指标来衡量。科学文化素质是指人们在生产和生活中所掌握的文化科学知识、劳动技能和经验等，可以通过人们受教育的程度来研究。思想道德素质是支配人们行为的意识状态，包括世界观、人生观、思想觉悟、道德品质等。

4. 人口构成

人口构成是指按人口的自然、社会经济和生理等特征划分后的各组成部分在人口内部的组合状况和比例关系。按照人口构成的性质和特征，可以将人口构成分为自然构成、社会构成和地域构成三大类。

人口的自然构成是指由于人的性别和年龄等自然因素所形成的人口组合和分布情况，一般包括人口的性别构成和年龄构成两种。其中，人口的性别构成是指一定时期和一定地域范围内，社会中男女两性人口数在总人口中的比例关系。目前，国际上通用的性别比例是用100名女性所对应的男性人数来表示，只要在103~107的范围之内都属于正常值。在不同国家和地区，男女性别比例有很大差异。人口性别比偏高或偏低都会影响一个社会和地区婚姻家庭的状况和人口的再生产。人口的年龄构成是指在一定时期和一定地域范围内，不同年龄的人口数在总人口中的比重。现在国际上通常是把人口的年龄划分为1~14岁、15~64岁(劳动年龄人口)和65岁及以上三个组，以这三个年龄组在总人口中的比重来衡量人口的年龄构成状况，并将65岁及以上人口占总人口的7%以上称为老龄化(或60岁及以上人口的比率超过10%)。按照这一标准，中国目前65岁以上的老龄人口超过7%，这就意味着我国已经开始步入老龄化时期。

人口的社会构成是以人口的社会属性为标识的人口构成，包括社会成员的阶级构成、职业构成、民族构成、文化程度构成等，它是对人口社会属性的反映。人口的社会构成是随着社会的发展而变动的。社会发展的水平越高，其人口的社会构成就越复杂。

人口的地域构成是指社会总人口在各个地区的数量和密集程度，所以又称为人口密度。它反映的是人口在不同的空间地域上的人口分布状况，通常是以每平方公里居住多少人来衡量。人口的地域构成既是一种自然结构，又是一种社会结构。一方面人口的地域构成对自然环境和社会具有重要影响，另一方面，人口的地域构成也受到气候、土地、资源、交通、生产力水平、社会安定等诸种因素的影响。①

(二)人口状况与社会发展的关系

作为社会的基本组成要素，人口状况与社会发展之间有着密切的联系。在一定时期内，人口状况以其数量的多少、质量的高低、构成状况的变动等因素既影响和制约着社会的发展变迁，同时又受到一定社会政治、经济、文化等因素的影响和制约。

1. 人口状况对社会发展的影响

一定时期内的人口状况对社会的发展变迁既有积极的促进作用，又有消极的延缓作用，具体体现在以下几方面：

首先，人口状况影响着社会经济的发展速度。一定时期内的人口状况对社会经济的发展速度具有重要影响。以人口的数量为例，如果一个社会、一个地区人口过少、过稀、增长过慢，劳动力就会不足，物质生产资料就得不到充分的运用，因此也就会延缓社会经济的发展速度。反之，如果人口过多、过密、增长过快，超过生产资料的承受能力，社会经济的发展也会受到影响。因此，许多国家和地区都在有计划地控制人口数量，以保持人口数量与物质生产条件的协调发展。再如人口质量的高低与一个国家的经济水平之间也有着密切的关系。尤其是在生产力高度发展、科学技术的推广与应用越来越广泛的现代社会，社会生产对劳动力的素质要求也越来越高。因此，提高人口质量已越来越

① 雷洪．简明社会学教程[M]．北京：高等教育出版社，2012：56.

成为推动生产发展、社会进步的重要条件。

其次，人口状况影响着社会政治生活。一定数量和质量的人口不但是社会经济活动的主体，而且也是政治活动的承担者。因此，人口状况也会影响社会的政治生活。如果一个国家、民族人口太少，政治力量就会受到削弱；而如果人口太多、增长太快，同样会给社会政治生活造成一系列困难与问题，影响社会政治的稳定。不仅人口数量影响社会政治生活，而且人口的性别、年龄等构成也对一个社会的政治制度有重要影响。如中国的计划生育以及严格禁止胎儿性别鉴定等人口政策、法规的制定，就是因为目前中国的人口数量增长过快及男女性别比持续偏高，严重影响到了国家的发展和稳定。再如中国现在已开始进入人口老龄化阶段，这一现状就对我国的养老、医疗等社会保障方面的制度改革和完善提出了迫切要求。

最后，人口状况影响着社会的精神生活和人们的思想观念。一定时期内的人口状况对社会精神生活和思想观念的影响也是很大的。以人口素质为例，文化素质不同的人，婚育观、就业观、消费观等各方面的思想观念往往会存在很大差异。一般而言，如果人口的文化素质较高，那么人们的思想观念就较为开放，因此，就会更容易接受新生事物。而如果人口的文化素质较低，人们的思想观念就较为传统保守，不容易创新，自然也就不容易推动社会的发展、变革。

2. 社会因素对人口状况的影响和制约

人口的基本状况在影响着社会发展、变迁的同时也受着社会政治、经济、文化等各种因素的影响和制约，主要体现在：

首先，社会经济的发展水平对人口状况起着决定性的制约作用。人口的存在和发展归根到底是以一定的社会经济为基础的，因此，经济因素是影响人口状况的决定性因素。如果一个国家经济越发达，生产力水平越高，那么它的医疗条件、教育水平、科技水平也就越高，社会分工也就越复杂，因此，人口的数量就越多、密度就越大、质量也会越来越高，人口的阶层、职业等社会构成也就越复杂。而如果经济越落后，人口的数量就越少、密度就越小、质量自然也就越低，社会构成也就越简单。以人口的数量增长为例，根据联合国《人口年鉴》所提供的资料，自人类出现到1830年，总人口才达到10亿，此后人口伴随着生产力的突飞猛进而剧增，1987年突破50亿大关，到2006年，世界人口已经突破了65亿。最新统计数据显示，2012年，世界人口已经突破了70亿大关。由此可见人口数量变化与社会经济发展的关系。

其次，政治制度和社会生活的稳定程度影响着人口状况的变动。如果政治制度稳定，社会生活安定，就有利于人口的增长；政治制度不稳定，社会生活不安定，甚至发生战乱，就会抑制人口增长甚至造成大批人口死亡。尤其是一个社会的人口政策对于人口的影响更是巨大。如我国在20世纪五六十年代，由于没有制定出切合实际的人口政策，使我国的人口数量在这一时期猛增，造成了巨大的人口压力。70年代以来，人口增长逐渐减慢，就是我国实行计划生育的结果。

最后，社会传统观念和风俗习惯影响着人口的发展。在长期的社会历史条件下形成的文化习俗和传统观念对人们的生活产生了巨大的影响，并进而影响着人口的发展。如我国封建社会时期留下来的"不孝有三，无后为大"、多子多福、男尊女卑等传统观念至今还在影响着人们的生育行为。而且重男轻女的传统思想也是造成我国目前有些地区男女性别比持续偏高的主要原因。

（三）有关人口与社会关系的几种主要理论

1. 马尔萨斯人口理论

马尔萨斯是近代人口问题研究的先驱，他对人口问题的论述集中体现在他于1798年出版的《人口学原理》一书中。马尔萨斯把他的全部人口理论建立在两个前提上：一是食物是人类生存所必需；二是两性间的性欲是永恒的。在此基础上，马尔萨斯得出了以下两点结论：

第一，人口的增长快于生活资料的增长。马尔萨斯认为由两性间永恒的性欲所带来的人口增长是按几何级数增加，即以2、4、8、16、32、64……那样成倍地增加。而生活资料的增长却是以1、2、3、4、5、6……的算术级数来增加。这样，人口的增长和生活资料的增长之间必然会出现差距，如果对人口增长不进行控制，两者间的差距将会越来越大，最终出现饥荒。

第二，抑制人口增长的途径有两种：积极抑制和道德抑制。马尔萨斯认为，当人口出现过剩时，就需要抑制人口的增长，其途径主要有积极抑制和道德抑制两种。积极抑制是通过战争、瘟疫、饥荒和各种疾病等手段增加人口死亡率、减少现存人口来控制人口的增长。道德抑制是指通过提倡晚婚、独身、禁欲（马尔萨斯不提倡使用避孕的办法）等手段来抑制人口的增长。在这两种手段中，马尔萨斯更倾向于用后者来限制人口增长。

马尔萨斯的人口理论由于抛开社会制度，单纯地从生物属性和脱离现实的假设来说明人口规律，看不到社会生产方式对人口规律的决定作用而受到很大的争论与批判。但是当20世纪后半期世界人口特别是一些发展中国家的人口出现爆炸式的增长之后，他的关于人口增长会限制经济发展和社会福利改善的观点已经被普遍地认同。

2. 马克思主义人口理论

人口理论是马克思主义理论体系的重要组成部分，它是由马克思和恩格斯在对马尔萨斯人口理论进行批判和反思的基础上创立的。虽然没有专门的人口理论著作，但马克思、恩格斯在《资本论》、《德意志意识形态》、《〈政治经济学批判〉序言》、《家庭、私有制和国家的起源》等著作中对人口问题进行了系统论述。马克思和恩格斯认为社会生产有两种，即物质资料的生产和人类自身的生产。两种生产相互联系、相互制约，因此，必须相互适应。这种对立统一关系是人类社会存在和发展的前提。把物质资料生产和人类自身的生产联系起来考察，是马克思主义人口理论的重要特点。具体而言，其主要内容包括以下几个方面：

第一，人口规律是受生产方式制约的社会规律。对于人口规律的性质，马克思和马尔萨斯的认识是截然对立的。马尔萨斯把人口规律归结为自然规律，和社会生产方式全然无关。而马克思则认为，人口规律不是什么自然规律，而是一种由社会生产方式所决定的社会规律。马克思认为，人口生产和物质资料的生产虽然都对历史有重要作用，但作用的程度不同。一般来说，物质资料的生产居于支配地位，是人口生产的基础。因为，人与动物之间最本质的区别在于人类总是在一定的生产关系之下，从事物质资料的生产，通过生产活动来解决自己的物质生活问题。既然人总是生活于一定的生产方式之下，那么人口的运动、发展和变化就必然要受到社会生产方式制约，社会生产方式决定人口的增殖条件和生存条件。社会生产方式不同，人口规律自然也就不同。

第二，人口状况对社会发展起促进或延缓的作用。马克思主义人口理论认为人口状况虽然对社会发展不起决定性的作用，但是，人口状态(包括人口的数量、质量、密度、分布等)对社会发展可以起到延缓或促进的作用。当人口状态与物质再生产提出的要求相适应，劳动人口可以得到充分就业，自然资源和社会财富被合理地开发利用，那么就能促进社会生产力的发展；反之就会阻碍生产力的发展。

第三，人是生产者和消费者的统一。马克思主义人口理论认为，人是生产者和消费者的统一。作为生产者，人能创造社会财富；作为消费者，人需要消费社会财富。人作为生产者与消费者是互为条件的，相辅相成的。一个具体的人作为生产者是有条件的，作为消费者是无条件的。人在社会经济生活中的这种二重作用，是正确认识人口与社会经济相互关系的出发点。只有坚持人是生产者和消费者辩证统一的观点，才能有计划地调节人口的增长，充分发挥人力资源的作用。

3. 适度人口理论

适度人口理论产生于19世纪末20世纪初的西欧社会，是继马尔萨斯人口理论之后，为了适应在西欧社会经济和人口的发展变化趋势而产生的一种资产阶级人口理论，主要研究一个国家或者地区的人口规模、人口增长率同生产规模、资源配置、经济增长率的关系问题。它的主要理论出发点是：人口发展必须与物质资料的生产相适应，必须与生态系统的荷载能力及其动态平衡相适应；人口在数量上的增长必须同质量上的提高相适应。

以第二次世界大战为界限，适度人口理论可以分为早期和现代两个大的时期。一般认为英国经济学家E. 坎南、瑞典经济学家K. 威克塞、英国人口学家卡尔·桑德斯是适度人口理论的早期代表人物，法国著名人口学家阿尔弗雷·索维是现代适度人口理论的代表人物。其中，早期适度人口理论的主要研究对象是“经济适度人口”。如E. 坎南在1888年发表《初等政治经济学》一书中，就提出了当达到产业最大收益时的人口即为适度人口，以及最大收益点的变化导致了适度人口的数量和规模的不断变动的观点。早期适度人口理论把人口增长和工农业生产率、人均收益以及自然资源等联系起来分析，为人口研究开辟了新的途径，但是也存在着很大的局限性。它假定科学技术等条件不变，只是对人口数量和生产收益量两个因素作静态的数量分析，因此只是一种静态适度人口论。而且它抛开社会生产方式来考察人口发展和经济发展的关系，认为人口变动是社会经济发展的决定性因素，陷入了“人口决定论”。因此，早期适度人口理论并未排除西方资产阶级人口理论的根本缺陷。

现代适度人口理论的代表人物阿尔弗雷·索维的人口理论，虽然继承了前人从经济的角度来分析适度人口的传统，但他还进一步考察了技术进步等经济增长变量对“适度人口”的影响，提出了人口“适度增长”的概念，从而把静态适度人口论推向了动态适度人口论。而且索维还把“适度人口”扩大到非经济领域，考察许多非经济的社会因素同人口增长的关系。这显示了现代适度人口理论比早期适度人口理论在理论上有所进展，但它在理论上和实践上仍有许多不足，如它无视或忽略了发展中国家的人口增长过多过快问题，而且在资本主义条件下讨论经济变量与人口变动之间的关系也只能是一种理论虚构，并不能真正揭示资本主义条件下的人口与经济之间的关系。

4. 人口转变理论

人口转变理论产生于20世纪30年代，是西方人口理论的重要组成部分之一。它是一种联系社会经济发展、以人口发展过程及其演变的主要阶段为研究对象的人口理论，通过对人口发展的不同阶段做出描述性的分析和说明，来论证当前不同国家人口发展的特征和未来人口发展的趋势。

20世纪初，法国人口学家兰德里首创了人口转变理论，他把人口发展的过程分为原始阶段、中期阶段和现代阶段三个时期，并把人口在这三个阶段的转变称为人口革命。20世纪30年代美国人口学家诺特斯坦进一步发展了人口转变理论，他着重从社会经济发展的角度来分析人口转变，并把人口转变过程分为工业化以前阶段、工业化初期阶段、工业化进一步发展阶段和完全工业化阶段四个时期。诺特斯坦之后，英国人口学家布莱克、美国社会学家戴维斯等也提出了一些关于人口转变的看法。

人口转变理论在形成和发展的过程中，尽管存在不同的流派，但仍有其基本的理论框架和一致的观点，主要有以下几个方面：①

第一，人口发展过程同社会经济发展过程密切相关，人口转变以社会、经济条件的变化为前提。

第二，人口转变通过出生率和死亡率的变动来实现，并且是一个含有不同阶段、不同类型的历史发展过程，即出生率和死亡率由旧均衡转变到新均衡的长期变动过程。

第三，在传统农业社会向现代工业社会演进的初期，出生率下降滞后于死亡率，二者有"时滞"现象存在，任何缩短这个"时滞"的过程便是人口转变的关键。

5. 马寅初的新人口论

新人口论是我国著名经济学家、人口学家和教育家马寅初提出的，主要是系统地论述了中国当代人口发展中存在的问题，提出了"中国人口增长过快"的命题。马寅初在1957年7月15日的《人民日报》上发表的《新人口论》全面阐述了他的人口思想。他认为：人多固然是一个极大的资源，但也是一个极大的负担，如果不加控制任其盲目增长，势必严重影响国民经济的发展和人民生活的提高。他主张提高人口质量，控制人口数量，并建议采取以下措施：

第一，进行人口普查，掌握全国人口增长的实际情况，举行人口动态统计，在此基础上来确定人口政策，把人口增长数字列入五年计划。

第二，修改婚姻法，提倡晚婚，并采取有效的行政和经济措施，奖励节育，用征税的办法限制多育，达到降低人口出生率的目的。

第三，实行计划生育是控制人口最有效的办法，最重要的是普遍宣传避孕。

马寅初的新人口理论中关于人口控制的措施不仅切实可行，而且体现了对生命的爱护和对女性健康的关怀，体现了"人本"精神。但他的许多正确的意见和建议却在反右派斗争中被错误地当做新马尔萨斯人口论进行批判。这次错误的批判，对国家的经济建设和人口问题的解决带来极为不利的影响。

三、文化

文化是指人们在社会历史发展过程中所创造的物质和精神财富的总和。它是人类所特有的现象，没有文化，也就没有人类的存在，自然也就不会有社会的形成。因此，文化是构成人类社会的又一基本要素，在人类社会生活中发挥着极其重要的作用。正如孙本文所言："人类之所以异于禽兽者，以其有文

① 唐贵忠．人口学[M]．北京：中国人口出版社，2003：25.

化，故文化为人类的特产，亦即为人类所不可或离的要素。”①

由于本书第五章将具体阐释文化的内容，所以此处不作细述。

思　考　题

1. 什么是社会？它有哪些方面的特征和功能？
2. 试述社会类型划分的几种主要方法。
3. 社会结构是由哪些要素组成的？
4. 简述社会结构的表现形态。
5. 试述血缘关系、地缘关系和业缘关系的不同。
6. 什么是自然环境？试分析它对人类社会有哪些影响。

主要参考文献

[1] 郑也夫，李强．西方社会学史[M]．北京：能源出版社，1987.

[2] 风笑天．社会学导论[M]．武汉：华中理工大学出版社，1997.

[3] 陈立旭．社会学概论[M]．北京：中共中央党校出版社，2005.

[4] 张咏梅，宋超英．社会学概论[M]．兰州：兰州大学出版社，2007.

[5] 李路路．当代中国现代化进程中的社会结构及其变革[M]．杭州：浙江人民出版社，1992.

[6] 佟新．人口社会学[M]．北京：北京大学出版社，2006.

推荐阅读书目

[1] 陈立旭．社会学概论[M]．北京：中共中央党校出版社，2005.

[2] 张咏梅，宋超英．社会学概论[M]．兰州：兰州大学出版社，2007.

[3] 孙本文．社会学原理[M]．上海：商务印书馆，1935.

[4] 郑杭生．社会学概论新修[M]．北京：中国人民大学出版社，1997.

① 孙本文．社会学原理[M]．上海：商务印书馆，1935：297.

第五章　文　化

文化是人类社会特有的现象，是人类区别于动物的最显著的特征之一，是人类集体智慧的结晶。文化是社会的基本构成要素，它联系着社会生活的方方面面。文化是社会成员在社会化过程中习得的行为方式；文化为社会成员的社会互动提供了共享的有意义的符号；文化使社会组织形成了模式化、制度化的规范体系。总之，文化存在于人类社会的所有领域，文化是人类社会所独有的，社会正是因为有了文化才与自然界相区别，文化塑造了社会。社会是由社会成员构成的集合体，文化则是社会成员集体创造的产物。社会成员创造文化的根本目的就是维持社会的一致和有序，社会发展的结果则通常表现为文化变迁。本章着重介绍文化的涵义、构成、特征和功能。

第一节　文化概述

美国文化人类学家洛威尔曾经说过：我被托付一件困难的工作，就是谈文化。在这个世界上，没有别的东西比文化更难捉摸。我们不能分析它，因为它的成分无穷无尽；我们不能叙述它，因为它没有固定的形状。我们想用文字讲述它的意义，这正像要把空气抓在手里似的。当我们去寻找文化时，除了不在我们手里之外，它无处不在。

确实，在我们的社会生活中，“文化”无处不在。我们称赞一个人知识渊博时会说他“有文化”或者说他是“文化人”；我们参观一座具有深厚“文化底蕴”的历史名城；我们欣赏一场被称为“文化盛宴”的艺术演出。此外，我们还常常研究不同国家和地区的“饮食文化”、“服饰文化”，比较不同国家和地区的“文化差异”。可见，“文化”一词在不同的场合具有不同的涵义。

一、文化的涵义

(一)语源学意义上的解释

“文化”在中国古典文献中的意思主要是指“文治教化”，“文”是指文字、文章、文采，还有礼法的意思，即礼乐制度和法律条文等。“化”是过程，主要是指“教化”和“感化”。“文”与“化”一起使用，则是指用礼乐制度教化和感化民众，使他们言行有序。如今我们所使用的“文化”概念早已超越了这一范围，与西方“文化”概念的内涵大体相近。

西方的“文化”有实际操作的意思，从词源上讲，西方的文化 culture 来源于拉丁文 cultura，意思是“耕作”、“耕耘”和“培养”，即最先指的是对植物进行耕耘和培育，强调人类如何认识和改造自然界。到 15 世纪之后，“文化”的含义逐渐延伸，由改造自然转向对人的能力和品行的培养。20 世纪以后，文化概念进一步发展，将人类所创造的物质产品也包含在内。①

(二)社会学意义上的解释

文化是文化人类学的主要研究对象，是一个长期争议的概念，至今尚无统一的定义。不同的学科、流派、个人从各自的立场和角度出发，对“文化”进行了不同的界定，根据有关学者的统计，关于文化的定义表述有 300 多种。其中最具代表性的定义有两种：

一种是狭义的文化，认为文化主要是一种精神现象。英国人类学家泰勒在其著作《原始文化》中指出：“据人种志学的观点来看，文化或文明是一个复杂的整体，它包括知识、信仰、艺术、伦理道德、法律、风俗和作为一个社会成员的人通过学习而获得的任何其他能力和习惯。”泰勒的文化定义侧重于精神方面，并且强调文化是个人后天习得的。

另一种是广义的文化，文化既包括精神财富，也包括物质财富，将文化视为人类加工、创造的一切东西。例如英国人类学家马林诺夫斯基认为：“文化是指那一群传统的器物、货品、技术、思想、习惯及价值而言的。这概念包容着及调节着一切社会科学。我们亦将见，社会组织除非视作文化的一部分，实是无法理解的。”②

伊恩·罗伯逊认为：社会学所说的文化要囊括人类社会生活的各个方面，文化包括人类社会共享的全部产品，这些产品分为物质的和非物质的两种基本形式。③

我们认为：文化与自然相对应，是指人类所创造的一切事物，既包括物质文化，也包括非物质文化。

二、文化的特征

文化的特征大体可以从两个层面来看。从抽象层面来看，文化具有以下

① 周运清．新编社会学大纲[M]．武汉：武汉大学出版社，2004：233.

② [英]马林诺夫斯基．文化论[M]．费孝通，译．北京：中国民间文艺出版社，1987：2.

③ 参见朱力．社会学原理[M]．北京：社会科学文献出版社，2003：4.

特征：

(一)普遍性

人类学的比较研究已经证明，几乎所有的文化都具有相同的社会结构和文化意义基础，通常我们称之为文化普遍性。一位人类学家曾列举了近60种具有普遍意义的文化，包括烹饪、劳动、民俗、葬礼、音乐、婚礼和法律等。

文化普遍性存在的主要原因有以下几点：

一是由于人类生理需求的相似性。人类都有吃、穿、住、用、行的基本需要，由此就会形成关于烹饪、服饰、建筑等方面的习俗。人类都要面对生老病死，因此就会产生诞生礼、婚礼及葬礼等一系列的仪式。

二是由于自然环境的限制。由于所处的环境相同，可以利用的材料与资源是相似的，因此会形成相同或相似的文化。

三是由于人类社会生活的基本需求。每一个社会为了正常运行，就必须教育新加入的社会成员承担一定的社会角色，习得一定的角色规范，以实现代际之间的更替。每一个社会为了正常运行，就必须以物质资料的生产为基础，进行交换、分配。①

四是由于文化接触与传播的影响。各个国家、地区、民族的接触、迁移和文化传播，也是促成文化普遍性的一个因素。

(二)非生理遗传性

文化是人类后天学习获得的，也正是因为如此，人的社会化才显得至关重要，即文化不能通过人的生理遗传而获得。到目前为止，在遗传学研究方面，也尚未发现文化有任何遗传的基因。所以，人类想要获得文化，只能通过后天学习，除此之外，再没有其他的获得途径。每一个社会成员都必须通过后天的社会化过程来习得角色规范，学习科学文化知识，学习待人处世、与人互动的礼仪，成长为符合社会需要的合格的社会成员。个人不仅接受文化，而且创造文化。个人只有在与他人的互动中才需要文化、接受文化、影响文化。

(三)传递性

所谓文化的传递性，则是指文化可以被他人学习、效法和利用，因为文化不是孤立的，文化需要传递，文化只有通过传递，才能延续下去。文化传递可以分为纵向传递和横向传递两大类。文化经过人类代代相传而得以延续和发展，新一代社会成员的文化有很大一部分来源于前人创造的文化，并在前人的基础上进行发展，由这种代际传递造成的文化积累是文化发展的基本途径，属于文化的纵向传递，这种传递在社会学上又被称为“社会化”，各个国家教育

---

① [美]戴维·波普诺.社会学[M].李强，等，译.北京：北京大学出版社，1999：75.

事业的发展在一定程度上就承担着纵向文化的传递任务。

文化的横向传递是指文化在不同社会、不同地域和不同民族之间的传播。不同民族之间的文化交流，有利于民族之间的融合和发展，继而促进各民族社会生活的发展。例如在我国历史上曾出现的民族文化交融。一是中原农耕文化与北方游牧文化的交融。在整个古代，中原农耕人可以学习游牧人的骑射技术，吸取他们的异域文化，并以粗犷强劲的游牧文化充实农耕文化。而游牧人则从农耕人那里学习先进的生活方式、政治制度乃至改变生活习俗，促使自身的社会形态发生历史性的飞跃。二是中原农耕文化与南方山地游耕文化的交融。南方少数民族与汉族的交融同样是一个双向过程，一方面，游耕民族“汉化”程度日益加深，以至于某些支系消泯于汉族之中。另一方面，与南方少数民族杂居的汉人，亦出现“夷化”的现象。以上两种交融，可以体现在经济生活、衣着服饰、日常起居等方方面面，此外，在音乐、文学、史学、医学等方面都有相互的交流与借鉴。①

(四)变迁性

文化不是静止不变的，而是时刻处于变化之中。它的发展是一个动态、变迁的过程，随时在吸纳新的文化特质，同时也在抛弃旧的负荷。大规模文化变迁的原因主要有以下三个方面：

一是自然条件的变化，例如气候恶化、不可预测的自然灾害、资源的匮乏、大规模人口变迁等因素所导致的文化变迁。

二是不同文化之间的影响。如不同社会、不同民族和国家，在价值观念、生活方式、科技等方面的交流所引起的文化变迁。

三是发明、发现和创造所导致的文化变迁。随着人类社会的发展，尤其是进入近代以来，发明、发现和创造在文化变迁中所起的作用越来越大。人类近代史上三次工业技术革命推动整个社会由农业文化进入工业文明，伴随着物质文化的发展，人类的精神文明也逐步改进。

厦门大学教授易中天对于文化的变迁性曾有过精辟的见解，他认为：“文化之所以叫文化，就因为它总在变化，或者被同化，或者被异化，反正得变化，谁让谁变？谁变成谁？一般地说，总是强势的让弱势的变，或弱势的比强势的变得多一点。比如说入关以后的满人，虽然是征服者、统治者，可他们在文化上是弱势，结果就被汉文化同化。当然，汉人也向满人学习了不少东西。”②

在他的论述中，我们不难发现：第一，文化变迁随时随地、时时刻刻都在

① 张岱年．中国文化概论[M]．北京：北京师范大学出版社，1999.

② 易中天．大话方言[M]．上海：上海文化出版社，2006：31.

发生，并且在一定程度上同文化传递和交流相联系。第二，在文化变迁中遵循的原则是“以强胜弱”。第三，文化变迁对于强势和弱势的双方来说没有输赢之分，而是相互影响、相互借鉴。

正是由于文化的变迁性，所以我们的社会生活才会发生巨变。想想同样是社会交往，老祖宗要去拜访远方的朋友或者双方交流信息，他们可能要长途跋涉，步行、坐马车、坐船等，各种交通工具都要派上用场才能到达目的地，见到久未谋面的老朋友，正因为他们的会面是如此的不易，才会有“有朋自远方来不亦乐乎”的欣喜，才会有送别时依依不舍的长亭古道、十八里相送，期望着将来能够后会有期。而且，他们之间的信息交流也只能通过书信或者是口信的方式来完成，书信的传递都希望能够“飞鸿传书”或者是快马加鞭，在这种情况下，个把月书信才可能到达远方友人的手中。可是，在科学技术日益发达，通信设备非常齐全的今天，大家想想，自己如果要去看望远方的朋友或者是要跟对方交流信息的话，你会采取什么方式、方法呢？

从具体层面来看，文化具有以下特征：

(一)差异性

每一种文化都是不同的，因为它们要适应特定的环境条件，包括自然条件和社会条件。“文化的差异性，也叫文化的多样性，是指世界上每个社会都有其不同的、特殊的行为模式和制度。”①文化的特殊性就特殊在它的不同性，即差异性。

影响文化差异的自然因素非常重要，但与社会因素相比，前者的影响显然不如后者，特别是在复杂的社会中。我们所说的社会因素包括技术水平、语言、普遍的信仰以及与别的文化相联系的程度。社会因素决定着人们的生活方式和生活习惯，类似于中国人所讲的“一方水土养一方人”。比如朋友吃饭，中国人是抢着掏钱，而西方人则是AA制，各自付各自的账。很多时候，我们总喜欢对不同的文化进行评比，认为中国的文化比西方的好，或者西方的文化比中国的好，其实不能这样简单地进行对比，因为这是文化环境不同，才使不同国度的人的生活方式和生活习惯不同，并不存在文化的优劣好坏之别。中国文化有自己的独特性，即便是到了今天，中国文化依然偏向于传统的面子文化和熟人文化，这从另一个侧面反映出中国文化的私性和感情性，缺乏理性。在社会现实中，过度重视私性和感情性，会扰乱正常的社会运行，打破社会正常的制约规则，使规则和制度无法约束人，人凌驾于制度甚至法律之上。因此，中国文化还需要借鉴其他文化，取人之长，补己之短，不断发展中国的文化，使中国文化成为社会良性运行的优良文化。

---

① 黄高才．中国文化概论[M]．北京：北京大学出版社，2011：7.

（二）象征性

文化总有它所代表的意义，这种意义不仅有表面性的，也有实质性的。“象征性是指一切具体的文化现象都是一定文化类型的反映，文化的意义要远远超出文化现象所直接表现的那个窄小范围。”①文化的象征性体现在所有的人类社会之中，因为只要有人类社会存在，必然会有文化，只要有文化，就必然存在文化的象征性意义。例如在传统的中国文化中，红色代表吉祥、喜庆，多出现在婚礼等欢庆的场合；白色则被认为是“不祥之色”，作为孝服多出现于葬礼。再比如，不同的地域也有不同的文化，十里不同俗就是这个道理。

（三）复合性

文化的复合性主要体现在两个方面：第一，围绕某一社会活动，会产生一系列的文化现象。例如宗教活动，既包括宗教信仰、宗教意识等精神领域，也包括宗教建筑、宗教组织等物质实体，两者形成一系列的宗教文化现象。第二，文化现象是互相联系的，不是孤立存在的，每一种文化现象都是由多种文化因子组合在一起的，所以不能孤立看待文化现象，要用联系的方法看待每一个文化现象。比如电影，是画面、语言、文字、音乐、舞美等的复合体，还需要胶片作为载体。②

三、文化与文明

（一）文明的涵义

人们有意无意中使用的“文明”一词，其含义纷繁不一、模棱两可，但通常包括三个方面：首先，在日常用语中，“文明”一词带有一种价值判断，它表示的是文明社会，并假定相反地存在着未开化的或野蛮的民族。其次，文明体现了社会生活的一定形态。具体存在的表征可称作“文明的现象”，或者称作“文明的造物”，这些造物表现为各种制度和生产方式。最后，“文明”一词适用于民族的或社会的整体。这样，除进化程度高或具有某种特质的整体可称作“文明”外，其他各式各样的具有这些特征并能从中抽出独特个性的整体也可称作“文明”。“文明”一词的第三种含义与前两种含义互有联系，是对前两种含义的客观化。③

总之，我们认为，文明是“社会生活形态的表达，是某一社会时期普遍流

① 肖云忠，等．社会学概论[M]．北京：清华大学出版社，2012：51.

② 朱力．社会学原理[M]．北京：社会科学文献出版社，2003：7.

③ [法]让·卡泽纳弗．社会学十大概念[M]．杨捷，译．上海：上海人民出版社，2003：18.

行的确定状态”。①

(二) 文化与文明

文化与文明两大概念之间有着千丝万缕的联系，有的学者认为文明即文化，有的学者认为文明是发展程度较高的文化，是文化的一种特殊形态。在此，我们认为，文化与文明是两个不同的概念，二者之间既有联系，又有区别。

从文化与文明的联系方面来看：文化以文明为基础，文明的进步离不开文化的发展，而文化的发展必然会在客观上促进文明的进步。

从文化与文明二者之间的区别来看：(1) 文明是一种流行的、当下的生活形态，而文化则是一种业已形成的行为模式。(2) 文明不仅包括非物质的内容，例如价值观念、思想意识等，而且包括十分丰富的物质内容，如生产工具、城市建筑等。而文化作为一种行为模式则是非物质形态的。(3) 从历史角度来看，文化的产生先于文明。人类在有历史记载以前就有了文化，而文明则出现于文字产生之后，文明时代是以文字的发明和火器的使用为标志的。(4) 文明更多地反映人类积极进步的生活形态，而文化则是包罗万象，它是人类一切行为模式的总和，既包括积极进步的方面，也包括消极落后的方面。②

第二节　文化的结构与功能

关于文化的内容构成及划分方法，不同的学者有不同的看法。根据我们关于文化的定义，我们认为，文化的基本要素是符号、语言、价值观、规范和行为模式，它们是构成文化的主要框架。

一、文化的构成要素

(一) 符号

文化的第一个构成要素是符号。卡西尔把人看做是“符号的动物”，认为人不仅可以使用符号表达情感、交流信息、解释现实，而且能够创造符号来建构现实，设计未来。

所谓符号，是指文化中能够传递信息，富有意义的象征物。符号包括能指和所指两部分。能指是代表其他事物的事物，即符号自身，比如，语言、文字、数字、颜色或图画、表情、手势、姿态、仪式等。所指是被代表的事物，也称符号的意义，包括人、物、事件、情感、观念等。各种符号所代表的意义

① 赵孟营．社会学基础[M]．北京：高等教育出版社，2006：457.

② 赵孟营．社会学基础[M]．北京：高等教育出版社，2006：461.

远远超出其事物本身。二者之间的关系是通过社会成员的认可，经过长期发展约定俗成的。

符号是一种文化最具体、明确的表现，也是理解一种文化最直观的说明。例如我们比较中美两国婚礼文化的异同时，我们就会联想到多数中国新娘举行婚礼时穿着红色的服装表示喜庆，而多数美国新娘举行婚礼时穿着洁白的服装表示纯洁。服装的颜色在这里也是一种符号。

(二)语言

文化的第二个构成要素是语言。语言是一种高度复杂的、口头的、象征的信息交流系统，它是按照一定的规则建构而成的符号。语言是文化传递中最有效的传递方式之一，它使人类能够了解过去人们所思考与经历过的东西。通过语言我们能够学习别人的经验，而不必身临其境。

象征性是语言的重要特质之一，一个字、词或一个词组可以代表多种意义，例如"鼎"，原为古代煮东西的器物，三足两耳。"三国鼎立"就是借它的造型来形象地指出魏蜀吴三个国家势均力敌。"一言九鼎"又借用"鼎"这个器物自身的分量、体重，来表示有分量的言论，说话算数。而"问鼎中原"，"鼎"又借喻为王位、帝业等。"鼎"本身仅仅指古人使用的一种器物，而在漫长的语言发展史中，衍生出了许多为社会认可的象征意义，语言的象征性由此可见一斑。

语言作为社会成员互动的最主要的媒介，成为个体表达思想、交流情感的基本工具，在社会生活中扮演着不可或缺的角色，因而，有的学者认为，语言即代表社会文化本身，语言作为文化的表征，最终使人类同动物区分开来。

(三)价值观

文化的第三个构成要素是价值观。价值观是一种文化区别于另一种文化的核心内容，它是一个社会或群体中的成员评价事物与行为善与恶、对与错、好与坏的基本标准。"价值观通常包括工具性价值观和目的性价值观。前者是关于手段的，后者是关于目的的。价值观的不同构成了文化沟通的最主要障碍，因为符号不同可以解释，语言不通可以翻译，而价值观不同则很难相互理解。文化冲突的产生固然有现实性的因素，但是价值观的冲突则是文化冲突的最直接原因。"①例如，在中美文化的交流中，文化冲突的主要原因就在于两种文化的价值观不同。中国文化的价值观倡导集体主义和平均主义，而美国文化则鼓励个人主义、实用主义。鉴于两种文化截然不同的价值观，在文化交流中出现冲突在所难免。而在当今的全球化浪潮的冲击之下，如何实现不同价值观的互不干涉，如何实现大背景下文化沟通的求同存异，这是我们所面临的普遍性

① 风笑天．社会学导论[M]．武汉：华中科技大学出版社，1997：62.

问题。

总之，价值观作为一个社会中集体成员所追求的根本目标，必须在同一个社会中实现统一、和谐，保证所有的社会成员能够维持一个内在统一的社会价值体系。正如现代社会中，中国人的核心价值观主要有公平竞争、获取成功，追求自由、平等、民主，提倡人道主义精神、讲究效率、鼓励个性发展等。

(四)规范

文化的第四个构成要素是规范。规范是社会生活中指导人们行为的规则或准则，它既包括约定俗成的风俗习惯，也包括明文规定的法律条文和规章制度等，它限定人们在特定的社会情境下"应该怎样待人接物、该做什么和不该做什么"。

在此，我们所指的规范是文化规范，与"社会规范"有所区别。文化规范是社会"潜在"的约束机制，社会成员只有在违反它时才能感受到它的存在，具有一定的"弹性"。而社会规范则是社会"外显"的约束机制，强制性地规定社会成员的行为，是一种"刚性"的需求。

文化规范包括四种基本类型：描述性规范，它要求成员必须采取某种行为，如大多数社会都要求成员在公开场合必须穿上衣服；优先性规范，它规定在某些情境之中成员应当采取某种行为，如公交车上要主动给老人、孕妇、病人等让座；允许性规范，它规定了成员不应当采取行动，但当某些成员采取了该行动时也不会受到严厉惩罚，如多数社会把撒谎看做是不应采取的行为，但当有的成员撒谎时，却不一定会受到什么处罚；排斥性规范，它规定了成员绝对不能采取的行为，如绝对不允许抢夺他人物品。文化规范的具体化和现实化后就是社会规范，包括道德、法律等许多形式。各种规范之间相互联系、相互渗透、互为补充，共同调整着人们的各种社会关系。

价值观一般是抽象的、看不见的、摸不着的，而规范是具体化、外在化的价值观，是标准化的行为模式。前者是一般概括的标准，而后者是具体情况下指导人们行为的准则，后者是前者的具体体现。价值观具有内隐性，而规范具有外显性。了解一个社会或群体的文化，往往是先从认识规范开始的。

(五)行为模式

文化的第五个构成要素是行为模式。行为模式的基础其实仍然是价值观和规范，它是文化关于个人行为的具体限定。在文化传递过程中，社会的新成员一开始对于价值观和文化规范并不理解，通过行为模式的学习就可以首先从形式上接受一种文化。例如一个儿童并不了解"讲卫生"的价值，但父母可以通过让他天天坚持刷牙、饭前洗手等方式让他养成讲卫生的习惯，当这些行为养成之后，儿童也就算是继承了讲卫生的文化。这样的例子屡见不鲜。①

① 风笑天．社会学导论[M]．武汉：华中科技大学出版社，1997：63.

二、文化的层次

每一种文化都有特定的文化系统或体系，文化系统或体系是分层次的，这便是文化结构。文化结构不是单一的，它由多种文化特质聚合在一起，通常是以某特质为中心，在其功能上与其他特质发生连带关系或者构成一系列活动。人类学家采用了功能单位作为分析方法，即把每一民族或社会的文化内容，依其功能单位大小，分为不同的结构，根据结构不同，从小到大，分为文化特质、文化丛、文化模式三类。

(一)文化特质

文化特质是指组成文化的最小单位或基本要素，没有最基本的组成部分，文化将不会存在，不管是什么文化，都需要最小组成单位，就像动物都由细胞组成一样。文化特质是文化中有着独立形态、功能和历史的最基本的要素。一个社会的文化内容就是各种文化特质的总和。文化特质的形态可以是物质的，也可以是非物质的(包括具体的符号，也包括抽象的概念)。例如，在中国传统文化中，筷子就是一个文化特质，筷子是我们日常的生活器具，是典型的中国饮食文化的一部分，它的形态是具体的、物质的。如果在婚礼当中出现一双筷子，它的寓意则是吉祥、祈福，取"筷子"的谐音"快生贵子"之意，此时，它的形态是抽象的，强调精神寓意。此外，中国传统文化中的物质文化特质还有：象形字(汉字)、笔、墨、纸、砚等象征物。而非物质文化特质有：跪拜、祭祀祖先等各种礼仪。在这众多的文化特质中，每一种文化特质是一个独立单位，发挥着其独特的功能。

(二)文化丛

文化丛指功能上密切联系而组成的一组文化特质。文化丛与人们的某种特定活动有密切关系，一般不是单一的物质文化或非物质文化，而是二者的特殊结合。

文化丛的形式主要包括两种：一种是以某一文化特质为中心，其他文化特质围绕中心特质提供功能，并以该中心特质命名的文化丛，例如"茶道"就是一个有中心特质的文化丛，喝茶的同时，除了"茶"这个中心特质以外，还有相配合的茶杯、茶盘以及不可或缺的茶艺等文化特质。另一种是若干文化特质共同实现某一功能，文化特质之间地位平等的文化丛。例如，围绕"春节"这个特定的节日所构成的一系列活动：贴对联、放鞭炮、点灯笼、吃饺子、守岁、串亲戚等，这些庆祝活动以一定方式结合起来就可以组成一个文化丛，这些文化特质的功能相互不能替代。与文化丛相关的一个概念是文化圈。以文化丛的发源地为中心，包含文化丛扩散地域在内的区域通称为该文化丛的文化圈。

（三）文化模式

“文化模式，就是一个社会中所有文化内容（包括文化特质与文化丛）组合在一起的特殊形式和结构。”①文化模式在一个社会中是相对稳定并长期存在的，即便是发生变化，也不会一下子全部变化，即文化模式也是该社会成员所普遍接受的文化结构。这种形式往往表现了一种社会文化的特殊性。一个社会的文化模式通常包括主要文化模式和次要文化模式两个种类。前者是起主导作用的、稳定的、长期的、不易变更的文化模式，后者是指相对次要的、稳定性较差的文化模式。例如对于中国社会而言，饮食文化模式是主要文化模式之一，而闲暇文化模式则属于相对次要的文化模式。社会学关于文化模式的研究，一般都具有非常重要的意义，因为可以用文化模式来区分不同的社会。比如，通过研究东西方文化模式的不同，就可以分析东西方社会为什么会存在这么大的差异；通过研究传统文化模式与现代文化模式的不同，就能得出传统社会与现代社会的根本区别在哪里，为什么这个社会属于传统的，而另一个社会属于现代的。

蔡文辉先生认为，文化模式的来源可分为五种：(1)社会遗产，也称文化遗产，是指前人所累积传递下来的一切东西。(2)发明，即新文化特质的创造。(3)采借，即借用别的地区或社会的文化。(4)变更，将社会遗产、发明、采借所得文化加以修正使用。(5)涵化，是个人或团体接受新文化特质而把它们融入自己的生活方式的过程。②

三、文化类型

根据不同的标准可以对文化类型有不同的划分方法。文化类型一般可分为以下三大类：

（一）物质文化与非物质文化

物质文化是打上人类印痕的物体或东西，主要是基于人的物质需要而出现的。比如人类居住的房子、穿的衣服、使用的劳动工具等，都属于物质文化。非物质文化主要是用来满足人的精神需要的，一般包括制度文化和精神文化两大类。制度文化是调适人们社会生活的产物，主要起规范性作用，即人在社会中，如何遵守社会规范，按照社会规范行事，如果不遵守规范，则会受到惩罚。精神文化主要由人的思想、价值观、态度、语言、符号和信仰等要素构成，精神文化为社会成员提供认识世界、了解世界的手段。

当然，物质文化与非物质文化的区分只是相对的，这种划分主要是用来区

① 郑杭生．社会学概论新修[M]．北京：中国人民大学出版社，2013：75.

② 蔡文辉．社会学[M]．台北：台北三民出版社，1986：96.

别二者在使用上存在差异。物质文化，例如工业机器、设备，在使用的过程中被损耗，属于损耗性产品。而非物质文化，例如规范(法律)、价值(婚姻观)、语言、符号等，可以被反复使用而不损耗，但是可能发生变迁、变异、革新。事实上，现实社会中的物质文化与非物质文化都是合为一体的。例如，中国的万里长城，一方面作为实体存在，具有损耗性，属于物质文化；而另一方面，作为中华民族的一种精神象征，虽然历经岁月磨砺却仍然巍然屹立。

(二)主文化与亚文化

主文化，也就是社会当中的主流文化，即在社会中占据主导地位，被社会上大多数人所普遍认可和接受的文化。一个社会有很多文化，但是对社会大多数成员影响最大的文化则是主文化，主文化对社会成员的影响主要表现在价值观、思维方式和行为方式等方面。在中国封建社会，儒家文化曾经是主文化；在美国，其主文化主要是西欧移民的文化，而亚文化只是一少部分人或一些特殊群体拥有的文化。如美国社会中的印第安文化、唐人街文化等。

对于主文化与亚文化之间的关系，可以说是非常密切的。通常情况下，主文化会抑制亚文化的发展。但是，亚文化并不一定与主文化相抵触或对抗，因为主文化与亚文化是能够共存共荣的，两者并不一定相互排斥。例如，汉文化与少数民族文化就可以长期共存，共同繁荣发展。

网络文化属于亚文化，是网民群体所特有的亚文化，主要包括网络语言、网络社区、网络文学等。作为虚拟社会的特殊文化现象同现实社会中的文化现象共同发展，在此不多赘述。

亚文化在社会当中的地位和作用也不可小视，从大方面来讲，亚文化可以分为以下三类：

1. 民族亚文化。民族亚文化，顾名思义，即是指少数民族群体所拥有的特殊文化。民族亚文化尽管有其特殊性，但它与主文化并不是泾渭分明的，而是相互交融的。我国55个少数民族的不同语言、文字、生活方式、社会习俗等，在一定程度上，它们也与汉族文化彼此交融。

2. 职业亚文化。它是与职业有关的文化，指各种职业群体和职业组织所特有的文化。社会发展，使各种职业越来越专业化，这便对职业有了专业化的要求，不同的职业都有相应的职业术语、职业道德和职业习惯等。这样，不同的职业就形成了不同的职业亚文化。例如在传统文化中，木匠的祖师爷是鲁班，木匠的行话中，称尺子为“量天子”，墨斗为“江湖”，梯子为“步步高”等；商人礼拜的是赵公明，行商讲究的是“袖里吞金”的交易方式，而坐商则更加注重幌子、字号牌匾、店堂标牌、商标等包装形式。

3. 越轨亚文化。它是指一些反社会集团所特有的文化。例如一些犯罪集团制定的一些团体规范，确定每个人的角色和权利义务，要求成员对群体首领效忠，并且他们还在群体内部创造了一套联络暗语或者黑话等。例如《智取威虎山》中杨子荣之所以能够过关，就是因为他清楚地回答了“座山雕”的黑话，如“天龙盖地虎，宝塔镇河妖”等。越轨亚文化有很大的负面作用，它被主文化所不能容忍，站在主文化的角度，越轨亚文化属于违法文化，但是在犯罪团伙内，越轨亚文化却被当成维系犯罪团伙存在的依据，被犯罪同伙认可和接纳。因此，越轨亚文化已经成为产生犯罪行为的一个重要根源。

主文化与亚文化的地位是变化的，今天是主文化，明天也许就是亚文化，今天是亚文化，明天也可能变成主文化。所以，主文化与亚文化的区分是相对的，并不是绝对的。文化会改变，有些我们以前认为无法接受，而且和社会边缘人联想在一起的文化，现在逐渐获得社会的接受，比如说，男人戴耳环等。因此，对于亚文化，我们要有更大的包容度，允许合法合情合理的亚文化存在，因为社会的丰富多彩，其实就是因为文化是丰富多彩的。

主文化与亚文化并不一定是对立和冲突的，只有亚文化中的反文化才与主文化是对立和冲突的。所以，从这个角度对文化进行划分，文化可以被分为主文化与反文化。“反文化一般都兴起于年轻人的阶层，因为他们涉入现存文化的程度较轻。”①而且，年轻人多有较为严重的叛逆心理，对于主文化，他们容易抵触，反而容易接受亚文化，尤其是亚文化中的反文化。当然，反文化并不一定都是坏的，这主要取决于它的反主文化的性质，如果主文化是积极优良的文化，那么反文化就会对现有社会秩序的稳定造成负面影响；相反，如果主文化是落后文化，那么反文化就具有积极意义，而且这种反文化迟早也会转化为主文化。例如，五四运动后的新文化运动，它反对的是当时社会的主文化——封建专制和旧礼教，它所提倡的科学、民主以及白话文，对于社会的向前发展具有重要的意义，那么这种反文化的性质就具有进步意义。

(三)雅文化与俗文化

“雅文化是指精致而规范乃至具有典范性的文化，它集中地体现着文化固有的性质功能，往往是一个国家或民族文化水平发展的标志。俗文化是指较为粗放、浅近，但新鲜活泼更富生活情趣的时尚文化、习俗文化，它同样具有文化的性质功能并广泛地影响着一个国家或民族的文化素质状况。从这个意义上说，一个国家或民族文化发展水平的高低决定于雅文化，而文化素质优劣则取决于俗文化。雅文化与俗文化相较，前者规范而稳定，育化人的功能更为强烈；后者丰富而生动，启蒙娱乐作用更为突出。”②不过，雅俗之间是辩证统一的关系，它们之间没有绝对的界限，没有不可逾越的鸿沟。许多俗文化可以发

---

① [美]理查德·谢弗．社会学与生活[M]．北京：世界图书出版公司，2008：84.

② 曹廷华．论雅文化的俗化与俗文化的雅化[J]．社会科学战线，1995(1).

展成为经典。例如当今社会中，东北的"二人转"，由地方性的剧种逐渐演变为全国性的、为群众喜闻乐见的曲艺节目；陕北的"信天游"更是唱遍全国，走出国门，成为"民族的就是世界的"最佳诠释。雅文化与俗文化只是欣赏层面的差异，在具体的文化实践中，我们应该一方面坚持雅文化的俗化，使更多的民众能够接受高雅而规范的文化熏陶，避免产生"曲高和寡"的现象；另一方面，应尽量实现俗文化的雅化，不能一味地媚俗，使文化"粗鄙无知"，难登大雅之堂。

除了上述的三种分类方法之外，文化的类型还有其他的许多划分方法，例如，"三分法"、"四分法"等，在此不再赘述。

四、文化的功能

文化的功能主要包括整合功能、导向功能和教化功能三个方面。

(一)整合功能

"整合是指社会不同的因素、部分结合为一个统一协调整体的过程及结果，也称社会一体化。"①文化的整合功能其实就是将社会中的文化因素整合为一个统一协调的主流文化。比如中国的文化源远流长，它包括服装文化、饮食文化、建筑文化等，但是通过这些文化的特征就可以看出它们是中国的文化，这便是文化整合功能的一种体现。文化的整合功能一般包括价值整合、规范整合和结构整合三种形式。其中，价值整合是最重要、最基本的功能。社会是复杂的，其原因就在于人是复杂的，每个人都有自己的价值观念，世界上没有两个人的价值观念是一模一样的，但是经过文化的影响熏陶之后，生活在同一个社会的人，其价值观念，尤其是基本的价值观念基本上是一致的，为什么会这样？原因就在于文化价值整合功能的作用影响到了人们的价值观。至于规范整合功能和结构整合功能，其原理和价值整合功能是一样的，只要社会存在，就必然存在文化对人的影响，文化对人的影响从个人到群体，再到组织等，必然会影响到社会结构，从而使结构整合功能得以发挥。"社会之所以能形成社会，是靠了文化的联系作用。"②即文化将所有的社会因素联系整合起来，从而形成社会。如果没有文化的整合作用，社会因素就是杂乱无章散乱的，不可能形成人类社会。因此，文化的整合功能为人类社会的正常运行奠定了基础。

诚然，文化是"最明显的整合力量，因为现代民族国家自觉地运用语言政策、正式教育、集体仪式以及大众传媒等来整合公民并确保他们的忠诚，在社会和政治理论中，认为社会能够并且应该通过共同的符号、共同的文化、共同

① 肖云忠，等．社会学概论[M]．北京：清华大学出版社，2012：57.

② 郑杭生．社会学概论新修[M]．北京：中国人民大学出版社，2013：79.

的教育加以整合已是长久以来的一个基本信条”。① 社会秩序是否良好，主要取决于文化的整合功能是否能够充分发挥。社会学研究者都非常重视文化的整合功能，很多研究者都有从文化的角度研究社会的习惯。“文化整合可以存在于相对有限的某些文化部分，也可以存在于文化的整体水平上。”②整体是由部分组成的，部分是组成整体的基本要素，所以文化整合无论存在于部分，还是存在于整体，都在发挥着其整合功能，因为整体与部分是辩证统一的。由此可以看出，文化整合在人类社会是无处不在，无时不有。这就要求我们一方面要重视文化的整合功能，另一方面要发扬先进优良文化，使社会发展有一个良好的文化环境。

（二）导向功能

文化的导向功能主要有三个：一是提供知识。从文化中我们学会人际互动的知识，在什么时间、地点和时机，做某种行为和动作，才是正当适宜的，否则是失礼不当的。通过文化，人们可以发现自己生活的目的和意义，同时也能帮助人们理解社会为什么能够存在。通过文化，我们也可以猜测或预测他人对我们社会行动的反应。二是协调社会管理。社会管理的目的就是要协调社会发展，而要使社会协调发展，就必须在协调管理上下工夫。“社会管理创新包含许多子系统，要使这些子系统协调配合有赖于文化的调适。”③所以，在知识经济时代，文化调适或导向的功能越来越重要。三是巩固社会发展成果。社会发展成果是一代代人辛勤劳动累积下来的，要使这些成果能够被保留下来，继续服务于人类，就需要借助文化。现在我们所拥有的财富，其实都是通过文化传承下来的。因此，文化它具有巩固社会发展成果的功能。

（三）教化功能

文化使社会有了系统的行为规范，给整个社会提供了人们行动的材料与蓝图。文化使一个社会的规范、观念更为系统化，文化集合解释着一个社会的全部价值观和规范体系。文化包含的规范体系主要有风俗、道德、法律、价值观念、宗教。文化影响了社会内个人的人格，也通过社会化而代代相传下去。有了文化，人们便有了行为标准。它提供给我们对与错、美与丑、合理或不合理等判断标准，使我们能够遵循各自的社会角色，各守本位，合作一致。文化也

---

① ［美］戴安娜·克兰. 文化社会学［M］. 王小章，郑震，译. 南京：南京大学出版社，2006：18.

② ［美］戴维·波普诺. 社会学（第十一版）［M］. 李强，等，译. 北京：中国人民大学出版社，2007：92.

③ 肖云忠，等. 社会学概论［M］. 北京：清华大学出版社，2012：58.

使人们相互间的行为相互协调和相互配合。文化使一个生物人演变成社会人。① 文化的教化功能不仅使社会有了规范，同时也使文化能够代代相传和发展。

第三节 网络文化

计算机网络技术的普及和迅速发展，将人类带入了一个全新的网络时代。网络时代的到来，对生活于这个时代的人产生了巨大影响，这种影响，不仅体现在生产生活上，还体现在人的交往方式、思维和信念上，甚至影响到了人们的精神世界。网络在带给人们方便、兴奋、娱乐和惊喜之余，同时也给社会的伦理道德、价值观念，甚至法律带来诸多挑战。网络对人类社会的影响是空前的。

从人类信息技术的发展历史来看，每一次信息技术的革新或发展，都与信息的物质载体和人们交往方式的变革是密切相关的。从口语相传、书面文字到网络数字；从造纸术、印刷术、电报到广播、电视；再到今天以数字为传递方式的计算机网络和电子信息通信，都有力地证明了这一点。而今，我们正处于以数字化信息高速公路为核心的网络时代，在信息化浪潮的冲击中，“如果说电脑的产生使数字开始负载思想，具有了一定的逻辑推理能力的话，那么，网络则使这种能力扩张开来，影响到社会的方方面面，从而形成一种特有的文化现象，即网络文化”。②

一、网络文化的涵义

随着国际互联网的普及和信息高速公路的发展，网络文化作为信息时代的产物应运而生。与传统社会文化相比较，网络文化是一种新生事物，一种新颖的文化形式。那么，何谓网络文化？

第一种观点认为，“对于网络文化的理解，可以从两个方面来把握，即物质层面的网络文化和精神层面的网络文化。‘物质层面的网络文化，是指对象化了的人类劳动，是能为人类的信息交流提供坚实的物质基础的物质环境。’计算机网络设备、网络资源系统和信息技术(计算机技术、网络通信技术)是物质层面网络文化的主要内容。而精神层面的网络文化，‘是个体和群体的网络意识、情感和素养的集中表现’。其中，某些精神层面的网络文化发展到一定阶段，可能外化为网络的基本原则、网络道德规范与网络法规等基本法规与

① 朱力．社会学原理[M]．北京：社会科学文献出版社，2003：9.

② 王静．论网络文化对社会的影响[J]．西北工业大学学报(社会科学版)，2006(4).

制度，而另一部分则内化成网络思维方式、思想、情感和价值观念等文化心理结构”。①

第二种观点认为，“网络文化是一种蕴涵特殊内容和表现手段的文化形式，是人们在社会活动中依赖于人本、网络技术及网络资源为支点的网络活动而创造的物质财富和精神财富的总和”。②

第三种观点认为，“网络文化则是指以计算机技术和通信技术融合为物质基础，以发送和接收信息为核心的一种崭新文化。这是一种与现实社会文化具有不同特点的文化”。③

综上所述，对于网络文化的定义各有侧重、各有所长。我们认为，网络文化是信息时代的产物，是以计算机技术和通信技术融合为物质基础，蕴含个体和群体的网络意识、情感和价值观念等特殊内容的文化形式。

二、网络文化的特征

网络文化作为一种新型的文化形态，除了具备传统文化的特征以外，还具有以下的特点：

(一)虚拟性

虚拟性是网络文化最重要的一个特征。当我们打开电脑，连接互联网时，就进入了一个与现实生活完全不同的虚拟空间。在现实生活中，每个人都拥有一个真实的身份、地位，社会交往也多以面对面的直接互动为基础，社会行为形象而具体。但在虚拟社会中，个人的身份标识只是一串串冰冷的数字、图像或符号，真实的个人在网络上被转换成代码，网络交往以间接互动为基础，交往双方具体的网络互动是借助于丰富的想象力，通过文字交流而展开的，所有的这一切均存在于虚拟的符号空间。

网络社会的虚拟性，一方面可以使人们“去身份化”，个人以虚拟的身份参与网络世界的种种活动，抛却了现实社会中沉重的身份枷锁、森严的等级壁垒和诸多的利益冲突，实现了“无限制式”的交往和互动，最大限度地保证网络信息自由、平等、快速的传递。但是，另一方面，这种虚拟性恰恰使网络社会危机重重，虚拟的身份导致人们产生“信任危机”，同时也滋生了诸多的网络犯罪事件。

---

① 詹恂．网络文化的主要特征研究[J]．社会科学研究，2005(2)．

② 刘海明，邓红专．网络文化的特性及社会影响[J]．广西大学学报(哲学社会科学版)，2005(2)．

③ 匡文波．论网络文化[J]．图书馆，1999(2)．

(二)快捷性

网络文化的快捷性是与网络的超时空性和开放性密切相连的。信息时代，知识和信息成为第一生产力，对于知识和信息的无限快速传播就成为首要需求，而网络通信技术的普及和发展正好满足了人们的这一诉求。

在国际互联网构成的虚拟世界中，人们可以瞬间实现跨国界、跨文化的交流与沟通，人们足不出户可以通晓天下之事，“轻而易举地驰骋于任何不同的文化空间。网络也使社会时间成为一种可以选择和操作的价值路径，网民可以自由地恢复历史和回到过去，网络文化将历史与当下、理想与现实交织在一起，昨天与今天、未来与现在混合在一起，以先进的电子技术为社会成员构造了超时空的精彩空间”。①

互联网构建的初衷是促使人类的各种信息在数字化空间内以极快的速度进行无限距离的传播，信息可以进行无数次的复制和大比例的压缩而不会有任何损失，在此基础之上，人们遵循一定意义上的资源共享原则，在互联网的海量信息存储库中各取所需，各尽所能。也就是说，个人可以根据自己的意愿和需求从网络中自由地获取网络信息资源，同时，个人也尽可能地为其他的网民提供可利用的有效性资源，这正是网络开放性的最佳体现。

网络的超时空性和开放性在一定程度上促使网络文化的快速、便捷的传播。它可以使网络语言在一夜之间盛行，也成为许多优秀网络文学作品发表的坚实“阵地”，点击量攀升，瞬间“蹿红”。

(三)匿名性

网络文化的匿名性与网络的虚拟性不可分割。网络虚拟社会中，社区成员的身份是匿名的，处于“身体缺场”的状态。因此，人们可以任意选择自己喜欢的姓名、昵称、性别、年龄、职业等基本特征，以非现实的、理想中的形象出现在虚拟社区中，有意或者无意地使自己的身份隐匿，最终塑造出一个或多或少与真实身份不同的“我”。在网络上曾经流行一幅漫画：一只网上“冲浪”的狗，喜形于色，非常专业地说：“在网上最大的好处就是，人们永远不会知道你是一条狗。”漫画艺术虽然稍显夸张，却恰如其分地点明了网络的隐匿性特征。

处于隐匿状态下的个人，犹如戴着一个神秘的面具。这个“面具”可以成为个人隐私的保护伞，可以使网民彻底摆脱现实社会中真实身份的羁绊。在此，人们的行为往往会与现实社会的状态大相径庭，现实社会的身份归属、权威地位几乎消解，人际交往和互动拥有了更多的自由空间，可以与素不相识的

---

① 韩洪涛. 对网络虚拟社区的社会学考察[J]. 洛阳工业高等专科学校学报，2006(3).

网友吐露心声、互诉衷肠，可以针砭时弊、品评人生百态，可以尽情宣泄、张扬个性。这是匿名状态下的一种“心理狂欢”，是现实中压抑“自我”的真实呈现，可以使网民在与他人的交往中巧妙地保持社会距离以获取更大的隐私空间。

与此同时，这个“面具”也可以成为个人犯罪的“隐身衣”。在匿名状态下，社会成员的心理责任感降低，业已形成的社会规范、价值观念的约束能力减弱，从而容易导致越轨行为的发生。因此，诸多的网络犯罪活动也正是利用了网络的匿名性特点加以实施的。

总之，网络文化的虚拟性、快捷性和匿名性三者之间相互联系、相互依存。虚拟性在一定程度上强化了匿名性，从而形成了网络社会中的“平等文化”。虚拟性的发展也加速了信息传播的快捷和便利，促成了网络时代的“快餐文化”。

三、网络文化的主要构成

网络文化所囊括的内容十分丰富，鉴于网络文化目前还处于发展之中，新生事物源源不断地涌现，因此，我们无法对网络文化进行全面认识和整体概括，只能择其主要内容概而论之。

(一)网络社区

1. 网络社区的含义

网络社区是与传统的实在社区相对应而言的，是现实空间在虚拟空间的“投影”。关于网络社区的定义，目前主要有以下几种代表性观点：

第一种观点认为，“国内外学者在两个层面上阐述‘网络社区’的含义，即网络社区一方面是指‘网络建设者利用网络为网民提供的网上交往空间’，也就是我们通常所说的虚拟社区或网上社区；另一方面则是指建有网络信息系统的居民生活社区，即有社区网络依附其上的网络化社区”。①

第二种观点认为，“网络虚拟社区或称为网络社区、虚拟社区，它并非是一种物理空间的组织形态，而是由具有共同兴趣及需要的人们组成，成员可能散布于各地，以兴趣认同、在线聚合的形式存在的网络共同体”。②

第三种观点认为，“所谓网络社区，它不具备普通社区涵义中的物理空间上的地域特征，而代之以更多人在网络空间里通过精神交往形成的具有共同归属感的新的联合体。其存在要素为：一定数量的人口(网民)，借助于网络的

① 张咏梅.“网络社区”的社会学初探[J].科学·经济·社会，2003(3).

② 蔺世杰.网络虚拟社区及其文化特征[J].常熟高专学报，2004(5).

互动关系以及由此带来的社区归属感”。①

第四种观点认为，“‘社区’是一个社会学概念，指的是社会上以某种特征划分的居住区。在 Internet 这个虚拟的‘赛博空间’里也存在着虚拟的社区，就是网上的 BBS 站点”。②

以上四种观点，从不同角度对网络社区进行了界定。在此，我们对以上概念进行一些梳理。

首先，“网络社区”具有两重涵义，一重是指虚拟社区或网上社区，另一重是指网络化的社区，是指现实社区建设中所应配备的网络信息设备、网络信息使用等情况。这主要是第一种即张咏梅的观点，她提出了网络社区的两个层面；之后的三种观点都是侧重于从网络社区的第一个层面进行具体的界定。

其次，后面三种对于网络社区的界定稍有分歧。分歧之处在于蔺世杰和韩丽丽的观点未曾指出网络社区(虚拟社区)的具体范围，而孔昭君的界定却认为虚拟社区就是网上的 BBS 站点。也就是说，前两者所界定网络社区范围较大，而后者界定的网络社区特指 BBS 站点，前者包括后者。

在此，我们赞同从网络社区的第一个层面界定其涵义，并且认为，网络社区的范围更为广泛，网上的 BBS 站点仅是其中的一种典型社区。同时，我们认为，网络社区是网民以网络空间为依托，通过一定的互动和交往构成的精神共同体。网络社区也具备实在社区的要素：(1)有一定的活动区域——各个网站开设的 BBS、聊天室、网上沙龙等。(2)有一定的人口——规模庞大的网民群体，或者说在线注册、登录的网民。(3)有一定持续、频繁的互动——聊天、发帖子、跟帖子、咨询、求助、发表言论等。(4)有一定的文化认同或心理归属感——网络社区中的成员根据自己的兴趣、偏好、心理认同因素等选择满意的社区，而且在一定程度上保持着对所选社区的忠诚，从而使社区处于稳定的运行状态。此外，我们在实在社区中所进行的一些社会活动在网络社区中也同样可以实现，例如网络远程教育、电子商务、网上就业甚至于网上婚恋等。

2. 网络社区的特点

第一，无边界性。网络社区存在于网络空间，而不具有人类现实社区的物理空间和自然空间，因而也就没有通常意义上的社区边界。

第二，延伸性。网络社区是实体社区的延伸而不是脱离，是实体社区形态的一种超越，但却不能替代实体社区。

第三，全民性。网络社区是通过网络空间来分布的，这样，当跨国界的计

---

① 韩丽丽. 走向网络社区[J]. 社会，2002(2).

② 孔昭君. 网络文化管窥[J]. 北京理工大学学报(社会科学版)，2000(2).

算机网络和信息高速公路的建立使电视、电话、电子计算机连为一体并将整个世界变成了“地球村”的时候，网络社区也就变成跨国界、跨民族、跨文化的“世界性”或“全民性”社区。

第四，存在的差异性。“网络社区存在于网络信息的沟通、交流和连接中，因此，网络社区也会因为网络信息性质的差异、沟通密度的高低、交流方式的差别以及连接方向和结果的不同而对人类社会生活产生种种的影响。”①

3. 网络社区实例

(1)网络 BBS。BBS 是英文“Bulletin Board System”的简写，实际上它就是一种“电子布告栏系统”。首先，BBS 的用户必须进行注册，特别是一些高校的 BBS 站点已经实行实名制的注册，例如武汉大学的“珞珈山水”、南京大学的“小百合”等。其次，用户注册成功之后，可以随意阅读别人发表的文章，用户自己也可以发表自己的观点。用户在线时，可以进行站内的“群聊”或者是一对一的“悄悄话”，通过站内提供的消息设置可以进行站内的沟通和交流。最后，BBS 站点的主要内容可以划分为不同的专题，称为“讨论区”或“讨论版”，每个版都有不同的主题，由“斑竹”负责，例如“珞珈山水”的讨论区主要包括“乡情校谊”、“电脑网络”、“科学技术”、“文学艺术”、“休闲娱乐”、“体育健身”、“社会信息”等。用户可以根据自己的兴趣参与不同的讨论区，阅读讨论区中的文章，或者在讨论区中发表自己的文章。当然，用户也可以根据自己的需要跟帖或回帖。

(2)博客。博客英文为“Blog”或者“Web Log”，可译为网络日志、部落格或部落阁等，是一种通常由个人管理、不定期张贴新的文章的网站。博客中的文章通常根据张贴时间，以倒序方式由新到旧排列。一个典型的博客结合了文字、图像、其他博客或网站的链接及其他与主题相关的媒体。能够让读者以互动的方式留下意见，是许多博客的重要特征。大部分的博客内容以文字为主，但有一些博客专注于艺术、摄影、视频、音乐、播客等各种主题。博客是社会媒体网络的一部分。②

(二)网络语言

2010 年央视春节联欢晚会语言类节目的一大特点，就是大量网络语言的巧妙穿插，制造出人意料的效果。比如“你妈喊你回家吃饭”、“哥只是个传说”、“哥唱得不是歌，是寂寞”等。这种网络语言的使用，一方面可以引起众多网民的共鸣，备受追捧；另一方面却给非网民带来理解障碍，一头雾水。当然，我们要肯定的是网络语言能够出现在如此重大的场合，充分显示了网络语

---

① 林子华．网络社区刍议[J]．福建论坛·经济社会版，2002(4)．

② 参见 http：//baike. baidu. com/view/1509. html.

言的感染性及其生命力。

1. 网络语言的含义

网络语言有广义和狭义之分。广义的网络语言指的是在网络时代，一切与“网络”和“电子”技术相关的语言。广义的网络语言可分三类：

第一类是与网络有关的专业术语，如MSN、聊天室、BBS、互联网、网上购物等。

第二类是与网络有关的特别用语，或者说是伴随着网络的发展产生的新词新语，如“网虫、网民、潜水、灌水”等。

第三类是网民在聊天室和BBS论坛交流时的常用词语和符号，即所谓的“网言网语”。

狭义的网络语言仅指其中的第三类，也就是用于网上交流和互动的专门性语言，形象地称为“网言网语”。当然，两者之间并没有绝对的界限，后者有时也会慢慢地扩大使用范围，成为广义的网络语言。在此，我们要讨论的是狭义的网络语言，即专门用于虚拟的网络社区的“网言网语”。①

2. 网络语言的特点

(1)创新性。网络语言虽然不同于正常的汉语，但它并非自创的一套表音系统和表意系统，而是在现有语言的基础上创造出来的，具有一定的创新性。例如“我囧”、“雷倒”、“山寨”等。以“囧”字为例，古同“冏”，原意为光明、明亮。而网络中的意思是郁闷、无奈、无语等，指处境困迫，喻尴尬，为难。而之所以会有如此解释，其实是从其字形领悟得来，单就字形来看，就像一个人无奈时的面部表情，双眉微蹙，有口难言。

(2)视觉性。网络语言由于以网络为载体，因此可以通过一定的图像、符号来增强交流的视觉效果。例如QQ中的表情、魔法表情等都可以增强交流时的视觉感受，使人产生一种愉悦感。

(3)快捷性。网络语言作为网络的专用语，为了加快网络输入的速度，在网络输入中寻找最佳的语言表达，因此，就会出现怪字、别字、错字、谐音字等类型，但是，这些字词都是为了实现网络的快捷沟通。

网络语言通常遵循新、奇、特的原则，在原有语言的基础上推陈出新，标新立异。

3. 网络语言的类型

(1)汉语拼音缩略语。这类语言是为了网络交流的方便，在聊天或论坛中把某些常用词语的汉语拼音的首字母组合在一起形成的缩略语。例如常用语：GG(哥哥)，MM(妹妹)，LG(老公)，LP(老婆)，FB(腐败)等。

---

① 董秀梅．网络语言漫谈[J]．聊城大学学报(社会科学版)，2003(1)．

(2)谐音词语。这类词语是借用汉字的谐音演化并固定下来的，如“斑竹”是“版主”的谐音，就是BBS论坛的管理维护者，“竹页”是网站的主页，“杯具”是“悲剧”的谐音等。

(3)英文缩略语。由于英语的普及程度及其使用率在网络社区中一直居高不下，因此，英文的缩略语几乎成为网络交流的“世界语”。比如GF(女朋友，源于英文Girl Friend)，BF(男朋友，源自英文Boy Friend)，BTV(顺便说一句，源于英文By The Way)。

(4)数字语言。这种简洁的数字通常表达说话者的情绪及感受。例如“886”和“88”——再见、拜拜，“7456”——气死我了，“9494”——就是、就是，“520”——我爱你等。

(5)符号语言。网络中还常用符号来表达情绪，例如“:)”代表微笑，“:(”代表不悦，“:0”代表烦恼等。

(6)新兴语言。网络中有许多“借称”，形成了丰富的网络专用语。如：楼上楼下——论坛的帖子中的上下部分，美眉——年轻漂亮的女性，恐龙——漂亮女性的反义词等。如今最新潮的网络语言早已摆脱了“头字母”、谐音字等初级阶段，大踏步地迈入了必须翻译才能辨认的“火星文”时代。例如：“縋溡針”；“煙鋐瓚倣呲鰣餱縐渼麗，曇詤凋瀣哊溡後嘬淒媄”；“遺惹過弆，緟賸韡來，壹萬姩冭欵，偲琫肈曦”。这些广泛流传于QQ与BBS中，以造成阅读困难为己任的字符就是一度成为网友讨论热点的“火星文”。由日文假名、生僻汉字组成的句子就是网络传说中的“火星文”，这些“火星文”就是“90后”势力在网络世界里生猛崛起的首要标志。

网络语言层出不穷，让人目不暇接，稍不留神可能就“out”了。但是，这些诸多的网络语言，其中不乏对现有的正规语言进行随意的篡改、变动或引申，从而在一定程度上造成了网络的虚拟社区与现实社会的脱节，无疑是对语言的交往和传承功能的挑战，是一种不良的现象。因此，对于网络语言进行一定的规范和限制是必要的，也是可行的。

(三)网络文学

中国网络文学的初见端倪要归功于1999年台湾作家“痞子蔡”的网络连载小说《第一次亲密接触》，它是第一部由“网上”走到“网下”，由正式的出版商出版发行的网络文学的代表作品。一时之间，网络文学风生水起，吸引了无数网民的注意力，发展至今，网络文学的阵营已经蔚为壮观。那么，什么是网络文学呢？

1. 网络文学的涵义

第一种观点认为，“所谓网络文学，一般是主要发表在网络上(文学网站或个人主页)的各类文学作品。网络文学与以印刷业为依托的传统文学的区别不是在它的内容上，而是在于它的形式，即它的刊发载体和相应的表达媒介及表达手法”。①

第二种观点认为，“凡是通过网络媒介进行创作或传播、描写网络生活或网络人生活的文学创作都应该称之为网络文学。一方面包括大量的网络原创作品，另一方面也应该包括传统纸质作家在网上传播的文学作品和他们以网络为题材进行创作的作品”。②

第三种观点是网友古清生在其网文中表达的见解，他认为，网络文学是“.com 文学”，网络文学必须具备以下要素：一是要在线写作；二是要具备文学的构成要素和审美功能；三是要使用网络符码或信息。③

以上三种观点各具特色，第一种观点单纯地从文学载体和传播媒介的角度出发界定网络文学，认为网络文学是通过网络发表的文学；第二种观点从文学内容的角度加以界定，认为网络文学是描写网络生活和网络文化的文学，前者的界定太“宽”，而后者的界定又太“窄”。我们比较赞同第三种观点，网络文学既要具备网络载体的传播特质，又要具备文学的基本要素。正如网络作家李寻欢的一个形象的比喻：“网络文学的父亲是网络，母亲是文学。”④

2. 网络文学的特点

网络文学区别于传统文学的最大特点就在于以网络作为文学的传播媒介，因此，网络文学可以充分利用网络媒介的优势，实现自由性、互动性和快捷性的完美组合。

(1)快捷性。网络文学作品在一定程度上消解了传统的纸质文学作品由构思、创作到印刷、出版、发行的统一模式，它可以在线构思和写作，从而使作品与读者见面的时间周期缩短，也减少了出版发行和印刷过程中的延误和拖沓，降低了读者的阅读成本，满足了读者对于作品先睹为快的心理需求。

(2)互动性。网络文学作品在连载的过程中，作者和读者之间可以保持同步的交流和沟通，作者可以第一时间得到读者对于作品内容的反馈信息，甚至于许多读者还会针对作品进行讨论，共同创作等。

(3)自由性。网络文学作品的内容和题材一直以来都受到学者的质疑，甚至于否认网络文学的存在，认为网络文学是一个伪概念。诚然，目前网络文学作品的内容良莠不齐，题材形色各异，缺少相应的规范约束。但是，正是由于

---

① 陈海燕. 网络小说的兴起[J]. 小说评论，1999(3).

② 杨素平. 网络文学刍议[J]. 江苏石油化工学院学报，2002(4).

③ 贾玲. 试析网络文学的特质[J]. 西南民族大学学报(人文社科版)，2005(5).

④ 李寻欢. 我的网络文学观[EB/OL]. http://www3.rongshu.com/poblish/readAticle.asp? id=4581.

在网上发表作品没有像在传统的报纸、杂志、出版社发表文章或出版作品那样，受制于严苛的选稿标准和程式化的编审制度，所以才能够使“人人都可以成为艺术家”的幻想成为现实，最大限度地保证网络作家的自由写作和自在创作。

四、网络文化的功能

网络文化作为一种亚文化，其功能与文化的基本功能相吻合，主要包括以下几个方面：

（一）传递信息的功能

信息时代，知识和信息取代资本成为核心的竞争力，而对于信息和知识的传递成为社会的首要需求，网络文化以其快捷、交互、图文并茂的特点实现海量信息的存储、传递。在网络社区中，你只要使用鼠标轻轻一点，就可以遨游于各种专业的信息库，可以共享海量的信息资源，满足各个层次的用户需求。这种颠覆性的信息传递使现代人对于网络产生了过度的依赖感，以至于会上网成瘾，患上网络综合征。

（二）群体凝聚的功能

网络文化凭借其平等、自由和交互的特点，在世界范围内重塑人群，使人们按照其兴趣、需求、价值观念等重新聚合，形成不同于现实社会的网民群体，并且借助于“网缘”增强群体内部的凝聚力。

（三）社会导向的功能

网络文化是由人创造出来的，被人创造出来的网络又对人起着反作用。网络和网络文化扩大了人们的视野，使人们的社会文化空间得以延伸和扩展，提高了人们的知识水平，推动社会进步和人的全面发展。网络文化既实现个人的社会化，同时又塑造和发展了人的个性，突出了人是社会的人，是网络文化活动的主体。①

思　考　题

1. 举例说明文化的特征。
2. 简述文化与文明之间的关系。
3. 简述主文化与亚文化之间的关系。
4. 简述网络文化的主要内容及特征。

---

① 唐洪宝，王瑛，杨萍．网络文化探讨[J]．南京理工大学学报(哲学社会科学版)，1997(1)．

5. 简述网络社区与虚拟社区的联系。
6. 简述网络语言的作用有哪些?
7. 简述网络文学对于青少年具有哪些影响?

主要参考文献

[1] 周运清. 新编社会学大纲[M]. 武汉:武汉大学出版社,2004.
[2] [英]马林诺夫斯基. 文化论[M]. 费孝通,译. 北京:中国民间文艺出版社,1987.
[3] 朱力. 社会学原理[M]. 北京:社会科学文献出版社,2003.
[4] [美]戴维·波普诺. 社会学[M]. 李强,等,译. 北京:北京大学出版社,1999.
[5] 张岱年. 中国文化概论[M]. 北京:北京师范大学出版社,1999.
[6] 易中天. 大话方言[M]. 上海:上海文化出版社,2006.
[7] 郑杭生. 社会学概论新修[M]. 北京:中国人民大学出版社,2013.
[8] [法]让·卡泽纳弗. 社会学十大概念[M]. 杨捷,译. 上海:上海人民出版社,2003.
[9] 赵孟营. 社会学基础[M]. 北京:高等教育出版社,2006.
[10] 风笑天. 社会学导论[M]. 武汉:华中科技大学出版社,1997.
[11] 蔡文辉. 社会学[M]. 台北:台北三民出版社,1986.
[12] [美]戴安娜·克兰. 文化社会学[M]. 王小章,郑震,译. 南京:南京大学出版社,2006.
[13] [美] 戴维·波普诺. 社会学(第十一版)[M]. 李强,等,译. 北京:中国人民大学出版社,2007.
[14] [美]理查德·谢弗. 社会学与生活[M]. 北京:世界图书出版公司,2008.
[15] 肖云忠,等. 社会学概论[M]. 北京:清华大学出版社,2012.

推荐阅读书目

[1] 刘华芹. 天涯虚拟社区——互联网上基于文本的社会互动研究[M]. 北京:民族出版社,2005.
[2] 梁漱溟. 中国文化要义[M]. 上海:上海世纪出版集团,2005.
[3] 殷海光. 中国文化的展望[M]. 上海:上海三联书店,2002.
[4] [美] 本尼迪克特. 文化模式[M]. 张燕,傅铿,译. 杭州:浙江人民

出版社，1987.

［5］乔健，潘乃谷．中国人的观念与行为［M］．天津：天津人民出版社，1995.

［6］［美］乔治·瑞泽尔．社会的麦当劳化［M］．容冰，译．北京：中信出版社，2006.

［7］［美］本尼迪克特．菊花与刀［M］．孙志民，译．杭州：浙江人民出版社，1987.

［8］司马云杰．文化社会学［M］．北京：中国社会科学出版社，2001.

［9］［美］威廉·奥格本．社会变迁：关于文化和先天的本质［M］．杭州：浙江人民出版社，1989.

第六章 社会化

人与动物的区别就在于人总是生活在社会之中。但人的社会生活能力不是与生俱来的，而是在后天的生活中习得的。作为一个生物个体，人从一出生就开始接受人类文化的熏陶，逐渐成为一个适应社会生活的社会人，这一过程就是人的社会化。根据史料记载，到20世纪50年代，科学家已发现大约20个野兽哺育的小孩，其中有由狼哺育大的“狼孩”，由熊哺育大的“熊孩”，由豹哺育大的“豹孩”，由猴哺育大的“猴孩”等。这些儿童在发现时，已具有了明显的动物的习性，不会说话，不会直立行走，没有人类的思维理性。造成他们难以重返人类社会生活的根本原因，就在于自幼与人类社会隔绝，未经历社会化过程。本章对有关社会化的知识进行了概述，分别介绍了几种从不同角度研究个体社会化的理论，阐述了人一生在不同阶段经历的社会化过程，并对社会变迁中新衍生出来的网络文化与社会化的关系进行了探讨。通过对本章的学习，应全面认识和理解社会化的相关知识，学会正确对待一生中不同阶段的社会化问题。

第一节 社会化概述

社会学在对个体如何适应社会环境，如何在与社会相互作用中形成具有独特的行为方式的探讨中，产生并形成了人的社会化理论。随着社会的发展，不断丰富和完善社会化理论，对于促进社会的良性运行和个人身心和谐发展，最终达到个人与社会的良性互动有着重要的意义。

一、社会化的涵义

(一)国内外学者对社会化的界定

早在1895年，德国社会学家齐美尔就提出了“社会化”(Socialization)概念，他在《社会学的问题》一文中用社会化的概念来描述群体的形成问题。20世纪50年代，结构功能主义的创立者、美国社会学家帕森斯认为，社会化就是个体通过角色学习以实现社会角色承担的过程。当代美国社会学家戴维·波普诺(David Popenoe)认为，社会化“是人们获得人格、学习社会和群体方式的社会互动过程，它从出生就开始了，并持续一个人的整整一生”。① 美国社会学家布鲁姆等著的《社会学》教科书则认为：“对于社会，社会化是使新的个人适应有组织的生活方式并教给他们社会文化传统的过程。”②

国内学者对社会化的界定同样见仁见智，其代表性的观点主要有：(1)“人的社会化是指个人学习知识、技能和规范，取得社会生活的资格，发展自己的社会性的过程。”③(2)“社会化就是社会将一个自然人转化成为一个能够适应一定的社会环境，参与社会生活，履行一定社会角色的社会人的过程。”④(3)“社会化就是指作为个体的生物人成长为社会人，并逐步适应社会生活的过程，经由这一过程，社会文化得以积累和延续，社会结构得以维持和发展，人的个性得以形成和完善。”⑤(4)“个人社会化是指一个人从生物人发展为社会人并不断适应发展变化的社会生活的过程。”⑥(5)“个人社会化是社会对个人文化教化和个人对社会能动选择与调适的统一过程。”⑦

(二)狭义和广义的社会化

在社会化研究的不同时期，对社会化的界定存在着狭义和广义两种不同的理解。20世纪50年代以前，主要以少年儿童为研究对象，主要研究个体如何由生物性转变为社会性，这一阶段属于狭义社会化研究范畴；之后，人们从不同的学科角度予以关注，促使社会学家开始扩大了对社会化问题研究的范围，不仅包括个体在儿童期的社会化问题，而且包括在成年后与社会之间发生的内化、教化、调适的全部内容，由此出现了广义社会化的研究。

随着社会化问题研究的深入，广义的社会化研究有了新的进展，其更加注重强调个体社会化对整个社会良性运行和协调发展的意义，以及社会化过程中社会因素所起的重要作用；扩大了“个体”概念的研究内涵，突破了以往把研究的个体仅仅限于不同年龄阶段的人，同时研究的内容也包括社会意义上的一个群体或单元，极大地拓宽了社会化研究的视域。

(三)社会化的研究视角

在社会化研究的过程中，社会学家们基本上基于人格发展的角度、文化的

---

① 参见赵泽洪，周绍宾．现代社会学[M]．重庆：重庆大学出版社，2003：56.

② [美]L. 布鲁姆．社会学[M]．张杰，等，译．成都：四川人民出版社，1991：120.

③ 费孝通．社会学概论[M]．天津：天津人民出版社，1984：54.

④ 杨心恒，宗力．社会学概论[M]．北京：群众出版社，1986：101.

⑤ 郑杭生．社会学概论新修[M]．北京：中国人民大学出版社，1998：105.

⑥ 吴铎．社会学[M]．北京：高等教育出版社，1992：89.

⑦ 刘豪兴．社会学概论[M]．北京：高等教育出版社，1992：179.

角度和社会结构的角度，从三类视角对社会化进行理解，但各有侧重。

1. 人格发展的角度

从人格发展的角度，社会学家认为社会化是一个人个性形成和发展的过程，社会人也就是通过一系列社会化过程而形成有个性的人。社会心理学派就是从这一角度对人的社会化进行研究的，其代表人物有美国社会学家C. 库利、美国社会心理学家米德等。这一学派对社会化的研究历史最久远、影响最深广。

2. 文化的角度

从文化的角度，社会学家认为社会化是适应并传承人类文化的过程，其实质就是社会文化的内化。这种研究角度是由于受文化人类学的影响，在社会学初创时期，形成了文化学派，其创始人为W. 萨姆纳和W. 托马斯。20世纪20年代后，美国社会学家W. 奥格本非常重视社会现象中的文化因素，并对其作了系统阐述，从而确立了这一研究角度的地位。

3. 社会结构的角度

20世纪30年代开始，社会学家们从社会化过程中社会结构的层面着重研究，认为个人总是处在一定社会结构或社会秩序中，不断地学习社会规范，来控制个人行为，使人具备社会化个性。从这个角度研究社会化的有美国社会学家S. 萨金特、美国著名社会学家帕森斯等。帕森斯从30年代开始致力于社会行动理论的研究，从“社会角色”入手，认为社会化过程就是对社会角色的学习过程，在此过程中，个人通过规范调适个体的行为，完成群体或社会对自己所扮演的角色的期待，从而维持和发展社会结构。

基于社会心理学、文化人类学和社会学等不同学科的基本立场和方法，形成了人们对社会化研究的不同角度。但随着社会化研究的深入，有关社会化研究的三个角度开始融会贯通，成为研究社会化问题的三个相互联系、相互补充的重要研究工具。

综上所述，我们认为，所谓社会化，是指作为个体的生物人，在能动地与社会互动过程中，通过社会文化的内化以及角色知识的学习，不断促使个性的形成和完善，成长为社会人的过程。

二、社会化的特征

(一) 客观强制性

社会化是任何个人都必须经历的一种社会过程，这是任何人都无法改变的。从社会角度看，人类一代代传承下来的文化、行为规范等对新生人口实施着教化，强迫他们塑造社会所规定和要求的行为模式，以推动社会的运行。从个体角度看，个体一出生便置身于纷繁复杂的社会环境中，身心发展不得不受到外界各种各样的影响和制约，其思维、行为方式和价值取向则表现出一种被动地、潜移默化地被塑造的过程。随着年龄的增长，生活经验的增多，社会化的被动性逐渐减弱，但在不同的阶段和不同时期，仍然不自觉地接受着社会的影响。

（二）个体能动性

在社会化进程中，个体并非完全被动地接受社会的制约和影响。事实上，在成长过程中，个体早已逐渐开始积极主动地认识社会，影响并作用于周围环境。这种能动性在个体的婴儿时期就已经有所表现。为了自己生理或心理需求的满足，婴儿往往会通过各种方式达到和周围环境的互动，从而提出自己的某些要求。随着年龄的增长，个体的社会化越来越多地表现出能动性，主要体现在两个方面：一是在自身的知识、经验、价值观及人格特质等因素影响和引导下，个体更多自觉有目的地认识社会价值文化，积极选择性地掌握社会价值文化，并将内化了的社会价值文化创造性地外化；二是在社会化的不同个体相互作用过程中，任何个体既是社会化的客体，也是社会化的主体，在自身社会化的同时，也在影响着其他个体的社会化，并积极作用于社会环境。

（三）相互性

社会化是主体与客体之间相互作用、相互影响的过程。这一过程中的交互作用有正向、反向和侧向三种表现形式，① 通常人们更多关注正向和反向这两种社会化。长辈对晚辈的教化和影响属于正向社会化，而晚辈对长辈的反教化和影响则属于反向社会化。在正向社会化中，社会化的主体往往是有目的、有意识地去教化和影响客体，因此，正向社会化表现得比较明显；而在反向社会化中，社会化客体则往往是无明确目的地或者无意识地传给社会化主体某些文化因素，对其产生影响，因此，反向社会化则不易被察觉。在传统社会中，反向社会化相对少见；但在现代社会中，由于社会的发展和科学技术的进步，反向社会化也表现得比较明显，年轻的晚辈可能经常反过来将时尚知识、流行文化甚至一些新的社会规范教给长辈。

（四）终生持续性

社会化是一个不断发展、贯穿个体终生的过程。从社会化的内容来看，由于社会总是处在不断变迁和发展中，个体就要在认识社会和改造社会的过程中，不断发展自己的社会性，健全完善自己的人格。从社会化的过程来看，随着时境变迁，个体和社会交互作用促使人也处在不断发展变化之中，大体上要经历从出生到成年的基本社会化和成年后继续社会化两大阶段。这样，个体才能逐渐适应社会所提出的要求，并与社会的发展保持一致。

---

① 周运清．新编社会学大纲[M]．武汉：武汉大学出版社，2004：88.

三、社会化的动力因素

个体的社会化与外界自然环境、社会环境因素有着最密切、最直接关系。这里仅讨论社会环境因素对个体的社会化的影响，阐明它们是如何发挥动力和保障作用的。这些社会动力因素主要有家庭、学校、工作单位、友谊群体和大众传播媒介、社区等。

(一)家庭

家庭是初级社会群体，也是社会化动力因素中最为重要、最为直接的场所。家庭的教育和影响对个体早期社会化乃至其一生的社会化都至关重要。

首先，家庭作为个体社会化的最初场所，担负着早期最重要的社会化责任。对于个体早期的社会化而言，家庭是人生的第一所学校，父母是子女的第一任老师，童年期在个体成长过程中显得尤为重要，不仅可以使人获得最基本的生活技能，更重要的是，父母的价值标准、思想意识、行为方式、心理特征等都会通过日常的家庭生活与交往方式对子女产生重大影响。儿童在这一时期智力水平、品质特征的形成和发展，必将为日后的社会化奠定基础。

其次，家庭环境培养了个体最初的情感世界和生活技能。个体在儿童时期对家庭依赖最强，在与父母及其亲人的亲密接触中建立了最初的亲密的感情联系。一个人的情感世界能否健康发展，很大程度上取决于他所处的家庭环境条件。同时，个体又从父母那里学习语言和基本生活技能，学会思考和自理的方法以及基本的行为规范。

最后，家庭的权力架构对儿童社会化产生影响。由于儿童生活上和心理上对家庭的依赖，大部分生活期都在家庭中度过，很容易形成父母在子女心目中的权力架构，这也是一个人通过社会化最终要获得社会地位的源头所在。父母的权威形象和亲子之间的情感交流方式，必然促使子女开始接受并不断内化社会的文化规范和价值标准。

(二)学校

学校是有计划、有组织、有目的地向学生传授科学知识，进行道德教育的场所，架起了儿童从家庭走上社会的第一座桥梁。当儿童进入学龄期后，学校在个体社会化中的影响和作用不断增强，与家庭环境相比较，其社会化特点表现在：

(1)学校是具有强制性的组织化教育机构。在这个特定的学习环境中，学校给学生提供了系统化的受教育条件，传授各种知识和技能，培养参与社会生活的本领，也努力培养和树立学生正确的价值观念，从而促进学生德、智、体、美全面发展。与家庭相比，学校社会化是一种有计划的规范化教化形式，更具指导性和强制性，而家庭社会化则是一种耳濡目染、潜移默化的形式。

(2)学校对个体实施系统化、正规化、专门化的教育。学校社会化改变了家庭社会化的松散性，由入学前学习零散的经验常识转向学习系统的正规知识，由培养一般的简单的思维方式向更加抽象的逻辑思维过渡。对学生进行教育的目标也更加具体、明确，它所提供的社会化内容、信息、概念以及各项活动，对培养学生的社会制度意识、政治意识和态度等都起着重要作用。

(3)学校具有独特的组织结构，有助于个体适应有组织的社会群体生活。学校有其独特社会地位、价值准则以及一系列相应的行为规范，在长期的运行中形成了独特的亚文化。学生通过学习和遵守各方面的行为规范和准则，按照要求去扮演自己的角色，在不同角色的互动中，理解和把握组织群体中的人际关系。同时，不断培养和锻炼与他人交往的合作性和独立性，并学会利用多渠道的评价来调整自己的行为，发展自我。

(三)友谊群体

友谊群体是指在年龄或者兴趣、爱好、价值观、行为方式等方面比较接近的人们所结成的非正式群体。它是个体社会化的一个重要环境，也是社会化的一个重要动力因素。

友谊群体在个体社会化过程中发挥着不同于家庭和学校环境的作用。首先，友谊群体是一种非正式群体，个体可以自由地选择和组合，在平等的基础上与同伴进行交往。这种活动可以大大提高个体的独立意识，根据自己的行为准则、价值标准灵活地扮演多种社会角色，使自己具有的社会性不断扩延，认识问题和解决问题的能力不断提高。其次，个体与所形成的不同亚群体结构进行着交互作用。为满足自身不同的需要，个体根据共同的思想观念、兴趣爱好、价值准则等因素组成不同的亚群体结构，在亚群体结构中会形成一定的群体亚文化。在与不同的亚群体结构互动过程中，影响着亚群体结构，也满足着个体的需求；同时，特定的群体亚文化又对个体新的社会化发挥着重要的影响。

(四)工作单位

工作单位一般指个人在社会结构中从事某一职业所归属的社会组织。① 个体完成青少年时期的基本社会化后，就要走入社会，从工作单位开始自己的职业生涯，这意味着在个体社会化过程中进入了一个新的阶段。

个体在该阶段的社会化主要的特点是：首先，在与这一时期主要的职业场所相互作用过程中，个体选择性地补充着学校教育的不足，了解职业工作程序和环境，学习职业知识和规范，掌握职业技能，学会扮演职业角色等。其次，建立以及学会处理职业环境中各种社会关系，不断内化职场文化。个体在工作

① 沙颂．社会学概论[M]．北京：中国经济出版社，1999：53.

单位通过自身的活动和职业成就来确立自己的社会地位，实现自身的价值，并在此过程中逐渐形成个人的思维方式、价值观念以及气质、品格等。工作单位作为社会化过程中的组织机构，以一个合格的社会成员的角色严格要求个体去适应，而且对个体来说，要有更强的责任心，更清晰的角色意识履行岗位角色，调整自己的行为方式，以达到真正适应现实生活的目的。

(五)大众传播媒介

大众传播媒介是社会公众进行信息交流并对他们产生重要影响而所运用的各种方式和手段，主要有报纸、书刊、电视、网络、手机等。现代社会，大众传播媒介在社会化过程中已占有极其重要的地位，以其本身运行过程中所带有的速度迅速、内容丰富、影响巨大、涉及面广泛等特点，为个体社会化提供了重要的社会环境条件。毫无疑问，随着大众传播媒介的日益发达，其必将对个人社会化产生更大影响，发挥巨大作用。一方面，通过给人们提供大量有关社会发展的信息，以及生产生活的有用知识，促使人们不断增长新知识、学会新技能、更新观念，与时俱进，形成积极的生活态度。另一方面，也应看到，大众传播媒介本身就是把“双刃剑”，也有其消极的一面，在一定程度上，它在改变着社会运行方式的同时，也逐渐形成不同的社会亚文化，对人们的价值观念、生活方式、行为方式发挥着导向作用。在美国等西方国家，电视被社会学家称为儿童的“主要的社会化力量”。① 今天，网络技术的运用更使人们足不出户而万事知。尤其是对青少年社会化的复杂影响，还需要作专门的分析评估。

(六)社区

社区一般是指聚居在一个特定地域内，靠一定规范约束且相互联系着的具有共同归属感的人们所组成的社会生活共同体。在现代社会，社区是一个特殊的地域性社会实体，是社会和文化的缩影，对所辖地域范围个体的社会化所发挥的作用越来越重要，既搭建了实现我国终身学习、老有所用理念的平台，也以特有的文化形式全方位体现了对个体社会化的重要作用：第一，创建特有的文化环境，以其为载体传递社会文化，内化个体的价值标准；第二，不断加强人文关怀，稳定社区运行，促使行为规范的养成；第三，健全社区运行结构，促进个体社会角色的学习；第四，指导和影响社会生活，激发个体潜能，进一步学习和掌握新技能，促进个性的发展。

四、社会化的意义

社会化是每一个社会成员都必须经历的过程。人从出生到死亡，始终处在

① 郑杭生. 社会学导论[M]. 北京：中国人民大学出版社，2003：90.

与社会的相互作用中，在适应社会的同时，也影响和改造着社会，与社会保持着一种互促互进的关系。具体来说，可以从个人与社会两个层面进行考察。

从个人的角度看，社会化的意义主要体现在：

第一，社会化是个体适应社会并独立生存的前提条件。任何人没有与生俱来的生存能力，个体出生后，必须在社会化的过程中接受社会文化，学习生活技能，了解社会规范，培养角色意识，从而适应社会生存环境。同时，人类社会是一个不断变化发展的过程。社会日新月异的变化必然会造成人们思想观念、行为方式、生活方式诸方面的不适应，甚至导致个体的生存和发展出现困难。这就需要个人有意识地进行继续社会化，更新思想观念，不断学习新知识，接受新事物，习惯新的行为方式和生活方式，以适应变化和发展了的社会。

第二，社会化是个人实现自我价值的途径。人与动物的本质区别就在于人能够能动地开展创造性活动，以满足人自身丰富而多样化的需要。个体从出生开始，在不断学习各项生活技能、行为规范、价值准则的同时，也不断地培养着自己独立的个体意识，实现着自我价值。在社会化过程中，一个人自我价值的实现表现在两个方面，一方面，个体在不具备独立生存能力之前，不断展现着自身所具备的各项潜能，以显示作为一个独立个体的存在。另一方面，通过把掌握的生存能力转化成实践活动，创造出劳动成果，在满足自己生存和发展需要的同时，也满足着他人与社会，真正实现了个体的自我价值，体现着个体社会化获得的成果。

从社会的角度看，社会化的意义主要体现在：

第一，社会人是社会存在和发展的基石。人是构成社会的主体，在源源不断生产人口的同时，必须对一代代新生人口不断实行教化，使其具备相应的知识、能力，从而取得社会成员的资格，以满足推动社会存在和发展的要求。如果不存在经过社会化的人，也构不成真正意义上的人类社会；如果个体的社会化程度与社会发展水平不相适应，社会也就不能维持正常的运行，更谈不上发展了。

第二，社会化使社会文化得以传承和发展。社会化就是确保社会能够在社会属性和生物属性的意义上世世代代延续下去。社会作为一个整体，它的存在和发展有赖于源源不断地补充新的社会成员以接替老的社会成员，而个体的社会化过程正是社会以它所特有的文化对新的社会成员不断教化，使其符合社会发展的要求，成为合格的社会成员。

第二节 社会化的条件及内容

人和动物都是自然界长期发展的产物。在自然能力方面，人远远赶不上动物。人的气力比不上牛马，人的视力、耐力比不上虎豹，可见，人仅仅依靠本能是难以适应自然界而生存的。但人可以通过社会化，形成复杂的社会关系，从事创造性的实践活动，不断满足物质生活和精神生活需求。

一、社会化的条件

人之所以能够通过社会化把社会文化、价值准则和行为规范等进行内化，从而使自身具有社会属性，是受到内在条件和外在条件制约的。外在条件是指社会环境，包括前文所阐述的社会文化和社会动力因素等。内在条件主要指人类经过长期进化所具有的特定条件，而且这些条件通过遗传，代代延续，是个体进行社会化的先天条件。这里只讨论社会化的内在条件，主要包括以下几方面：

(一)语言能力

在长期实践和发展过程中，人具有了其他动物所没有的语言能力，成为人类个体接受社会化的一个重要条件。语言是人类在劳动中创造出来的特有的现象，是客观事物在人的大脑中形成的表象、概念等内容的外化表现，是人类传达信息、交流情感、表达意愿的重要工具。尽管诸多动物也能发出叫声，进行一定程度的传声达意，甚至一些研究学者通过对猿类等高等动物进行掌握人类语言的实验，但结果证实动物的语言仅仅是本能的或者对感官刺激的直接反应，只是大脑第一信号系统对信息的处理，而不具备人类第二信号系统的高级信息处理机能，无论深度还是广度，都与人类无法比拟。

人类正是借助语言学习各种知识经验、技能，掌握社会规范，指导自己的行为，参与社会生活，处理社会关系。所以，语言是个体与社会进行大量互动的强有力的工具，不仅生动、具体地丰富了社会化的内容，加速了社会化的进程，也为社会化预期效果的实现提高了保障。

(二)思维能力

和语言能力一样，思维能力也是人类所独有的，是人类能与社会相互作用的最重要的生物基础条件。人之所以能够进行社会化活动，是因为个体在与他人、与社会进行互动过程中，对于外界的刺激作用，人的大脑并不是一块“白板”，而是要进行对输入的信息进行加工、改造等思维活动，在从事实践活动的同时，也能够进行丰富复杂的心理活动。

社会化正是人们运用特有的思维能力，把所学的知识、技能以及对外界环境的理解加以分析、归纳，形成自己的思想观念和价值标准并存贮于大脑，在需要时以行为方式表现出来。在此基础上，为适应新形势发展的需要，不断深入地探索合乎社会规范的价值取向和行为准则，确立起自己的角色观念、价值观念和行为方式，呈现出内化到外化不断反复的发展过程。

(三)学习创造能力

人所具有的高水平的思维能力和语言能力，必然促使个体在社会化过程中表现出其他动物所无法比拟的学习能力。其他动物虽然也具有某种学习能力，但动物的这些能力都只限于在本能的基础上直接和间接的模仿，缺乏任何创造性。而人类的学习不同，一般儿童在三岁后就开始逐渐具备语言能力和一定程度的抽象能力和创造力。所以，人类的学习和知识的累积是个加速过程，这一点是其他动物无法具备的。

人类在社会生活实践中，为满足某种利益或需求，在主观意识的指导下会产生强烈的求知欲，加强了个体的学习动机；在学习过程中，个体把所学到的东西转化成自己的思想和见解，逐渐达到认识事物的本质，并创造性地形成自己的思想观念、态度和行为方式，以此来指导自己的社会活动，使个体的社会化成为有目的、有计划、积极主动的互动过程。

(四)人有较长的生活依赖期

刚出生的婴儿与其他动物幼仔不同，动物在出生几小时后就可以独立行走，有些动物甚至在几天或几周后就可以独立生活，但人却要有一段较长的生活依赖期。在这段时期，个体由于生理、智力和行为能力尚未发育健全，不能独立生活，不得不在生活上、心理上依赖他人的照顾和关怀。这段时期大体从婴儿期、少年期甚至一直要持续到青年初期，个体在完成基本社会化之后，具备了一定的适应社会能力，才开始独立生活。

人类所特有的这样一个较长的生活依赖期，一方面，客观上决定了从出生开始，就必然要在与他人的互动过程中接受周围的生存和生活方式，并通过长时间的教化和影响，逐渐养成符合周围环境的思维方式和行为方式；另一方面，这一时期的个体在与家人的互动中，交流着情感，丰富和发展着情商。同时，在不同的情感交流过程中，社会也将知识、规范、价值观以及相应的文化进行着传延。

二、社会化的基本内容

社会化是一个非常复杂的过程，在不同的时代、不同的文化背景下，社会化的内容也有不同。社会学家们基于不同的角度进行了不同的分析，有从社会化的基本活动角度，把社会化的内容概括为学习基本生活技能、掌握基本社会规范、确立生活目标、内化价值观念和培养社会角色；有从社会化发生的领域角度把社会化内容概括为政治社会化、道德社会化、两性角色社会化等。① 尽管不同学者对社会化内容的认识角度不同，但其基本内容大致相同，主要包括生活技能社会化、行为规范社会化、个体角色社会化等。

(一) 生活技能社会化

人要在社会中生活，就必须通过社会化过程掌握社会生活的基本技能，主要包括生活自理能力和职业能力两个方面。生活自理能力是指一个人在日常生活中通过学习内化，逐渐掌握自我料理生活的能力。刚出生的婴儿只是一个生物个体，除了简单的本能之外，什么都不会。为了满足衣食住行等方面的要求，通过家庭、学校等组织机构成员的教化，才逐渐掌握生活知识和技能的。个体在进一步的成长过程中，还必须学习科学文化知识，逐渐调适各种人际关系，掌握各种职业技能。职业能力是指个体在参与社会生活过程中能从事某项工作或者某项职业的能力。人只有具备一定的生活经验，掌握一定的科学文化知识和相应的职业技能，才能适应社会生活的需要，在与社会的互动中得以生存。

(二) 行为规范社会化

任何社会都是在相应的社会规范的约束和指导下正常运转的。社会规范是指一个社会对其全体成员提出的，要求人们必须遵守的行为规则的总和，包括约定俗成的社会规范，如日常生活规范、道德规范等；也包括带有强制性的社会规范，如政治行为规范、法律规范等。对于任何一个个体来说，一方面，为满足自身各方面的需求，有参与社会生活各领域的欲望；另一方面，个体只有学习和掌握各种社会规范，才能与社会实行良性互动。一个人出生后就在不断接受来自各方面的各种规范的训练和影响。反过来，个体也正是通过各种渠道和形式学习社会文化，掌握不同内容的行为规范，并在行为过程中不断将其内化成个人的价值观念和行为准则，懂得该做什么，不该做什么，从而自觉控制自己的行为，以保持与社会的一致性。

(三) 个体角色社会化

美国心理学家米德把角色解释为符合一个人的社会地位及其权利义务要求的一种行为模式。角色代表一种社会期望，社会总是期望它的成员在社会生活中担当一定的角色，按照相应的角色规范行事。当然，社会成员也总是通过各种行为规范的学习，要求自己努力表现出符合这种期望的行为来。

个人在不同的年龄阶段及不同的社会生活领域扮演着不同的社会角色，包括男女性别角色、家庭成员角色、社会交往角色等。个体对角色的学习，不仅是个体由自然人向社会人过渡过程中社会化目标的集中体现，而且也是个性发

① 周运清．新编社会学大纲[M]．武汉：武汉大学出版社，2004：92.

展所要达到的一项基本要求。因此，社会角色在个体社会化过程中占有非常重要的地位。

三、社会化的主要理论

有关人的社会化，很多社会学家、心理学家从不同的角度进行了卓有成效的理论研究和实证分析，提出了各自不同的理论主张。影响较大的有精神分析论、认知发展理论、社会学习论、自我实现论等。不同的理论都试图阐明人是怎样实现社会化的。透过这些理论，我们可以更深刻地认识和理解人是如何通过社会化过程成长为社会人的。下面选择其中具有代表性的几种理论作简要介绍。

(一)库利的“镜中自我”理论

查尔斯·库利(Charles Horton Cooley，1864—1929)，美国著名的社会心理学家，是最早提出自我发展理论的社会学家之一。

库利社会化理论的核心概念是“镜中自我”。“这种自我感觉决定于对想象他人意识的态度。这种社会自我则可以被称作镜中之我：人们彼此都是一面镜子，映照着对方。我们在镜中看我们的脸、身材和衣服，因为我们的兴趣在于这些形象是属于我们的。我们根据这些形象是否符合我们的愿望而产生满意或不满意的心情。同样，我们在想象中得知别人对我们的外表、风度、目的、行动、性格、朋友等的想法，并且受这些想法的影响。”①人们正是通过别人对自己行为的反应来了解自我，所以库利把它叫做“镜中自我”。库利认为，自我是通过与社会互动持续进行的意识过程，大体经历三个阶段：(1)我们设想自己在他人面前如何实施行为；(2)我们想象或理解他人对自己实施行为后做出何种评价；(3)基于他人对自己做出的判断，我们对自己做出评价，并采取下一步的反应。这是个循环往复的过程，一个人正是不断通过别人如何看待和评价自我，来确认对自己的判断和认识从而形成自我概念。

库利还注意到“初级群体”的重要作用。他认为自我在初级群体中是能得到充分的发展，其中家庭这个初级群体是最重要的。比如，在家庭成员的交往中，孩子会通过父母的表情和话语，感知到父母对他们的行为是如何评价的，并想象父母期望自己是什么样子，从而努力形成父母所期望的自我。

(二)米德的“角色扮演”理论

乔治·米德(George Herbert Mead，1863—1931)，美国著名的社会学家，是社会学中符号互动论的代表人物之一。

---

① [美]库利．人类本性与社会秩序[M]．包凡一，等，译．北京：华夏出版社，1999：118.

米德注重的是人们如何通过使用象征符号与他人进行交往并进而学会参与社会生活的，尤其关注人与人之间的沟通主要基于对他人动作和语言的解释来评价自我。米德将自我分为"主我"(I)和"宾我"(me)(或"客我")两部分。"主我"是本能的、未经社会化的自我，代表个体"自然"的特性；"宾我"则是个体视自身为客体，从他人的角度来评价自身的行为，按照他人和社会的要求与期望社会化了的自我，代表"社会"的特性。"主我"和"宾我"作为自我发展过程中的两部分，是一个连续不断的互动过程，把社会行为的普遍性与个体行为的自发性这两方面有机地结合起来。

米德认为，人在自我的发展过程中采用双重视角：既是观察的主体也是观察的客体。个体通常借用他人的认识和评价，然后再想象站在他人的立场上来看待自己。所以，米德认为，社会化的实质是"角色扮演"。而这个社会化过程大致要经历模仿、嬉戏和"泛化他人"三个阶段。虽然每个阶段的"角色扮演"能力是不同的，但随着个体的成长，将与更多的人和群体发生联系，接触到越来越多更加复杂的象征符号，这样从起初只能扮演特定的、局限的角色到扮演"泛化他人"的角色，这时候，米德的"宾我"的形成过程也就完成了。

(三)弗洛伊德的人格发展理论

西格蒙德·弗洛伊德(Sigmund Freud，1856—1939)，奥地利精神病临床医生，现代精神分析学说的创始人，也是19世纪最深刻、最有创见的思想家之一。

如果说库利和米德更多关注的是个体和社会之间如何协调，而弗洛伊德看重的则是两者间基本的冲突。他认为社会越文明，会导致我们越不幸，因为在很大程度上会制约和压抑我们深层次的生理欲望和需求。因此，在人的社会化过程中，他强调生物因素在人格塑造过程中的影响。

弗洛伊德认为，人格的发展很大程度上是受人"无意识"的驱动，提出了人格社会化的思想。他将人格划分为三个部分：本我、自我和超我。"本我"是指与生俱来的、原始的自己，是一种生物性的基本需求和冲动，"本我不知道价值、善恶或道德"，它按"快乐原则"行事。"自我"是从非理性的"本我"发展来的，它按照"现实原则"，依据现实条件和客观环境来调整"本我"与外部世界的关系，以现实允许的方式满足"本我"的需要，并保护整个有机体不受伤害。"超我"是"自我"发展而来的，是人格结构中代表理想的部分。它是个体在成长过程中通过内化道德与行为规范而形成，所遵循的是"道德原则"，其特点是追求完美。从社会化角度来看，"超我"就是通过道德规范教化所形成的。因此，"超我"形成的过程也就是个体社会化的过程。在"本我"、"自我"和"超我"三部分中，自我和超我属于意识层次，而本我属于潜意识层次，长期处于自我和超我的压抑和控制之下。位于"本我"和"超我"之间的"自我”，在“本我”、“超我”和现实环境之间起着调节作用，尽可能使得三者和谐一致，促进人格的健康发展。

弗洛伊德将人格发展过程分为五个阶段，即：口唇期(0~1岁)、肛门期(2~3岁)、性蕾欲期(4~6岁)、潜伏期(7岁至青春期)和两性期(青春期之后)。他认为，一个人人格的基本组成部分在前三个阶段已基本形成，所以，儿童的早年环境、早期经历对之后人格形成起着重要的作用。弗洛伊德的理论由于过分强调性欲的作用而被称为“泛性论”，建立在此基础上的“本我”、“自我”、“超我”概念被一些心理学家们认为没有科学依据，受到广泛批评。但他对人的个性的看法不乏真知灼见。

(四)皮亚杰的认知发展阶段论

瑞士心理学家皮亚杰(Jean Piaget，1896—1980)的认知发展阶段论，强调儿童的社会化过程与他的认识活动及其发展水平是同步的。他认为，儿童并非完全是按照他人要求而逐步成型的适应者，而更多的是他们自己如何根据对世界的认识，能动地安排和调整自己与世界的关系。这种能力有着几个发展阶段。

第一阶段：感觉运动阶段(从出生到一岁半)。在这个阶段，孩子是直接通过对外界的感觉和与外界的实际接触来学习的。由于这一时期还不能“思考”，无法将自我与周围的环境区分开来。随着感觉和接触的范围和深度的扩展，孩子逐渐开始意识到自己是独立于周围的人和事物而存在的，也就是只有当感觉运动阶段结束之后，才学会把这个世界看做是一个稳定的而不是转换不定的世界，才进一步认识自我、他人以及接触到其他事物。

第二阶段：前操作阶段(两岁左右到七岁)。这个阶段个体的主要成就在于通过学习符号和语言，基本具有了象征性思维。比如，儿童根据感觉和经验的积累，给无生命的物体赋予生命，如称太阳为太阳公公，称月亮为月亮姥姥。但儿童在这一阶段还不能将符号和它们象征的客观事物区分开来，对于速度、重量、数、质量或因果关系这类概念还不能真正地理解，无法辨别真伪。比如同重量的棉花和金属，他们一般都会说，较大的一个必定是较重的。同时，由于儿童在这一阶段无法从他人的角度看待自己和事物，所具有的思维和行为习惯基本是以自我为中心的，所以妨碍了这一阶段的社会化。

第三阶段：具体操作阶段(七岁到十一岁)。这一阶段儿童以多种方式来认识客观事物，区分符号及其象征性事物；开始形成关于事物之间联系的概念，进行与速度、重量、数或量有关的各种活动，对事物的因果关系有了一定认识；开始从他人角度来理解别人，但思维活动仍然和具体的外部世界不能分开，依然关注那些具体、实在的事物，而不是抽象的或假设的人和物。比如，儿童对于身边小猫小狗的死亡或者某位亲人的去世，能直观地感觉到这意味着离开了自己，但对于这类现象或问题更为抽象的认识，他们是回答不上来的。

第四阶段：形式运算阶段(十一二岁以后)。儿童从十一二岁以后，就能超越眼前具体的现实进行形式和抽象的逻辑思维活动了。他们能够把思维的形式与内容分开，逐渐发展起了高度的抽象思维能力。对于一些与现实世界没有直接关联的抽象概念，如道德、政治等，他们都能理解并进行运用；他们有能力对他人的观点和思想进行内化或批判，自我认同及道德敏锐性都得到进一步的发展。比如，他们可以对现实进行思考，通过合乎逻辑的推理，去思考人生，并为自己勾画出未来发展的蓝图。

之后，心理学家劳伦斯·科尔伯格(Lawrence Kohlberg)进一步发展了皮亚杰的理论。他认为儿童不仅通过上面所阐述的刺激性条件反射和观察来学习，而且还积极试图了解自己及周围的环境，不断提高自身的能力。①

(五)班杜拉的社会学习理论

艾尔伯特·班杜拉(Albert Bandura)为美国著名的心理学家，是当代社会学习理论最著名的代表人物。

自20世纪60年代起，班杜拉突破了传统行为主义的理论框架，反对将人看成是只能被动地接受外在环境奖惩的工具性的人，从认知和行为联合起作用的观点提出了一种新的学习形式，即观察学习和模仿学习。班杜拉既强调社会环境，又强调认知因素对学习的影响。他认为，人主要是通过观察别人的行为及行为结果而进行学习，并且自我调节在行为的改变中起着关键作用。他将观察学习分为四个过程：

第一，注意过程。当外界某一行为方式引起人的注意时，人们便会进行观察，并去效仿。

第二，保持过程。人们把观察到的行为信息会储存在记忆里。

第三，行为再现过程。在一定的情景和阶段中，人们通过自己的行为组合把观察到的行为进行再现模仿。

第四，动机确立过程。当人们在通过观察获得新知识和行为能力后，未必会对这些模式进行运用和操作。究竟是否把行为公开表现出来，取决于行为发出的诱因。

第三节　社会化过程

社会化是贯穿人一生的持续过程，“活到老，学到老”正是对这一过程的形象描述。人在不同时期的生理、心理发展水平不同，社会影响的条件不同，

---

① 参见《社会心理学》编写组. 社会心理学[M]. 天津：南开大学出版社，1995：61.

同时还要不断面临社会变迁所带来的新问题和新需求，个体只有不断社会化，才能适应发展变化的社会生活。所以，社会化是通过人生的不同发展阶段逐步完成的。对于个体的社会化过程，国外的学者从不同角度进行了不同阶段的划分，代表性的有E. 埃里克森的八段划分法和R. 哈维格斯特的六段划分法；① 在我国，很多学者按照个体的生命周期将其划分为儿童期、青年期、成年期、老年期等阶段。结合不同学者对社会化过程的研究情况以及个体社会化的内容，我们将社会化的过程划分为基本社会化、继续社会化、再社会化和过度社会化几个阶段。一般来说，社会发展程度越高，一个人社会化的内容就越丰富，社会化过程就越深入、越复杂多样。

一、基本社会化

基本社会化是“生物人”向“社会人”转变的过程，主要是指一个人成人以前的社会化。这一时期，对个体而言是最基本的也是最主要的社会化阶段。基本社会化过程从一个人出生开始，到取得社会成员的资格并参与社会生活为止，大致可以分为幼儿期、学龄期、青春期和青年期四个阶段。

(一)幼儿期

幼儿期是指人的学龄前时期，是社会化的开端。在这一阶段，婴幼儿的生理机能快速发育，同时开始萌发基本的心理活动，在与外界互动中开始积累生活经验并进行初步运用。尽管该阶段婴幼儿的心理活动过程和内容比较简单，只能机械地接受外界的刺激和信息。但正是在多次的简单模仿和条件反射的基础上，不断丰富着对外界所形成的感性认识，为深入认识社会和自然积累材料，并形成最初的自我和个性特征。幼儿期的社会化主要是在以家庭为中心的环境中完成的，据美国心理学家鲍伦德的研究，家庭教养方式对孩子的社会化影响很大。最适宜的教养方式是威信型的，即父母为子女所订立的规则，不但合情合理，而且本人率先垂范。相反，父母过于专制或宽容对孩子的成长都不利。② 当然，家庭关系对儿童的成长也有重要影响。因此，在婴幼儿语言能力不断提高、模仿社会角色的能力不断增强、人际交往不断扩大、良好行为习惯逐步养成的过程中，家庭应充分做好个体早期社会化的先导作用。

---

① E. 埃里克森的八阶段划分包括婴儿时期、幼儿时期、学前时期、学龄时期、青春期、成年早期、成年期和成熟期，并认为人发展的每一阶段都包括有与社会相互作用的新的内容。

R. 哈维格斯特于1953年在《人类发展》一书中把人一生的社会化过程划分为六个阶段，即幼儿期、儿童期、青年期、壮年初期、中年期和老年期，并具体描述了人生各个阶段的发展任务。

② 参见张春兴. 心理学[M]. 上海：上海人民出版社，1994：378.

（二）学龄期

学龄期主要是通过学校教育完成初期教育时期。R. 哈维格斯特认为，个体在这一时期的主要发展任务大体包括：(1)学习一般性游戏中必要的动作技能；(2)培养对于自身有机体的健康的态度；(3)和同伴建立良好的关系；(4)学习男孩或女孩角色、标准；(5)发展读、写，算的基础能力；(6)发展日常生活必要的概念；(7)发展道德性及价值判断能力；(8)发展人格的独立性；(9)发展对于社会各个单位和团体的态度。① 当一个人进入学龄期，个体活动的内容、活动的范围以及活动的群体等方面都发生了显著的变化，社会环境、文化因素的影响，尤其是学校、同龄群体的影响作用也就更为突出。更为重要的是，这一时期的个体已经初步具备一定的抽象思维能力，对外界的反应也由被动接受型转向主动探索型，因而在行为活动中，对自我与环境以及各类生活现象之间的有机联系形成了合理认识。这样，社会化的组织性、计划性和目的性也逐渐增强了。

（三）青春期

青春期是个体成长和发展过程中发生重大变化的时期。虽然青春期并没有被人们视为人类生命周期中独立的社会阶段，但在个体实际的成长过程中，却被社会赋予了更多成年人的角色，比如被人们认为应该有较成熟的思维、积极的价值取向和良好的行为习惯等。西方社会也经常使用“成年仪式”来象征学龄期到成年期的转变。作为青春期的个体本身来说，随着性器官逐渐趋向成熟，青春期性特征开始出现，由此会带来诸多生理及心理上的困扰；同时，随着知识的增多、视野的拓展和自我意识增强，个体逐渐能够自觉地认识和评价自己的个性品质，对人生的目的、意义及对周围世界也会形成一般的看法。这一时期的个体带有明显的双重特征：一方面充分发展自我，对一切新事物充满好奇，不愿意接受传统观念束缚，敢于创新，敢于冒险和尝试；另一方面，却又缺乏知识和经验，兴趣不够稳定，意志不够坚定，自我控制能力较弱。于是，在不断扩大的交往过程中，个体不仅会把自己认定的榜样或示范作为模仿的对象，同时在与同龄群体的相互影响中不断调整自己的行为，积累社会经验，不断提高社会生活技能。尤其在当今社会，由于处于青春期的孩子是按照社会变迁所要求的行为方式行事，常常与长辈的行为规范、价值取向有着很大的差异，两者间必然产生隔膜或对立。因此，他们必然在与外界的交往中，通过使用现代社会大众传播媒介——书籍、电影、广播、电视、网络等手段和途径，来寻求认同感。埃里克森认为，青少年对身份认同的寻求极其敏感，所以青春期的主要任务是建立并巩固稳定的自我认同，而这一自我发展过程对个体

① 参见郑杭生．社会学概论新编[M]．北京：中国人民大学出版社，1987：105.

的社会化至关重要。

(四)青年期

青年期是从未成年人向成年人过渡并发生质的变化时期，也被称为“人的第二次诞生”或“心理上的断乳期”。它上接青春期，下接成年期，起止时间因个体和社会条件不同而有差异。不过，随着家庭功能的变化、教育期的延长以及社会对高学历的普遍要求，青年期向成年期过渡的时间正在延长。在这一时期，除了接受家庭、学校的教育外，个体还开始接触更广阔的社会，开始形成独立思考的能力，世界观初步形成，在获得更大的自主性的同时，也背负起更大的责任。这一时期社会化的主要内容有：进一步发展自我意识，巩固自我认同感；学习掌握各种谋生的知识和技能；在实际扮演社会角色过程中，建立、处理各种社会关系；在与社会的互动中，进一步认识自己和社会；从父母和其他成年人那里独立地体验情绪；准备选择职业；发展作为一个公民的必要的知识和态度；追求并实现有社会性质的行为；学习作为行为指南的价值与伦理体系。① 总之，能否顺利完成职业规划和工作变更，适应工作世界并建立以信任和支持为特点的爱的关系这两大发展任务，是处于青年期的个体能否成为合格社会成员的关键所在。

二、继续社会化

继续社会化是指经过基本社会化，具有了社会成员资格的成年人主动选择、学习和接受新的社会文化教化，以适应变化了的社会环境和社会角色过程。一般情况下，个人经过基本社会化过程，就掌握了社会成员所应具备的知识、规范、技能等，能基本完成社会赋予各类角色的使命。但个体社会化过程并没有因此而停止，尤其是现代社会，从青年到老年还必须进行不断的社会化。因为随着社会的急剧变迁，无论是科学技术的迅猛发展，还是社会制度的变革及生产、生活条件的变迁，必然会赋予个体许多新的角色、新的责任和义务，同时还提出新的期望和要求。这都将促使个体对落伍的知识、技能和观念进行更新，在适应、改造社会的同时，也改变着自己，以熟悉和胜任自己的各种新的社会角色。因此，继续社会化是十分必要的。它可以帮助成年人包括老年人适应社会的发展变化，并对减少变革时期的社会震荡、维护社会正常秩序具有重要意义。

继续社会化与基本社会化首尾相接，贯穿了一个人的整个生命过程。它的主要任务是调适个人与社会的动态角色关系，大致可以划分为成年期和老年期两个阶段。

---

① 沙颂．社会学概论[M]．北京：中国经济出版社，1999：50-51.

（一）成年期

成年期一般是指个体从跨出青年期到60岁左右。处于成年期的个体在早期社会化的基础上，人格基本定型，有成熟的生活阅历、既定的生活方向和固定的行为模式；有很强的自主选择和创造能力，不但能够根据自己的意志去选择扮演某种角色，还能根据自己的意志去创造某种角色。因此，他们是维护社会秩序、推动社会发展的中坚力量。这一时期，个体社会化的核心任务主要是围绕情感和工作两大方面。

在成年社会化的初期，大多数人二三十岁结婚，一个人生命周期开始出现了转折。在这一时期，个体不仅需要进行角色的转化和扮演自己新的社会角色，比如由之前家庭中被动角色转换到主动角色，从扮演子女角色到扮演父母角色等，而且由于社会环境和生活方式等的变化，必须不断通过文化知识的学习、思维意识的转变、职业技能的训练、家庭生活能力的培养等途径来适应社会生活。现代社会的变迁速度快、程度剧烈，所以个体的社会化大都围绕工作进行，给自己所扮演的角色进行定位，制定并执行奋斗的长期规划和目标。

到四五十岁，人的生存模式趋于稳定，早期对人生的规划也逐渐变成现实。这个时期的人们不再幻想，而是依据现实调整自身的行为及社会关系。他们的发展过程有两个明显的特征：一方面，极力维护业已建立起来的社会生活水平，赡养老人，同时向下一代传递着“接力棒”；另一方面，随着他们所承担的角色大大加重，角色期望和角色要求也明显提高了，甚至在同一时间里，许多不同的角色往往对同一个人提出不同的角色要求，人们就会开始对自身、对自己的人生目标进行评估。因此，角色冲突和角色紧张是中年人经常会遇到的一个普遍现象，“中年危机”在所难免。这就促使中年人不得不考虑以重新接受教育和不断更新自身的职业能力等途径，不断适应社会生活。

（二）老年期

老年期一般是指个体从跨出成年期到生命的终点。老年人在这一阶段往往要经历比前面任何一阶段都要剧烈的变更。首先，由于老年人传统观念浓厚，他们所习惯的观念和行为方式往往不能适应变化了的社会环境；其次，各种不同角色的转换和停止会给他们造成危机感，比如退出工作岗位后所带来的失落感，家庭角色的转换所带来的被抛弃感和寂寞感等；最后，身体机能的衰退，各方面都感到力不从心，无所事事，无所适从。但从历史发展角度看，老年人有着丰富的知识和经验，承担着教育青年人，传授知识、经验等的职责和任务。这就要求老年人需要进行社会化，以适应新环境，积累新经验，力图做到“老有所养，老有所乐，老有所学，老有所用”。

三、再社会化

再社会化是指个体重新确立新的价值标准和行为规范，从原有的生活方式向另一种新的生活方式急剧转变的过程。“在再社会化的背景中，社会化的过程一般更加集中、更加紧张，其目标是人的改造，而不是人的形成。”①因此，这是一个特殊的社会化过程，与继续社会化存在着不同之处，一是继续社会化着眼于人的继续发展，而再社会化着眼于人的改造；二是再社会化的程度比继续社会化要剧烈。

再社会化有两种类型：一类是主动的再社会化，即由于生活环境的突然改变或变迁，个体积极主动地转变个人生活方式和行为规范以适应新的社会生活的过程。从社会发展变迁的角度来看，主动的再社会化作为一般的社会现象，几乎涉及每个社会成员，主要原因有个体难以适应社会变迁、个体的社会地位和角色发生变化等。比如，当前世界范围内正经历的现代高科技、信息网络化以及经济全球化等方面的变革，使得人们的生产方式和生活方式也都发生了巨大变化，进而迫使人们不断进行再社会化，以接受新思想，适应新情况，解决新问题。另一类是强制性的再社会化。它特指对青少年越轨、犯罪所施行的半强制性或强制性教育改造过程，对象特殊，手段也特殊，一般是在与社会隔离或半隔离的场所进行，旨在强迫越轨、犯罪的个体成为符合社会所要求的成员。强制性再社会化的主要目的在于调适个体的人格和克服人格病态。在现代社会中，造成社会成员人格病态的原因很多，社会失范②是一个重要原因。社会失范在社会转型和社会变迁中表现得十分突出。所以，社会在调适人格、克服病态现象的同时，还应该积极调整社会价值取向和建立社会规范体系，使之更加积极、合理。

四、过度社会化

人的社会化过程并不是一蹴而就的。由于社会的客观因素或者个体的主观因素可能导致个体的社会化与社会发展的要求出现不一致性。当然，这种社会化过程并不是每个社会成员都会经历的，一旦出现类似情况，对个人和社会都会产生不利影响。人们把这种现象称之为“社会化失当”。个体在社会化过程中，极容易出现“过度社会化”和与其相对应的“低度社会化”两种极端形态。

---

① M. 罗森堡，R. H. 特纳．社会学观点的社会心理学手册[M]．天津：南开大学出版社，1992：203.

② 社会失范也称失范效应，是指社会规范某些方面和程度上的模糊、混乱和趋于多元化，各种规范互相冲突，使人们在生活中出现不知所措、无所适从的现象。

无论是“过度社会化”还是“低度社会化”最终都体现为“社会性孤立”，它们都忽视了当时所处的特定的社会现实。

“过度社会化”是指个人社会化程度大大超过社会化的标准而形成社会化畸形发展，也就是说，社会化任务的完成在量上或质上超过了社会成员心理和生理年龄可承受的程度。“过度社会化”是社会化过程中的一种偏差现象，过度强调了社会性的培养，而忽视了独立自主的个性的发展；过度强调了社会的要求，而压制了个体的愿望、要求，个体就像机器一样按照既定的规范、法则行动。从这个角度说，“过度社会化”是人在社会化过程中的一种状态，而不是社会化的一种类型或阶段。在我国的历史发展过程中，“过度社会化”一般有这样两种情形：一是长期在家长制统治下的政治与伦理高度结合的社会生活，如中国传统社会几千年来一直过分强调对整体的服从而忽略了个体。与这类社会化现象相对立的是“过度个性化”。二是个人由于过分社会化而出现的一种现象或状态，比如本来只有五岁的孩子经过社会化，却像25岁的成人那样成熟，这种“少年老成”现象也被人称为超社会化。过度社会化往往会压抑个体的不同想法和行动，追求高度的一致性，社会成员像从一个模子刻出来的，千人一面，缺乏个性差异，缺乏自信、主动性和创造性，使群体和社会缺乏活力。同时，个体在“过度社会化”中最容易表现出抗拒社会、反叛社会或者做出一些试图打破社会约束和社会压制从而来满足自己的需要的行为。

与“过度社会化”相对应的是“低度社会化”。它是指个体在行为过程中过分考虑自身利益，而忽视社会价值、社会规范的影响，没有达到正常社会化的要求标准，表现为社会化的不足。社会化不足的个体在心理和行为上一般表现为性格孤僻、不大合群、不谙世事、善闹矛盾、难于合作共事。① 最常见的是那些在社会群体和社会生活中处于弱势或者病态发展的个体。

“过度社会化”和“低度社会化”都是指社会化超过了一定的度，实质上是个“过”与“不足”的问题。因此，学者们就提出“适度社会化”的设想，即在社会化过程中，个体所经历的被动接受社会塑造和主动适应社会环境能达到统一，最终实现适度的社会性与生动的个性的和谐统一。问题是什么样的“度”才是合适的。社会化的“度”，通常是由一定的社会生活条件以及生活于其中的人们的整体状况来确定的，通过教育尺度、人才标准、组织成员资格等一系列更为直观、具体的标准体现出来。一个合适的度最重要的是不能忽略个人的需要。埃里克森指出，个性发展每个阶段上都会出现“认同危机”，而解决“认同危机”的最有效办法就是发挥主体的能动性、创造性。父母充分满足儿童的要求，在引导中鼓励他们积极、主动地按照自己的想法去做事，则有利于他们

① 刘豪兴，等．人的社会化[M]．上海：上海人民出版社，1993：320-321.

个性的成熟。因此，提出“适度社会化”构想，对于完善社会化理论和实践，有着重要的启发意义。

第四节　社会化与个性化

社会化的结果就是人由生物人转变为社会人，为社会培养出合格的社会成员。然而，在社会化过程中，一个人并非完全以被动的客体出现，而是通过充分发挥主观能动性，表现自己品质的特殊性和差异性，形成独立人格和品质。因此，个性化和社会化是统一于人的对象化活动中不可分割的两个方面。这种辩证的发展趋向，不仅体现在个体的发展中，而且还体现在社会整体的历史进步中。

一、个性化的涵义

个性化是与社会化相伴的个体发展过程，也是社会化本身的一个方面。所谓的个性化，指个体在社会化过程中，把社会的行为规范和知识经验内化为自己的品质，形成个体心理与行为倾向独特性的过程。个性作为一个人决定其思维和行为方式的主观条件和能动力量，是个人的社会性和自身独特性的有机统一，推动着个体依照既定的方式方法从事各种社会活动。在个体与社会的互动过程中，个人的社会性通过个性中所具有的社会意识及与一定的社会文化要求相适应的行为方式得到体现，而个人的独特性则通过带有个人色彩的思维方式和行为方式，通过稳定而特殊的个人性格、能力、情感等特征而得到体现。

个体是个性的承担者，现实的个体通过遗传获得鲜活的生命肉体组织及其自然差别。这种差别不仅使人区别于自然界其他一切生物物种，也是不同个体间存在差别的自然的和物质的基础。

二、个性化的特征及发展

根据以上所述我们可以看出，研究个性使我们可以深刻地研究人的个性特点和社会本质，不断完善和加强自己的个性自我意识。那么，对个性的研究就不能只限于了解个性的涵义，而需要对个性化的特征、个性化的发展及其形式有所了解。

（一）个性化的特征

尽管社会学、心理学等诸多学科都将个性和个性化作为研究对象，但研究的视角和结论并非完全一致。就个性化过程以及对个体和社会的作用来说，人在个性化过程中所形成的个性显现出不同于社会共性的特征。

1. 独特性和稳定性

个体在社会化过程中，为了适应社会生活，必须内化与社会要求相一致的思想观念、行为规范。与此同时，个体也总会根据自身经历所获得的不同经验，在已形成的思想观念的支配下，按照自己的方式对客观世界做出自己的反应，由此形成唯一、不可取代的个性特征。这种个性是在个体发展的历程中逐步形成的，而且随着个体生理和心理的成熟，参与社会活动深度和广度的增加，区别于他人的心理特征、行为特征和社会特征逐渐趋于稳定。

2. 能动性和自主性

对于同一个特定群体中生活的人们来说，在共同的社会生活过程中必然会形成个体社会化中的共同性。但个体在此过程中，不是机械、被动地去适应，而是一个主动的、具有能动性与自主性的参与。个体的能动性表现在：系统化的共同社会生活不仅不会自动满足个体的要求和愿望，而且还会给个体在实现自身目的的活动过程中带来各种限制和约束。为了克服种种障碍，个体必须充分发挥自己的能动性。同时，个体在自觉地意识到自身对外部世界依赖性的前提下，根据自身的需要，按照特定的方式和方法去自主地选择活动对象、设定活动目的，创造性地完成活动。也就是说，个体不仅与他人在社会化过程中具有相同或相类似的社会个性，还因为有不同于其他人的独特社会生活、独特经历和独特经验而产生个性化，使他们的价值观念、思维模式和行为方式在内容和表现方式上都具有高度个性化色彩。

3. 创造性

个性作为人的行为模式的心理动力系统，它的本质特征在于创造。从人类的发展历史看，实践活动是人实现个性化和社会化的纽带。一方面，在实践活动中，个体在社会发展水平、制度、规范等的约束下从事社会活动，并在活动中实现不断的社会化；另一方面，人们所从事的能动的、自主的活动，本质上是一种创造性活动。这种创造性不是简单的意识范围内的创造，而是表现为一种外部直接现实性的创造。“动物只是按照它所属的那个种的尺度和需要来建造，而人却懂得按照任何一个种的尺度来进行生产，并且懂得怎样处处都把内在的尺度运用到对象上去；因此，人也按照美的规律来建造。”①这也就是说，人不是消极地、刻板地接受社会知识、经验和行为规范，也不是对已有社会知识、经验和行为规范简单和机械地重复，而是积极、主动地对社会关系的创造，是社会关系的个体化、具体化和人格化。通过这样的行为活动，既丰富着人的本质力量，也使每个活动者的独特力量通过自己的手和脑的创造物得以实现，形成区别于他人的个性特征，从一定意义上说，其也是个体和社会进步发

① ［德］卡尔·马克思．1844年经济学哲学手稿［M］．北京：人民出版社，1985：53-54.

展的动力。

(二)个性化的发展

人的个性化与社会化是同步进行、同步实现的。一般来说，社会化目标的实现过程，也是一个人个性形成或者个性化的过程。人在基本社会化初期，就开始具有了个性化的自我意识，并以满足其生理需要的行为方式表现出来。随着社会化的深入，自我意识得到进一步发展，个体逐渐具备了自觉力、鉴赏力和判断力，世界观开始形成，道德观得到发展，形成了一定的思想意识观念，个性也逐渐得以形成和发展。

个性的形成和发展过程主要受到两大方面的制约和影响，一是生理和心理条件的限制。人作为生物个体，其生理和心理是随着年龄的增长和社会生活的扩展而逐渐成熟的。在这个过程的不同阶段，个体所形成的个性特点都与其成长阶段相适应，打上每一阶段的烙印。比如，在儿童时期，由于身心发育的不健全，尽管对所接触的事物开始形成初步的是非观、道德观，也形成了一定的人生观和世界观，但个体的行动只简单地服从于他当前的直接愿望。在一个人基本社会化完成时期，随着年龄向成年人过渡，形成了较为稳定的心理状态、思维模式和行为规范，他就会显示出个人独特的行为、处世风格。二是社会关系的制约。社会的发展程度和社会环境会直接影响到个体个性的形成与发展。社会物质生活条件甚至可以决定人的个性能否表现出来或表现的程度。社会发展程度越高，个人就越有可能自由地根据自己的喜好、愿望和要求从事活动，使个性不断得到完善和健康发展；相反，个人就越是屈从于社会的要求，将个性淹没在共性之中。比如，在阶级社会，个性的发展是极为有限的，多数人的个性淹没在少数人的个性之中。当然，个性的多样性与复杂性，必然导致形形色色、千变万化的社会行为。

三、社会化与个性化的关系

历史唯物主义认为，社会是由个人组成的，个人是社会的主体，个人的发展是社会发展的重要条件；个人又依赖于社会，社会的发展是个人发展的前提和基础。正是在与社会的互动过程中，个体为适应和满足社会发展的需求，不断进行着社会化；同时，为了满足自身的需求，又不断进行着个性化。因此，人的个性化与社会化并不是毫无联系、相互割裂的两个单独进行的过程，而是统一于人的对象化活动中人的发展的两个侧面，是相互联系、相互统一的运动过程。

(一)人的社会化是个性化的现实基础，是个人作为现实的人存在和发展的必要条件

首先，个性化依赖于社会化，人的个性的形成只有在社会活动中才能完

成。任何人都是通过参与社会各种活动，才能深入社会生活的各领域，学习各种社会知识和行为规范，内化社会文化，掌握各种生活技能和经验。在这一社会化过程中，作为社会活动的主体会形成具有共性的社会个性，但不是千篇一律、完全的同一；个体会按照自身的要求和既定的目标，从而获得个人特殊的心理特征、思维特征、行为特征及社会特征，形成区别于他人的种种独有的规定性。

其次，人只有经过社会化，才能作为现实的人存在和发展。一个人刚出生仅具有生物特性，并不具备适应社会、在社会生活中生存的能力。只有通过与其他社会成员相互合作、参与社会生活，在社会活动中才能不断满足并发展自身的物质和精神需求。随着社会的不断发展，个体也会继承和发展以往所创造的社会文化，并不断学习社会新知识、新经验，提高自身的能力，在创造和丰富个性的同时，来寻求更高程度的生存和发展。

(二)人的个性化是社会化的重要目标，没有人的个性化，就没有真正意义上的社会化

个人在进行社会活动过程中，其行为方式并不是表现为纯粹自然或刻板单一的形式，而是内含着个体作为活动主体的能动性和创造性，是主体的能动性、自主性、创造性与社会性的有机统一。也就是说，人的社会化过程不仅是为了提高个体的社会性，也是为了不断提升个体的个性。反过来，人的个性化是社会存在和发展的前提。社会的运行和发展也离不开现实的具有个性特征的个体，人的个性化程度越高，推动社会发展速度越快，就越能更好地促进人的社会化。

从上述两个方面可以看出，人的个性化和社会化处于相互促进的动态发展过程中。个性化依赖于社会化，个体在社会实践活动中通过逐渐打破社会因素的制约和限制，不断创造着个性；社会化是为了个性化，社会力量在成员需要得到满足的前提下才能充分地体现出来，个体才能更好地社会化。因此，人的个性化和社会化是以社会实践活动为中介的统一的过程。

第五节 网络文化与社会化

由于科学技术的全面进步，网络化、信息化已成为我们这个时代最显著的特征，人的社会化也面临着现代化的挑战。网络文化作为现代化进程中的产物，其自身所具有的虚拟性、开放性、隐蔽性等特征，对于社会传统文化以及价值观念形成了严重的挑战和冲击。如何利用网络文化，适时顺利完成人的社会化过程，是个值得深思的问题。

一、网络文化：一种新型的社会化方式

网络文化是随着信息技术尤其是网络通信技术的发展而产生发展起来的一种新型文化形式。它促使社会新的价值取向、新的社会精神正在形成，而且以突飞猛进的速度对人们的生产方式、生活方式和思维方式产生巨大而深远的影响，业已成为现代社会人们社会化的主要途径和方式。一方面，网络文化代表一种先进文化的发展方向。与社会传统文化相比，网络文化的内容丰富、信息量大、新知识新技能多、影响面广、传递方便、速度快捷、气氛轻松自由，能极大丰富人们生活、学习和娱乐的心理需求；而且网络文化是人类历史上一次伟大的媒体革命，它突破了组织、民族及国家的限制，跨越了时空的界限，成为一种多元性的世界广域文化。它加强了世界范围内人们之间的交流与互动，促使人们生活观念、意识观念的更新，从而推进社会变革，加速社会转型。另一方面，网络文化已成为个体社会化的一个重要载体。现代网络以其广阔的覆盖范围、超快的更新速度深入到了社会生活的方方面面，电子邮件等快速便捷的网络通信方式成为个体人际交往最主要的渠道，各种网络资源为个体提供了在社会化过程中所需要的丰富资源，网上活动已经成为今天人们的重要生存方式和生活方式。

根据最新报告，截至2014年6月，中国的网民规模达6.32亿，其中，手机网民规模达5.27亿，互联网普及率达到46.9%。① 这说明网络文化正以其非常的力量影响着个体社会化的方方面面。但由于网络文化还处在初步发展阶段，其本身所带有的虚拟性、匿名性、广域性等特征，必然导致人们在社会化过程中一些重要问题凸显出来。如何通过网络文化顺利完成个体的社会化过程，就需要认真加以研究和解决。

二、网络文化对社会化的影响

社会化的内涵无疑蕴含着特定的文化价值观念、思维方式、社会责任和情感，所以人的社会化过程总是与国家和民族的特定政治、经济、文化因素相联系。② 网络文化是一种虚拟的文化时空，蕴涵着独特而丰富的文化价值和文化精神。其通过自身的力量作用于社会文化，必然会影响到社会成员的文化选择和价值取向，对个体的社会化过程产生不同的影响。

---

① 参见 http：//cnnic. cn/gywm/xwzx/rdxw/2014/201407/t20140721_47439. htm.

② 李超元，等. 凝视虚拟世界　网络的社会文化价值[M]. 天津：天津社会科学院出版社，2004：81.

(一)网络文化造成社会化方式的变化

人的社会化是个体与社会互动过程中学习掌握社会知识和劳动技能、内化社会文化的过程，也是适应社会生活的过程。网络文化的形成和发展，加快了社会发展的历史进程，极大地改变了人类社会的活动方式，当然也在改变着个人社会化的方式。

1. 人们的学习方式发生变化

在网络还未出现之前，人们进行社会化主要有两大途径，一是社会教化，二是个人内化。个体的价值观念、社会规范、劳动技能都是通过一定的教育学习方式获得的。传统的教育方式一般都是在家庭、学校、单位及其他的社会群体和组织中进行的。这种教育方式的时空特性很大程度上限制了社会化主体获得知识的广度性和快捷性。网络出现后，不仅突破了报刊、电视等其他大众媒体对社会化范围的限制，而且个体在继续接受传统教育方式的基础上，可以利用网络和网络技术，在任何时间和任何地点学习掌握知识和技能，发展自己的个性和社会性，更快、更便捷地完成社会化过程。

2. 人际交往及互动方式发生变化

人的社会交往既是社会化的方式之一，也是个体适应社会生活的主要表现。在社会交往的互动过程中，个体不断学习内化其他社会成员所表现出来的社会共性，同时，希望自己所展示的价值、能力得到他人和社会的认可、肯定。这种传统的人际交往除了受到地位、职业等的限制之外，地域、交往手段更是限制了人们之间的交往。网络文化所依赖的新技术和新技能不仅克服了传统人际交往的诸多缺陷，而且人们可以基于网络的匿名性特点，忽略交往的社会背景和现实交往中的不安全性，完全以真实的心理和态度去面对交往，以获得自身交往的成就感和满足感。同时，网络交往拓宽了人们交往的途径和方式，扩大了人际交往的范围，对人的社会化产生了直接的影响。

3. 人们的工作和生活方式发生变化

现如今，借助先进的网络信息技术，人们的工作和生活环境发生了重大变化。人们的工作和生活不需要像以往那样必须在一定的时间和空间下，通过现实的人与人之间的互动结成各种以角色为基础的社会关系来进行，而是摆脱了特定的时空限制，可以在随意的时间进行工作和社会生活活动。正如比尔·盖茨在《未来之路》中所说："所有这些电子新发明——电子邮件、共享屏幕、电视会议、可视电话——这是我克服物理性隔阂的办法。我们的工作场所之间的差别也随之改变了。"人们通过网络可以足不出户而知天下事，通过网络可以进行电子购物、网上旅游、网上就医、网上炒股、网上开会；人们生活中的其他社会需求，也都已经从梦想变为现实。同时，人们可以根据自己的需要和兴趣，在虚拟的网络社会里为个性化的发展寻求帮助和支持。网络给人们所带来的工作和生活方式的变化，也促使人的社会化方式和程度都发生了前所未有的改变。

(二)网络文化给社会化造成的困境

网络文化是一种脱离了时空限制的文化形式，它对人的社会化的影响具有两面性。一方面，它对加快个体社会化的进程、增强社会化主体的能动性、优化社会化的条件和方式等方面有着积极的影响，另一方面，对于社会化的过程、内容和功能等方面可能带来负面影响。

1. 社会化过程中虚拟与现实的矛盾和冲突

网络文化还处于初级发展阶段，无论网络文化本身发展的完善程度，还是人们对于网络文化认识和理解程度都还处于较低水平。网络社会生活的出现，一定程度上打乱了人们传统的社会生活秩序，不得不在虚拟与现实这两个不同的生活世界中不停地进行“频道转换”，由此，必然在不同的价值观念、角色定位等方面带来反差和冲突。

首先，社会价值观和行为规范方面。网络文化打破了地域限制，将不同形态、不同性质的文化和价值观进行整合，其中包括现实性和非现实性、理性和非理性、合理性和不合理性的价值观念和行为规范，这必将冲击着早期经过社会化所形成的价值观念，从而使人们在社会化过程中产生虚拟与现实价值观念的矛盾和冲突，造成人们心理和行为上的某些障碍和不适应。在多元化网络价值观念的诱惑下，人们就会逃离现实社会倡导的主流价值观念和行为规范的约束和限制，把网络社会变成逾越社会规范的实践空间，模糊了善恶、美丑的标准界限。这样，为社会化中不良行为规范的产生埋下了隐患。

其次，社会交往方面。传统的社会交往中，人们依靠亲情、友情、爱情建立具有亲和性和持久性的依赖关系和归属关系，个人的基本生活技能正是在建立这种关系的过程中获得的。但网络文化在某种程度上改变了人们的交往方式，由人—人关系转化为以网络为媒介的人—机关系。人们的生活方式发生了变化，人与人之间的交往不再受时间和空间的限制，甚至不再顾及伦理和法律的约束，在虚拟的网络世界里，自由地进行交往，既避免了现实的危机和压力，又使空虚的精神世界得到了满足。在虚拟与现实“两重天”的转换中，现实的生活又必然导致个体更加依赖人—机关系，却远离现实社会生活，使得生活技能降低。

最后，角色的塑造和认同方面。一个人的社会角色是在社会互动中形成的，也是个体社会化程度高低的重要标志。要成为合格的社会成员，个体就需要在社会互动中扮演一定的社会角色。传统社会化中，个体不可能完全按照自己的意愿选择社会角色，在社会角色的转换中常常遇到阻碍和挫折。网络文化为人们提供了更广泛的社会交往机会，人们在网络世界里融入到“无限”的网络群体中，充当多种社会角色，体验不同角色的地位、情感和需要，验证自己的角色行为，从而把握好现实生活中所扮演的角色。但是，网络的虚拟与现实的实现是相分离的，容易导致个体在两种社会生活世界形成的社会角色截然不同。尤其是对于未成年人来说，由于自身的条件和能力与社会的要求之间存在着差距，很难在现实中得到自我实现的满足，于是在网络文化中寻找完美的自我。网络虚拟现实对于个体所造成的异化，极易造成心理上的虚无和扭曲，从而影响社会化的顺利进行。

2. 网络文化造成民族文化弱化或消解

从文化角度说，人的社会化过程就是学习和内化社会文化，使得社会文化得以延续和发展的过程。民族文化是各民族在其历史发展过程中创造和发展起来的具有本民族特点的文化，包含了民族传统、民族价值观等一系列区别于其他民族意识形态的文化内涵，是一个民族独立的重要力量和标志。每个民族都有其独特的文化，在代际的传承中，正是文化给人们的思想打下深刻的民族烙印。过去，由于地理环境、政治、宗教信仰等因素的制约，异族之间的文化往来是有限的，甚至是隔绝的。但在网络时代，则完全打破了国家与民族的界限，不同的国家、不同民族的文化交流势不可挡。在网络文化的发展过程中，一方面可以让人们有机会吸收和借鉴先进的文化和理念，各民族文化在冲突和融合中，统一性和共通性不断增强；但另一方面，可能造成对本国、本民族文化的冲击和忽视，减弱和消解其在社会的主导地位。

网络文化和民族文化之间冲突和对抗的焦点首先表现在语言和文字上。语言和文字是一个国家、民族存在的文化根基。当前，网络的基础语言是英语，网络上90%以上的信息是英文，以至网络文化逐渐形成一种英语文化强势。其中，尤以美国文化为代表的西方文化已经成为网络文化的主体。人们在网络文化的传播中，自觉或不自觉地受到西方文化的影响，尤其是青少年对民族文化的精髓知之甚少，民族文化远未在其思想上扎根，加上人生观、价值观、道德观尚未完全成熟，很容易出现对西方文化的崇拜和对本民族文化的轻视。

基于以上分析，我们有必要对网络文化这一新生事物予以足够的关注，努力扬其所长，避其所短，发挥它在社会化过程中的特有优势。

思 考 题

1. 什么是社会化？它具有哪些特征？
2. 社会化得以实现的条件是什么？它的基本内容有哪些？
3. 如何理解弗洛伊德的“本我”“自我”和“超我”。
4. 简述皮亚杰的认知发展阶段论。

5. 试比较继续社会化和再社会化。
6. 什么是个性化？如何理解社会化与个性化的关系？
7. 网络文化对社会化有什么影响？

主要参考文献

[1] 郑杭生．社会学概论新修[M]．北京：中国人民大学出版社，2008.
[2] 周运清．新编社会学大纲[M]．武汉：武汉大学出版社，2004.
[3] 杨心恒，宗力．社会学概论 [M]．北京：群众出版社，1986.
[4] 沙颂．社会学概论[M]．北京：中国经济出版社，1999.
[5] 李建勇．社会学[M]．北京：中国政法大学出版社，2005.
[6] 中国女子学院．“四自”精神教育读本[M]．北京：中国妇女儿童出版社，2002.
[7]李超元，等．凝视虚拟世界 网络的社会文化价值[M]．天津：天津社会科学院出版社，2004.
[8] [美] L. A. 科塞．社会学导论[M]．天津：南开大学出版社，1990.
[9] 刘豪兴．人的社会化[M]．上海：上海人民出版社，1993.
[10] 张春兴．心理学[M]．上海：上海人民出版社，1994.

推荐阅读书目

[1] [美] 戴维·波普诺．社会学[M]．北京：中国人民大学出版社，1999.
[2] [美] 乔治·H. 米德. 心灵、自我与社会[M]．赵月瑟，译．上海：上海译文出版社，1992.
[3] 黄育馥．人与社会——社会化在美国[M]．沈阳：辽宁出版社，1986.
[4] 费孝通．社会学概论[M]．天津：天津人民出版社，1984.
[5] 袁贵仁．马克思的人学思想[M]．北京：北京师范大学出版社，1996.
[6] 郑杭生．社会学概论新修[M]．北京：中国人民大学出版社，2008.

第七章 社会互动

对于社会关系的研究，可以从宏观和微观两个角度入手，进而形成宏观社会学和微观社会学。宏观社会学关注的是制度背景、社会结构和社会系统。微观社会学倾向于人与人发生社会关系的动态过程，社会关系的实质是人们在社会互动中形成的关系，每个人都是社会互动的发起者。本章主要就社会互动的内涵、构成要素、过程机制和理论背景等问题展开讨论。

第一节 社会互动概述

社会互动论认为，社会是人的存在方式，是一个生活的共同体，社会是人与人互动的延伸。人与动物最大的不同就在于人是社会性的存在，社会性注定了每个人都不可能离群索居，都不可避免地要与他人发生联系。不管是人的情感、思想和信息的表达，还是衣食住行需要的实现，都必须与他人发生社会互动，可以说人是通过社会互动才实现了自我，证明了自己的存在。

一、社会互动的涵义

在第四章的内容中我们了解到，每个人要走向社会，就必须承担社会角色。而角色不是孤立存在的，它依存于一定的角色关系，这种角色关系就是社会互动关系。社会互动是社会存在的基本形式，没有社会互动，人的社会性就无从表现出来，社会也不复存在。人们的日常生活与符号互动的关系非常密切，包括直接的或是间接的、语言的与非语言的、物质的与非物质的符号。我们经常会与各种各样的人打交道，这种社会交往的过程就是社会互动的过程，又称为社会交互作用。由于社会互动主体活动方式、所处的具体时空特点等方面存在多样性，因此社会互动的方式也是千差万别的。

学界认为，“社会互动”一词最早见于德国社会学家齐美尔所著《社会学》一书中，后来的学者在他的理论基础上形成了相关的学派和理论。其中的“符号互动论”历来被视为美国社会学理论成就的重要标杆，该理论的主要代表人物，前期有社会心理学家和社会学家乔治·米德，后期则有布鲁默。

不同社会学家对社会互动有着不同的定义，吉登斯(Anthony Giddens)认为，“社会互动”是“个体间任何形式的接触”，是“我们对周围的人做出行动和予以反应的过程”。戈夫曼(Erving Goffman)视互动为“当若干个人彼此直接在场时，他们对相互行为的交互影响”。社会互动的发生是以社会行动作为条件和结果的，只有当人们对他人采取社会行动及对方做出反应性社会行动时，社会互动才会发生。换言之，我们能够不断地意识到我们的行动对他人的影响效果；此外，别人的期望也影响着我们自己大多数的行为，也就是“我们对他人行为做出反应取决于我们对他人行为的解释”。① 这是社会互动的理论分解，现实中社会互动是浑然一体的，上述两方面不是绝对分隔开的，它发生在个人之间、群体之间、个人与群体之间，是社会行动的基本过程，也是人类活动的重要方式。与动物的本能性互动不同，人类的互动是社会性的，用马克斯·韦伯的话来讲，社会互动是有“意向”联系的。

就社会互动的内容而言，社会互动就是信息沟通的过程，互动双方以信息作为载体发生互动。互动的一方主体是信息的发出者，传递出某种信息。另一方互动主体接受对方发出的信息并进行解释，随后做出反应，再反馈给发信者，最终完成整个互动过程。互动过程要顺利完成，还需注意信息转化，也就是正确的编码和正确的译码。编码是指发信者将要传递的意义信息符号化，编制成一定的语言文字或表情动作。译码是指接信者把收到的符号信息还原为意义信息，解释和理解其意义，然后再把自己对信息的理解情况和反映意见进行编码，传递给最初的发信者，该社会互动过程能否顺利完成，主要取决于发信者和接信者。

因此我们可以这样给社会互动定义：社会互动是指个体之间、个体与群体、群体与群体之间通过媒介而产生相互作用的交往过程。对社会互动内涵的把握我们可以从以下几个方面入手：

第一，社会互动主体的数量。最基本的数量要求是社会互动单元必须发生在两个或两个以上的人之间，因为人是群居性动物。

第二，社会互动主体的关系。并不是任何两个人的接近都能形成社会互动，个体之间、群体之间只有具备了相互依赖关系的行为才存在互动行为。例如：闹市中逛街的人很多，有的虽然擦肩而过，但没有互动。但是，如果不小心发生碰撞争吵或者说向对方问路，这个时候就产生了社会互动。

第三，社会互动以信息传播为途径。如果没有信息作为媒介发生交流，互动双方不理解，互动就无法进行。但人们在交往互动过程中不仅交流信息，而且还交流思想和情感。

---

① 参见[美]理查德·谢弗．社会学与生活[M]．北京：世界图书出版社，2009：97.

第四，社会互动并不是非要在面对面的场合下才能发生。现代化的通信方式使得人们的互动方式逐渐数字化和虚拟化，如电子邮件、短信、微信、微博、移动电话等手段同样可以进行便捷顺畅的信息交流。

第五，具体的社会互动是需要情境定义的，同一行为在不同的时间、不同的场合具有不同的意义。例如，同是抚摸孩子的头部，如果发生在印度，就是一种侮辱人的行为；如果在中国就是一种亲昵和爱抚行为。

第六，社会互动产生的影响。它不但会对互动双方的关系产生一定的影响，还有可能对周围的社会环境产生一定的作用。

二、社会互动的构成要素

前面我们从几个侧面介绍了如何去理解和把握社会互动的涵义，但是如果对社会互动的过程进行深入分析，我们会发现，社会互动行为尽管表现形式多种多样，但总有一些共同的构成要素。对这些要素进行分析，当有助于良性社会互动的形成。各个要素既相互独立，又彼此联系，只有交互作用形成一个整体才能发挥作用。

(一)行动者

社会互动是对他人的行为或行动做出反映，从这个意义上讲，互动是需要发出行动的人，这就是互动的主体，主体是整个互动过程的核心要素。没有行动者，就不存在发出行动的人，就不会有社会互动。互动的主体既可以是个人，也可以是群体。

(二)需求

互动是有目的性和指向性的，人的社会行动是有意义的行动，意义的背后蕴含的是人的各种不同的心理需要。由于某些需要未能得到满足，人们便会产生一种紧张感，而这样的紧张会促使人们发出行为信号，寻找能够满足需要的社会行为。因此，互动的过程或者结果是彼此产生影响，形成依赖关系的，这些彼此影响和依赖关系实质上是心理需要的结果。

(三)符号

社会互动本质上是信息的传递和交流的过程，而信息的传递与交流离不开一定形式的媒介，符号作为社会互动中的表意工具，充当了媒介的角色。互动双方要想有效地接受和把握对方的互动意图、有效完成社会互动，就要借助一定的符号来表情达意，发出信息和接受信息。符号的形式是复杂多样的，既可以是有声的言语，也可以是无声的表达，如文字、表情、动作、手势等。但无论符号形式如何多样，它必须能够被互动双方所理解：一方面，互动双方必须都已经掌握了公用的符号体系；另一方面，双方的符号编码原则也必须是相同的，无论哪一方面出现问题都会对整个互动产生阻碍作用，一方的互动意图、想法便不能被另一方所理解，甚至会发生误解和冲突。

(四)环境

任何社会互动都必须放置在具体的社会环境中来分析，不同的历史时期、不同的文化习惯、不同的宗教信仰都是影响社会互动的具体环境因素。互动的要素只有结合具体的环境才会形成社会互动，所谓入乡随俗就是讲人的互动要根据环境的变化而适时做出调整。

(五)情境定义

情境定义就是行动者对所处既定的环境所作的解释。面对不同的情境，互动双方给出的解释不尽相同，即使面对相同的环境，互动双方的解释也可能会截然相反。这是因为在社会互动中，双方行动也并非是一先一后的机械式反应。事实上，互动一方首先根据自己已有的经验对当时的情况做出解释，给行动赋予意义，然后再根据自己对行动定义做出相应的反应。由此可见，人们行动的发出并非如生物本能一般的机械反应，也并非只是对环境刺激的被动反应，而是要看人们对具体情况是如何解释的，不同的解释就会引发出不同的行动。

(六)手段

手段是指行动者为实现个人目的所选用的行动方式和方法或借助的某种工具。社会互动必须依赖这些手段才得以进行，而具体手段具有一定的多样性和灵活性。社会互动手段可能具有正当性，也可能是非正当性的。具体手段的选用应根据行动者对环境的解释、社会规范内化的程度以及个体需求层次等因素的综合影响来确定。

(七)互动规则

互动规则是指社会互动所依据的方式、规定和原则，它能够使互动双方明确应该怎样做而不应该怎样做的问题，互动的规则包括了社会规范、风俗习惯，也涵盖了人们心领神会的日常观念，社会互动不是随心所欲的，它的有效性依赖于互动双方对互动规则的遵守，只有懂得了互动规则，才能使互动持续进行，并实现互动目的。

良性的社会互动是这些要素的合理组合，是行动者为了满足需要，在一定的情景下借助恰当的符号，尊重互动规则使用正确的手段来形成社会互动。不是每一次的社会互动都是积极有效的，有的社会互动也不是完成一次就能够达到预期效果，所以，社会互动是不断地尝试和改进的，最终做出一个最为恰当的社会行为选择。当今社会冲突现象是如何产生的？依据社会互动论的观点，无论是价值观念的冲突，还是社会误解的产生，都是社会大符号的不统一或者符号使用的不顺畅所致，所以社会的建设不仅仅是物质文明的建设，同样包含了符号的建设，也包括了符号使用、推广和宣传。关于社会大符号，我们应结合中国社会发展的现实、固有传统文化和民族精神做出凝练而又有新意的符号解读。小符号方面，需要结合个体和集体不同的情况创建特色文化、打造团队精神，促进不同地区、不同文化之间的交流和沟通，使日常生活的符号互动顺利实现。通过互动增进相互了解，在互动中完成自我超越，消除不和谐的因素，进而形成组织的向心力和凝聚力。

三、社会互动的形式

在社会生活的某些情况下，社会互动相关要素一经结合便具有稳定性，这种稳定性使互动行为形成某种模式成为可能。这些要素不同的组合方式决定了社会互动表现形式的多样性。在日常生活中，我们常见的互动形式有以下几种：

(一)非语言互动

非语言互动是指运用各种符号而不是具体的语言所进行的互动。这种互动形式虽非语言，却极大地丰富了人类互动的手段，在人类互动中起着重要的作用。最常见的非语言互动包括了体态语言和个人空间。体态语言主要是指人的动态体语和面部表情，个人空间主要是指人际互动的距离。爱德华·赫尔经研究认为美国人之间的交往有四种距离：亲密距离(44 厘米以下)、个人距离(44~120 厘米)、社会距离(120~360 厘米)、公众距离(360~760 厘米)。①

(二)合作

每个人或组织都不可能仅凭一己之力独自生存和发展。为了满足共同利益或者达到共同目标，人群或组织采取一起协作的行动，于是便有了合作之说。人们社会生活的诸多内容都必须以合作为基础，没有恰当的合作，便没有良性运行的社会，从广义上讲，没有合作就没有人类社会。尽管合作无处不在，但合作也并非没有条件要求。具体来讲，合作的基础条件有如下四方面：

(1)情感接近。合作者之间有情感上的接近，才能使合作成为可能。相互之间彼此厌恶是难以实现合作的。

(2)思想一致。思想上的一致使彼此在态度、价值观方面都比较接近，为今后持久的合作打下了一个坚实的基础。

(3)行动配合。只有思想和情感上一致而没有行动的协调配合，合作是难以实现目的的，进一步讲，没有行动，一切合作都是空谈。

(4)相互信任。许多雄心勃勃的合作都夭折在途中，一个很重要的原因是合作者之间不能一直相互信任，而是相互猜忌怀疑，最终导致了合作的

① 参见李斌．社会学[M]．武汉：武汉大学出版社，2009：63.

失败。①

(三)冲突

人们的互动过程可能是为了共同目标而采取一致行动，也可能会因为价值观差异而产生斗争。这便是社会互动的另外一种形式：冲突，也是合作的对立面。要真正理解冲突的内涵，需注意：第一，冲突一方是通过战胜对手实现了目标；第二，冲突双方的接触是直接的、公开的，也是面对面的，二者本质上是明确的相互反对的关系；第三，冲突双方虽然有诸多不同甚至相反的立场，但是这些立场又有一定的相同点；第四，冲突往往会突破规则、制度甚至法律的限制，在形式上要比竞争激烈得多。

但是社会冲突理论认为冲突也有积极的作用，通过冲突可以使双方内部成员形成一种紧密团结的力量；也能够迫使双方面对存在的问题，加深自我了解；冲突发生到一定程度还可能导致社会变迁。尽管冲突能够被社会在某种程度上消解掉，但试想一个社会如果没有冲突，那么这个社会必然是一个千篇一律、毫无生机的社会，谈不上创新和发展。

(四)竞争

可以说，竞争也是一种冲突，但它是一种合作性的冲突，任何有条件的竞争者都可以参与竞争，竞争的规则尤为重要，通过规则来确保竞争的公平、公正和有序，要防止间接反对关系的竞争演变为直接的反对关系的冲突。

改革开放以来，我国鼓励公平竞争，个人、组织的竞争已经成为常态现象，在竞争的作用下，人们工作的主动性、组织的运行效率、产品和服务的质量、社会生产力水平都有了明显的提高。但回顾历史，传统观念总认为人们的竞争与合作是水火不容的，绝对的平均主义个人观念是社会的主流思想，导致了诸多社会问题的产生。现代社会通过无数事实证明，合作可以实现双赢，但竞争也可以实现组织的目标。

(五)强制

强制是指个人或组织将其意志施加给对方的一种倾向，而无论对方是否认可。其本质是双方力量不平衡的体现，强制的实施最终是需要物质力量的，如各种暴力方式或安全威胁以及精神上的压力，但是通常情况下，强制的实施可转化为一些比较微妙的手段，如爱国主义教育、爱情的吸引和心理的恐惧。因此，强制应像冲突一样被看做是一种互动形式，它不仅只有负面的社会功能，同时也具有积极的社会功能。

(六)顺从

“一个人来到一个新的地方，与那里的人发生交往，就必须随风就俗，按

① 李芹．社会学概论[M]．济南：山东大学出版社，2002：137.

照当地的规矩习惯办事，这就是顺从。顺从是有意识地改变自己的习惯行为以适应社会的需要，顺从是自觉自愿，不是被强迫的，因而不同于服从。”①顺从是暂时的，并不意味着彻底放弃原有的习惯，一旦离开这个新环境，人们就会回归原有的自我。如果顺从是长期的，那么就会发展为同化。顺从的必要性和意义是显而易见的，否则就无法实现跨文化的交往，也不能实现工作的目标。

(七)其他

(1)暗示与模仿。所谓暗示与模仿是源自心理学的概念，是一对互相对应的互动方式，没有暗示也就无所谓模仿，它也是我们日常生活中较为普通的人际互动形式。

(2)调适。所谓调适，顾名思义，指个体根据环境和他人的要求，对自我心理与行为进行调整。广义而言，它包括了对自然环境的调适，这里我们讲的是面向社会的调适。

(3)同化。同化也是调适的一种，但比调适更进一步，意味着个体改变原来的全部的思想方法和行为习惯，甚至完全变成另一个文化单位或个体。它是一种长期潜移默化、不知不觉的过程。

四、社会互动的作用

社会互动是社会学研究社会的必要领域，也是现实社会形成的基本模式，它不仅是联系个体与社会的中介，也是个体走向社会组织的转折点。

(一)促进自我意识形成

个体出生是生物性的，个体要走向社会，成为社会人，承担社会角色，就必须经历社会化的历程，这个历程将伴随人的一生。但一开始的生物个体是没有“自我”概念的，仅有的自我概念是弗洛伊德所说的“本我”，如何形成“自我”，需要在一定情景下发生互动。互动需要一系列的人类符号，在互动过程中人逐渐开始通过别人对自己的言行举止形成最初的印象。库利认为自我意识是通过社会互动形成的，他强调个体对自己的意识是通过了解其他人关于自己的看法后而在脑海中形成的感觉，身边的其他人如同一面镜子一样让每个人看到自己，这就是库利的“镜中自我”。

(二)学会社会行为选择

社会心理学家认为，人之所以实施行动是源于内在的需要，这个需要如果得不到满足就会产生紧张感。由于紧张，人们会设法去满足需要，于是产生各种各样的行为。人们生活在有一定地域、一定人口、一定的经济政治秩序的社会之中，要想满足需要就得想办法去做出正确的社会行为选择。行为选择是需

---

① 彭华民，等．社会学概论[M]．北京：高等教育出版社，2013：115.

要和外界发生关系的，在社会互动中，人们会产生各种互动模式，有合作、竞争、冲突、模仿和顺从等。在特定的情景之下，什么样的行为选择能最大地满足自身的需要、消除内在紧张，那么这样的行为选择对于自身来讲更有意义。

韦伯说，人的行动都是有意义、有指向性的，他把人的行为划分为：目的合理性行为、价值合理性行为、情感行为和传统行为。目的合理性行为是指通过理性的利益考量之后而做出的行为，行为主体把对外界对象以及他人的行动的期待都当做实现目的的工具；价值合理性行为是行动者将固有的绝对价值作为行动的出发点，而并不在于其科学性和现实性；情感行为则是指由感情因素而引发的行为；传统行为是基于习惯而发出的行动。作为既有感性又有理性的人来讲，人做出何种行为选择是与发生互动的情景、对象以及内在的需要相联系在一起的，也就是说，只有通过社会互动才能做出适当的社会行为的选择。

(三)构建和谐人际关系

社会是人的社会，是人与人互动的延伸。那么，人是如何进行互动的，人是如何嵌入这个社会的，人生来就有不同的生理条件，而家庭状况、教育条件、社会关系、社会身份也是因人而异的。这就决定了作为个人与他人发生关系时有不同的出发点，形成特有的权利和义务关系，我们可以将此种关系的总和称为社会角色。作为一个抽象的概念，“社会角色是指与人们的某种社会地位、身份相一致的一整套权利、义务的规范与行为模式，它是人们对具有特定身份的人的行为期望，它构成社会群体或组织的基础”。① 角色是互动的角色，角色是在互动中形成和扮演的。因此，一个社会角色也包含了他人对于承担该社会角色者的行为期望，是人们衡量评判人的重要依据，它构成了社会组织或群体的基础。社会角色虽然有人来承担，但它不是指具体的个人，而是指向承担该社会角色的全部群体。它既是一种角色关系，也是个人参与社会的基本方式。

对于个人而言，如果能够把个人所扮演的社会角色与自身条件充分对应起来，那便是和谐个人的体现。现实中每个人需要扮演多个社会角色，我们称之为“角色群”或“角色集”，例如一个女人在家庭中是母亲、妻子、父母的子女，在外面则可能是公司职员、项目负责人或志愿者。所以每个个体都需要有一定的能力和意愿扮演好多个社会角色，调节好各个角色之间的关系，使个人的表现与人们对该角色的期望高度契合，否则就会受到他人的指责和批判，导致角色失调或者角色失败。

---

① 朱力．社会学原理[M]．北京：社会科学文献出版社，2003：90.

第二节 社会互动理论

作为人的社会行为的主要表现形式，社会互动引起了社会学家和社会心理学家的浓厚兴趣。德国的齐美尔被认为是最早研究社会互动理论的社会学家，他认为社会互动形式应该是社会学的研究对象，并对具体的社会互动形式作了详细的分析，他的社会互动理论也影响了一批美国社会学家。他们的论述向我们呈现了原本多姿多彩的人类互动的不同侧面，并且共同描绘了其中的真实面貌。

一、符号互动论

美国社会学家米德是研究人类互动的早期代表人物，他的研究焦点是人的行动，也就是个体在具体情境下的反应。他通过总结前人的研究成果，最后发现人类心智的发展、自我意识的形成和社会组织与制度的建立都离不开社会互动。它们都是社会互动的主要过程，也是社会互动的结果。

(一)符号互动的实质

米德认为，社会互动是初始于人类心智发展基础上形成的"自我互动"，而"自我互动"本质上是"主我"与"客我"的互动，"主我"是个体对他人的态度做出的反应；"客我"则是个体自己采取的一组有组织的其他人的态度，其他人的态度构成了有组织的"客我"。作为一种基本的互动过程，自我互动反映了"主我"到"客我"的反思过程。这种反思性尤为重要，如果没有反思，人类行为基本上可以等同于动物的本能反应。"自我"概念的产生不只是社会互动的结果，而且也是"主我"与"客我"两种自我不断展开互动的过程。"主我"和"客我"的对话和互动形成统一的社会自我，而这个对话和互动的过程揭示的就是一个长期的社会化过程。所谓社会化过程也就是"主我"同"客我"进行对话、互动的过程。在这一过程中，代表本能的、自然的、自主的"主我"，通过观察到社会上他人对自己的评价和角色期待而后进行自我反思的"客我"，使得双方共通意义的空间扩大了。

(二)符号互动的过程

米德的互动理论认为，人类反应与动物反应有根本差异，因为人类做出的反应是经过了有意识的思考，而且人类拥有自我——一个我们与之交流的内在的"人"，就像我们与别人说话一样。米德把与我们自己交流的行动看成是人类意识的最重要的特征。他强调人类互动是以文化所定义的符号的意义为中介的。人类互动是基于有意义的符号之上的一种行动过程。

二、表演互动论

表演互动论代表理论是拟剧论，其代表人物戈夫曼借助戏剧表演来分析人们的日常生活，他把社会比作一个大舞台，每个社会成员都要在这个舞台上扮演各自不同的角色。在他看来，人们之间的社会互动只不过是每个人在表演自己，因为每个人在内心都希望依据别人对自己的期待来塑造一个更好的自我形象。所以，这种表演不一定是真实自己的呈现，而是通过伪装之后的自己，与他人的互动是在演戏，也就是戴着面具的生活。假的面具与真实的自己并非矛盾，假面具也并非是恶意欺诈和隐瞒，它是被公众认可、行之有效的与价值、规范相一致的前台行为模具。

(一)表演互动论的主要观点

戈夫曼认为人生与社会就是一个大舞台，人们的成长历程、工作学习都是以不同的角色出现在舞台上，在不同情境中进行表演。如果准备得足够充分，那么这场表演完全按照剧本演出。当准备不充分时或意外情况出现，就要随机应变、即兴表演。犹如舞台，人们的表演可以有前台和后台之分，所谓前台是面向公众，以他人期望为依据进行表演的场合，后台是为前台表演作准备或者休息放松的场合，后台中的个人表现为真实的自我，一些前台中掩饰掉的东西频繁出现，戈夫曼还强调，前台与后台的区分是合理的，前台行为模式不宜出现在后台，后台行为模式也不应该应用于前台，而是应根据场合的不同选择对应的行为模式。

(二)表演互动论的框架

表演互动论还认为，社会互动的进行离不开一定的框架，这里的框架是指人们掌握了的社会规范和行为准则，它是舞台表演的大纲。表演框架主要包括：

1. 剧本期望

所谓剧本期望，是指特定社会中人们对各种社会角色的期望。社会作为一个不会谢幕的舞台，每个人都是在不断表演的舞台演员。但是，每个人的表演行为背后都受制于一只看不见的手，也可称之为“剧作家”，其规定了每一种角色都离不开剧本，这个“剧作家”也并非随意而为，其是社会体系的象征。

2. 剧情

如果说剧本期望是对社会角色的属性界定，那么剧情便是社会角色开展的活动。每个人都要在社会生活舞台上承担角色，在具体情境中实现人生目的。

3. 剧组

戈夫曼认为剧组就是一群为表演某种剧情而进行合作的人。剧组成员之间的关系需要妥善处理，作为一群相互依赖的群体，每一个成员的表演都会影响到其他人的表演情绪和整体表演的连贯性。

4. 表演区域

如前所述表演区域有前台与后台之分，前台表现是正式的表演，是需按照一定的规范和他人的期望进行表演的舞台部分，主要由布景、个人仪表和行为举止三部分组成。后台是不让观众看到的、限制观众和局外人进入的舞台部分。

5. 假面具

假面具并非欺骗工具，而只是一种印象管理的方式。人们之间的互动就是以他人的期望为依据，把不合适的自己掩饰起来，争取给别人留下好的印象，确保实现互动目标。从一定意义上讲，人们都是戴着假面具在社会中生活。

三、约定互动论

约定互动论也称常人方法论或民俗方法论，是研究人们在日常生活互动中使用方法的理论，其创始人是美国社会学家加芬克尔，常人方法论创立于1960年代中期，这个词是由加芬克尔在1954年发明的，常人方法论分析的是普通人处理日常生活社会互动的基本方法。

(一)约定互动论的主要观点

该理论与其他理论不同，首先它反抗公认的社会理论，尤其是结构功能主义，批评它日益脱离日常的生活经验，直接指向了社会生活的世界；第二，该理论对象为社会学理论所关心的社会秩序问题提出了具有挑战性的质疑，它反对把社会秩序的现实视为结构性、规范性的“外在的”东西。约定互动论认为社会学应该研究常识世界，在日常生活中，每个个体都依照其社会化所习得的规范与价值，作为其行为参考架构。也就是说，每个人在日常生活中，都在参与社会事实的建构，社会秩序是在人们的互动过程中被建构起来的。它非常强调个人间的微观互动过程，强调对行为者主观意图的理解。

(二)约定互动论主要概念

1. 权宜性

约定互动论认为，社会学应该研究常识世界，研究日常生活世界中的实践活动，而实践活动具有权宜性。这种权宜性体现为一定的适应性，即行动并不是按照事先规定的规则进行，而是行动者根据局部情况、场景条件，并依赖自身的努力完成的。

2. 索引性

索引性强调日常经验、表达的意义是受特定的背景内容限制的，这一事实引导研究者去注意行动者如何在某种背景联系中去组织其经验、赋予互动以意义及建立一种共有的社会结构感的问题，正因为索引性表达的内容远远多于它实际讲述的内容，其表达的方式必定是省略的、暗示的、隐喻的，行动者就必须不断地解释、引申所交流的内容。互动的各方所收发的暗示、姿态、言语和其他信息，在特定情境下，有其特定的意义。只有具备了关于索引的知识——互动各方的过往、他们声明的目标、他们的互动经验时，才可能准确地解释互动各方的符号交往。当我们说一种表达有索引性时，就是说这一表达的意义与特定的背景相联系。

3. 反身性

加芬克尔认为，“反身性”是社会互动最基本的性质，当我们解释定义某一情景，我们同时就在创造该情境，使它显得确实、合理和有意义；行动者给予其行为的说明就成为那种行为的一部分，因此反身性可理解为“社会成员就同时创造了一种情景及其对该情境的理解”。人们在理解、描述社会互动的结构过程中形成社会互动的结构，这种现象就是反身性现象。在常人方法论看来，对人们行动的理解应该是对其实践系统的理解，而行动、说明(即行动可被观察、被报道)和场景构成了复杂的实践系统，行动与环境处于不断的相互建构过程之中。

四、社会交换论

社会交换论的主要代表人物是乔治·霍曼斯和彼得·布劳。作为微观社会学研究，社会交换论主要研究人与人之间的互动，该理论派别的社会学家认为选择性交换是人类行为的最基本的特征，社会生活就是选择性交换的集合。人类所有的行为都经过了合理化的思考再做出选择，而且人们的选择总是趋向于最小的代价获取最大的报酬。

(一)霍曼斯的社会交换论思想

霍曼斯受心理学影响较大，于20世纪50年代创立了社会交换理论。与功能学派所说的社会角色或社会结构不同，他的社会学研究单位是人，人际互动的实质是以社会交换为基础的，并且他提出了人类行为互动的基本原则——利己主义、趋利避害。他研究的焦点就是代价和报酬的关系问题。霍曼斯的社会交换理论包括以下五个重要命题，这五个命题之间相互联系，必须作为一个整体来分析人类的行为。

第一，成功命题。对所有人而言，如果一个人曾经成功地获得一种报酬，他就倾向于重复这种行为，也就是说个人行动的频率取决于他得到的报酬和奖赏的频率。

第二，刺激命题。如果一个人在过去对某一种或一组刺激做出的某一行动获得了报酬，那么，当类似过去的那种刺激再发生时，这个人就有可能做出与过去相同或类似的行动。

第三，价值命题。对一个人来讲，如果某种行动产生的结果对他越有价值，他就越有可能去执行这个行动。反之，如果某种行动产生的结果使人受到惩罚，他就有可能回避该行动。

第四，剥夺—满足命题。一个人在最近越是经常得到某一特定的酬赏，那么任何一个未来的这种酬赏对他来说都会变得越来越没有价值。

第五，攻击—赞同命题。这一命题包括两部分，第一部分，当个人的行动没有得到预期酬赏甚至受到惩罚时，此人会被激怒并可能采取攻击行为；第二部分，当个人的行动获得了预期的酬赏或得到的酬赏比预期的还多，或此人的行动没得到预期的惩罚，则这个人会产生喜悦的心情并可能做出赞同的行动。①

(二)布劳的社会交换论思想

布劳以霍曼斯社会交换理论为基础，但又有所不同。他认为，个体的心理不能够解释更为复杂的社会结构，并且社会交换也并非完全对等，因此才产生了贫富差距和权力差异。他的社会交换理论主要观点为：第一，社会交换是一种理性活动，人们需要权衡利弊得失并找到有吸引力的东西之后才实施行为。这些有吸引力的东西可以是“外在酬赏”(如金钱、商品和服务)，也可以是“内在酬赏”(如爱、尊敬、荣誉和职务等)。第二，社会交换需要有社会规范的限制。只有在一种公平的环境中，人们才会期望通过自己的付出获得想要的报酬，所以社会规范的保障作用尤为重要，要确保互动双方的权利的享有和义务的履行。第三，社会交换过程存在五种动力因素，其一，社会吸引。社会吸引是引起人们交换行为、付出交换努力的最初因素。其二，竞争。有吸引力的东西往往都有稀缺性，只有自己给予对方的报酬也足够有价值并且价值高于竞争对手时才会产生社会交换。其三，分化。竞争的结果使群体内部结构有了分化，随之而产生结构的分化。其四，整合。结构和权力的分化使复杂的结构逐渐清晰起来，每一部分和个人都有自己的行为范围，明白了相互之间的互动模式，减少了分歧，提高了效率。其五，对抗。在交换中，如果有一方没有坚持互动规则，只享有权利而不履行义务，则会使另一方产生被剥夺感，双方敌对情绪就会产生，进而形成敌对性的行为。

第三节 社会网络

人的本质属性在于其社会性，不同的社会角色使每个人形成不同的社会关系网络，社会学家关于社会关系的研究离不开对社会网络的关注。社会网络的

① 李斌．社会学[M]．武汉：武汉大学出版社，2009：72.

研究起源于人类学研究，“社会网络”概念最早由人类学家博恩斯使用，他在对某一特定社区的社会结构进行研究时发现，如果仅从正式社会关系，如社会阶级、职业、地位等角度，是无法准确分析整个社区的社会结构，必须借助一些在以友谊、亲属及邻居为关系基础上所形成的教会、工作、区位等非正式社会网络，才能完整地反映整个社区的实际运作状态。此后，社会网络被心理学家、社会学家广泛关注。

一、社会网络的涵义

“社会网络是由个人主要社会关系组成的人际关系网，其中网络规模是影响人们获取创业资源的主要网络变量。”①社会网络的理论基础源于六度分隔理论。美国著名社会心理学家米尔格伦(Stanley Milgram)于20世纪60年代最先提出，他认为，每个人和任何一个陌生人之间所间隔的人不会超过六个，也就是说，最多通过六个人你就能够认识任何一个陌生人。20世纪60年代以后，社会网络的概念逐渐被学者所接受，社会网络理论成果也被运用于各种相关的社会科学研究中。社会网络即是把个体结合在一起的社会关系纽带。一般认为，传统型社会网络是以亲情、宗法伦理为基础的，以个人为中心，依次层层外推至家庭、亲戚、朋友、邻里、社区和同事而构成的一个“同心圆”式网络，包括血缘、亲缘、趣缘、地缘和业缘关系。这些关系又依次较为松散，所起的维系作用也越来越小，自身的稳定性也越来越弱。现代型社会网络是与市场经济相适应的，以法律为基础的，具有法律效应性、规范性的或平等主体之间的契约性的关联状态，包括利益交易、平等雇佣和经济合作等关系。

二、社会网络的类型

(一)从社会联系强度的视角分类

社会网络可以分为强关系网和弱关系网，所谓强关系网，是指人们在其中投入更多时间、更多感情，并且彼此更为亲密也更为频繁地提供互惠性服务的关系。当一个人遇到困难，自己不能解决的时候，应该向谁求助？自己认识的人可能很多，但不是所有的人都可以成为求助的对象。一般而言，都是向那些和自己保持强关系的人求助，这些是基于亲缘、血缘、地缘或者是业缘的父母兄妹、最亲近的朋友或就近的邻居，这样的社会网络不是随意选择的，而是在平日的社会互动中逐渐形成的。弱关系网与强关系网相对而言，是指那种自我卷入不多甚至没有卷入的关系，大多数人的弱关系网要比强关系网多出许多，

① 蒋剑勇，等．社会网络、社会技能与农民创业资源获取[J]．浙江大学学报(人文社会科学版)，2013(1)：87-88.

因为认识的人很多，但至真至亲的人总是有限的。然而，弱关系的作用却不能因此而忽视，“中国人的关系取向，在日常生活中最富有动力的特征是关系中心或关系决定论”。在中国人的行为模式中，中国人是讲究人情、关系、面子和熟人的，在自己固有的强关系网中无法实现需求的时候，就会动用弱关系网寻找，最终达成目的；同时弱关系也不是一成不变的，弱关系网可以发展为强关系网。

(二)从社会网络的性质分类

网络可以分为两种类型：一种是双向联系的网络，这种网络强调社会联系的双向性，是一对一的相互交流形式，比如说同学中的交流网，你可以什么事都不做，就是相互之间聊天，这就是一种双向的网络，相互之间都承认是一种朋友关系；另一种网络叫做单向关系网络，这种网络强调社会联系的单向性，是一种多对一的社会网络形式，比如大家民主选举某个人当班长，有钱人向没钱人借出。还有咨询网、师生网、权威关系网等。

中国社会的关系网有这样的特征，情感交流肯定是双向的，资源的交换在特定的条件下是单向的，但长久来看还是双向的。中国人的关系借贷的周期或者时间可能会很长，这一点与西方不同，西方人一般很怕欠别人的人情债，要么就是不欠你的人情，要么就是会很快还掉。中国人在这方面与西方不同。

三、社会网络的功能

(一)社会网络在人们的日常生活中发挥着重要的功能

一方面，每个个体在面对许多决定和选择的时候，除了自己的意见之外，还在很大程度上受到朋友网络、家庭网络或同事网络的影响；另一方面，社会网络也是信息和建议的一个基本来源，无论我们走进一个新的环境还是要接触一个新鲜的事物，社会网络均给我们提供了重要的信息参考和建议的源泉。在当今社会，特别是职业领域，建立社会网络或者寻求网络已经成为组织发展的重要环节。

(二)社会网络研究是社会学研究内容的拓展

社会科学研究的对象应是社会结构，而不是单个个体。通过研究社会网络，有助于把个体间关系、“微观”网络与大规模的社会系统的“宏观”结构结合起来。在符号互动理论产生之前，社会学理论大致经历了以孔德、迪尔凯姆为代表的实证主义和以马克斯·韦伯为代表的人文主义两大思想传统。实证主义认为，社会是一种客观的存在，社会先于个人、集体先于部分，人们认识社会必须采取客观的态度，不涉及价值和意义的东西。人文主义则主张，社会是主体性存在，没有人就没有社会，研究社会必须运用体验性和解释性的方法，不涉及意向的现象就不是社会现象。可见，这两种传统要么是只见社会不见人，要么是只见人不见社会。在社会网络的视野下，社会结构是在各不相同的层次上使用的。它既可用以说明微观的社会互动关系模式，也可说明宏观的社会互动关系模式。也就是说，从社会角色到整个社会，都存在着结构关系。运用社会网络分析，我们可以研究人们社会交往的形式、特征，也可以分析不同群体或组织之间的关系结构。

第四节　集体行为

现代社会给人提供的各种工具使得人们的互动方式越来越虚拟化和隐蔽化，而且人们之间互动的频率和深度都有所增加。集体行动是一种特殊的社会互动形式，人们会因为一个信息而产生共鸣，或是人为灾难或是自然灾害，或是真实的信息或是虚假的信息，都可能引发群体性的社会事件，甚至会引发社会运动。社会组织应该对此采取有效措施，引导集体行为向良性的社会行动方向发展。所以集体行为也是一种社会现象，现在已经成为社会学家和社会心理学家感兴趣的研究对象。

一、集体行为的涵义

在现代社会中，在某种特殊场合下会发生一种无规则的、以当时的场景为基础的互动现象，如时尚、赶时髦、骚动等集体行为，它是人们各种行动中最无结构、最难控制的行为，因而它冲击社会稳定，扰乱社会秩序，引起社会动荡。集体行为也是一种特殊的社会互动，这一概念是由美国社会学家帕克于1921年在他的《社会科学导论》一书中提出的。他认为："集体行为是在集体共同的推动和影响下发生的个人行为，是一种情绪冲动。"人们在参与集体行为时通常表示出对某种行为有一个共同的态度，并表现出类似的行动，这种共同的态度和类似的行动是人在相互交往过程中通过彼此情绪的感染而形成的，由此可见，集体行为具有明显的非组织性、突发性、反常性、狂热性和人数众多等鲜明特点。此后，集体行为成为社会学一个专门术语。到目前为止，社会学界对集体行为的研究对象、主要观点已经基本达成一致，但是关于集体行为的定义始终没有统一起来。

二、集体行为的条件与过程

集体行为大多发生于公共场合，那些因受到环境压力而心理不安的人容易参与其中。在现代社会中，迅速的变迁会带来较多社会结构上的不完整，许多人处于不安之中，加之社会生活的大众化，容易发生集体行为。

（一）集体行为产生的条件

通常情况之下，人们都是处在社会组织的控制之下，应当按照社会公众认可的行为规范去做事。如果全体社会成员都是按照现行社会规矩办事，就不可能产生集体行为，那么集体行为是如何发生的，斯梅尔塞认为集体行为的发生要有6个“必要且充分”的基本条件：(1)环境条件，包括物质条件和社会条件，这是集体行为发生的基本背景。(2)结构性压力，指的是经济萧条、自然灾害、贫困等社会因素促使人们通过集体努力去解决问题。(3)诱发因素，也是我们常说的“导火索”，是指人们中间长期存在的怀疑和不安助长了普遍的社会情绪。(4)行为动员，在上述条件具备的情况下，总会出现意见领袖的宣传和鼓动，使分散无组织的群体产生了一致的倾向。(5)普遍倾向的产生，要出现集体行为，人们还必须对他们的处境达成某种共同感受，形成近乎相同的社会情绪，如愤怒、悲伤、失望、兴奋、恐慌等。(6)社会控制能力，集体行为是否最终出现还要取决于社会控制力的强弱，控制能力包括政府的政治、军事、法律机器的硬实力，也包括报纸、电台、电视等舆论工具的软实力。如果社会控制能力较强，则可以阻止集体行为的发生。

（二）集体行为发生和发展的三个阶段

第一阶段：共同关注。

在人群聚集的面对面场合，或者是非面对面情况下对同一问题的关注，当人们的兴趣点不断地集中在一起，而不去考虑其他事物时，就为人们相互间的情绪感染提供了前提条件。

第二阶段：情绪感染。

由于共同关注，人们极易接受他人的情绪感染并极快做出相应的反应。这就使人群中的情绪感染出现一个连锁式的循环过程，从而感染整个人群。如大街上，甲看到距离不远的乙突然面红耳赤、呼吸急促地飞奔起来，于是受到感染也飞奔，而当乙看到甲的反应反过来又感染了自己。

第三阶段：群体行动。

情绪感染的进一步蔓延达到高潮时，会使整个人群处于情绪异常激动的非理智状态，这时人群中的一些人便会做出种种盲从、模仿、越轨或违法的行为，而其他处于激动状态的人则是他们的后盾。当集体情绪发泄完了之后，集体行为也就宣告结束。

三、集体行为的形式①

集体行为可以分为初级集体行为和高级集体行为。初级集体行为包括时尚

① 周方遒．社会学概论［M］．北京：科学出版社，2012：115-116.

与流行、传闻、骚动等。高级集体行为是我们常说的社会运动。

（一）时尚与流行

社会学家和社会心理学家认为，集体行为的发生并不一定发生在面对面进行直接接触的群众之中，在广泛分散、互不联系的人群中也会出现集体行为，比如时尚与流行。时尚是在某一时期大众内部对特定的趣味、语言、思想和行为等各种流行行为方式现象的随从和追求。时尚是一种非常规的行为方式的流行现象。美国社会学家布鲁默认为，时尚就是一种流行的或被接受的风格。当社会出现某种新奇行为时，却被许多人肯定和赞赏，那么就会形成一股竞相模仿的现象。时尚的传播、普及和发展所依靠的主要手段是流行。因此，时尚与流行实际上是同一事物不可分割的两个方面。离开了流行，时尚便不会成为时尚，时尚是流行的必然结果；离开了时尚，也就没有什么东西得以流行，因而流行也就不会发生。

（二）恐慌

恐慌在社会特定时期普遍存在，它是分散的人群中集体行为的另一种表现形式，是一般的社会大众在社会危机的临近或产生时，面对现实的或想象的威胁做出的不协调的违反常规的行为。一般而言，自然灾害、军事入侵等极端紧急情况和股市下跌、物价上涨等一般威胁都可能引发恐慌情绪。

虽说产生恐慌的原因比较复杂，但经过总结发现，恐慌产生的原因包括：第一，某种耸人听闻的流言或传闻。这些是恐慌产生的直接线索，它可能会使没有思想准备、不明真相的民众陷入迷茫、危机和惊恐状态；第二，不明的群体事件的感染和刺激使这种恐惧情绪急速上升，甚至成为群体性的恐慌大发作；第三，恐慌的产生还与特定文化背景有关，如果在特定社区存在某种普遍的禁忌或崇拜，恐慌产生的可能性会大一些；第四，在现代社会，人们由于竞争压力较大、生活节奏较快，在心理承受能力有限的情况之下，常常会因为某种意外的刺激，以恐慌的形式表现出来。由此可见，恐慌产生的普遍原因是由于某种潜在的社会或其他危机，它们时刻刺激着人们的神经，促进着人们的觉醒水平，只要自己所在的环境有稍微的变化，便会出现一些不同于日常的情绪及行为反应。

（三）骚动

大多数集体行为开始发生时，往往有一段人们相互激励，但却是盲目骚动的阶段。骚动可以在观众等待一个迟迟不开演的节目时或人们刚刚听到一个惊人的消息时发生。处于骚动状态中的人通常处于亢奋、激动的精神状态，这种状态使他对周围的信息失去理智的分析判断能力，表现为一味的盲信和盲从。法国社会学家勒庞认为，处于激动人群中的个人具有极强的“被暗示性”，周围人的话语、表情动作乃至现场的氛围，对他都有极为有利的暗示刺激效果，使他的信念、思维和行为方式迅速与现场的人群融为一体。

(四)传闻

传闻是人们相互沟通的惯常形式。对于人们共同感兴趣的消息，大家口传耳接，并根据自己的理解或增或减。通过传闻，人们期待对模糊的问题找到比较“合理”的解释。传闻不一定是假的，但与新闻比较，传闻有时找不到确切的证据。谣言与传播小道消息都是传闻的表现形式。它们之所以能够传递开来，是基于两个条件：一是大家关心的问题，二是这个问题缺乏信息，尤其是正规渠道的有证据的信息不足。

(五)社会运动

社会运动虽然在人类的历史中普遍存在，但这种历史现象却是人类社会生活特有的现象。作为一种特定形式的集群行为，社会运动的产生需要一个长时间的酝酿过程。产生社会运动的根本原因是社会大众不愿成为当下社会秩序的被动玩偶，他们试图通过直接、一致的社会行为来影响、完善或改变整个社会秩序。也就是说任何社会运动的发生总是以某种集群行为为先导的，经过集群行为不断的积累和发展的最终结果便成为社会运动。虽然社会运动常常可能带有明显的政治色彩，但绝非仅限于政治运动。在社会的经济、文化、艺术、宗教乃至日常生活等领域中也都可能产生各式各样的社会运动。尽管这些事件和现象不尽相同，有些甚至大相径庭，但它们作为社会运动一般都有这样一些基本特征：

1. 社会运动有其独特的信念或理想

独特的信念或理想是社会运动区别于集群行为的最独特的性质。社会的不平等、阶级压迫以及因社会文化的急剧变化而引起的个人适应的困难等因素会导致社会不安情绪的持续滋长，这为社会运动的产生提供了社会心理基础；而经过一定的理论和意识形态加工的信念或理想，则为改变现存的社会生活状况和社会结构提供了解释和理由。

2. 社会运动有自己的组织形式

集群行为是无组织的，而社会运动则基本上都具有某种组织形式。正是由于具有一定的组织形式，社会运动的领导者才能对运动的参与者实现某种程度上的协调和控制，才能使运动朝着预定的目标顺利发展，也才能使社会运动在变革旧制度的同时，逐步从非制度化向新的制度化方向发展。

3. 社会运动会采取这样或那样的实际行动

采取实际的行动以及对行动主义的信奉，是社会运动的第三个特征。参与社会运动的人常常会采取诸如罢工、游行、示威等非暴力活动乃至极端的军事或其他暴力活动，并且他们坚信要实现变革就必须采取实际行动。

集体行为在现代社会已经成为一种普遍的社会现象。由于集体行为发生的背景、具体原因不尽相同，所以关于集体行为的社会影响也不能一概而论，不同情况下的集体行为产生的社会影响也不同。如时髦这种集体行为，它是与传统的习惯和生活方式相抵触的，但有时也可能为人们提供新的行为规范和新的生活方式。比如过去女性剪短发叫“时髦头”，现在已经成为最普遍的发式。还有一些集体行为，如骚乱、谣言、恐慌等，可能造成社会的动荡不安，破坏正常的社会秩序，但有时也会提供新的行为规范，加快社会改革进程，间接推动社会进步。①

思　考　题

1. 如何理解社会互动的涵义？
2. 社会互动的构成要素有哪些？
3. 符号互动论视野下和谐社会应如何建设？
4. 社会网络的形式有哪些？
5. 简析集体行为发生的过程。

主要参考文献

[1] 彭华民，等．社会学概论[M]．北京：高等教育出版社，2013.

[2] [美]波普诺．社会学[M]．北京：中国人民大学出版社，2007.

[3] [美]乔治·米德．心灵、自我与社会[M]．上海：上海译文出版社，2008.

[4] [英]安东尼·吉登斯．社会学[M]．北京：北京大学出版社，2005.

[5] 翟学伟．人情面子与权力的再生产[M]．北京：北京大学出版社，2005.

[6] 刘军．社会网络分析导论[M]．北京：社会科学文献出版社，2004.

[7] 朱力．社会学原理[M]，北京：社会科学文献出版社，2003.

[8] [美]戴维·迈尔斯．社会心理学[M]．北京：人民邮电出版社，2006.

推荐阅读书目

[1] [美]乔治·米德. 心灵、自我与社会[M]．上海：上海译文出版

① 彭华民，等．社会学概论[M]．北京：高等教育出版社，2013：120.

社，2008.

[2] [英]安东尼·吉登斯. 社会学[M]. 北京：北京大学出版社，2005.

[3] 翟学伟. 人情面子与权力的再生产[M]. 北京：北京大学出版社，2005.

[4] 刘军. 社会网络分析导论[M]. 北京：社会科学文献出版社，2004.

[5] [法]古斯塔夫·勒庞. 乌合之众[M]. 桂林：广西师范大学出版社，2007.

第八章　社会群体

社会群体是社会学研究的一个重要方面。人们为了生存和发展，更好地认识和适应社会，就需要通过一定的形式与他人结合在一起而形成一种群体。因此，社会群体是人的社会存在方式，是个人与社会之间的中介。各种群体本身的情况以及它们之间的关系，都会从不同的方面制约社会的良性运行或协调发展。本章将讨论社会群体的涵义、基本特征、分类、结构功能以及作为社会群体基本类型的初级社会群体。

第一节　社会群体概述

从人的本质和人类社会发展来看，社会性是人的根本属性，人只有在一定的社会关系中才能表现出自己的本质，人只有在群体中才能过社会性的生活。社会群体是一个社会赖以运行的基本结构和实体形式，人们之所以把这种群体称为社会群体，主要是因为它有特定的内涵和特征。在现实社会中并不是所有的人的集合体都能被称为社会群体，只有那些具有特定组合和功能的人群所组成的群体，才能被称为社会群体。因此，依据不同的标准来具体考察社会群体，有助于我们更好地理解和把握这一概念。

一、社会群体的涵义

群体是人类存在的普遍形式，群体生活是人类生活的一个基本特征，每个人都不可能离开他人而孤立生存。我国古代思想家荀子说："人生不能无群，群而无分则争，争则乱，乱则离，离则弱，弱则不能胜物。"①所以人们总是要结群生活，但并不是所有的结群生活都是社会学意义上的群体。在现实社会中，经常会看到这样一些人群，例如，公共汽车上的乘客、电影院里的观众等，这些人群之间有一些共同点：首先，成员之间互不认识，只是出于某种偶然的因素而聚在一起的；其次，这些成员之间不会有持久的互动关系；再次，

---

① 《荀子·王制篇》。

人们也不把他们当成一个整体，而只是认为是一种松散而又不稳定的某种社会关系。我们可以比较这样两个人群，在同一饭店吃饭的两桌子人，在第一张桌子旁就餐的人，他们只是偶然地围坐在一张桌子旁，各人只顾自己就餐，很少和他人交谈说笑，用完餐后各奔东西，以后也不会有联系；而另一桌子的人是一堆相识聚会的朋友，他们之间非常熟悉，就餐之前一同前来，之后一同离去，且整个过程中有说有笑，以后也会保持经常性的联系。显然，这两桌子的人群具有不同情况，从社会学的角度看，前者不能算作社会群体，只能称为聚群体；后者才是真正的一个社会群体。

另外，统计群体也不是我们这里所研究的社会群体，例如青年人群体、老年人群体、儿童群体、农民工群体等，这些群体是人们对具有某种共同特征、相似身份的众多社会成员的称谓。在这些群体里，成员之间也没有持续性的互动和特定的社会关系，这种称谓只是表明他们是同一类的人。这种统计学意义上的群体可以反映出某类社会成员的状况，从而用于社会分析和研究，但不是我们社会学意义上讲的群体。

那么究竟什么是社会群体，通过研究我们发现，构成一个社会群体，至少要包含两层基本的含义：其一，社会群体是由发生持续互动的人群组成的；其二，群体有其明确的群体目标，为了达到目标，大家通过各种纽带联系起来。所以从社会学意义上讲，社会群体是指通过稳定而持久的社会互动或社会关系结合起来，进行共同活动，有着共同利益的人类集合体。社会群体不仅是个人生活的基本单位，同时也是社会存在的一种基本形式，是构成一个社会的基本实体。它不等于其成员的简单相加和组合，而是会形成一种自身的特性，区别于其内部每个成员的个性、信仰和价值观。

二、社会群体的基本特征

社会群体不同于聚群体，社会群体也不等于其组成成员的简单组合。作为人们共同生活的一种社会形式，社会群体是其成员按照特定的行为模式互动，建立相对稳定和持久的群体结构和规范的生活共同体。一般来讲，社会群体具有以下几个方面的特征：

(一)社会群体成员间有明确的社会关系

如果一个群体中，成员之间缺乏人际间的互动，那就只能是一个聚群体，而社会学意义上的群体是指群体成员之间有直接的、明确的和持久的社会关系，一定的社会关系是社会群体存在的基础，是人们之间稳定的互动模式，是成员之间权利、责任和义务的反映，有了这种社会关系，成员之间才能稳定、有序地交往，同时成员之间也互有认同感。

（二）社会群体成员有一致的群体意识和规范

在群体成员的交往过程中，成员之间互相影响或是学习，逐渐产生和遵守一些共同的情感、价值观念、态度以及方法，形成一些共同的兴趣、爱好和习惯，并能遵守群体的行为要求和规范。群体中的成员若是遵守了这些群体要求和规范，就会受到群体内其他人的认可和欢迎；相反，则会受到厌恶和抛弃。一个社会群体一旦有了自己的群体意识，那么群体内的成员就会有明确的和群外人群的区别感，也就是群体内成员普遍认为的“我们感”，特别是当群体面临外部压力或少数群内成员的反叛时，群体的意识和群体规范的作用力就会更加明显。

（三）社会群体成员间有一致的行动能力

由于群体意识和群体规范的作用力，处于社会群体内的成员，可以随时产生共同一致的行动，这一点也被看做是社会群体与聚群体的区别。例如，同样是乘客，在公共汽车中的乘客们互不相识，他们在短时间内聚在一起，但各有其目的地，下车后即各奔东西，在乘车期间也没有互相一致的行为。但如果是某单位组织的旅游包车，那么这些乘客就是一个群体，成员之间有一致的行动和目的。

（四）社会群体有一定的群体边界

群体边界是区分各种群体的界限，由具体的群体成员来反映，即某人属于或不属于该群体。但从实质上讲，群体认同感和相互依存的权利、责任以及义务等更能如实地反映出群体边界，群体成员在同一个群体中有认同感，而不同的群体成员则不会产生认同感，这就产生了群体边界。实际上，认同感对于群体边界的确定更具有本质性，但往往这种边界比较模糊。

三、社会群体的类型

现实生活中的群体多种多样，且各具特色，所以按照不同的标准，可以将它们划分为不同的类型，在社会学的研究中，以下几种划分类型是比较常见的，也是比较重要的。

（一）按群体的规模大小分类

以群体的规模大小为标准，人们将社会群体分为大群体和小群体。大群体一般是指该群体内的人数众多，如一定规模的社会组织、各类学校、企事业单位、机关等。小群体是指群体内成员人数不多、规模有限的社会群体，一般以两个到几十人之间这一数量为界限。实际上，群体成员数量的多少只是个相对的概念，由于小群体的人数有限而形成的成员之间面对面的互动的可能性增大，相互的理解和情感的投入就比较深。

(二)按群体成员间关系的亲密程度分类

群体中的成员互动往往频繁，但由于群体的性质不同，因而由此所造成的成员之间关系的亲密程度也不同。社会学一般把成员之间关系亲密的群体称为初级社会群体，它是从直接的、人数不多的、亲密的交往中形成的一种简单的社会关系，人们以初级社会关系结合而形成的初级社会群体，典型的代表是家庭、邻里以及朋友圈子等；而相对地，把成员之间关系不那么亲密的群体称为次级社会群体。它是当人们逐步扩大社会交往和实践范围而形成的更为复杂的次级社会关系，以次级社会关系结合而形成了次级社会群体，如各种各样的组织，次级社会群体是现代社会结构的基础。

(三)按群体社会关系的性质分类

人们结成社会群体可能会出于多种缘由，其中包含有最基本的和次要的缘由。社会关系是社会群体分类的很重要的基本缘由，因为它是人们结成群体的主要纽带，也反映了群体的基本性质和特征。

依据群体内人际关系发生的缘由及性质以及由此所形成的社会群体，可将社会群体划分为血缘群体、地缘群体以及业缘群体。血缘群体是在群体成员血缘和生理联系的基础上形成的社会群体，家庭和家族是其典型的形式。血缘群体是人们学习社会知识、参与社会活动的出发点，在人的社会化中具有极为重要的地位和作用。血缘群体是最早产生、历史最为悠久的社会群体，对社会发展影响重大。

地缘群体是由于相邻而居所形成的群体，邻里和同乡是地缘群体的典型形式。地缘群体是随着社会生产的发展和社会流动的出现而产生的，有的是从血缘群体发展而来的，有的则纯粹是基于地理原因，它们对社会的发展或运行状况也有不可忽视的影响。“同乡会”一类群体常常可以对一个地区的发展或运行起到良好的促进作用；邻里关系的亲密或淡化则直接影响着一个地方的社会秩序甚至社会稳定，从而也影响着社会的良性运行。

业缘群体是在工作或学习的基础上形成的群体，各种经济组织、政治组织和文化组织都是业缘群体的典型形式。随着社会分工的发展，劳动从家庭中分化出来，于是社会上出现了越来越多的专门组织。作为人们劳动的群体——业缘群体，在现代社会中十分广泛，处于社会生活的主导地位，对现代社会的发展或运行状况起着主导作用，是现代社会最主要的社会群体形式之一。但应当看到，不管业缘群体如何发展，现代社会仍是一个血缘群体、地缘群体和业缘群体并存和协同发挥作用的时代。

除此之外，社会上还存在着趣缘群体，这是有共同的兴趣和爱好的人们结合而形成的群体，但它在人类生活和社会结构中的地位尚难同其他的社会群体相提并论。

(四)按群体的正规化分类

任何社会群体内部都有一定的规范，它是成员共同约束和活动的基础。但是，不同群体其规范形式也不同，有的社会群体主要靠感情、道德、习惯、信任来维持，这些规范一般是非成文的，我们把这一类群体称为非正式群体；另一些群体内部的规范则主要由成文的规定来表述并发挥作用，这类群体被称为正式群体。正式群体一般包括企业、机关、学校以及家庭等。在我国组建正式群体要向政府有关部门申请，其群体章程、编制计划及内部组织结构等经审查批准后方可正式成立。正式群体与非正式群体并不一定完全相互分离而没有任何交叉，而是往往在正式群体中有非正式群体，但当我们对某一群体进行分类时，基本上还是能够辨明它是正式群体还是非正式群体。

(五)其他分类

在社会学的研究过程中，有些学者还使用了其他分类，提出了其他一些社会群体的概念，如内群体和外群体以及所属群体和参照群体。

1. 内群体和外群体

美国社会学家萨姆纳为了描述群体成员对自己人和他人的感情而使用了内群体和外群体概念。所谓内群体是指一个人所属于的并对其有认同感和忠诚的群体。内群体也被称为“我们群体”，成员之间有亲密感、认同感。相对于内群体来说，那些不属于“我们”的群体是外群体，这是由非“我们”的社会成员结合而形成的群体。萨姆纳认为，人们常常对自己所属的内群体评价较高，而对外群体有所怀疑甚至怀有敌意。

2. 所属群体和参照群体

按照个人是参与还是接受其规范而将群体分为所属群体和参照群体。所属群体是个人参加其中并接受其规范的群体，也称为首属群体或基本群体，它是一种小群体，该群体中的成员在社会地位、角色关系等因素上存在着或多或少的相互依赖，成员彼此间有共同的价值规范和彼此协调一致的社会行为，由于规模小，所属群体更具凝聚力。参照群体是用于评价人物或事物标准的群体，人们在评价社会现象时，往往把它与其他社会群体进行比较，这种用于评价事物尺度的其他群体，就是社会学所说的参照群体。一般地讲，参照群体具有激励意义，在社会生活中，树立的“先进单位”和选择的“反面典型”就是一种参照群体，是为了激励人们的斗志或提醒人们引以为戒。

四、社会群体产生的原因

人是一种群聚的动物，从出生起人就生活在群体之中，所以群体是人们赖以生存的方式，对人们的生存和发展有重要的意义，与他人完全断绝关系是无法生存的。那么社会群体产生的基本原因究竟有哪些？归纳起来有以下几个方面：

（一）人类结成群体的一般性原因

首先，是为了对付外界压力的需要。人们为了对付外界的压力，彼此间寻求安全感和相互的支持，才在一起结合成群体。例如，在人的婴孩时期，由于此时婴幼儿的生活完全不能自理，离开了成人就无法生存，所以他必须依靠成人的抚养，这是人之所以能进行社会化的条件，同时也是人类过群体生活的重要原因，这是最初的源于生理安全的需要。当人逐渐走向成长和成熟，感到了外部环境对自己的安全造成威胁时，他们就有结成群体的倾向，特别是在社会环境对个体心理产生压力时更是如此。其次，是为了合作的需要。人们在社会中为了满足各自的需求，当个体仅依靠自己的能力达不到目的时，就会寻求与他人的合作，这种合作的经常化就会产生群体，人们一旦结合成群体，就可以完成靠个人完成不了的事，这是形成社会群体的最重要的社会原因。再次，精神上的需要。人们在群体之中与他人沟通、交流感情，有了归属感，才能更好地体会生活的价值和意义，同时也消除了恐惧、寂寞、绝望等，群体中的成员，普遍地追求事业、爱情、友谊、理解、尊重等都离不开群体和群体成员，所以群体也就成了个人与社会联系的中介。

（二）群体凝聚力

群体凝聚力是指群体成员间互相吸引并整合为一体的力量，它表现为群体对其成员的吸引和群体内成员间的相互团结。群体凝聚力的发展表现为以下几个层次：首先，群体成员间的人际吸引。从一般意义上讲，群体成员由于彼此间的共同兴趣爱好、愿望等，使群体成员之间形成一定的团结，使得他们愿意在一起。从某些特殊情况来看，有的群体成员结合在一起，则是出于工具性目的。其次，群体行为规范的形成与共同遵守。群体内成员间互动会产生一定的行为规范，这些规范要求群体内成员共同认可并遵守，一个群体形成的重要标志就是看它有无较为稳定并按其功能遵守和实行的行为规范。再次，群体成员行为与群体目标的一致性。群体的凝聚力还表现为群体内成员自觉自愿地把自己的行动和愿望与群体的目标、规范内在地结合起来，达成一致。当然，在很多时候，两者并不一定都能吻合，但只有当群体成员认识到自己的目标愿望的实现要通过群体目标的实现而达到时，成员才会认同群体的凝聚力。这些只是从一般意义上去分析群体凝聚力的形成及其发展，实际上，不同社会群体凝聚力的形成、发展以及强化机制等都有很大差异。

（三）人类结合成群体的其他原因

以上原因是社会群体形成的重要的基本的原因，除此之外，形成社会群体还有群体过程以及群体中权力等因素。群体过程是指群体的形成和运行过程。在群体内动力研究方面，德国心理学家勒温的群体动力学解释说，群体是一个行动的场，个体的行为受到他的个性及环境的影响，而群体中的权力是指有些群体的形成，不一定是群体成员自觉、自愿地结合而成，而是受着某种强制性权力的制约。权力关系的形成，也是群体结构和群体过程分析的一个重要方面。

总之，群体生活是人类生活的一个基本特征，每个人都处于不同的群体中，社会群体既是人们进行社会化的主要场所，又是社会形成一个整体的基本单位，它能满足社会成员的多种需求，也是社会实现各种目标的重要条件。

第二节 社会群体的结构和功能

社会群体的结构是如何形成的，社会群体在社会生活中又发挥着什么样的功能作用，这是研究社会群体不能忽视的问题。“结构”是指任何事物的基本构成部分之间的相互关联的方式，对群体的结构研究涉及以下几个方面。

一、社会群体的结构

社会群体的结构包括许多内容，在这里将着重讨论群体规模、群体规范、群体中的角色关系以及群体领导和群体行为等重要部分。

(一)群体规模

群体规模是社会群体结构的最外在、最明显也最具有重要意义的因素，群体规模的大小对群体具有重要的影响力。一般来讲，小的群体比大的群体有较高的凝聚力，表现出较大的稳定性。

最小的群体是至少由两个人构成的群体，称“二人组合”。二人组合是我们日常生活中最常见的群体组合之一，在这种群体中，两人之间的互动就是群体的全部互动，群体的生存与发展要依靠两个人的共同维系和努力，因为这种两人间的单一关系要求，两人彼此间要考虑和照顾对方，否则，任何一方出现问题都会引起对方的全面反应。在这种二人组合中，任何一方的退出，必然使群体不复存在。

两人以上的社会群体成员之间的关系就具有一种全新的结构特征，如三人组合，就要比二人组合稳定，其中一人可以协调其他两人的关系。群体成员的关系不仅只局限于二人组合或者三人组合，随着群体规模的不断扩大，群体内潜在的各种关系也逐渐增多，群体关系会变得愈来愈复杂。群体中每增加一个成员，群体关系就要复杂很多，如两人群体的潜在关系是一，三人群体的潜在关系为三，四人群体的潜在关系为六，五人群体的潜在关系为十，即 $X=(N^2-N)/2$。其中 X 代表群体的人际关系数目，N 代表群体成员的数目。

群体规模的扩大，就会对群体成员的观念活动等产生更为复杂的影响，并且越容易产生“责任分散”。社会学中责任分散理论认为，群体比一个人更容易做出冒险决定，因为群体人数多，做出决定所需要承担的责任，就可以分散到每个群体成员头上，也正因为如此，实行分工责任制是十分必要的。

(二)群体规范

每个群体都有特定的群体规范，它是指在群体活动中，适合群体成员行为要求的一种期望和标准化的观念，群体规范一旦形成，对每个群体内成员都有约束力，是群体内的是非标准。另外，群体规范还起到调节成员行为的作用。从群体规范形成的方式来看，可以把群体规范分为正式规范和非正式规范。正式规范是指群体明文规定的行动准则，对群体中成员的具体行为有明确的说明，能做什么和不能做什么；非正式规范是成员在交往过程中自然形成的行为标准，这些标准的遵守要靠成员的自觉，要是有违反群体非正式规范的行为，惩罚的手段虽不像违反正式规范那么严厉，但也会给违反者很大的惩戒，因为他的行为可能会破坏群内成员投入许多精力才建立起来的人际关系。

(三)群体中成员角色

在群体中，成员按一定的结构交往和沟通，不同成员的角色各不相同，任何群体都会有最基本的角色分工。群体成员通过自己的表现行为来确定自己在群体中的角色，而所有的角色分工都是为了群体功能的有效发挥和为群体提供有效的保障。

在研究社会群体时，我们会发现，在一个群体中有的人比较受欢迎，有的人只能与很少的几个人建立很好的人际关系，还有的人甚至处于群体边缘，很少与人交往。那么如何去测量群体中的人际关系呢？社会心理学家雅各布·莫列诺提出了社会测量法。这种方法是根据社会成员之间相互喜欢和讨厌的程度来确定群体的人际关系状况。测量员可以通过询问群体成员愿意和谁合作或不愿意和谁合作，从而确定每个成员在群体中受欢迎的程度，以此来了解成员在群体活动中所担任的角色。

在群体成员众多的角色中，其中领导者这一角色最能引起人们的注意，什么样的人最具有领导潜质，这也是社会学家和社会心理学家所关注的问题之一。M. 肖曾指出，领导者在以下几个方面要有超越一般人才能：能力方面，包括智慧、学识、观察力、语言表达能力以及解决问题的能力；社交方面，领导者要有受人欢迎、肯与人合作、诚实可信等品格；动机方面，要有积极主动、责任心强、有毅力等品质。其他一些研究也发现，在群体的活动中，表现积极、能言善辩的人较易成为领导者。

(四)群体领导和群体行为

较早研究群体领导的社会学家罗伯特·贝尔斯认为，在群体活动中有两种基本的领导方式：一种是工作领导；一种是关系领导。一个有效的群体应该具备这两种基本的领导方式，这两种方式通常由不同的人来承担，前者负责群体任务的完成，后者处理群体成员的情感冲突。除了以上两种领导方式以外，有的社会学家与社会心理学家还有其他一些看法，其中最有影响力的是社会心理学家勒温、利皮特和怀特进行的有关三种领导方式的研究，他们根据群体决策、计划制定、选择工作伙伴的自由度、领导参与群体活动的方式等指标，把群体领导划分为民主式领导、放任式领导和专制式领导，认为其中民主式领导可以提高工作效率，增加成员的满足感和工作热情以及效率等；专制式领导的工作效率也比较高，但群体内成员关系比较紧张，甚至有敌意；而放纵式领导效率最低，其内部成员的工作热情普遍不高，而且成员彼此间情感比较冷漠，群体意识差，时常会处于无政府状态。

群体行为是指群体成员在活动中相互影响、相互作用时所表现出的那种不同于个人独处时的行为特征，包括群体遵从、群体冒险、群体思维等众多方面。群体成员在活动中，群体压力会明显地影响到群体内成员的思想、价值认同和行为规范，这样会迫使群体内成员共同遵守群体规范。心理学家所罗门·阿西通过实验证明，有的群体成员为了服从群体，甚至会放弃自己的正确判断，接受群体的一致意见。在现实生活中，群体对成员的影响远远大于实验所证实的范围，如果群体成员违背群体的规范或一致意见，他就不仅会感受到来自不同意见的压力，更会担心群体的负向道德评价和群体其他的惩罚。此外，群体的压力也表现在群体的决策过程中。

二、社会群体的功能

社会群体作为人类社会组成的一个基本单位，在社会生活中发挥着重要作用，具有重要的功能，主要表现在以下几个方面。

（一）满足人的需要

对于作为生理意义和社会意义上的人来说，人们普遍有着生理上的需求、安全感的需求、归属感和爱的需求、被他人尊重的需求以及自我价值实现的需求等，人们的需求会随着自身和外部条件的变化而变化。从人的社会性角度去看，人们仅靠个人是无法生存的，所以只能结成一定的群体，只能以群体的形式来提高自己，满足自己的各种需要。不同类型的社会群体，因其功能不同，在满足群体成员的表现方式上，也就有所不同。例如，初级社会群体中的形式之一——家庭，其在满足个人思想感情的交流，心理方面的沟通，生活上的体贴和照顾等，是别的群体所无法替代的。

（二）实现一定的社会目标

任何一个社会群体，都有其特定的社会目标，它是群体内成员的集体目标。群体内成员仅靠个人去实现一定的社会目标，是达不到的，只有全体成员组合成一个有凝聚力的集体，才有实现社会目标的可能，而社会目标也正是社会群体目标的集中表现。所以社会目标的实现，必须以社会群体目标的实现为中介和基础。例如，在现代社会中，社会的政治、经济、文化等社会目标，就是要通过社会整体所属的社会群体，如机关、企业、学校等的群体目标的实现去实现。

(三)增强社会的整合能力

社会整合就是将社会不同的因素、部分结合为一个统一协调的整体的过程。社会群体发挥它的群体功用时为社会提供了物质和精神方面的保障，同时也从以下两个方面直接地促进社会整合：一是通过群体目标和群体规范的运用来增强社会整合。群体的目标和规范从其出发点来讲是为了达到群体目标而对群体成员进行约束和引导，但社会群体目标的实现，会直接促进社会目标的实现，所以，通过制定适应社会整合需要的群体规范，保持群体活动与社会的协调一致，从而对全社会的良性运行起着积极的促进作用。二是通过社会群体之间的相互作用和相互协调来增进社会整合。社会中有各种各样的社会群体，它们之间也存在着群体目标和群体活动模式的差异，因此，当它们都在社会环境中活动时，必然要采取相应的协调措施，例如群体间的合作、相互优劣势的互补、相互的学习等，这样就使整个社会的有机联系得到了加强，从而为社会有序、良性的发展提供了有力保障。总之，社会群体的整合作用为社会秩序的稳定和良性发展起到了重要的保障作用。

第三节 初级社会群体

初级社会群体亦称“首属群体”、“直接群体”、“基本群体”，它在整个社会系统中处于一种中介地位，属于人际关系亲密的社会群体。从人类以及人类社会发展的历史进程来看，初级群体是最早出现的一种群体类型，如远古时期的原始人类、氏族公社时期的氏族家庭、部落等。就个人的发育成长过程来看，人们所处的家庭、邻居、儿童游玩群体和朋友圈等均为幼儿最早加入并在其中活动最多的群体形式，这种群体在人的早期社会化过程中具有重要的作用，有人甚至把它看成是“人性的养育所”。

一、初级社会群体的含义

初级社会群体是指群体成员间直接面对面地交往，并具有亲密的人际关系的社会群体，包括家庭、邻里、朋友、伙伴以及亲属等。初级社会群体通常也是有着强烈群体认同感的内群体，有时也被人们称为狭义的社会群体，它是人们最初步、最简单的组织形式。自古以来，初级社会群体一直是人们生活中最重要的一种群体，也是社会学重要的研究对象。初级社会群体大都能满足人们多方面的需求，实现不同的社会目标，对人们个性的塑造和价值观的形成、行为模式的建立等有重要的影响；同时，初级社会群体也是构成社会的最基本的实体，是人们生存发展的基本单位，并对社会的稳定与发展起着重要的作用。

初级社会群体能够反映出社会许多特性，例如，通过分析研究初级社会群体的结构、功能和过程，可以增进对整个人类社会的认识。初级社会群体是人们在社会生活中的基本单位，其对人们的心理和行为有着重大的影响，因此，研究初级社会群体中人的心理方式和行为模式，将有助于我们推动社会心理学的研究以及行为科学的发展，也有助于在实际工作中发挥它的功能，提高社会活动效率。

二、初级社会群体形成的条件

初级社会群体的形成是在特定的、必要的条件下形成的，这些条件主要包括：

（一）适当的时空条件是初级社会群体形成的重要条件

在这里，适当的时空条件是指初级社会群体成员活动的空间的接近，而这一空间既反映现实生活中的区位关系，如彼此居住的地理位置上的接近，也包括观念上的区位关系。群体活动空间的接近，便于相互的交流沟通和理解，彼此间更容易熟识，所以，活动空间的接近是初级社会群体形成的重要条件。同时，初级社会群体中个体间接触时间的长短也影响个体进行社会互动，因此，恰当的接触时间是建立亲密关系不可忽视的因素。

（二）交往各方的社会地位及其角色行为模式对初级社会群体的形成有重要影响

一般来讲，成员间地位差别和角色行为模式差别越小，人们之间越容易建立亲密的互动关系，所以在初级社会群体里，无论是邻居、儿童游戏群体，还是朋友圈子，都是在地缘、业缘或共同兴趣、共同爱好的基础上自然而然地形成的。但在实际社会生活中，如果人们之间社会地位毫无差异，有时相互之间倒更不容易建立起亲密的社会互动关系；如果社会地位差别大，容易造成单向的亲密互动关系，即社会地位低的人向社会地位高的人社会行动频繁。

（三）社会互动的情景与文化也能影响初级社会群体

社会互动的情景与文化对社会互动能产生一定的影响力，从而影响社会初级群体。如果人们的交往比较自由，没有过多的约束限制，这就容易形成彼此间的亲密关系。相反，在一个等级森严的社会互动情境中，人们之间的互动基本上是按照规章和文化所规定的行动模式行事，那么建立相互间亲密的关系的可能性就很小。例如，如果上级对下属时时都是以一种领导的身份和姿态出现，他们之间只可能形成一种上下级的领导与被领导的单一关系；相反如果上级经常在工作之余深入下属之中，同他们一起娱乐、交流等，时间一长就可能形成一种亲密的初级关系。

三、初级社会群体的基本特征

以家庭、邻居、儿童游玩群体和朋友圈子为代表的初级社会群体具有以下一些基本特征：

(一)群体规模小、成员数量有限

初级社会群体规模虽没有严格限制，但大都成员有限，属于二人至几十人的小群体。因为，只有在这种小规模的群体中，人们才有可能进行比较深入的交往，才可能有更多机会建立比较亲密的带有浓厚感情色彩的初级社会关系。人数过多，相互间就不可能维持直接的、深入的交往，就会使相互之间的关系趋于表面化、正式化。因此就会由初级关系转变为次级关系，也就失去了初级社会群体的特征。所以，初级社会群体一定是一个成员数目不多的小群体。

(二)成员之间为面对面、直接的互动

这里所讲的面对面互动，是指互动双方都是互动的终点，无需第三者转达，没有中间环节，成员之间通过这种直接的交往，相互之间对个性、兴趣等都有较为全面的了解，人与人之间彼此关爱，有着极强的感情联系，形成了亲密的人际关系。这种亲密的关系一旦建立起来，就必须经常持续保持，否则，初级社会群体很难维持。值得注意的是，并不是一切面对面的互动都会形成初级社会群体，例如，医生与患者、售货员与顾客之间也是面对面的互动，但这种互动是暂时的、瞬间即逝的，不包含深入的感情交流和思想交流，故而一般不构成初级社会群体。可见，那些经常性的、直接的、面对面的互动是初级社会群体存在的基础。

(三)浓厚的感情色彩

在社会组织成员之间，一般没有什么感情交流，主要是一种公事公办、就事论事的“中性”关系。而在初级社会群体中，成员之间的交往不单单是这一种很程序化的“事缘”关系，而是一种感情的流露和交流，这是初级社会群体成员亲密关系的基础。在初级社会群体中，成员都期望相互关心和安慰，当家庭和朋友中的某个人不高兴时，他人就会关心地询问并帮其排忧解难。在这种情况下，成员的归属感、安全感很强。当然，在初级社会群体中，有些成员也可能憎恶其他成员，但从整体看，整个群体仍然是充满感情色彩的。

(四)不能替代的人际关系

是否具有不可替代的人际关系是初级社会群体与次级社会群体的明显区别之一。次级社会群体中的人际关系往往是可以替代的，而初级社会群体中的人

际关系，具有依赖性，这种依赖主要是一种情感关系，人们之间的角色是不能随意由另一个人来替代的，群体中任何一个成员的缺损，都会给其他成员造成极大的感情波动，如夫妻离异、亲人离世等。群体中重要情感对象还存在，就不能随便置换，这是由于人类的情感在很大程度上是通过相互熟悉而产生的，由于人的视觉能力、交际能力和社会资源都很有限，一个人所熟悉的情感对象具有相对稳定性，所以群体中的人际关系具有不能替代性。

（五）多重角色

成员间相互扮演多重角色，表现出了全部个性及其各自完整的人格特征。初级社会群体成员之间不会只保持某种特定的单一的角色关系，而是形成多重的复杂关系，由此使每个成员都比较充分地暴露其个性和人格。例如，一位教师在工作单位，可能主要采取与他身份相符的方式去和他人交往，因而表现出与该角色有关的才能和魅力，同时也会把思想感情、性格以及其他一些品性投入这个群体；但当他回到家里，即是另外一种身份，他的兴趣、爱好、习惯、气质、情操、价值观等各方面都真实地充分地展现出来。可见，通过初级社会群体，我们可以更加全面、深刻地认识某个人。

（六）非正式的控制手段

初级社会群体内成员互相遵循的规范往往不是很严格、很明确的，也不是明文规定的。初级社会群体内往往不存在正式的社会控制手段，而是依赖于自发的、非正式的习俗、伦理、道德等非强制性因素来维持。在这里，个人自觉性起着更为重要的作用，各种规范的强制性相对较小，正因为如此，人们才会在初级社会群体里生活，一般都会感到比较轻松、自由，不那么受约束和压抑。

在以上对初级社会群体特征的描述中，前两个特征是初级社会群体最基本的特征，其他的是在前两个特征的基础上衍生出来的特征。

四、初级社会群体的功能与发展趋势

初级社会群体是连接个人与社会的中介，也是最基本的桥梁。但随着人类社会的变化和发展，初级社会群体的功能也在发生着重要的变化。研究初级社会群体的功能和发展趋势，对促进社会和谐发展有着重要的意义。

（一）初级社会群体的功能

初级社会群体是由社会成员中的个人组成，但同时它又是构成更大社会组织的一个基本单位。在现实社会中，初级社会群体在处理个人与他人、个人与组织、个人与社会之间的关系中发挥着重要的功能。

1. 个人社会化的最为基本的环境

在人的社会化过程中，个人的社会化首先是在初级社会群体中进行的。初级社会群体是个人社会化的基本场所，它对个人儿童时期的生活、少年时期的成长以及对人格的培养有着极为重要的作用。人们在初级社会群体中形成的规范、态度、性格、兴趣等，对一个人的成长影响极大，有时甚至是决定性的作用。库利认为，在社会化的过程中，一个人“镜中自我”观念的形成是关键的，在初级社会群体中人性得以逐渐产生。所以，初级社会群体的生活是人们走向社会生活的基础，是个人进行社会化的起始地。

2. 满足人的多方面的需求

任何社会群体都是为满足人们的某种需求而存在的，而初级社会群体则能够满足人们多方面的需求。初级社会群体在历史上承担着许多功能，如教育、生产、安全、生活、情感、信息、娱乐、福利、社会控制等。随着社会的发展，其中一些功能已经逐渐被专门化的社会组织所取代，但还有一些对个人的功能却始终由初级社会群体承担，其主要有：

(1)安全需求。对每个人来说，安全感是十分重要的，而安全感的实现需要有一个安定的环境。初级社会群体就是个人的“安全环境”。群体中的人相互信任、关爱、保护，还能一致对外，所以，初级社会群体可以满足安全的需求。

(2)情感需求。社会中每个人都有自己的喜乐哀愁，都有对事对人发表看法和倾诉自我感受的需求，同时希望得到他人的理解和支持。要达到这个目的，就需要有交流对象，而这些对象往往就是初级社会群体中的人，他们能够相互给予安慰和支持，所以初级社会群体在人们情感需求、减轻社会压力等方面发挥着重要作用。

(3)归属感的需求。人总是要有所归属，如此才会在更高层次上感到自己的存在，而初级社会群体可以使个人体会到自己的角色地位。初级社会群体与其他社会群体相比较，其明显是以人为本的，即它是全方位地、真心实意地关心其中的成员，而不像其他社会组织那样成员与群体基本上是交换关系。

3. 保存和传递社会文化，维护社会公共秩序

社会的和谐稳定一方面要靠法律法规、制度等一系列正式的制度和规定来维护；另一方面，则要靠风俗习惯、道德等非正式制度来维护。而初级社会群体在潜移默化中保存着传统社会文化、伦理道德、风俗习惯等，这些都可以通过群体转化为社会成员的行为规范，从而发挥社会控制的作用。初级社会群体显现的行为规范对实现社会秩序的稳定有重要作用，主要表现为：初级社会群体有效地发挥功能，可以满足其成员的安全需要，从而减少对整个社会秩序的压力；人们对初级社会群体的认同感、归属感、荣誉感和责任感，也会使得其成员自觉、自愿地维护群体利益，认同社会的主流价值，这也十分有利于社会的稳定。重视初级社会群体的建设和引导，保证其健康发展，对维护整个社会

秩序，促进国家建设有着重要意义。

4. 初级社会群体的负功能

初级社会群体作为人们社会生活的基本形式和社会运行的重要基础，对社会的发展有着重要的积极意义，但在有些条件下，初级社会群体由于自身的封闭性和排他性原因，而对其成员的成长和社会发展产生一些消极作用，产生一些负面影响，这主要表现在以下一些方面：

从普遍意义上说，对于每个人的成长，初级社会群体可能会压抑到个体个性的形成和个人积极性的充分发挥，因而从某种程度上限制了个人的发展，如家庭中的成员，若是过分依赖家庭的保护，就可能会抑制他在社会中的发展。

对组织来说，当初级社会群体的某些利益、价值与社会利益、社会发展的要求不一致时，群体成员出于对群体组织的忠诚，可能会损害社会利益；同时对于组织来讲，帮派团伙等初级社会群体有时也会妨碍组织效率的提高，并最终损害到该组织的形象。因此，对初级社会群体，应注意发挥它在社会生活中的积极作用，控制它的消极因素。

(二)初级社会群体的变化及发展趋势

从社会历史发展的一个较长时期来看，初级社会群体一直是人类群体生活的主要形式，在人们的生活中占有相当重要的地位。然而，随着工业化、城市化和市场化的迅速发展，初级社会群体的地位作用逐渐下降，而次级社会群体的地位作用开始逐步上升，并在人们的生活中占据了主要地位，对社会生活产生了重要影响。在现代社会，初级社会群体正在走向衰落，主要表现在以下几个方面：

1. 初级社会群体原有的部分功能正在向外转移

在传统社会中，人们靠初级社会群体形式进行农业、手工业的生产，而在现代生活中，人们的劳动主要在次级社会群体如工厂、公司、机关中进行。在传统社会中，初级社会群体中的家庭承担着教育、娱乐等功能，在今天的城市及许多农村，儿童和青少年的教育往往都是由托儿所、幼儿园、小学、中学、大学等次级社会群体来承担。这些替代性组织出现后，一方面减轻了初级社会群体的压力，使人们对初级社会群体的依赖减少了；但同时，初级社会群体也就不再像以前那样可以满足成员的各种需要了。

2. 初级社会群体内部的成员关系日趋淡化

由于传统社会的社会流动率低，许多人一生往往固定在一个小的区域内，因此，选择组合初级社会群体的机会较少，而且所属的初级社会群体也不会发生大的变动，人们长期交往，关系比较紧密。然而，随着社会流动性增大，人们的交际面大大拓宽，每个人都可以主动、自由地选择朋友圈子，且人与人之间的交往越来越短暂、间接、功利等，这些都不同于初级社会群体中人们深入的面对面的交往，这样一来，初级社会群体成员之间的关系，已不如从前那么亲密。

3. 有些初级社会群体已经名存实亡

工业化、城市化和现代化对某些初级社会群体具有颠覆性影响，这就使得一些初级社会群体名存实亡或归于解体，最典型的就是城市中居住在楼房内的"邻居"。现代都市里，许多居民一个单元住了多年，彼此不相往来，甚至连姓名等基本的信息都搞不清楚，更谈不上去交流。所以，这里的"邻居"已不是传统社会中初级社会群体的概念，这里的"邻居"实际上已经名存实亡了。

总之，随着现代社会的发展，社会中次级社会群体将越来越发达，将在以后的社会生活中占据主要地位；与此相反，初级社会群体的地位和作用将逐渐下降，对这个问题需要从两个方面来认识：

其一，我们应该看到，初级社会群体的衰落标志着人们在社会交往领域有了更大的扩展空间，由此可以把人们更便利、更大规模地组织起来，促进分工和协调发展，这将有利于人类更有效地从事各项活动。初级社会群体的衰落使得个人生活空间不断在扩大，而这却有利于个人与社会更加有机地联系起来。同时，在人与人的交往中降低私人关系和感情联系，而更注意依靠正式的规章制度，这样更有助于实现组织目标，是整个社会更趋完善和合理的表现。

其二，在初级社会群体衰落的同时也带来了一系列消极的影响。其主要表现在人们满足感情需求的难度加大，伴随而来的是人的孤独感和压抑感，这就增加了初级社会群体的不安定因素。现代社会中，人们各方面的压力不断增大，这在客观上使得个人需要更有力的感情寄托，但实际上人际关系却逐渐在冷漠疏远，这些已经严重影响了人们之间的情感交流。由于互助关系变得十分松散，同时社会控制仅仅依靠正式的法律法规及规章制度，而缺少道德的指引和以人为本的关怀，这些都会增加社会整合的难度。

初级社会群体的衰落，是社会发展的一种趋势，伴随着社会组织的进一步发展，社会中人的生存发展以及需求的多元化，要求我们更要关注当代初级社会群体的各种变化，尽可能地让其在现代社会的发展中发挥重要的基础性的作用。

思考题

1. 什么是社会群体？它与聚群体有什么区别和联系？
2. 社会群体有哪些类型？
3. 什么是初级社会群体？它与次级社会群体有什么不同？
4. 初级社会群体的形成需要哪些条件？

5. 初级社会群体的功能有哪些？随着社会的发展变化，初级社会群体有什么样的发展趋向？

6. 怎样正确对待非正式群体？

主要参考文献

[1] 风笑天．社会学导论[M]．武汉：华中科技大学出版社，1997.

[2] 李芹．社会学概论[M]．济南：山东大学出版社，1999.

[3] 王思斌．社会学教程[M]．北京：北京大学出版社，2003.

[4] 张友琴，童敏，欧阳马田．社会学概论[M]．北京：科学出版社，2000.

[5] 吴方桐．社会学简编[M]．北京：高等教育出版社，2003.

[6] 冯钢．社会学[M]．杭州：浙江大学出版社，2004.

[7] 奚从清．现代社会学导论[M]．杭州：浙江大学出版社，2009.

推荐阅读书目

[1] 奚从清．现代社会学导论[M]．杭州：浙江大学出版社，2009.

[2]郑杭生．社会学概论新修[M]．北京：中国人民大学出版社，2003.

[3]何雪松．社会工作理论[M]．上海：上海人民出版社，2007.

[4][美]戴维·波普诺．社会学[M]．北京：中国人民大学出版社，1999.

第九章 家　　庭

家庭是社会的细胞，和睦、安宁的家庭关系不仅是每个家庭成员人生幸福的重要内容，也是社会稳定的基础。探索作为社会生活基本单位的家庭在社会影响下的演变规律，分析家庭与社会相互作用的机制及其对社会发展的影响具有重大的理论和现实意义。家庭是建立在婚姻和血缘基础之上的人类生活的共同体。人们从不同的视角对家庭进行了研究，在此基础上对家庭的结构、家庭的功能和家庭关系作了进一步分析。家庭是随着社会的发展而不断变迁的，对于家庭的变迁人们所持的态度和观点不同。本章还将讨论婚姻的意义，了解人们的择偶观念及婚配模式的特点，了解离婚率上升的原因及关于离婚的社会学解释，介绍代表家庭未来的发展和走向的几种主要理论。

第一节　家庭概述

家庭是由婚姻、血缘或收养关系所组成的社会生活的基本单位。① 家庭有广义和狭义之分，狭义是指一夫一妻制构成的单元；广义则泛指人类进化的不同阶段上的各种家庭利益集团即家族。而不同的研究视角往往仅从某一方面阐释家庭的内涵，如从功能的视角来说，家庭是儿童社会化、供养老人、性满足、经济合作等普遍意义上人类亲密关系的基本单位；从发展的视角来说，家庭在不同的生命周期阶段上有不同的形式和功能等。家庭作为一个组织实体，也有其结构和功能。因此，了解家庭结构、家庭功能和家庭关系，对家庭的稳定和社会的发展都将大有裨益。

一、家庭的概念

几乎所有的人都生活在家庭之中，作为一种社会制度，家庭是古老的、普遍存在的。

马克思、恩格斯曾从人口生产的高度来阐述两性之间的结合以及由此产生

① 邓志伟，徐榕．家庭社会学[M]．北京：中国社会科学出版社，2001：19.

的关系，认为家庭就是父母子女之间的关系。美国社会学家 E. W. 伯吉斯和 H. J. 洛克认为："家庭是被婚姻、血缘或收养的纽带联合起来的人的群体，各人以其作为父母、夫妻或兄弟姐妹的社会身份相互作用和交往，创造一个共同的文化。"①伯吉斯和洛克的家庭定义强调婚姻与血缘关系，并指出了家庭的文化特征。不仅如此，这个概念还指出了家庭关系中某些结点的可取代性，比如子女与父母的关系并不必然是血缘关系，也可以是一种收养关系。收养关系也是一种社会承认的虚拟的血缘关系。中国社会学家孙本文认为："所谓家庭，是指夫妇子女等亲属所结合成的团体。"②以上的几种定义都涉及了婚姻和血缘这两个家庭的根本特征。综合以上论述，本章认为：家庭是以婚姻为基础，以血缘关系为纽带，兼有领养关系的人类共同生活的初级社会群体。

家庭作为社会最基本的单位，作为个人生活中最重要的初级群体，它具有自身一些基本恒常的特征：③ 第一，它是由以某种方式相互联系在一起的一群人组成的。第二，它的成员长期生活在一起。第三，这一群体中的成年人要对他们的后代负责。第四，家庭的成员组成了一个经济单位——它常常要生产商品和服务，并要消费商品和服务(如食品和住房等)。

二、家庭研究的视角

作为最重要的初级群体和最基本的社会制度的家庭无疑是社会学的核心研究领域之一。国外学者已经做了大量的研究。这些研究跨越了学科的界限，为我们提供了多种观察家庭的视角。

(一)进化论的视角

19世纪乃至20世纪，社会科学家将达尔文生物进化的观念纳入家庭的研究中。进化论认为，推动家庭不断演变的动力主要是生产力的发展、自然选择规律和私有制的出现。④ 人类学家摩尔根在《古代社会》中认为，当人们开始以捕鱼为业或依靠人力获得食物生存时，家庭就开始形成。人类的家庭大致经历了以下几种形式：

(1)血婚家庭。这是人类历史上的第一种家庭组织形式，它是以血缘婚姻为基础的群婚家庭。在漫长的实践中，人类积累经验，认识到不同年龄的人的生理差别，开始选择按辈分划分婚姻集团。血婚家庭排除了父母与子女之间的婚姻关系，但是同胞兄弟姐妹则可互为夫妻。

---

① 参见周运清．社会学[M]．武汉：武汉大学出版社，2004：152.

② 孙本文．社会学原理[M]．北京：商务印书馆，1935：441.

③ 伊恩·罗伯逊．社会学[M]．北京：商务印书馆，1994：454.

④ 周运清．新编社会学大纲[M]．武汉：武汉大学出版社，2004：135.

(2)普那路亚家庭。"普那路亚"在夏威夷语中的意思就是亲密的伙伴。后来人们不仅知道了生育的秘密，而且逐渐认识到同一血缘结婚的害处。于是，人们先从禁止父母与子女之间的婚姻关系入手，再禁止亲兄弟姐妹、堂兄弟姐妹、远房兄弟姐妹，最后，本氏族内不准通婚，这就产生了族外婚，即一个血缘中的众兄弟和另一个血缘中的众姐妹结成夫妻集团。

(3)偶婚家庭。偶婚家庭是群体婚姻向个体婚姻过渡的一种家庭形式，其基本特征也是族外通婚。在这种家庭中，一个男子同时拥有许多妻子，但其中有一个是主要的，称为主妻；一个女子也可以同时拥有许多丈夫，但其中一个是主要的，称主夫。

(4)父权制家庭。这是偶婚家庭与一夫一妻家庭的中间环节。在这种家庭中，父权至上，一个丈夫可以拥有很多妻子，女子则不能。像中国封建社会的家庭，一个男子可以有一个妻，还可以有多少不等的妾。

(5)一夫一妻制家庭。这是一男一女结为夫妻的婚姻和家庭形式，是人类进入文明时代后出现的，其经济基础是家庭私有制。这种婚姻方式也被认为是符合现代文明的婚姻方式。

家庭进化论认为，推动家庭不断演变的动力主要是生产力的发展、自然选择规律和私有制的出现。

(二)结构功能主义视角

结构功能主义的代表人物帕森斯认为家庭的中心特点就是均衡，其主要功能在于重新确立受外部环境的影响而打乱了的和谐均衡状态。帕森斯认为家庭结构的稳定性是不言而喻的，并高度强调家庭对于社会整合的重要性。结构功能主义认为家庭具有非常重要的功能，拉希称家庭是"无情世界的天堂"。家庭是联结个人与社会的纽带，它帮助人们在大千世界中找到自己的位置，同时也为他们提供安全与退隐之所。家庭是人性的养育所，具有社会化功能；家庭是社会稳定的安全阀，具有社会控制功能；家庭是漂泊心灵的港湾，具有情感交流、支持和陪伴功能；家庭是经济组织，具有生产、消费功能；家庭是夫妻合法性活动的场所，具有提供和限制性活动的功能；家庭是人口再生产的机构，具有生育和赡养功能。家庭正常行使其功能是社会整合的基础。家庭的结构和功能会随着社会的变迁而变迁，并深受社会发展水平的制约。反过来，家庭的变迁也会进一步促进社会的发展。家庭的社会结构和关系实体均受到它所在社会的社会经济发展水平和它的阶级、阶层、社会氛围的从属性的约束。家庭也不断地通过日复一日的劳动力的恢复，通过新的劳动力和消费者的再生产，产生出社会的阶级和阶层特有的结构。另外，局部环境的变化也会导致家庭功能失调，家庭功能的失调会影响社会的整合，同时也会诱发引起其他社会问题。

(三)理性选择论视角

诺贝尔经济学奖得主加里·贝克尔将经济学的理性主义扩展至家庭研究，试图用一种新的理论框架来分析家庭生活的各个方面。贝克尔认为，家庭是由多个人组成的生产单位，不同成员的商品、时间、货币和技能等生产要素的投入会产生联合效用。如同企业一样，夫妻双方通过订立一份把他们长期结合在一起的契约，避免了支付交易费用，降低了生产成本。家庭成员之间彼此了解、相互信赖，这就大大减少了监督和管理费用。总之，男女彼此结合，扬长避短，能使家庭产出最大化或家庭成员福利最大化。贝克尔又认为，人们结婚的目的在于想从结婚中得到最大化的收入。如果结婚后的收入超过单身的收入，那么，人们就会选择结婚；否则，就宁愿独身。从个人理性出发的贝克尔却明显忽视了社会结构、价值观念和法制规范对人类行为的结构性制约。

(四)冲突论视角

冲突论认为，家庭是资本主义压迫的工具。家庭是权力关系的设置，是社会控制的重要场所。资本主义社会通过家庭维持再生产产生了资本主义生产关系。经济条件的演变、社会结构的转化和社会权力关系的嬗变都是家庭冲突的外部动力。家庭蕴藏着潜在的和事实上的冲突，家庭中人际关系的冲突是不可避免的，因此，家庭是社会冲突的场所。冲突导致了家庭的变迁，它打破旧的均衡，造成新的均势，同时包含着新的冲突。在日常家庭生活中，家庭成员可能会为了维持或重新分配稀缺资源——时间、空间、金钱、精力、情感——而导致冲突，如果不能有效地解决家庭中的夫妻冲突、代际冲突，家庭就会因为成员的退出而解体。冲突论同时又强调冲突的积极意义，家庭分裂可能是家庭成员追求独立和感情需要的结果。

(五)微观互动的视角

家庭的存在以家庭成员间的互动为前提。在家庭这种初级群体中，成员间相互熟悉，所运用的互动符号往往不被外人所掌握，并且相互间一点就通、彼此会意。伯吉斯将家庭理解为家庭成员间的一种相互调适关系，是“人格互动的单元”。

在家庭互动中，存在着多种角色之间的互动，包括夫妻间的互动和父母与子女间的互动等。在不同的互动中，互动双方都遵循一定的角色规范，比如父母对子女既要慈爱、关怀，又要严肃、认真。在家庭中，功利性的互动不占主导地位，而情感性的互动往往才是主导。情感回报是家庭互动中的最大回报，因而家庭中的互动不能轻易地被其他互动所取代。充满情感的家庭互动需要家庭成员间的极大关注和维护。因为情感互动是比较敏感的，它们虽然不一定很脆弱，但是如果不注意的话，也会出现不和谐。正因为如此，在现实的家庭生活中，矛盾和冲突是经常存在的。①

（六）交换的视角

从交换的视角来看，家庭关系是一种彼此交换的关系。家庭关系和谐的关键在于家庭成员相互之间交换的顺利进行。家庭交换理论认为，亲属间的互动是互惠、互利的交换行为。

这种理论强调社会互动过程都围绕着行为者之间的资源交换而展开。以交换来看家庭中的关系，明显受到功利主义经济学的影响。简单地说，家庭互动表现为资源共享。这里的资源既可以是物质性资源，也可以是非物质性资源。社会互动能否顺利进行和展开的关键在于资源的交换是否能够顺利进行。霍曼斯在其社会交换理论中提出了成功命题、刺激命题、价值命题、剥夺与满足命题、攻击与赞同命题、理性命题这六大命题，以此来阐述社会交换的机制。布劳进一步细化了交换理论。他认为，社会互动是为了从别人那里获得自己想要的资源。影响社会交换的基本社会规范是互惠规范和公平规范。

（七）发展的视角

美国学者格里克最早于1947年从人口学角度提出了“家庭生命周期”的概念。他认为，家庭有其自身的产生、发展和结束的自然过程。他把家庭生命周期划分为形成、扩展、稳定、收缩、空巢和解体六个阶段。在不同的生命周期阶段上，家庭有不同的形式和功能。美国社会学家古德把婚姻周期视为家庭的生命周期，婚姻作为家庭的开始，而离婚是家庭的终结。

家庭生命周期这个概念包含了家庭的重大事件和起始历程。当代的很多研究都以家庭生命周期作为分析手段，并从两个角度进行研究：一是把家庭当做一个分析单位，研究不同周期阶段上家庭成员之间的关系；二是把家庭生活中的个体成员当做分析单位，通过这些个体所经历的重大事件来推断家庭关系、家庭结构、不同周期阶段的家庭特征。作为一种新的研究视角，家庭生命周期在家庭研究中的运用受到越来越广泛的重视。

（八）女性主义视角

女性主义视角强调反思性、实践的核心的地位、过程的重要性以及性别角色，并重新审视现存的理论范式。其重要贡献是将家庭关系置于一个更加广阔的社会背景来理解，尤其是高度关注社会结构所塑造的性别权利结构，并由此以女性的视角去挑战那些习以为常的关于家庭的认识和理解。米歇尔1966年出版的《妇女：最漫长的革命》中提出，女性的被剥削、被压迫是通过四个领域来实现的，那就是生产、生殖、性和儿女的社会教化，这四个领域都与家庭有关，因此家庭的历史就是女人被男人统治的历史。女性主义者宣称家庭是展

---

① 周运清．新编社会学大纲[M]．武汉：武汉大学出版社，2004：137.

示性别不平等的舞台，性别角色在家庭中得到强化，男性借助家庭向女性实施未曾言明的“性政治”。激进的女性主义者因此反对现存的家庭制度，并且希望抛弃这种家庭制度。女性主义视角给我们的启示是当我们研究家庭时要关注女性立场，并且去洞察家庭视域背后所隐藏的男性话语霸权。

三、家庭的结构

家庭结构是指组成家庭的各个要素之间稳定的相互关系，换言之，是指家庭中姻缘、血缘及收养关系的组合状况。家庭结构包含两个方面的要素：一是家庭人口要素；二是家庭代际要素。不同的家庭人口要素、代际要素的组合，形成不同的家庭成员之间的联系模式，因而形成不同的家庭结构类型。一般地，家庭结构可以划分为以下几种类型：

(一)核心家庭

核心家庭通常是由一对夫妻和他们的子女两代人组成的家庭，一般不和别的亲属住在一起。这种家庭模式由于其结构和内部关系都十分简单，因此在现代文明社会中，是一种最普遍的家庭模式。但这种家庭的变异也很普遍。死亡和离婚使许多家庭只剩下父亲或母亲，从而成为“单亲家庭”，而非核心家庭。

(二)主干家庭

主干家庭是指由一对夫妇与其父母和未婚子女组成的家庭，它是核心家庭纵向扩大的结果。主干家庭中有两代或三代人，由于代际层次增多，家庭关系较核心家庭复杂。如果该夫妇的父母健在的话，家庭中就存在两对夫妇关系。在传统社会中，主干家庭是普遍存在的。这种家庭形式的好处是可以保证家庭主干的延续，维持家庭在社区中的地位。为了这个目的，主干家庭一般比较重视血缘关系，强调传宗接代的重要性。现代社会中，随着家庭核心化，主干家庭数量有所减少，但在家庭总量中仍占有较大的比重。不过，与传统社会中的主干家庭相比，现代社会主干家庭的性质和家庭关系都已发生了根本的变化。主干家庭在赡养老人、抚育子女方面有不可代替的优势，今后仍将是我国的一种主要的家庭形式。

(三)联合家庭

联合家庭是指由父母和几个已婚子女甚至包括已婚的孙子女组成的家庭。这种家庭模式其内部关系较为复杂，除了直系亲属关系外，还存在许多旁系亲属关系，成员之间容易产生矛盾，故其维系要依靠坚实的经济基础和家长权威。现代社会中，这种家庭类型已越来越少。

(四)其他家庭

由于人口结构和社会结构的变迁以及性别、爱情、婚姻和家庭观念的更新，现代社会出现了一些新的家庭组织形式，如由鳏、寡、孤、独所产生的单身家庭，祖父母或外祖父母与孙子女或外孙子女组成的隔代家庭，因离婚、丧偶或未婚生育而形成的只有父母一方与未婚子女组成的单亲家庭等。这些家庭成因各有不同，通常是从上述三种家庭类型中分化或演化而来的。

在不同社会中，各种类型的家庭所占的比例会有不同。目前中国的家庭以核心家庭和主干家庭为主，前者主要在城市，后者主要在农村。

四、家庭的功能

家庭的功能是指家庭在社会生活中所起的作用。家庭的功能往往受到家庭的性质和结构的制约。农村家庭和城市家庭、大家庭和小家庭在社会生活中所发挥的作用并不相同。同时，家庭的功能也会随时代的变迁而不断变化。在现代工业社会中，虽然家庭的许多功能外移，所发挥的作用相对变小，但家庭仍处于关键的地位。现代家庭的功能主要表现为以下几个方面：

(一)生理功能

1. 满足性爱的功能

性爱是家庭生活的重要内容。性爱不仅限于性关系，它同时还是对性结合以及承担与此有关的全部义务的一种决定、一种承诺。家庭是满足人类性需要的重要形式之一，它使人类性的满足变得更具有社会性，更具有文化特征。家庭使性满足与家庭责任连接起来，对稳定社会秩序具有重要意义。

把性行为限制在家庭之中，排除家庭之外的各种性行为，具有重要的意义。在个人方面，它可以保障性爱的排他性，使性爱的需要得到更充分、更普遍的满足，从而有利于人们的身心健康；在社会方面，它可以防止因满足性的需要而引起的社会混乱，起到稳定社会秩序的作用。①

2. 生育的功能

人口的生产和再生产是社会延续和发展的基础。家庭是人类在漫长的种的繁衍中产生的一种合理的生育单位。通过婚姻家庭，人们生儿育女，繁衍子孙，使社会的生命能够不断地延续下去。家庭的生育功能被当成一种伦理和制度固定下来。在中国传统的伦理观念中，强调“不孝有三，无后为大”，“有子万事足”。生育功能可以分解为两个部分：一是生育，二是抚养。无论是生育还是抚养，都需要有男女两性分工合作，组成家庭来共同完成。社会学家费孝通认为，社会抚养之所以要采取家庭的形式，是“出于人类抚育作用的两个特征：一是孩子需要全盘的生活教育，二是这教育的过程相当的长”。②

① 彭华民，杨心恒．社会学概论[M]．北京：高等教育出版社，2006：245.

② 费孝通．生育制度[M]．天津：天津人民出版社，1981：26.

（二）经济功能

家庭的经济功能在于组织生产与消费。人类要生存，就必须进行物质资料的生产。这种生产直到现在还和家庭有着密切关系。在自给自足的经济社会，“男耕女织”表明了家庭是一个生产、消费活动的基本单位。随着工业从家庭手工业中脱胎出来而进入社会化大生产，家庭的生产功能首先在城市雇佣劳动者家庭中消失。有产者家庭一般只是生产资料的占有单位，经营管理越来越成为家庭以外人员的职能。因此，到了现代社会，大多数生产活动都是在家庭以外进行的，但家庭的消费功能在加强。例如，一些家庭的购买消费不再是基于解决温饱的生活必需品消费，而是趋于享受型的耐用品消费（如买私家车、房子等）。

（三）情感满足的功能

家庭是婚姻关系和血缘关系的特殊构成品，是人类情感最密集的场所。在家庭中，充满着亲密、信赖、安全和彼此关爱，这是儿童健康成长必不可少的条件。不仅儿童需要父母和兄弟姊妹的关心和爱护，成年人也同样需要家庭的情感支持。在家庭里，人们可以毫无顾忌地展示自己真实的一面，表达自己的喜怒哀乐，宣泄个人的真实情感。家庭给予人们的安全感和归属感是其他任何群体都无法代替的。人们在学习、工作中遇到困难和挫折，最希望的就是能够在家庭里得到鼓励和安慰。在当代社会，随着生活节奏的加快，工作竞争压力的加大，人际关系的疏离，人们对家庭的情感依赖越来越大，需要在精神上得到更高程度的满足。因此，家庭的情感功能不断得到加强。

（四）教育的功能

教育的功能包括父母教育子女和家庭成员之间的相互教育两个方面。父母对子女的教育称为前哺，其对未成年人性格的形成、生活习惯的培养、智力的开发等，都有重大的影响。对社会来说，家庭抚育对实现社会价值观在代际之间的传递也会起到重要作用。而家庭成员之间的相互教育，可以使家庭成员更加顺利地社会化，不断适应社会的发展。随着家庭的核心化和“一孩化”，父母对其子女的期望值越来越高，对子女进行的家庭教育也比过去任何时候都全面且不计成本。

（五）抚养和赡养的功能

其具体表现为家庭代际关系中的双向义务与责任，它是实现社会更替必不可少的保障。抚养是上一代对下一代的抚育培养；赡养是下一代对上一代的供养帮助。家庭一方面承担着养育子女的责任，另一方面还有赡养老人的义务。法律规定，赡养老人是子女应尽的义务，它包括物质上的供给、生活上的照顾和精神上的慰藉。虽然家庭的赡养功能有弱化的趋势，但家庭始终是具有天然优势的最好养老场所。

(六)休闲娱乐功能

休闲娱乐是人性健康发展的要求，家庭作为人们休息、娱乐、恢复体力和调剂生活的地方，能使个体最大程度地放松和享受，从而维持其身心健康。随着家庭生活水平的提高，休闲与娱乐从单一型向多元型发展，且日趋丰富，而不同需求层次的人们也从中得到越来越多的满足。

除了以上这些社会功能以外，家庭还有其他一些社会功能，如政治功能、宗教功能等。随着社会的发展，家庭的功能逐渐分化为社会的专门职能，有些功能逐渐减弱。可见，家庭的功能与社会的发展密切相关。另外，家庭的这些社会功能是相互联系的，我们在讲述过程中虽然把它们分为不同的社会功能分别介绍，但并不意味着它们各自独立，互不影响，在现实社会中我们不可能发现家庭只具有某项社会功能。这些功能相互联系，相互影响，作为一个有机整体对社会发挥着作用。①

五、家庭关系

家庭关系主要是指家庭成员间的人际关系。家庭成员在家庭中扮演着多重角色，相互间承担着一定的义务和责任。家庭成员之间的密切交往和情感联系，构成了家庭生活的丰富内容。通过角色扮演和日常相处，家庭成员之间建立起密切的家庭关系。与其他社会关系相比，家庭关系具有一定的特殊性，它是自然性与社会性的统一。这是因为在家庭关系中，血缘是一条重要的纽带。由血缘形成的自然联系，以及建立在它之上的权利义务关系是客观存在的，不随个人的喜恶和意志而改变。家庭关系具有强烈的感情色彩，家庭成员血脉相连，在共同生活中，不仅是利益共同体，也在心理和感情上形成了依恋与关怀的密切联系。家庭就是由这些复杂的家庭关系编织而成的。

按组成家庭的纽带分，家庭关系包括三大类：姻缘关系、血缘关系和收养关系。家庭关系的数量取决于家庭规模和结构。家庭规模越大，家庭中的夫妇数量越多，家庭关系越复杂。现代社会中随着家庭规模小型化、家庭核心化，家庭关系也趋于简单化。在上述种种家庭关系中，夫妇关系和亲子关系是最基本的，是形成其他家庭关系的基础。

(一)姻缘关系

姻缘关系是指基于婚姻而产生的家庭成员之间的关系，如夫妇关系、婆(公)媳关系、岳(父母)婿关系、姑嫂关系、妯娌关系、连襟关系等。婚姻不单是两个人的结合，还沟通了男女双方原有的社会关系。在姻缘关系中，夫妇关系是基础，其他关系都是由夫妇关系衍生的，其他姻缘关系的存在以夫妇关

① 张友琴，童敏，欧阳马田．社会学概论[M]．北京：科学出版社，2007：172.

系为前提，并随着夫妇关系的瓦解而解除。在传统社会的大家庭中，由于多对夫妇同居在一个屋檐下，姻缘关系十分复杂，容易发生家庭成员间的矛盾。现代社会随着家庭规模缩小和核心家庭化，家庭中的姻缘关系日趋简单。

家庭小型化和核心家庭化的结果是夫妇关系在家庭中越来越重要。夫妇关系的好坏决定着家庭的存续和家庭生活的质量。夫妇关系可以具体化为夫妻在性生活、生育和避孕行为、经济活动、家务劳动、家庭事务决策以及子女培养教育等活动中体现出来的权利、责任关系。夫妇关系不仅受夫妻双方的个人和家庭因素的影响，也在很大程度上受宏观的社会经济文化状况，特别是社会性别规范的影响。

对夫妇关系可以从三个方面来考察：一是角色关系，二是权力关系，三是感情关系。角色关系反映的是家庭中夫妇的性别角色分工状况，即夫妇在家庭中承担的责任和从事的工作。传统的家庭性别角色分工，遵循的是“男主外、女主内”的原则。丈夫外出工作，养家糊口；妻子操持家务，照料老小。在这种男外女内的分工模式下，妻子工作的价值常常会被低估，导致男女在家庭中的地位不平等。现代社会中，随着经济结构的变化和妇女受教育水平的提高，大量妇女走出家庭，参加社会工作，妻子对家庭的经济贡献越来越大，妇女的家庭地位也相应提高。家庭中的性别角色分工逐步走向夫妻和谐地共同承担家庭生活负担和家务劳动，并有平等的机会参与家庭之外的社会活动。当然，男女家庭地位平等并不意味着夫妇角色差异的消失。帕森斯从社会系统的观点分析了家庭角色关系，认为丈夫在家庭中承担工具性角色，为家庭提供物质生活保障，妻子承担表意性角色，维护家庭内部关系和家庭成员间的感情联系。他们共同维系着家庭的存在和延续。

在不同的社会文化中，夫妻权力关系的模式也有所不同。权力关系的性质受角色关系的影响，总体来说，可分为传统的、不平等的夫妇关系和现代的、平等的夫妇关系。夫妻权力关系是反映妇女家庭地位的重要指标。中国传统家庭中的夫妇关系模式是“夫唱妇随”、“夫贵妻荣”，女人处于被支配的地位。现代家庭中，传统的夫妇关系模式正在被平等的夫妇关系模式所取代。

夫妇感情关系反映的是夫妇日常相处与交流的情况，以及双方各自对婚姻和家庭生活的满意度。感情关系建立在夫妇共同生活的基础上，是对角色关系、权力关系的主观感受。现代社会中，婚姻以感情为基础，感情关系的好坏直接决定了婚姻能否延续。我国婚姻法明确规定，夫妻感情确已破裂，准予离婚。

在姻缘关系中，婆媳关系是一种比较重要也比较特殊的家庭关系。特别是在传统社会中，婆婆掌握家务管理的权力，婆媳之间互动频繁，容易发生矛盾和冲突。婆媳矛盾既有双方家庭背景差异的原因，也有思想观念方面代际差异的原因，因而关系的调适困难最大。婆媳之间的互动具有传承家庭文化的意义，家庭生活中的很多习惯往往都靠婆媳之间的传承而保留下来。现代社会由于家庭核心化，婆媳多生活在各自的小家庭中，加上妇女外出就业增多，婆媳之间的矛盾大大减少。现代家庭的婆媳关系正由矛盾和冲突逐步转向互助与和谐。

(二)血缘关系

血缘关系是指具有共同血统的家庭成员之间的人际关系，如父母与子女关系、兄弟姐妹关系、(外)祖孙关系等。按照血缘关系的亲疏程度，家庭成员可分为直系血亲和旁系血亲。直系血亲是指具有直接血缘关系的亲属，即生育自己和自己所生育的上下各代亲属，包括父系和母系，如父母与子女、祖父与孙子女、外祖父与外孙子女等；旁系血亲是指具有间接血缘关系的亲属，即非直系血亲但在血缘上与自己同出一源的亲属，如兄弟姐妹与自己同源于父母，伯、叔、姑与自己同源于祖父母，舅、姨与自己同源于外祖父母等，都属于旁系血亲。

血缘关系以生理上的血缘联系为基础，具有天然不可选择性。个人不能选择、否认和改变自己的血缘，因此具有血缘关系的亲属天生就容易产生一种亲近感。俗话说“血浓于水”，指的就是人间这种基于血缘纽带的深厚情感。

父母子女关系，又称亲子关系，是最基本的血缘关系。父母与子女之间的关系，不因父母离婚而消除。父母养育子女，传承血脉和家业，不仅获得心理和精神上的满足，更具有提供安全和养老保障、提高家庭社会地位等一系列社会功能。在很多社会里，养育子女被视为父母的责任与义务。中国传统社会重视传宗接代，尤其重视亲子关系。婚姻的主要目的就是为了生子。没有子女会被视为不完整的家庭。父母子女之间是一种无私的亲情，父母抚养子女和子女赡养父母，都是建立在亲情之上的不可推卸的责任，不同于其他的交换关系。在不同的社会文化环境中，抚养和赡养责任的内涵有所不同。中国的传统是重视双向责任，父母要抚养和教育子女，子女也要赡养父母，有些社会学家称之为“反馈”模式或“反哺”模式；与之相对照，现代西方国家习惯上更强调的是父母对子女的养育责任，父母养老更多靠自己和国家的社会福利体系，因此被称为“接力”模式或“空巢”模式。

父母子女之间权力的分配决定了父母子女关系的性质。中国古代的父母子女关系完全从属于宗法家族制度，父母子女关系以孝道为本，“不孝”被列为“十恶”之一。父母对子女握有主婚、教令、惩戒等大权，子女的人身和财产权利得不到保障。但父亲和母亲还有区别，“父严母慈”，母亲的地位是“亲而不尊”，“夫死从子”。儿子与女儿也有区别，儿子负担传承香火的责任，在家庭中享有比女儿更高的地位。这种父母子女关系显然是不平等的，包括代际不平等和性别不平等。现代社会废除了父母子女关系中的不平等规定，把父母与子女之间的权利义务关系建立在相互尊重和平等的基础上。我国婚姻法规定，父母对子女有抚养教育的义务，父母作为未成年子女的法定代理人，有管理未成年子女财产的权利和义务；子女对父母有赡养扶助的义务。法律保障各自的权利不受侵害。

兄弟姐妹关系俗称手足之情，也是一种血缘很近的家庭关系。兄弟姐妹在共同的家庭环境中成长，朝夕相处，感情自然深厚。但成年后各人都会结婚，组织自己的小家庭，兄弟姐妹之间也会存在利益矛盾。中国的传统习俗是男婚女嫁，女方通常从夫居，因而婚后兄弟关系一般会比姐弟或兄妹关系更亲密。在联合家庭中，兄弟们婚后不分家，往往需要依靠父母的权威来调适彼此的关系。现代社会，随着家庭小型化和核心家庭化，兄弟姐妹不仅数量减少，而且由于婚后一般都独立生活，相互之间发生矛盾的机会也减少了。

祖孙关系和外祖孙关系是家庭中隔代的血缘关系。相比于父母对子女在教育和管束上的严格和严厉，(外)祖父母对(外)孙子女的情感更多表现为疼爱。祖孙关系通常是最和谐、最少矛盾的，这就是俗话说的“隔代亲”现象。这是因为父母与子女之间互相负有抚养和赡养的责任和义务，而(外)祖父母和(外)孙子女只承担协助责任，祖孙之间的关爱更多是心理上和精神上的。祖孙关系的和谐有利于维系直系家庭的存在，也有利于密切家庭中其他成员之间的关系。

(三)收养关系

除姻缘关系和血缘关系外，家庭关系还包括收养关系。

收养关系是指基于收养行为而建立的家庭关系。收养是指领养他人子女为自己子女，从而建立拟亲子关系的行为。成为收养关系必须符合一定的条件，履行一定的程序。收养人必须是能够承担养父母责任的成年人，被收养人一般是未成年人。收养子女时必须在收养人和送养人(生父母、法定代理人或收容、教养孤儿的机构)之间达成同意收养的协议。被收养人已有识别能力时，还须取得本人的同意。然后，再经公证机关或基层政权机关办理收养手续，进行户籍登记。与自然血亲的父母子女关系不同，收养关系可以依法解除。我国婚姻法规定，国家保护合法的收养关系，养子女与养父母之间的权利和义务与具有自然血亲关系的父母和子女相同，而养子女与生父母之间的权利和义务则因收养关系的成立而消除。

在中国传统社会中，收养现象是比较常见的。收养(俗称过继)可能出于不同的目的，包括继承香火、养老、继承产业、增加家庭劳动力和做童养媳等，因此被收养人也不限于未成年人。在中国古代宗法制度下，立嗣是收养的一种特殊形式。立嗣的目的在于继承宗祧，因此只有男子无子才能立嗣，也只有同宗辈分相当的男性才能被立为嗣子。新中国成立后废除了封建宗法制度，人们收养子女的动机发生了根本性变化。当代社会大多数收养是因为收养人不能或未能生育而收养孩子，或收养人奉献爱心收养孤儿。国家相关法律对收养人的资格和条件都作了具体规定，以保护收养人和被收养人双方的合法权益。收养人在抚养被收养人的过程中，能够形成与具有自然血亲关系的父母与子女相同的亲子之情。

第二节 婚 姻

和谐的婚姻生活是大多数人所追求的。婚姻是家庭的基础。一般来说，缔结婚姻意味着家庭的成立。现代家庭问题的产生不少源自婚姻问题，而婚姻的成功与否又与择偶行为有密切的关系。当婚姻无以为继的时候，婚姻关系的解除即离婚就不可避免了。

一、婚姻及其意义

婚姻是指成年男女双方按照习俗、伦理、法律等规定结为夫妻的一种制度，体现着社会成员自然属性与社会属性的统一。

婚姻首先是男女两性的生理结合。古人曾说："食、色，性也。"所以，性是人的自然本能。当男女两性在身体成熟的同时，通常会伴随性心理和性生理的成熟，由此产生一种与异性亲近的欲望，这是促成婚姻的生物性因素。① 另外，婚姻不仅具有自然属性，更重要的是还具有社会属性。因为并非所有的两性结合都被认定为婚姻，只有在特定的法律、伦理或风俗的规约下的两性关系，才能成为婚姻关系。

人为何要结婚，结婚有什么意义？一般人认为婚姻就是一男一女的结合，目的在于组成一个家庭。其实，婚姻的目的并不在于这一男一女本身，也不在于组成家庭，而是在于权利转移的契约关系以及扩展社群的关系网络。通过婚姻，一个人的身份和地位改变了，变成了丈夫或妻子，相关的权利亦因此转移和改变，而且通过联姻，两个家族之间便有了连带关系。

二、择偶

婚姻缔结的前奏是选择结婚对象，即择偶。作为人一生中最重要的抉择之一，择偶不仅是婚姻缔结、家庭建立的前提，而且直接影响婚姻的质量和家庭的形式；同时它又是婚姻制度中较易受到外部社会环境影响的环节。特定历史

---

① 边燕杰，陈皆明．社会学概论[M]．北京：高等教育出版社，2012：112.

条件下所形成的择偶标准和方式，往往能够在很大程度上反映当时社会政治、经济、文化的发展状况，揭示社会发展的开放性和现代化程度。

（一）西方关于择偶的理论

西方的择偶理论大致有以下几种：①

1. 交换理论

这种理论将市场交换的逻辑应用于配偶的选择。在市场上，人们总是想得到等价的交换，或者还可能想买到物超所值的商品。当他们将自己投资于与伴侣的关系时，他们总期待自己所选择的伴侣给自己一个相等的，或者是能使他们有利可图的回报。

2. 平等理论

这种理论强调，交换中的价值不一定同样为双方所了解，所以平等未必就与等价交换是一个概念。个人价值而不是市场价值决定了能否获得“盈余”。

3. 需要互补理论

该理论认为，人们选择伴侣，或者是挑选自己在某些方面需要强烈，但被选者则在这些方面无所需求（反过来也一样），或者是双方各有不同的需要，但这些需要是能被自己所挑选的伴侣满足的。

4. 过程理论

这种理论强调，择偶是一个由错杂排列的社会和心理因素决定的过程，它认为，在选择伴侣时不可能是单一的动因导致了最终的决策，而必定是多种因素共同作用的结果。

（二）中国人的择偶观念

当代中国人择偶有没有标准，其标准的具体内容是什么？有学者形象而生动地比喻说，我国第一代人的择偶标准是“革命伴侣”，第二代人是“组织同意”，第三代人是“情投意合”，第四代人则是“跟着自己的感觉”。虽然未必准确，却也反映了一种变化。在过去，婚姻并非个人的私事，选择谁与自己终身相伴，也不完全取决于当事人的喜好和意志，而更多地受家庭制度、社会价值和风俗习惯的制约。与传统社会比较，现代社会中爱情在个人择偶中的重要性更加突出了。但是，现实中纯粹以爱情为基础的婚姻还是不多见的，一方面，个人在择偶中仍然要进行一系列利益权衡；另一方面，社会也不会完全放弃对爱情的控制，因为浪漫的爱情对社会分层制度以及其他方面的传统都是一种潜在的威胁。

根据择偶中决策权的归属，可以区分两种理想型的婚姻：包办婚姻与自主婚姻。包办婚姻的决策权通常归父母或其他亲属，婚姻当事人对他们的婚姻没

① 杨善华．家庭社会学[M]．北京：高等教育出版社，2012：48.

有决策权。这种婚姻突出的是家庭的价值，忽视婚姻当事人的意志。婚姻的成立无需征求当事人的意见，只要双方家长同意即可。婚姻的主要目的并非为建立一个新的家庭，而是使现存家庭延续下去。与它相反，自主婚姻的决策权则归婚姻当事人自己，当事人有权按照自己的意志选择配偶，并建立新的家庭。现实中的婚姻是处在包办婚姻与自主婚姻之间的。总体来说，随着传统社会向现代社会的转型，现实中的婚姻也逐步远离包办婚姻一端而移向自主婚姻一端。①

因此，择偶是在一定社会背景下进行的，完全超越社会制约的“自由恋爱”在现实生活中是不存在的。

（三）婚配模式

男女两性结成婚姻不是随意安排的。一个人选择与谁结婚，要受社会文化观念的影响，甚至会受到社会规范的严格约束。在几乎所有的社会中，都有许多复杂的规范来指导择偶和婚配，俗话说的“门当户对”就是这种规范的体现。择偶的规范体系是婚姻制度的一个重要组成部分，它将客观地作用于婚配模式。

乱伦禁忌是一种最基本、最原始的择偶规范，它要求婚配双方在血缘上保持一定的距离，禁止近亲结婚。人类婚姻史上的族外婚就是在这种规范制约下产生的一种婚姻形式。这种乱伦禁忌的规范是以人的自然条件（血缘）为基础的，是自然选择规律作用的结果。在现代社会，一些国家已把它上升为法律条文，比如中国婚姻法规定，直系血亲和三代以内的旁系血亲不得结婚。

更多的婚姻规范是体现在人的社会条件上。每个社会、每个阶级或阶层都有自己的一套标准，告诉人们什么样的婚姻是适宜的，与什么样的人结婚是般配的。这种社会标准直接影响个人的择偶标准，它实际上限定了个人择偶的范围。有时候，这种社会标准还会成为一种强烈的社会期望和要求。个人只有按社会的期望择偶，才能得到社会的认同和赞许；不符合社会的期望，就会面临巨大的社会压力。由于人人都按社会规范择偶并缔结婚姻，结果就形成了一个社会比较固定的婚配模式。综观不同社会的婚配模式，主要有以下两类：

一是同类联姻。婚配的男女双方常常具有同类特征，不仅年龄相近，居住地相近，而且具有大体相同的社会经济背景，如同属一个种族、信仰同一种宗教、同处一个阶级或阶层等。造成同类联姻的原因，一方面是因为人们往往认为与自己同类的人是最好的，因此在择偶时把同类的人作为首选的目标；另一方面是因为个人的交往范围多数情况下是局限于同类群体中的，因而同类联姻的机会较多。同类联姻在维持社会既定的分层体系，使传统价值观和信仰得以

---

① 彭华民，杨心恒．社会学概论[M]．北京：高等教育出版社，2006：254.

延续方面，发挥着积极的功能。同时，由于背景相同或相近的人在价值观和对社会规范的认同上也更容易取得一致，因而同类联姻可减少婚姻冲突，保持婚姻稳定。

二是择偶梯度。该原则是指男性倾向于寻找地位相当或地位较低的女子，女子则倾向于寻找地位相当或地位较高的男子，于是就形成了择偶梯度。这也就是婚姻中常说的“男高女低”模式。择偶梯度效应使社会上老夫少妻现象较为常见。这就意味着男性在职场上每上一个台阶，在婚姻上就有更大的选择余地；而女性在职场上每上一个台阶，在婚姻上的选择余地就更小。所以在现代城市婚姻中，性别的两极分化明显，高层次的女性和低层次的男性很容易出现婚姻困境。当前我国大城市中出现的年龄高、学历高、收入高的“三高”“剩女”便是一个有力的例证。

三、婚姻的缔结

婚姻中的决策权归属不同，婚姻结合的过程也不一样。

包办婚姻是按照“父母之命，媒妁之言”建立的。这种婚姻从择偶到结婚往往要遵循一套复杂的世代相传的程序，中国周代的“六礼”就是一个典型的婚姻过程。所谓“六礼”是指婚姻过程中的纳采、问名、纳吉、纳征、请期、亲迎六个阶段。几千年来随着社会的发展，它已大大简化，但主要环节，如订婚、迎亲仍然被保留下来。至今，许多农村地区还把按传统规矩结婚视为获得社会承认的必要条件，甚至把它看得比法律要求的婚姻登记更重要。

相比之下，自主婚姻中的规矩就少得多。多数情况下，自主婚姻是当事人在自由交往中，经过相互了解，产生感情而逐步确定婚姻关系的。在这个过程中，当事人要进行一系列的选择，甚至要经过多次的尝试，才能最终找到满意的对象。自主婚姻的择偶过程是一个不断过滤和筛选配偶的过程。在择偶的不同阶段，起作用的过滤因素也不同。居住地的距离是限定择偶范围的最初因素，其次是可以看得见的外在条件，包括个人的身体条件、相貌以及职业、收入、受教育水平等社会经济特征。随着关系的继续发展，价值和态度的相容性成为决定性的因素。价值一致可以缩小双方心理上的距离，促进有效的沟通和互动，这是感情发展的基础。最后，当双方感情发展到一定程度，开始考虑婚姻的现实问题时，角色一致和角色配合就成了影响关系发展的主要因素。在正式结婚之前，男女双方都要对自己的实际角色和期望角色是否一致，双方角色能否配合，角色扮演能否相容等做出判断。这个时候，双方最重要的是满足互补性需要。

无论在包办婚姻，还是自主婚姻中，人们都希望办一个隆重而有意义的婚礼。中国现行婚姻法虽然不要求把婚礼作为结婚的程序之一，但大多数人在结婚时都举办过婚礼。不管各国婚礼的形式是多么千差万别，其基本的社会功能是一致的。首先，它告示了一桩婚姻的诞生并取得社会的承认；其次，它标志着当事人家庭角色的变化，标志着当事人新的生命历程的开始。婚礼是人生重大的典礼，对个人和婚姻本身都有重要的价值。

四、离婚

当人们步入婚姻的殿堂时，一般都怀着美好的憧憬，但后来劳燕分飞的结局又是一些人不得不面对的现实。离婚既是个人的事情，也是社会的问题。如何有效地处理离婚事宜，既和个人的工作、学习和生活息息相关，又关系到社会的和谐与稳定。虽然人们都崇尚“白头偕老”的婚姻，社会也通过各种力量来维持婚姻家庭的稳定，但现实中离婚还是会频频发生。引起离婚的原因一般包括个性冲突、经济困难、养育孩子中的分歧、宗教差别、与姻亲的矛盾、性生活不和谐、家庭暴力、第三者插足、感情不和、不良行为等。

(一)离婚率上升现象

世界各国的离婚率大都呈上升趋势。据联合国统计，近年来，世界许多国家的离婚率都有迅速上升的趋势。美国和欧洲许多国家的离婚率长期居高不下，亚洲许多国家的离婚率已有接近美欧国家的趋势，如韩国的离婚率已经飙升至世界排名第三。我国同世界发达国家一样，离婚率也一直持续上升，为世人所关注。

一方面，我国的离婚率总的来说并不高。中国传统礼教要求妇女从一而终，妇女是不能主动提出离婚的。男子休妻可以有七种理由，即“七出”(不顺父母、无子、淫、妒、有恶疾、多言、偷盗)，但实际运用休妻的权力时也要受到一些限制。感情问题不能作为离婚的理由。因此可以说，传统社会中不存在离婚的自由。进入现代社会后，我国的婚姻法主张婚姻自由，不仅主张结婚自由，而且主张离婚自由。它对于解除不幸的婚姻有积极意义。但由于受传统文化的影响，人们对离婚还是持较为保守的观念。表 9-1 则显示了 2004—2013 年间中国离婚的情况。由表可知，中国的离婚率虽然显现的是稳中有升的状态，但是增长率是相对缓慢的。这从一个侧面表明，中国的家庭和婚姻总的来说还是相对稳定的。

当然，离婚率的高与低，其增长的快与慢，并不足以反映一个社会总的道德水准和精神文明的情况，因为决定离婚率高低的并不完全是意识形态和道德伦理方面的原因，加上在离婚这个问题上，各个社会有自己的价值尺度，伦理规范也不尽相同。① 就中国而言，从谋求家庭稳定和社会安定出发，有些职能

① 田岚．中国改革开放后的离婚率与离婚方式探析[J]．比较法研究，2004(6)．

部门和公众对离婚还是持较为保守的态度，所以离婚者会感受到一定的社会压力。

表 9-1　　2004—2013 年中国离婚情况

年份	离婚率(‰)	年份	离婚率(‰)
2004	1.28	2009	1.85
2005	1.37	2010	2.00
2006	1.46	2011	2.13
2007	1.59	2012	2.29
2008	1.71	2013	2.60

另一方面，不可否认的是，中国的离婚率总体也呈上升趋势。表 9-1 中，2004 年到 2013 年间，中国的离婚率就由 1.28‰上升到 2.60‰。据中国民政部门统计，1980 年中国离婚对数为 34.1 万对，1990 年为 80 万对，2000 年为 121 万对，2005 年为 178.5 万对，2012 年为 310.4 万对，2013 年为 350 万对。从离婚对数的数据可以看出，中国离婚人数呈迅速增加趋势。

这种离婚率大幅度上升现象的产生，除了上述婚姻法改革方面的原因外，还有更深刻的社会经济原因。离婚率上升与工业化、后工业化社会的发展，妇女就业大量增加，妇女经济地位的提高等变化密切相关，其中，已婚妇女就业的增加影响最为深刻。妇女进入劳动力市场，提高了自立能力，这无疑会增强妇女的自由和平等意识。对就业妇女来说，婚姻的意义已从过去的人格结合和经济依存的两面性转向单纯的人格结合，换言之，婚姻的价值已从经济和物质上的利益转向更高层次的自我实现，由此带来了人们婚姻观念的变化。妇女逐步摆脱对婚姻的依赖，追求在婚姻中的平等和幸福。新的婚姻观念随着妇女解放运动的发展日益深入人心，社会对离婚也采取了越来越宽容的态度。

离婚率上升是当代社会的普遍趋势，一方面，离婚把人从死亡婚姻的痛苦中解脱出来，具有积极的意义，因此应该保障离婚的自由；另一方面，离婚造成家庭关系的变更，给当事人特别是给子女及亲属带来精神和心理的创伤，因而应慎重离婚，防止轻率行事，特别是应处理好离婚中未成年人合法权益的保障问题。

（二）关于离婚的理论解释

社会学家贝克尔认为，人们之所以结婚，是因为男女两性在操持家务和从事市场劳动方面具有不同的比较优势，结婚可以使双方的优势互补，从而获得最大效用。婚姻匹配实际上就是男女双方社会经济特征的匹配。传统社会中个人的地位与家庭背景关系很大，个人发展的前途可预见程度高，确定终身伴侣相对容易。现代社会是一个具有高度社会流动性的社会，通过社会流动，个人的社会经济特征不断发生变化，个人发展过程中不可预见性因素很多，要确定理想的配偶就困难得多。结婚时觉得般配的婚姻，很可能若干年后就觉得不是最理想的了，于是造成婚姻的满意度下降，最终导致离婚。① 这种情况在转型社会中更容易出现。这可以部分解释为什么伴随社会转型，离婚率会升高。一些学者把影响离婚的因素归纳为三个方面：一是从当前婚姻中获得的物质的和心理的满足；二是人们对婚姻替代形式的态度，包括对非婚性行为、非婚生育、同居等的态度；三是离婚的障碍，包括经济和感情方面的成本与付出、法律的障碍以及社会舆论的压力等。

离婚的原因与引起婚姻危机的原因相同，因为它是婚姻危机的延伸，但要弄清一对夫妻离婚的真实原因并不容易。俄罗斯社会学家认为，根据离婚的夫妻提出的主观动因很难确定离婚的真实原因，因为有时真实的动因会被别的动因所偷换。

第三节 家庭的未来与走向

家庭是随着社会变迁而不断变化发展的。在社会变迁过程中，人们价值观念的变化将直接影响到家庭结构与功能的变化，科学技术的发展也会对家庭造成影响。家庭的结构和功能正在发生一系列变化：家庭人口规模不断缩小；家庭类型多样化；家庭关系由父子关系向夫妻关系转移等；家庭消费功能加强；家庭生育功能减弱、保障功能减少等。伴随着家庭的变迁，家庭未来的发展和走向也成了大家共同关注的话题，家庭消亡论、家庭回归论、家庭振兴论、新家庭论、家庭趋同论等几种理论也随之出现。

一、家庭变迁

(一) 家庭观念变迁

当代中国，特别是改革开放以来经历了急剧的社会变迁，这必然会在人们的家庭观念上反映出来。所谓家庭观念是指人们对家庭，包括婚姻的意义、家庭的功能、子女价值、家庭成员关系等诸方面的认知与理解。随着社会发展，人们的家庭观念也会不断更新。

首先是婚姻观念的变化。在中国传统社会，婚姻的目的是为了生育下一代，特别是儿子，即所谓结婚生子传宗接代。在宗法制度下，亲子关系重于婚

---

① 贝克尔．家庭论［M］．北京：商务印书馆，1988：390-406.

姻关系，婚姻关系服从于亲子关系。结婚不是个人的事，而是家族共同的事，因此谈不上个人的婚姻自由。新中国成立后，实行婚姻自由，婚姻法禁止包办、买卖婚姻和其他干涉婚姻自由的行为，婚姻自主权受到法律保障，婚姻的性质也因此发生了根本性变化。婚姻不再单纯是生育的手段，人们舍弃了视婚姻、性生活和生育为“三位一体”的观念，赋予婚姻以独立的意义。结婚不一定就要生育，性生活和生育也不一定必须以结成婚姻关系为前提。现代婚姻观念认为，婚姻是爱情的结果与归宿，爱情是婚姻的基础。当代中国人结婚的动机中，感情因素越来越重要。青年人结婚主要不是为了家族的利益，不是为了单纯经济上的考虑，也不单纯是出于性生活的需要，而是为了追求爱情带给自己的幸福。人们为了爱情而结婚，没有了爱情，婚姻就会面临死亡。婚姻自由不仅包括结婚自由，也包括离婚自由，即个人有解除婚姻的自由。当然运用这种自由不是无条件的，不能损害其他人的正当权益。当代中国社会中，人们对离婚的态度越来越宽容，离婚现象也越来越普遍。

其次是子女观念的变化。虽然传宗接代、养儿防老仍然是当代中国，特别是农村地区父母生育的主要目的，但家庭中子女的价值已不再限于此，感情的需要已成为重要的生育动机，许多父母把子女视为爱情的结晶、精神的寄托。父母与子女的关系更加平等。随着计划生育政策深入人心，中国家庭已经抛弃了传统的多子多福的观念，接受了少生优生的思想，不追求孩子的数量，而把精力放在提高孩子质量上，尤其重视对孩子的教育。孩子教育方面的支出已成为很多家庭最主要的经济支出项目。

再次是家庭中性别平等观念增强。随着妇女广泛参加社会劳动和受教育状况的改善，妇女自主自立的意识和能力增强，妇女不再在经济上依赖男子，因而其社会地位和家庭地位都大大提高。传统社会中那种男尊女卑、妻子绝对服从丈夫的不平等现象已从根本上发生了变化。妇女不用再把自己的价值寄托在丈夫和儿子身上，可以追求自己独立的人生价值。家庭分工和社会劳动分工已经打破了性别界限，传统的男主外女主内的区分已不再成为定式，夫妻互敬互爱、互相帮助、共同发展的新型关系得到了广泛认同。

在个人与家庭的关系上，中国传统文化强调个人服从于家庭。家庭不仅为个人提供安身之所，也直接安排着个人的生活。传统社会中家庭的功能强大，个人生活的各个方面都离不开家庭的支持。现代社会，家庭的功能减弱了，原来由家庭承担的责任很多都被社会其他体制安排所取代，比如生产和生活保障。个人生活在家庭之外还有更丰富的内容。在这种状况下，人们开始重新认识家庭的意义，重新认识个人与家庭的关系。当代中国人家庭观念的一个显著变化是个人本位意识的增强。越来越多的人把结婚生育作为一种生活方式，不是为结婚而结婚，结婚建立新家庭的目的是为了丰富、发展和完善个人的生活，因此人们更加重视家庭生活质量，并努力在家庭生活和其他方面，如在职业与工作之间取得平衡。人们在家庭生活中追求平等与和谐。①

（二）家庭结构变迁

家庭是社会的细胞，是社会的基础，家庭的状况及其变化对社会的稳定和发展有重要的影响。反过来，家庭的状况也会随着社会的变迁而发生变化。当代中国，尤其是改革开放以来，婚姻家庭领域发生了深刻的变化，表现在家庭结构方面是：家庭子女数减少，家庭规模缩小，家庭结构简单化，核心家庭成为家庭模式的主流，空巢家庭、隔代家庭增多等。

家庭规模小型化和核心家庭化的结果之一是家庭关系简化，亲属关系网缩小。2000年，我国家庭户中一半以上为父母与未成年子女组成的两代户，一代户也超过1/4。大多数家庭中只存在夫妻关系和亲子关系两种最基本的家庭关系，城市家庭甚至连兄弟姐妹关系也越来越少见了。家庭关系简单化，一方面意味着家庭矛盾减少，家庭成员能够更好更融洽地相处；另一方面，也可能产生一些问题，比如孩子成长过程中缺少朝夕相处的同辈伙伴，成年子女结婚分立后对年长父母的生活照料减少。

当代中国人的结婚年龄在推迟。中国历史上早婚现象十分普遍。新中国成立后，随着社会经济条件的变化，妇女地位提高，加上政府推行计划生育政策，提倡晚婚晚育，人口的结婚年龄大幅度提高。根据第五次全国人口普查资料，2000年我国25岁的男性有42%未婚，同一年龄的女性也有18%未婚。2001年全国女性平均初婚年龄超过24岁，这在中国历史上是前所未有的。城市中人们的结婚年龄更晚，甚至有相当规模的人口选择终身不婚。结婚年龄的推迟和生育子女数的减少改变了中国家庭的生命周期。结婚建立新家庭的年龄晚了，从第一个孩子出生到最后一个孩子出生的家庭扩展期大大缩短，从最后一个孩子离开父母家开始的家庭空巢期提前了。许多家庭在父母年龄不到50岁时就进入了空巢期。这些变化对当代中国人的生活方式乃至社会保障等相关制度无疑都将产生深远的影响。

二、家庭的未来发展

对于家庭的未来发展主要有以下几种观点：②

（一）家庭消亡论

家庭消亡论者依据现代家庭结构的变化、功能的外移和当今出现的大量家庭问题，认为家庭会走向灭亡。他们认为，随着个人主义、平均主义和世俗化

① 彭华民，杨心恒．社会学概论[M]．北京：高等教育出版社，2006：258.

② 周运清．社会学[M]．武汉：武汉大学出版社，2004：143.

的不断发展，婚姻和家庭将消失。机械化、工业化、科层化正如同化其他社会结构一样将同化家庭。由于大规模有效率的托儿所、幼儿园、寄宿学校培养和教育儿童会比单个家庭更出色，家庭功能就只剩下生儿育女等功能，夫妇可以自由解除婚约而解散家庭。有的甚至认为人的生产将被生殖技术所取代，生育也不再需要家庭。所以，家庭会随着家庭功能的不断削弱而自然消亡。菲迪南德·伦德伯格在《行将到来的世界革命》一书中认为，家庭已"接近完全消亡的时候了"。① 美国未来学家奈斯比特在他的《大趋势》中也写道："社会的基本建筑构件正在从家庭转变为单独的个人。"

(二)家庭回归论

家庭回归论者认为，家庭观念的剧烈变化和家庭的动荡不安给人们的生活带来了无尽的烦恼和问题，使一些人无限留恋过去稳定传统家庭的美好时光。有些西方学者认为，现代化造成的家庭危机已经给人类生活的失范以严厉惩罚，人们必须改变目前消费主义的家庭生活方式，后工业时期必然是传统的回归。因此，他们主张未来是家庭复兴或传统回归。美国《未来学》杂志曾大力宣传，称家庭"最终还是要倒过来，生活方式也将回到以前的状态"。因此，在未来的发展过程中，家庭必定出现向传统的复归。目前，美国有许多人致力于恢复传统家庭制度的活动，甚至有些人提倡"回归自然"、"回归原始"，并开始学习人类祖先风餐露宿、茹毛饮血的野外生活。

(三)家庭振兴论

针对"家庭危机"的社会现象，西方一些学者认为家庭生活虽然受到一定的冲击，但是绝大部分人仍然生活在家庭之中，家庭会继续存在下去，甚至认为家庭行将进入黄金时代。正因为家庭危机的挑战使得人们重新思考家庭的意义，调整自身对社会变迁的适应能力，社会的进步将给家庭提供进一步发展的契机。同时，由于新技术的发展和应用给人们的家庭生活提供了良好的环境，家庭生活将越来越科技化、人性化，在社会发展的一定阶段，人们将重新回归家庭，在家庭中工作和生活，甚至组成电子大家庭。因此，家庭功能不仅不会消失，而且会愈来愈强大。

(四)新家庭论

新家庭论者认为，未来的家庭很可能以不可思议的新方式出现，其主要代表是美国未来学家阿尔温·托夫勒(Alvin Toffler)。新家庭的新方式主要体现为：(1)家庭关系新。托夫勒认为，由于科学技术的发展，家庭中的生育关系以及生殖方式都将受到极大的影响。传统的父母、父子概念以及家庭的职能与

① 参见[美]阿尔温·托夫勒．未来的冲击[M]．北京：中国对外翻译出版公司，1985：210.

概念都会受到冲击。在这种条件下，会出现全新的亲属关系。(2)家庭形式多样化，包括简化家庭、公共家庭和独居家庭等家庭形式。(3)家庭观念新。爱情的涵义发生了变化，它不再追求地久天长、白头偕老，爱情被理解为夫妇双方“齐头并进”。由于现实的阻碍不能使夫妇平衡发展，于是夫妇终生在一起是不可能的，婚姻将是短暂的。

(五)家庭趋同论

家庭趋同论也是西方社会学家的一种理论观点，其主要论点是，不论社会制度如何，各个国家的现代化都有着相似的过程和结果，家庭的发展也将趋向一致。美国社会学家威廉·古德是趋同论的代表人物，他在1965年出版的《世界革命和家庭模式》一书中认为，工业化改变家庭制度的进程在世界任何地方都是存在着的，尽管出发点不同，发展的速度和道路不同，但都朝着“某种类型的婚姻制度”发展，在婚龄提高、离婚率增加、家庭核心化、功能减少等方面都将随着工业化的发展而趋同一致，并且这种趋同现象也是符合工业化发展需要的。不少西方学者赞同古德的这种观点，并进一步发展为“趋同理论”。根据这种理论，随着工业化的发展和未来信息社会的到来，社会主义制度和资本主义制度将会变得越来越相像，家庭的发展也将不分社会制度趋向同一。

(六)家庭淡化论

家庭淡化论是根据发展中国家，特别是封建主义色彩较为浓厚的传统家庭提出来的家庭发展观点，这一观点认为，封建残余势力已成为欠发达地区实现现代化的阻力之一，传统的家庭制度抑制了个性和人的自由发展，重视家庭血缘关系和姻亲关系使得家庭利益和社会利益矛盾突出。所以，必须淡化家庭观念和简化家庭功能。

(七)家庭改革论

家庭改革论认为，家庭面临的不是淡化和消亡，而是不断地进行改革和提高，家庭的消亡是不可能的。因为建立在婚姻关系和血缘关系上的家庭，是社会的基础，是不可摧毁的。在社会不断发展的同时，家庭也会不断改革自己以适应现代文明的进程。随着社会物质文明的提高，人们的精神文明也会有很大提高，婚姻动机会更纯洁，家庭关系会更和睦。社会功能代替了一部分家庭功能，能使人们的个性得到充分发展，从而使家庭和社会的运转更协调，更有效。

上面几种家庭的理论预测都有自己的现实基础和一定的合理性。对于家庭消亡论，虽然家庭消亡起码在现在看来是不可能的，但是，它却使我们认识到，必须严肃地看待目前家庭存在的问题。家庭也不可能简单地复归，但是人类社会的发展往往是一种否定之否定的过程，是呈螺旋式发展的。托夫勒的新家庭论是基于目前的技术发展对人类的未来家庭做出的预测，他看到了技术发展对家庭的影响。家庭虽然有趋同的一面，但也不可能是机械的一致化。淡化论者看到了家庭功能消极的一面。那么家庭将来到底走向何方呢？这是一个每个关心家庭的人所力求知道的问题。然而，至今仍没有一个人能够准确地预测将来的家庭到底会是什么样子。但家庭至少在人类种的繁衍和人类共同情感的培养方面发挥了至关重要的作用，所以，作为一种人类生活的初级群体，家庭必将继续发挥它的作用。

思 考 题

1. 什么是家庭？家庭的研究视角有哪些？
2. 怎样分析家庭结构？试分析不同结构类型家庭的变化趋势？
3. 家庭有哪些功能？试分析家庭功能的未来变化趋势。
4. 影响家庭变迁的因素有哪些？
5. 什么是择偶梯度？试分析择偶梯度的存在对人口婚姻状况的影响？
6. 试分析当代中国离婚率的变化及其社会经济原因。
7. 当前中国婚姻家庭领域存在哪些主要问题？

主要参考文献

[1]周运清．社会学[M]．武汉：武汉大学出版社，1988.
[2]彭华民，杨心恒．社会学概论[M]．北京：高等教育出版社，2006.
[3] 沈崇麟，杨善华，李东山．世纪之交的城乡家庭[M]．北京：中国社会科学出版社，1999.
[4]张友琴，童敏，欧阳马田．社会学概论[M]．北京：科学出版社，2007.
[5] 陈功．家庭革命[M]．北京：中国社会科学出版社，2000.

推荐阅读书目

[1][美]贝克尔．家庭论[M]．北京：商务印书馆，1988.
[2][美]古德．家庭[M]．北京：社会科学文献出版社，1986.
[3] 费孝通．生育制度[M]．天津：天津人民出版社，1981.
[4] 雷洁琼．改革开放以来中国农村家庭的新变化[M]．北京：北京大学出版社，1994.
[5][德]恩格斯．家庭、私有制和国家的起源[M]．天津：天津人民出版社，1975.

第十章 社会组织

社会组织是现代社会的一个显著特征，是社会发展复杂化、分工化的必然产物。它已成为传统社会与现代社会相互区别的标志。现代社会就是高度组织化的社会。因此，我们研究社会，就离不开对社会组织的研究，它是社会结构中的一个重要组成要素。

介于国家与家庭之间，大小不同、性质有别、功能各异的各类社会组织构成了现代社会的主要基础。人们的经济、政治、文化和社会生活需要及精神需要，大部分是通过社会组织来满足的。社会组织在人们的利益诉求、政治参与、社会活动及文化交流等方面发挥着越来越重要的作用。因而，要了解现代社会就必须对社会组织进行深入的研究。本章主要介绍社会组织的基本理论以及它的目标、结构和管理理论等方面的基本知识。

第一节 社会组织概述

组织是人类社会最普遍的现象，是人类社会协调、合作的形式，目的在于克服人类个体体能和智能的限制，实现个人需要的满足或群体的共同目标。在传统社会，组织主要体现为初级群体，人们的各种需要主要由家庭、邻里、家族或行会等看得见的初级群体满足。在现代社会，我们所有的需要几乎都由看得见的或看不见的各种组织进行满足。排除家庭生活，人的一生几乎都在各种组织中度过。从一定意义上说，没有组织，就没有社会。彼得·德鲁克认为："社会已经成为一个组织的社会。在这个社会里，不是全部也是大多数的社会任务是在一个组织里和由一个组织完成的。"①本节我们将讨论组织的涵义、要素、类型及特征，并对第三部门的形成和作用进行探讨。

一、社会组织的涵义及构成要素

(一)社会组织的涵义

所谓社会组织，就是人们为了有效地达到特定目标而建立的一种共同活动

① 参见[美]罗伯特·登哈特：《公共组织理论》. 北京：华夏出版社，2002：12.

群体。社会组织与外界环境有着清楚的界线，其内部一般均有明确的分工并确立了旨在协调成员活动的正式关系结构。

在社会科学中，社会组织有广义、狭义之分。广义的社会组织是指人们从事共同活动的所有群体形式，包括家庭、秘密团体、社团、政党、政府、军队和学校等。狭义的社会组织是为了实现特定的目标而有意识地组合起来的社会群体，如企业、政府、学校、医院、社会团体等，它只是人类的组织形式中的一部分，是人们为了实现特定目的而组建的比较稳定的、持久的合作形式，我们称之为正式组织。社会学研究的社会组织主要指狭义的组织。

（二）社会组织的形成

在人类社会早期，社会生产力水平低下，人们共同活动的群体形式最初是以血缘关系为纽带的原始人群、血缘家庭和家族，以及稍后出现的以地缘关系为纽带的村社等。它们都是人类社会发展的初级社会群体形式。随着社会分工的发展，阶级的出现，人们之间的社会关系以及人们的社会活动日趋复杂，社会组织适应社会及社会成员的需要逐渐形成并发挥作用。但这时人们的社会关系和共同活动的形式还是以初级社会群体为主。人类进入工业社会以后，社会生产力飞速发展，社会分工越来越细，社会生活和社会关系越来越复杂，初级社会群体在很多方面已无法适应社会发展和社会活动的需要。因此，完成特定目标和承担特定功能的社会组织的发展就成为近代社会发展的必然趋势。

社会组织建立的基础，首先依赖于共同的目标与共同的利益。如果许多人有着共同的目标，但每个人却都认为仅仅依靠自己的能力也能达到目的因而忽视其余的人，那么，组织也就不会形成。人们的集体力量之所以能正式地组织起来，正是因为他们有某些共同利益。人们可以通过组织的力量来获得个人所不能获得的利益，这就是组织形成的原因，也是组织的最基本功能。社会组织必须满足其成员在某些方面的需要——主要是参加组织的原因反映出的那部分需要。因此，一个社会组织内聚力的大小，关键在于组织满足成员的这种需要的程度。满足得越多，内聚力就越大；反之越小。

（三）社会组织的构成要素

综合国内外关于组织构成要素的论述，我们认为，社会组织一般由七个方面构成，即成员、规范、地位、角色、权威、机构和设备。

1. 成员

任何社会组织都要有一定的成员，这是组织活动得以进行，组织任务得以完成的先决条件。社会组织成员的加入或退出都不是随意的，组织必然会设置一些准入和退出的条件并以此限制或约束组织成员。组织活动的效果和效率如何，取决于成员是否有工作的积极性、凝聚力和良好的个体素质。

2. 规范

规范是指组织内较为稳定的规则或规章制度，它是组织运行的基础，是协调组织内部成员关系，明确各成员责、权、利边界的规范及组织功能价值实现的具体表现。它要求个人或团体在各种情况与关系当中应如何行动。规范的目的是使组织成员的互动行为一致化及其责、权、利的明确化。

3. 地位

地位是指个人或团体在社会关系空间中所处的位置。现代社会中，人际之间的互动基本上是地位之间的互动，社会组织的互动也是经由地位而建立的。社会地位包括归属地位和成就地位两种形式，其中后者处于主要位置。

4. 角色

角色是指按照一定社会规范表现的特定社会地位的行为模式。角色是地位的动态表现，地位则是角色的静态描述。社会组织就是由一组互相依存、相互联系的角色构成的。

5. 权威

权威是指一种合法化的权力，是维持组织运行的必要手段，它使成员在组织内受到约束和限制。一个高效运行的组织，必要的权威是必需的。

6. 机构

任何社会组织都要有一个权威性的领导机构及执行系统。组织机构是组织活动的管理体系。组织机构的设置是否科学、合理，直接影响着组织活动的效率及目标的实现程度。

7. 设备

设备是组织活动的物质基础和技术手段。设备分为物质设备和象征设备两种。物质设备是组织活动所使用的工具及手段。象征设备是表征组织意义的工具和手段。一个组织的设备优劣，对组织的活动效果同样有很大影响。

二、社会组织的类型与特征

(一)社会组织的类型

社会中的组织千差万别，它们的规模、性质、功能、目的、管理等各不相同，为了研究的方便，我们按照不同的标准可以把组织分为不同的类型。

1. 一般的社会组织分类

(1)按照组织规模的大小分类，社会组织可分为小型、中型、大型和巨型等不同类型，例如联合国就是一个巨型的社会组织。“规模以上企业”，其实也是类似的划分方法。

(2)按照组织成员之间关系的性质分类，社会组织可划分为正式组织和非正式组织。正式组织中组织成员之间的关系由正式的规章制度做出详细和具体的规定，如军队、政府机关；而非正式组织中组织成员之间的关系则无这种规定，比较自由、松散，如业余活动团体。

(3)按照组织的功能和目标分类，其代表人物是美国社会学家帕森斯。他将组织分为：①经济组织，即以经济生产为取向的组织，这类组织的典型是实业公司；②整合组织，它涉及调节冲突和达到社会的各部分彼此良好的配合，如法院等；③权力组织，即以政治目标为取向的组织，主要指政府机构；④文化组织，这类组织是指那些具有文化、教育功能的组织，如学校、教会等。

(4)按照组织的获利者分类，美国社会学家 P. M. 布劳等人将社会组织分为：①互利组织，指以组织成员为受益对象的组织，如各种职业协会；②营利组织，以谋利为主的社会组织，如各类公司；③公益组织，以社会公众的利益为前提的组织，如政府机构；④服务性组织，对社会提供服务的组织，如医院、学校等。

(5)按照组织协作系统分类，其代表人物是美国社会学家埃斯欧尼。他认为社会组织可以划分为：①规范型组织，加入组织的成员将组织的目标作为自己的目标，它是人们基于个人兴趣与志愿参加的，并可以随时退出，例如社交俱乐部、政党、自愿者协会等。②强制型组织，主要依赖实际的或潜在的物质性力量来确保组织控制之下的成员服从。它的成员是被迫加入组织的，如监狱、军队、学校等。③功利型组织，主要依靠金钱刺激来获取服从。人们加入这类组织是为了从组织那里受惠，如商业公司。①

(6)社会组织还可以划分为政府组织、营利组织、非营利组织三大类，它们分别是政治领域、经济领域和社会领域的主要组织形式。非营利组织的集合也称为第三部门，我们将在后面论述。

组织类型的划分都是相对的，人们可以从研究和分析的需要出发，选择恰当的分类标准进行分类。

2. 我国社会学界对社会组织类型的划分

我国对组织的分类是以企业、事业、国家机关、党派及人民团体的资质结构编制的性质为标准的。具体包括以下类型：

(1)国家机关编制组织，包括国家权力、行政、司法机关的组织，各级各类党派组织、人民团体组织。

(2)国家事业编制组织，指为国家创造和改善生产条件，促进社会福利，满足人们文化、卫生等需要，经费实行国家预算拨款制的国家事业组织。其中，事业单位实行企业化管理的组织机构也被列为国家事业编制，具体包括农、林、水利、气象事业组织，文教卫生体育事业组织，科学研究事业组织，

① ［美］戴维·波普诺．社会学［M］．李强，等，译．北京：中国人民大学出版社，1999：156.

勘察设计事业组织，社会福利事业组织，城市公用事业组织，交通事业组织等。

(3)国家企业编制组织，指直接从事工农业生产、交通运输和商业物流等活动的组织，产生的价值可用货币表现，是相对独立的经济实体，包括冶炼、各类农场、建筑业、铁路交通、商业服务业系统等。

这种分类仅仅包括了体制内的组织，其局限性十分明显。①

(二)社会组织的特征

社会组织是社会发展到一定阶段的产物，它的形成受到当时具体社会历史条件的制约，但一经形成又有它自身发展的延续性和规律性。现在的社会组织都是在过去初级社会群体的基础上发展演化而来的，带有明显的时代特征。这些特征主要有：

1. 特定的组织目标

组织目标一般是明确的、具体的，表明某一组织的性质与功能，人们围绕某一特定的目标才形成从事共同活动的社会组织。组织目标是组织活动的灵魂。它可以是单一的，也可以是具有内在联系的目标体系。

2. 一定数量的固定成员

社会组织是由至少两个以上的人所组成的系统。组织成员是相对固定的，成员能够明确地意识到自己属于某一组织。社会组织如无固定的成员就失去了自身存在的实体基础。进入或退出一个组织必须按照一定的程序进行，特别是组织成员资格的取得一般都要经过组织的考核与审查。

3. 制度化的组织结构

为了实现特定的目标并提高活动效益，社会组织一般都具有根据功能和分工而制度化的职位分层与部门分工结构。只有通过不同职位的权力结构体系，协调各个职能部门或个人的活动，才能顺利开展组织活动并达到组织目标。

4. 普遍化的行动规范

它一般是以章程的形式出现，并作为组织成员进行活动的依据。组织的行动规范是每个成员必须遵守的，它通过辅助的奖惩制度制约组织成员的活动，以维护组织活动的统一性。

5. 社会组织是一个开放的系统

就每一个社会组织来说，它不仅自身要与周围环境进行物质、人员、信息的交换，而且还根据与其他组织的关系，组成不同的组织体系，在更大的范围内和更高的水平上与外界环境进行各种形式的交换。一个组织如果自我封闭，组织的生命也就停止了。

① 朱力．社会学原理[M]．北京：社会科学文献出版社，2003：177-178.

三、第三部门的形成与作用

(一)第三部门的涵义

1. 第三部门的涵义

“第三部门”(the third sector)这个概念最早是由美国学者莱维特使用的。在这之前，人们往往将社会组织一分为二，非公即私。莱维特认为这种划分太粗浅，忽略了一大批处于政府与私营部门之间的社会组织。它们所从事的是政府和私营部门“不愿做、做不好或不常做”的事情。他将这类组织统称为“第三部门”。除了“第三部门”一词外，还有一系列名称用以描述世界上出现的这一类型组织，如：“非营利组织”、“非政府组织”、“第三种类型组织”、“慈善组织”、“志愿者组织”、“民间志愿组织”、“公民社会部门”、“独立部门”等。这些名称一般地指各种有组织的民间志愿性组织及其活动，它们的含义很难加以明确区分。在使用这些名词时，主要遵循两个原则：一是根据各国的使用习惯选择名称，如“非政府组织”在不同国家就有不同的含义，在西欧和北美指活跃在国际舞台上的非营利组织，在第三世界国家则指以促进发展为目的的民间组织；二是根据这类组织运行时所需要强调的相对属性而选择适当的名称，如强调组织的存在目的不是为了营利或是强调组织与企业之间的区别时，就应选择“非营利组织”；而强调与政府的相对独立性时，就应选择“非政府组织”或“独立部门”；在强调组织的资金来源是私人慈善性捐款时，使用“慈善组织”就更为合适。

目前，“第三部门”所指的社会组织相对庞杂，因此对其下定义就显得很困难。据粗略统计，现在关于“第三部门”有100多种定义。国际上有关第三部门的定义主要有以下几种：①

第一种是给出法律上的定义。许多国家都在法律上对“第三部门”做出了相应的界定，例如，美国税法规定，免税组织必须符合三个条件：一是该机构的运作目标完全是为了从事慈善性、教育性、宗教性和科学性的事业，或者是为达到该税法明文规定的其他目的；二是该机构的净收入不能用于使私人受惠；三是该机构所从事的主要活动不是为了影响立法，也不干预公开选举，而能够享受免税资格的组织便是第三部门组织。

第二种是依据组织的资金来源加以定义。联合国的国家收入统计系统采用的就是这种定义。例如，根据联合国国民经济核算体系的标准，如果一个组织的一半以上收入来自以市场价格销售的收入，就是营利部门；如果一个组织的

① 王绍光．多元与统一——第三部门国际比较研究[M]．杭州：浙江人民出版社，1999：8.

资金主要依靠政府的资助则是政府部门；如果一个组织一半以上的收入不是来自以市场价格出售的商品和服务，而是来自其成员缴纳的会费和支持者的捐赠则是非营利的第三部门组织。

第三种是依据组织的“结构与运作”定义。这一定义是美国约翰—霍普金斯大学非营利组织比较研究中心提出的，它着眼于组织的基本结构和运作方式，即符合以下五个条件的组织即是非营利组织：一是组织性。组织性意味着有内部规章制度，有负责人，有经常性活动。非营利组织应该有根据国家法律注册的合法身份，这样才能具有契约权，并使组织的管理者能对组织的承诺负责。二是民间性。非营利组织不是政府的一部分，也不是由政府官员主导的董事会领导，但这并不意味着非营利组织不能接受政府的资金支援。三是非利润分配性。非营利组织不是为其拥有者积累利润。非营利组织可以盈利，但所得必须继续用于组织的使命，而不是在组织缔造者中进行分配。四是自治性。非营利组织能控制自己的活动，有不受外部控制的内部管理程式。五是志愿性。无论是实际开展活动，还是在管理组织的活动中均有显著程度的志愿参与，特别是形成有志愿者组成的董事会和广泛使用的志愿者工作人员。

第四种定义强调组织的目的和功能，即组织的特征。如果某私人组织的目的是促进“公众利益”或“团体利益”，则可以纳入第三部门的范畴，否则就不算。例如，沃尔夫认为，第三部门具有五个特征：一是有服务大众的宗旨；二是有不以营利为目的的组织结构；三是有一个不致令任何个人利己营私的管理制度；四是本身具有合法免税地位；五是具有可提供捐赠人减免税的合法地位。凡符合这五个特征的组织一般被认为是第三部门组织。

2. 中国对第三部门的界定

从以上内容可以看出，这四种定义各有侧重，差别也很大。事实上，如果根据不同的定义对第三部门组织进行统计，可能会得出相差很大的结果。那么，在中国应该采用何种定义呢？

第一种是法律上的定义，法律上的定义在一国之内十分准确，但由于各国法律大相径庭，无法用于比较研究。而且中国有关非营利、非政府组织的法律还在制定或修改之中，因此，采用这一定义显然并不完美。

第二种定义是从资金来源的角度来看，由于很难确定一个具体的比例，而且不同国家的差异很大，例如美国第三部门有 31. 3%的资金来源于政府资助，荷兰第三部门近 90%的资金来源于政府，因此这一定义也不宜采用。

如果严格按照第三种定义，那么我国绝大多数社会团体都将被排除在第三部门之外。因为它们可能都不完全符合民间性、自治性，甚至志愿性的条件。而且，根据这一定义，欧洲一些国家的非营利组织和日本等国的很多非营利组织都将被排除在非营利部门之外。事实上，这一定义只是特别适合美国，并不利于国际比较。

第四种定义虽然相对更具有包容性，有利于国际间的比较，但是由于我国第三部门才刚刚兴起，一些非营利、非政府组织内部管理还很不完善，而且很多自下而上的民间组织也无法取得减免税的待遇，因此，这一定义在中国也不是特别适合。

看来，在中国目前的情况下，西方学者提出的以上几种关于第三部门的定义都难以采用。因此，最简单的办法还是笼统地采用排除法，即将财政拨款的政府作为“第一部门”，以营利为目的的企业作为“第二部门”，而其他社会组织均属于“第三部门”。

(二)第三部门的形成

1. 西方第三部门的崛起

西方第三部门发展的历史可以追溯到教会的慈善传统和各种行会的兴起。例如，英国的慈善事业兴起于中世纪，当时的教会、地方贵族乡绅和一些富人对无力劳动或遭受疾病灾难的穷人进行施舍资助，教会是当时最大的施舍主。

纵观西方第三部门的发展史，其第三部门的发展规模和速度与政府对社会干预的强弱密切相关。政府加强对社会的干预，第三部门萎缩；政府对社会放权，则第三部门发展迅猛。从时间上看，20 世纪 40 年代是一条分界线。在此之前，第三部门的发展处于自生自发阶段，在一定范围内达到了一定规模，对解决一些社会问题起到了一定作用。从 40 年代至 70 年代，西方国家都走上了“福利国家”的发展模式，政府积极干预社会，第三部门在不少领域都呈现出萎缩态势。从 70 年代起，由于凯恩斯主义失利，“福利国家”出现危机，西方国家纷纷进行政府改革，重新放权给社会，在认识到第三部门的重要作用后逐步与之形成了合作伙伴和盟友关系。进入 90 年代，世界各国的第三部门运动如火如荼地进行，而且出现了国际化趋势。根据美国约翰·霍普金斯大学非营利组织比较研究中心对全球 22 个国家的研究表明，第三部门已经成长为一个 1.1 万亿美元的产业，相当于世界第八大经济大国，领先于巴西、俄罗斯、加拿大和西班牙等国；雇佣了近 1900 万个全职工作人员，相当于各国最大私营企业就业总和的六倍多，高于这些国家的公用事业、纺织制造业、造纸和印刷业或化学制造业的就业人数。全球第三部门研究的权威学者莱维特·M. 萨拉蒙教授对此的评价是：“我们是置身于一场全球性的‘社团革命’之中，历史将证明这场革命对 20 世纪后期世界的重要性丝毫不亚于民族国家的兴起对于 19 世纪后期世界的重要性。”①

① [美]莱维特·M. 萨拉蒙. 全球公民社会——非营利部门视界[M]. 北京：社会科学文献出版社，2002：9.

2. 中国第三部门的形成

在中国，伴随着经济领域的改革开放，以国家全面控制社会资源为基本特征的计划经济型社会的瓦解，第三部门作为社会松动的填充物，逐渐兴起并在社会生活领域崭露头角。作为极具发展潜力的社会新生事物，第三部门以及非营利组织、社会中介组织、非政府组织、社会团体等与第三部门同义或语义相似的词汇逐渐为大众所理解，并且成为政府在社会发展和自身职能转换过程中所必须倚重的社会力量。

当前，中国正处于社会转型期，社会生活的各个层面正趋向于现代化，经济的市场化、政府职能的转变、公民社会的培育带来的急剧变化给第三部门的发展带来历史性的机遇。然而，转型期所特有的相关制度建设滞后、制度冲突、社会力量的消长和剧烈碰撞，以及中国政治体制改革的自身发展逻辑，使得中国第三部门的发展有别于西方的历史经验和其他第三世界国家的实践过程，显示出自身特有的复杂性。

当前，分析影响中国第三部门发展的政府、市场、社会各种制约力量以及它们与第三部门的关系有着很强的现实意义。尤其要关注和考察两个方面：一是第三部门的发展所带来的政治力量结构的变化以及国家基于社会发展和社会控制的双重需要而对第三部门的复杂态度。从市场经济的自身逻辑来看，它的进一步发展无疑需要公民社会、法治社会等外部条件的实现，需要政治体制改革的深入推进；而政治体制改革带来的政府权力的收缩，无疑会削弱政府的社会控制能力。这种发展中存在的悖论在很大程度上决定了中国第三部门的发展前景以及在运作和管理上有别于他国而显示出“中国特色”。从现实的情况来看，国家对待第三部门的发展并非是简单的支持、反对、默许等统一的态度，而是依据具体的第三部门能够解决社会问题和挑战权威的能力进行分类管理，以此来为经济建设“保驾护航”。二是第三部门发展的路径依赖和发展策略。在转型期，国家存在着许多发展目标，这些目标在实现过程中会有一定程度的矛盾，做出轻重缓急的安排，合理地规划发展进度，是社会有序发展的题中之义。第三部门的发展并非完全依照自身的规律，而是要兼顾社会发展的其他目标，在宏观社会治理的视角下寻找自身的发展路径。此外，在中央和地方的关系中，积极地扮演角色，实现更高层次的社会利益目标也是第三部门发展面临的基本课题。

（三）第三部门的作用

西方国家的第三部门已经成长为一支主要的经济和社会力量。萨拉蒙和安海尔认为：“它在国民就业和近期的就业增长中占据的份额之大远远超出了人们的一般认识的分量，而且它已经成了个人和社会追求各种公共和私人目的的普遍机制。”①此外，西方第三部门已经迈出国门，广泛参与全球治理体制的转变。“非政府组织参与全球治理，促使传统的单纯由政府——国家体制实行的治理向由政府——国家体制与非政府的社会体制相结合的治理体制转变，促使传统的自上而下的治理向自上而下与自下而上相结合的治理转变。”②具体来说，西方第三部门在社会发展中的作用主要表现在以下几个方面：

1. 促进经济增长

第三部门为西方国民经济的增长贡献了巨大的力量。如在 1995 年，美国第三部门的支出为 5020 亿美元，约占国内生产总值的 6.9%，雇佣了约 860 万名全职的新工人；英国第三部门支出 74.9 亿美元，占 GDP 的 6.06%，如果加上志愿行为贡献的附加值，其经济贡献占 GDP 的 8.7%～9.2%之间。

2. 增加就业机会

第三部门创造了大量的就业机会，而且还蕴藏了巨大的就业潜力。如 1995 年，美国第三部门的就业人数是最大的私人公司就业人数的 21 倍，与全美最大的 15 个公司的就业人数相当；英国第三部门雇用了近 150 万名志愿者，超过整个经济领域就业人口的 6%，在整个公共部门的就业人口中，每四个人就有一个是第三部门的职员。

3. 提供公共物品和弥补政府缺陷

现今的西方第三部门已经进入了教育、卫生保健、社会服务、环保、文化等社会公共部门的核心领域，以其巨大的经济能量和社会号召力，动员社会各方面参与社会发展，填补政府用于社会发展方面的资金不足，帮助政府解决一些容易被忽视的边缘问题。

4. 增加资源运用的透明度和合理性

由于广大群众的参与，这一部门在社会的直接监督下进行，能够较好地避免贪污、浪费，而且能够充分利用社会过去闲置或未能利用的各种资源。

5. 扩大社会公平

第三部门有利于扩大社会公平，推动社会关注与帮助在经济和社会发展中资源和人力薄弱的某些部门以及遭遇困难的弱势群体，缩小经济发展中产生的贫富差距。通过为他们提供各种信息、资金和其他资源，第三部门能促使发展滞后的地区和弱势企业转变，帮助他们脱离困境。

6. 培养人们的互助协作精神

第三部门的发展有利于培养人们的互助协作精神。培养伦理品德的最佳方法就是让思想渗透到实践中，第三部门中志愿性的工作不仅让人们感觉到互助

① 参见何增科．公民社会与第三部门[M]．北京：社会科学文献出版社，2000：243.

② 赵黎青．非政府组织与联合国体系[J]．欧洲，1999(5).

合作的好处，而且也潜移默化地影响着行动者、受益者和旁观者。

第二节 社会组织目标

组织目标对组织的存在和发展具有重要意义。同时组织的目标也是区别不同组织的最重要标准之一，是组织发展的方向和动力。组织目标的实现与否事关组织的生死存亡。因此，组织目标的制定、实施就必须科学、周密。然而，组织目标又是一个复杂的概念，它既是组织拥有者的目标，也是组织成员的共同目标，甚至还可能是一定范围内所有成员的共同目标。所以它的产生和发展都将遇到许多问题，在具体操作上也存在很多困难。本节我们着重讨论组织目标的涵义、作用、体系、制定与实施及影响组织目标制定的因素等问题。

一、社会组织目标的涵义及体系

(一)社会组织目标的涵义

组织目标是指组织争取达到的一种未来状态，它是开展各项组织活动的依据和动力。每一个社会组织，都有自己预期的目的或结果，它代表着一个组织的方向和未来。

组织目标的涵义很广泛，它通常指使命、目的对象、指标、定额等，有时也指任务的合法化与正规化，还可以是组织所完成的具体项目等。从另一角度看，组织目标还可以被看成是要求组织去满足的一系列要求等。

组织目标的产生是受社会环境因素的影响和限制的。社会组织要想适应环境，制定目标时必须遵循满足环境需求的原则。环境需要不仅规定了组织目标的范围，而且规定了组织目标的时限，影响着组织的生命周期。有些社会需要(社会利益)在社会生活中长期存在，相应地，以满足这类需要为目标的社会组织生命周期也较长。另外一些社会需要(社会利益)是偶然出现的、临时性的，以满足这类需要为目标的社会组织生命周期则较短。

组织目标与成员个人目标(个人利益)是否协调一致以及一致程度，直接影响着组织目标能否实现以及实现目标的效率。每个组织目标的制定都要考虑组织成员目标的影响。组织目标有可能与个人目标不相一致，也就是社会利益与个人利益出现相冲突的情况。因此，组织制定目标的过程也就是协调社会、组织和个人三方利益的过程，以求得三方目标之间最大限度的一致性的过程。

(二)社会组织目标的作用

组织目标对于组织的存在、发展及组织活动都起着非常重要的作用。

1. 组织目标是组织的灵魂

组织是靠目标来维持存在的，组织的一切活动都是围绕目标进行的。任何一个组织只要失去了它的特定目标，便不能在原来的意义上继续存在。

2. 组织目标是组织的宣言书、动员令

组织目标对社会大众来说是宣言书，它向社会大众宣告本组织的宗旨、性质和任务，使人们认识、了解这个组织，以便加入该组织或与该组织发生联系。对本组织成员来说，组织目标是动员令，它动员、鼓励其成员团结奋斗，为实现本组织的目标而努力。

3. 组织目标是组织制定和修正方针、路线、政策的依据

组织的方针、路线和政策都是为实现组织目标服务的。组织在制定方针、路线和政策时，要以目标为准绳。

4. 组织目标是衡量组织活动效果与效率的标准

组织建立之后，就要围绕着目标进行各种活动。这种活动是否有效果或效率，以及效果和效率如何，需要不断加以测量，从宏观角度来说，就要看它满足组织所处环境、组织系统本身以及组织成员三方需要的程度。

5. 组织目标为激发组织活动提供了动力

一个组织不仅有抽象的理想目标，而且必须制定各阶段的具体实施目标。具体的实施目标往往具有时限性，可以用数量标准加以衡量，体现为阶段性任务和具体定额。组织围绕着这些具体目标开展组织活动，以这些目标激发成员的积极性，并在具体目标基础上建立各种奖惩制度以监督和鞭策成员的行动。

6. 目标结构是组织内部分工结构的基础

组织目标必须有个分解的过程，所谓目标分解是将组织的整体目标划分为功能各异而又互补的子目标。复杂的总体目标往往需要经过多层次的分解，从而形成具有层次性的目标结构。组织内部的分工和专业化结构正是以目标结构为基础的。

7. 组织目标影响着组织的管理方式

目标管理是管理方式中的一种，通过设立不同层次的目标使组织成员为此奋斗，可以作为一种有效的激励因素，促进组织管理过程。组织目标经过分解而具有层次性，对实现不同层次目标的活动往往采取不同的管理方式。高层次的目标同外界环境以及组织的整体适应过程有较强的联系，要处理各种复杂多变的关系，因此往往采取灵活多变、因地制宜的管理方式，这需要发挥管理人员的创造性和想象力。低层次的目标往往是一些具体的、能够加以程式化的任务，完成这类子目标需要有较强的执行力。

(三)社会组织目标的体系

组织目标是一个体系，它是由总的战略目标、长期目标、中期目标和短期目标组成的，每种目标的产生和作用都是不相同的。

战略目标是一个组织的宗旨，它是最高的目标，也叫终极目标。战略目标

是比较原则的、不具体的，既没有明确规定达成的标准，也没有明确规定在多长时期内实现，它只是指明这个组织活动的方向。比如一个学术团体，它的战略目标旨在开展学术交流活动，提高学术水平。但是学术水平提高到什么程度，什么时候可以达到这个程度，并没有具体的规定。

战略目标是抽象的、原则的，不便于直接实施，所以要把它具体化为长期目标、中期目标和短期目标，才能付诸实施。

长期目标是根据组织的战略目标，结合对主客观条件的分析，给组织的发展提出一项基本任务，这项任务是要在今后一个相当长的时期内才能完成的。长期目标的作用在于它能够给组织的活动指明一个具体的前进方向和奋斗目标，它是通向战略目标的里程碑和航标，没有长期目标，战略目标就会变得渺茫不清，前进便会失去方向。长期目标一经制定，便具有相对稳定性，不可随便更改。长期目标的年限根据各组织活动的周期而定，一般 10 年以上的计划都是长期目标。

中期目标是把长期目标提出的基本任务划分，使之具体化，便于付诸施行。比如某一公司的长期目标规定，在今后 10 年内争取产值和利润翻两番，怎么去实现呢？这就是中期目标的任务，中期目标要把翻两番的基本任务划分为生产设备增加或更新多少，职工要增加多少，管理要有什么改进，劳动生产率要提高多少，要开辟哪些原料和市场基地等。可以说，中期目标是长期目标的一份清单，没有中期目标，长期目标也是不具体的，是不能付诸施行的。

短期目标就是具体的操作计划，也可以叫操作目标，这种目标把任务落实到每一个基层单位甚至每一个成员。对他们所要完成任务的数量、质量、技术要求和工作程序都作了具体规定，并且在物资和设备上给予保证，责任、权限和报酬也都作了明确的划分。总之，使组织的目标可以直接变成组织成员的行动。组织成员的绝大部分时间，都是为执行操作目标而进行活动的。

长期目标、中期目标和短期目标，在完成时间上一个比一个短，但是时间上的划分并不是绝对的。比如对于一个国家来说，5 年计划就可以算作中期目标，但是对一个工厂来说，5 年计划就可能成为长期目标，而年度计划就可能是它的中期目标。

二、社会组织目标的制定和实施

（一）组织目标的制定原则

目标制定过程基本上是协调平衡各方利益的过程，它是环境、组织及成员相互博弈的结果。随着社会的发展，组织所处的环境、组织自身的体系、组织成员都会发生变化，组织目标也随之发生相应的变化。一般目标制定要遵循三项原则：

1. 互惠原则

互惠原则，即目标对所有参与人员都有利。一般来说，在个人与其工作组织之间共同愿望的满足过程也被视为一种互惠过程。因此，任何组织目标的确定都要经过一系列的权益之争，最终只能在利益均衡的条件下达成一致。

2. 评估原则

评估原则，即运用能够测量的技术特征以评估目标的实现程度。组织目标的制定应包括一定的技术特征，即规划和控制以及衡量和评价目标实现程度的技术。规划是管理层为适应环境而采取的一种对策；控制是促使管理层完成规划，其目的是协调组织达成目标；衡量和评价目标实现程度是一项综合技术，既要有明确的客观标准，也要考虑到诸多的社会及心理因素。

3. 选择原则

选择原则是指组织在确定目标时要遵循选择最优目标的科学程序。这种程序分为五个步骤：第一步是掌握信息，明确确立组织目标的依据。第二步是拟定各种组织目标的预选方案。第三步是讨论和评估。第四步是对初步选择的方案进行试点，在实践中检验方案的可行性，以便对方案进行调查、修改、充实和完善。第五步是经过一定的组织形式最后确定目标方案并正式公布实施。①

(二)制定目标的过程

一般认为制定目标的具体过程可分为八个步骤：

第一步，正确阐明组织目标的基本意图。

第二步，必须清楚说明这些目标的重要性，并制定出详细目标战略。

第三步，确定实现目标途径的行动计划，把组织目标具体化和分解为可操作性的目标。

第四步，确立衡量工作执行情况的成绩标准。

第五步，分析预期内发生的问题，给予目标实施以较大的灵活性和伸缩性。

第六步，对执行目标的具体活动所需要的各项资源，包括人力、物力和财力资源的预算。

第七步，选择组织目标与个人目标相互作用的模式，个人目标的实现应以不损害组织目标为前提，或通过组织目标的实现来满足个人需要。

第八步，建立一套适用的考评、评价机制，对组织目标的实现程度进行客观评价。

这八个步骤是组织制定目标，确立方针，列出计划，有效执行，并严格检

① 郑杭生．社会学概论新修[M]．北京：中国人民大学出版社，2005：198.

查其成果的管理体系，它适用于各种社会组织，具有很大的可操作性。

(三)组织目标的实施

目标确立之后，要合理地安排人力、物力和财力选择合适的时间贯彻实施。一般要注意的问题是：一是时机的选择。时机包括组织内外两种因素，即组织外部的大环境(如政治、经济和文化等)与组织内部的小环境。二是在实施过程中，要不断地监视、考察，乃至调整正在实施中的目标，以便解决实施过程中的问题，把握实施的方向，确保目标的实现。三是目标的转移和承续。组织目标实施中经常会出现各种状况，要改变不合适的目标，确立新的目标，保证组织的发展。同样目标还有一个继承和发展的问题，许多目标都有个延续性的问题。

三、影响社会组织目标的因素

(一)影响组织目标制定的因素

制定组织目标受三方面因素的影响：一是受环境因素的制约；二是受组织自身条件的限制；三是受组织目标本身的限制。

从环境因素来看，社会组织在制定目标时，必须考虑到环境的作用，符合环境的要求。这里的环境包括政治环境、经济环境、文化环境和社会环境。环境因素规定着组织目标的范围。同时，社会是不断发展变化的，环境需要也会随之发生变化。社会组织必须根据变化了的情况及时调整自己的目标，以适应环境的变化。

从组织自身的条件来看，组织是否具有实现目标的能力，能否满足内部成员的需要是非常重要的。虽然目标符合环境的需要，但如果组织自身无力实现它，这样的目标同样也是不合理的。

从组织目标本身的特点看，组织目标具有多重性。组织在确定总目标之后，就要把它转换成具体可操作的目标，并分出等级、主次和先后序列。这种多类型、多层次的目标相互影响、相互作用，因此有可能改变原有目标的制定。

(二)组织目标的转换与承续

组织目标制定以后，在实施的过程中，由于种种原因的影响，组织目标会发生一定的变化，这就涉及目标的转换与承续的问题。

目标转换是指改变原来的目标，选择和实施另外的目标。目标转换有两种情况：一种是不公开废弃原来目标，而实施的却是另外的目标。另一种是原来的目标不再适应环境的需要，无法实现，必须以新的目标代替它，或者组织发现了更有价值的目标，因而放弃原来的目标，采用新的目标。组织行为理论认为，组织目标并不是一成不变的，它是与社会需要之间不断调适的过程，只要组织还继续发展和存在着，就得不断调整自己的目标。否则，就会被社会所淘汰。

目标承续是指组织原来的目标已经实现，要用新的目标来继承它。组织目标实现以后，该组织的使命也就完成了，要想让该组织继续存在，就要树立新的目标。

第三节　社会组织结构

社会组织结构直接决定组织中正式的指挥系统和沟通网络，不仅影响人员、信息、物资、材料的流通和利用效率，而且影响着组织中的人际关系、部门之间的关系和上下级之间的关系。社会组织要想实现自身的目的，就必须使组织的各组成部分之间形成明确的、相对稳定的关系模式。因此，只有具备优化、合理的组织结构，才能使社会组织发挥最大的功能，才能使组织有效运转，实现组织目标。当然，不同的组织因其目的、性质、人员、环境的不同它的结构也会有所差异，并不存在一个普遍适用的组织结构。本节我们主要讨论社会组织结构的涵义、特征、职位、内容及我国社会组织结构的发展。

一、社会组织结构的涵义与特征

（一）社会组织结构的涵义

社会组织结构就是组织内部构成部分或各个部分之间所确立的正式的、比较稳定的相互关系形式。具体而言，每个组织都有其内部的分工，因而每个组织成员在组织中都有一定的地位和职务，并被赋予相应的权力和责任。这些地位和职务间相对稳定的关系的总和就是组织结构。传统组织理论强调结构的客观性、非人格化和形式化等特征。现代组织理论则开始重视结构与环境之间的关系，相信灵活的结构形式能更好地适应环境的需要，也更有效率。

组织结构可以分为正式结构与非正式结构。这一点我们将在后面论述。

组织的正式结构指的是组织内部各个职位、各个部门之间正式确定的、比较稳定的相互关系形式。组织能否适应环境，能否稳定、高效地达到目标以及能否在规模上和系统层次上获得发展，在很大程度上取决于它的正式结构。

（二）社会组织结构的特征

组织结构关系表现为两个方面，一是纵向结构，即组织的层级关系。也就是由于权力分层而产生的领导与被领导的关系。二是横向结构，即由于职能分工而产生的分工协作关系。

一般来说，组织结构的复杂程度与组织规模的大小成正比。即当一个组织的规模较小时，内部分工就很少，往往只有简单的纵向结构的分化，而没有明显的横向结构的分化。社会学和管理学将这种简单的组织结构称为“直线式”的组织结构。在传统社会里，社会组织乃至国家与封建家族制度密切联系，规模不大，分工也不发达，所以多采取“直线式”(也称集权制)的结构形式。

在现代社会中，由于分工细致，联系密切，效率要求高，组织规模大，集权制的结构已无法适应需要，因此，一般是采取分权的体制。组织的最高权力通常是掌握在一个集团手里，这个集团是由少数有财产或有才能、有资历、有威望的人组成的，这个领导集团是决策机构。一切重大问题由它讨论决定，但是它不直接执行，通常是选拔一个行政领导人负责执行领导集团的决定。而一个领导人要包办整个组织的事务是不可能的，他必须把领导集团授予他的权力进行划分，把权力分配给他的下属分别去行使。权力划分的办法一是根据职能划分；二是根据专业或产品的性质划分；三是根据地区划分。以上三种划分方法可以同时使用。

二、社会组织中的职务、权力和地位

组织结构不但有明确的分工体系，而且有具体的人选到各个岗位上去工作，是一个活动着的有生命的结构。一个组织结构是否合理，是否有效率，不但要看分工和机构设置是否合理，还要看选择什么样的人到其中工作。具体结构是组织分工体系中处于不同地位、不同职务的人之间的角色交往，是一幅活动着的组织图。我们时常发现两个组织的结构一样，条件相同，但效率却不一样，什么原因呢？就是由于组织中各个岗位上工作的人员素质不同。如果派一些不称职的人在其中工作，就会使这个组织不能正常运转，不能发挥其功能。

组织结构是一个权力地位体系，权力是由职务规定的，有职才有权。而职务是被组织编排成的一个等级序列，有高低不同，因此，权力也有大小之分。地位是个人在职务序列中的位置，有了一定的职务，就有一定的地位。这样看来，组织内部的职务、权力和地位是一致的，三者一致是组织正常工作的前提。

职务表示占有这个职位的人的任务和职权范围，地位当然是由职务规定的，但是它不仅受职务的影响，还受个人的才能、学识、功绩、品德、声望的影响，因此，担当同一职务的不同的个人，其地位可能有高低之不同。权力是由职务规定的，但是权力要实现才有意义，而权力的实现，必须有服从，服从或者不服从要看下级的态度。下级的态度如何，要看领导者对他的态度和行为影响力的大小。而影响力的大小不仅取决于领导者的职务，还取决于他的地位和威望。职务只是给予担当这个职位的人以一定的权力，并没有保证其下级和群众一定能够服从他的权力。所以，有了一定的职务，并不等于他手中的权力一定能够实现。要实现权力，还要靠个人的地位和声望。因此，选贤任能是组织结构正常运转的关键。另外，组织结构一经确立，就有组织法，全体成员都必须严格遵守，弃权或越权行为都会妨碍组织的正常工作。

三、社会组织结构的内容

社会组织作为一个分工合作的体系，其组织结构包括正式结构和非正式结构。

(一)社会组织的正式结构

社会组织的正式结构是指由严格的组织规范和正式分工的规范化的职位关系所形成的群体结构。简单地说，就是组织内部各部门之间、组织成员之间具有明确的、稳定的相互关系模式。既然组织的正式结构有着正式的规范和明确的职责划分，那么，组织的正式结构必然存在着严格的权力分层体系。如果我们把社会组织进行分割，就会形成多层次的、多形式的组织结构。一般来说，社会组织按照职责和权力的不同大致可以分为：决策层、协调层、执行层和操作层四个层次，决策层负责对组织进行决策；协调层则给决策层提供各种信息、资料以及各种可行性方案；执行层则主要是执行决策者的指令，直接调动组织的人力、物力、财力，完成组织的任务；操作层则是通过自己的熟练操作来完成组织任务。这四个层次按照不同的形式结合，便构成各种各样的结构类型，主要有：

1. 直线型结构

直线型结构是由主管领导直接领导下属的直线垂直排列的结构形式。由于每个成员只有一个上级领导，因而具有机构简单、决策统一、贯彻迅速的特点，一般适用于规模小、运行过程简单的组织，并且对主管领导在管理和专业化技能方面有较高的要求。

2. 职能型结构

职能型结构是主管领导不直接领导指挥操作层，而由职能部门直接指挥、控制下级部门的结构形式。其优点是：分担了主管领导的责任，解决了主管领导对专业指挥的困难。其缺点是；一方面，会使下属因接受多头领导而无所适从，另一方面，会出现各职能部门专权的情况。

3. 直线参谋制结构

直线参谋制结构是使职能部门变成参谋部门的结构形式。而参谋部门只给主管领导充当业务参谋，却并没有对下属的指挥权。这种结构既避免了直线管理的粗放，又保证了主管领导的统一指挥。

4. 直线职能参谋制结构

直线职能参谋制结构是在直线参谋制结构的基础上，授予参谋部门一定程度的决策指挥权，使之变成职能参谋部门。这样既减轻了主管领导的负担，同时又具有较强的应变能力。①

5. 事业部制结构

事业部制结构即在最高领导层集权的基础上，把整个组织按照业务分为若干个事业部(即二级组织)，各事业部门在最高领导层和有关职能部门的总体决策下，分别对事业部实行相对独立的领导和管理。一个标准的事业部组织一般由三个领导部门组成：最高领导层、职能参谋部门、事业部门。这样，整个组织既有统一的领导和决策，各事业部又有相对独立的自主权与一定的决策权，因而，事业部制是一种集中决策、分散经营的组织结构形式。一般适用于大规模的组织。

6. 矩阵结构

矩阵结构又称“双维式组织结构”，是指组织在结构上采取了类似矩阵的方式。它是在各种传统的组织结构基础上，纵横交叉形成矩阵。它实行双重管理，既受传统的领导部门的领导，又受临时组成专项任务小组的管理。其优点是：在不完全打乱原来垂直系统的领导的情况下，使多项任务在一个组织之内平衡协调地完成，但有时却存在着使成员无所适从的现象。一般适用于临时性的专项任务。

上述几种组织类型只关注组织本身的职能结构。实际上，组织的正式结构往往还要受到社会体制等因素的影响，特别是在中国，几乎所有的组织都既有行政的管理又有党政的管理，因而，社会组织往往是职能结构体系和党团结构体系协同形成的立体结构。

(二)社会组织的非正式结构

实际上，个人在以组织成员的身份参与组织互动时，不可能完全做到纯粹的形式化的互动，或多或少地会将一些纯个人特征带进交往过程。因此，任何组织内部都会产生非正式的初级人际关系，必然会出现各种各样的初级群体。20世纪30年代末，在美国哈佛大学教授梅奥的“霍桑实验”的引发下，人们开始注意到组织内部潜在的无形结构——非正式的人际关系结构。

社会组织的非正式结构是指组织成员以共同的观点、爱好、情感为基础在相互交往中自发形成的一种群体结构，② 如足球协会、记者协会、班级中的文学社等。布劳也常把它称为“非正式组织”。非正式结构有两种情况：一是在正式的社会组织中的非正式群体，它在组织中存在但却并不是由组织正式分工形成的；另一种情况是在正式的工作交往中衍生出来的感情融洽的非正式结构关系，这里的非正式结构关系可能会和正式结构关系合为一体，但由于其中的

---

① 张敦福．现代社会学教程[M]．北京：高等教育出版社，2007：119.

② 张敦福．现代社会学教程[M]．北京：高等教育出版社，2007：120.

感情因素会使成员在处理工作问题时可能采取超出正式组织的方式。一般来说，非正式结构组织原则简单，甚至没有原则，主要依靠兴趣和感情维持。

社会组织非正式结构的存在可以满足其成员的特殊需求，对正式结构有着以下积极的作用：

1. 能减少正式结构带来的压力

一般来说，正式组织由于工作任务的繁重与规范的严格会使组织成员承受巨大的压力，而非正式组织的随意性、灵活性以及活动的多样性，能调适心情、缓解工作压力。

2. 它以丰富的沟通形式和感情因素，增强成员对正式组织的归属感

非正式结构是以共同的兴趣和情感为纽带建立起来的，它为组织成员提供了更丰富的沟通渠道，增进组织中各层次成员之间的相互了解与感情，培养了成员对组织的归属感。

3. 能推进组织调整，维护组织成员的正当利益

当正式组织中出现一些不合理的因素或现行组织制度损害部分组织成员的利益时，个人提出批评与建议往往无济于事，而依靠非正式群体集体的力量对之提出批评和建议时，则有更大的可能引起组织的重视，从而推动组织改革，维护成员的合理利益。

当然，非正式组织的发展方向和程度如果和正式组织的目标相违背时，则会对正式组织带来负面影响：其一，非正式组织成员过分注重"小团体"利益，往往会削弱组织权威，对组织目标的实现产生不利影响。其二，利用非正式结构拉帮结伙、分裂组织，会造成组织力量内耗，影响组织成员对组织的归属感。其三，非正式结构的成员联系过于密切，往往容易泄密，并破坏组织的正常运行。

四、当代中国社会组织结构的发展

我国社会正处于转型时期，社会组织结构状况既受社会转型的影响，同时又是社会转型过程中的重要环节。因此，在社会转型这一宏观背景下，考察我国组织结构发展变化的特点，对于确定调整组织结构的任务就具有十分重要的意义。

（一）改革前的单位体制

改革开放以前，我国公民的"组织"观念就是"单位"观念。如果把人民公社也看成单位的话，我国公民每一个人都身处"单位"之中。单位是中国社会的细胞，对个人来说，只有以某种身份进入某个单位才能具体地实现自己的个人价值和社会价值。

所谓单位体制，其基本制度内容是国家把所有社会组织都纳入到行政隶属

系统之中，所有社会成员都被纳入到社会组织之中，从而形成一个行政组织网络。在这个网络中，社会组织都代表了官方权威，而它们本身都是国家行政组织网络中的基本环节，在国家对社会实行直接管理的条件下，每个公民与他的基本生活场所的官方当局都具有一种组织关系，这种关系规定了他的合法地位并不同程度地决定了他的生活权利。单位制是国家控制、分配资源的一种制度，也是形成一元化社会结构的一种主要制度。① 由于复杂而深远的历史原因，中国的"单位制度"具有政治、经济与社会的三位一体功能。从组织学角度看，单位是国家管理公有体制内人员的组织形式，它的组织元素以公职人员(拥有公职、享受国家福利承诺，包括干部与工人)为主体，按照一定的宏观结构，形成国家权力均衡机制的基本细胞。从经济学角度看，单位一直是控制国家经济命脉、保障和容纳文化与物质生产力的重要实体。从社会学角度来看，单位是标志城乡区别的社会集团，是城市生活的核心，它决定了人们的职业、身份、消费能力、价值观念、人生经历、行为方式乃至社会地位的高低。国家通过单位制度实行劳动就业的统包统配制度、集体福利待遇制度和限制人员流动的单位所有制度，把社会成员纳入各种组织之中，并依附于所在组织。因此，改革开放之前的组织结构也即单位结构，其特征是：

1. 资源的独占性

我国是公有制国家，国家占有绝大部分社会资源，从生产资料到生活资料，主要通过其代表——各种单位将资源分配给不同的群体或个人。

2. 功能的全面性

我国的各类单位，不仅仅是一个职业群体或劳动工作场所，而且还承担着政党、政府、群众团体、社区、家庭的功能。

3. 控制的严密性

我国几乎每个成年的社会成员都归属于某个单位，每个人以此为中介确定自己的身份、社会地位并与他人建立各种社会关系，组织内部高度整合，具有封闭性，因而对其成员的控制程度较高，成员不能轻易流动。②

(二)改革后社会组织结构的变化

改革以来，我国的社会组织结构发生了如下变化：

1. 组织的性质与作用开始改变

在组织性质上突破了传统的、单一的全民所有制与集体所有制性质，出现了许多跨所有制、跨行业、跨地区的新型组织。许多组织按照市场化而非行政

① 张树义. 中国社会结构变迁的法学透视[M]. 北京：中国政法大学出版社，2002：27.

② 朱力，等. 社会学原理[M]. 北京：社会科学文献出版社，2003：188.

化规则重新组合，政府机构、群众团体、政治党派等具有政治色彩的组织的功能在衰退，作用在下降，而与市场经济密切相关的新兴的各种经济组织却在蓬勃发展，作用在不断地增强。社团性的组织大量增加。

2. 组织的自主性在增强

随着简政放权的机构改革的深入和市场经济的不断向纵深推进，社会资源出现可向社会下层组织流动的趋向，原来大部分由中央直接控制的社会资源，开始向地方、部门、单位、社会分散和转移，这使占有主体和控制层下倾，地方、部门、单位和社会的重要性上升。组织对原来神圣不可动摇的政府的依赖性、服从性减弱，相反，独立性、自主性在增强。组织对成员的控制由权威的命令型向利益的依赖型转换。

3. 组织的开放度增加

在传统组织中，其成员在利益上对组织的高度依赖及组织的高度整合性，阻碍了个人的社会流动。随着人事制度、劳动用工制度、社会保障制度的改革，对第二职业政策的放宽，劳务市场的形成，流动渠道的增多，社会成员的流动性也在加大。

4. 资源配置出现变化

原来由国家直接占有和控制的社会资源不断松动，市场配置资源的机制发挥着日益重要的作用。个体企业、私营企业、中外合资企业和股份制企业等摆脱了国家或政府的控制，直接从市场中获得资源，成为“没有上级的单位”。这种社会资源的占有和分配方式的变化，引起了旧有的组织结构的更新。组织结构的变化影响到了社会成员的利益获得方式、社会地位、社会关系、价值观念的各种变化，最终影响到人们的社会行为。

5. 各种非政府组织大量涌现

非政府组织是相对于政府、企业而言的非政府、非营利的社会组织和团体，它扎根于“市场失灵”和“政府失灵”的社会生活领域，在社会的运行中发挥着无可替代的作用，成为西方公民社会的重要特征之一。伴随着我国改革开放的不断深入，公民社会初露端倪，在政府组织的“公领域”和市场的“私领域”之间出现了“真空地带”和“交叉地带”，因此大量的非公非私组织涌现。

(三)转型时期组织结构变化的特点

我国社会正处在新旧体制的转换时期，组织结构在原有结构体制下开始急剧分化、转型，其特点表现在：第一，与“农业社会向工业社会”转型相联系，我国社会组织结构普遍受到初级关系畸形发展的影响，非正式结构冲击和干扰正式结构。在旧体制逐渐失去其功能，而新型结构尚未确定时期，由于人们对市场规则、商品经济认识上的模糊，使得非正式结构的社会关系往往超越了正式结构而起主宰作用。第二，与“传统社会向现代社会”转型相联系，在1978

年之前，我国社会组织的正式结构以单位制度结构为主要特征，分化程度较低，这说明组织结构的转换需要一个过程，并可能表现出它的反复性和曲折性。第三，与“产品经济向市场经济”转型相联系，我国社会组织由于长期处于产品经济环境下，无论是社会组织的内部关系，还是各个社会组织之间的关系，主要是纵向行政控制结构，缺乏建立在功能互补基础上的横向联系。因此，需要从整体社会结构上进行调整。

第四节　社会组织管理

管理是最普遍的人类活动，它是把人合理地组织起来，充分发挥每一个人的聪明才智，明确他们的责权利，合理利用组织内外的一切资源，包括人力、物力、财力、环境、时间与信息等，从而作为达到组织意图或目的的手段。在传统社会中，这种管理是比较简单的。到了现代社会，社会组织的规模、复杂程度和技术都在突飞猛进地发展，有关管理技术包括组织自身的结构形式的知识也在不断地增长。可以说，现代社会比以往任何时代都要更加组织化，这就意味着管理更加普及、更具权威性和更深入地渗透到整个社会中。本节我们主要介绍组织管理的涵义、相关理论及未来发展的趋势。

一、社会组织管理的涵义

(一)组织管理的涵义

组织具有综合效应，这种综合效应是组织中的成员共同作用的结果。组织管理就是通过建立组织结构，规定职务或职位，明确责权利关系，充分调动组织的一切力量，协调好组织内部的人力、物力和财力，以使组织中的成员互相协作配合、共同劳动，有效实现组织目标的过程。组织管理是管理活动的一部分，也称组织职能。

组织管理涉及两个方面，即组织与管理。组织主要是指组织的结构。科学合理的组织结构设计是组织管理的基础，可以被看成是物的、客观的因素，而管理则体现为人的因素。不同的管理者即使生活在同一组织内，也会表现出不同的态度和行为方式，最终使管理工作成为一门复杂的人类系统工程。在这一工程中，管理者的角色有两种基本职能：向内观察着组织内部的秩序，向外观察着环境的变化。管理者的基本目的是寻求内部秩序与外部环境的均衡和发展。它的基本功能是消除紧张状态，完成组织目标。这种紧张状态在组织内部指人与组织之间的矛盾，在组织外部则指组织与环境之间的矛盾。这种内外冲突的调解与处理使管理成为一门非常艰难的艺术。

(二)组织管理的工作内容

概括地讲，组织管理的工作内容包括四个方面：

第一，确定实现组织目标所需要的活动，并按专业化分工的原则进行分类，按类别设立相应的工作岗位；

第二，根据组织的特点、外部环境和目标需要划分工作部门，设计组织机构和结构；

第三，规定组织结构中的各种职务或职位，明确各自的责任，并授予相应的权力；

第四，制定规章制度，建立和健全组织结构中纵横各方面的相互关系。

组织管理，应该使人们明确组织中有些什么工作，谁去做什么，工作者承担什么责任，具有什么权力，与组织结构中上下左右的关系如何。只有这样，才能避免由于职责不清造成的执行中的障碍，才能使组织协调运行，保证组织目标的实现。

(三)组织管理的特点

(1)它是围绕组织目标来进行的。组织目标是组织存在和发展的基础，组织管理就是为了有效地协调组织内的各种信息和资源，提高组织的工作效率，以期顺利地达到组织目标。

(2)它是一个动态的协调过程。既要协调组织内部人与人的关系，又要协调组织内部人与物的关系。

(3)组织管理是一种有意识有计划的自觉活动。

(四)组织管理的形式

从历史上看，社会组织的管理经历了两种形式：

1. 家长制

它是产生和存在于传统农业社会的一种管理方式。由于传统社会生产分工不发达，生产规模相对狭小，人们把生产管理的一切指挥权集中于一人身上。

它与初级社会群体有着十分密切的关系，特征是：第一，组织内部的权力集中于最高领导人手里。领导者的权力既没有划分，也不受限制。组织的一切活动均由领导人一人决定。第二，分工不明，责任不清。组织成员没有明确的职权范围，即使有也是相互重叠和交叉，常发生遇事推诿、不负责任、相互扯皮等现象，而且没有任何规章来确定分工和责任。第三，任人唯亲，因人设位。家长是以初级关系为基础进行管理活动的，因此，在选择安排人员时，也是以初级关系为标准，即由血缘和私人关系的远近亲疏而定。第四，管理无章可循、无法可依。组织成员在处理日常事务时，主要依据以往的习惯、直觉、个人经验及情感因素，具有很大的随意性。第五，终身制。领导者在位与否不是按组织管理需要，而是根据利益群体的需要而定，这就是造成家长制管理人员终身制的原因。

家长制管理方式适合于小规模的组织结构、分工不发达的传统社会。管理的好坏取决于个人的经验和素质。因此，这种管理方式局限性很大。随着社会生产力的发展，分工的精细，逐渐出现了大规模的社会组织。这种组织是建立在分工细密、协作复杂、高效率的基础上，因而单凭个人经验已无法对其加以管理。家长制不再适应现代社会的发展，它逐渐被一种新的管理方式——科层制所取代。

2. 科层制

它产生于工业革命后现代化大生产时代，它把管理的权力分散于各个科层，分科执掌，分层负责。

(1)科层制及其特征

科层制(也称官僚制)也称为行政组织体系、行政官僚组织，它是德国社会学家韦伯根据纯粹理想型观点提出的社会组织内部职位分层、权力分等、分科设层、各司其职的组织结构形式及管理方式。其主要特征是：(1)内部分工且每一成员的权力和责任都有明确规定。(2)职位分等，下级接受上级指挥。(3)组织成员都是具备各专业技术资格而被选中的。(4)管理人员是专职的公职人员，而不是该企业的所有者。(5)组织内部有严格的规定、纪律，并毫无例外地普遍适用。(6)组织内部排除私人感情。成员间的关系只是工作关系。

(2)科层制的功能

功能是整体中的部分对整体所做出的贡献，亦即它对促进实现整体目标所做出的努力。科层制作为一种组织和管理方式，对于推动、保障组织和机构的顺利运行，达成目标具有明显的积极意义。韦伯认为，科层制是一种合理化的管理方式，在保证组织及其成员行为的准确性、稳定性以及严格的纪律性和可靠性等方面，都优于其他形式的管理方式。然而，归根结底，科层制的最大优点在于其效率，即能够更有效地实现组织目标。正因如此，这种管理方式可以应用于各种行政管理。

同时，科层制又具有保证组织高效率运转的条件：第一，专业人员。科层制排除了不能胜任工作的人进入其中，受过训练的专门人才是完成任务的基本条件。第二，紧密连接与配合。由于组织内部实行了一套近乎法律式的、精细的，经过合理设计的规章制度，从而使得上下左右都能实现良好的衔接与配合。这种配合像一台机器上的齿轮相互啮合，有效运转。第三，事本主义原则。组织机构中成员的活动以工作为中心，以事为本，排斥与工作无关的感情因素，这是严格执行规则的自然延伸。这样，当组织的设计完全符合外部环境对它的要求时，当组织同环境的关系十分稳定，组织内部的分工和规则相对稳定时，组织的高效率就是不言而喻的。显然，这种设想具有理想的性质。

二、社会组织管理的发展趋势

组织管理实际上涉及两个方面的内容，即组织内部管理和组织外部管理。组织内部主要涉及组织结构，组织文化，组织内的人力、物力、财力等；组织外部主要涉及组织所处的各种环境。因此，我们就在这两个方面对组织管理的发展趋势进行探讨。组织内部我们主要探讨组织结构和组织文化，组织外部我们主要探讨组织所处的社会环境。事实上，组织的内外部并不是截然分开的，它们相互影响、相互制约，共同作用于组织管理。

(一)组织结构设计的趋势

当今世界科技发展日新月异，知识化、信息化的浪潮滚滚而来，正在以巨大的力量改变着人类社会。为了适应知识经济时代发展的要求，崭新的、有效的管理理念和方式不断涌现，组织结构的发展及现代化组织设计也呈现出如下趋势。

1. 组织结构扁平化

一方面，组织结构的变革要求减少管理跨度。现代信息技术加强了操作执行层与决策层的直接沟通，计算机等设备的发展将取代现行组织结构中中层监督与控制部门的大量工作，从而初步取消中间管理层，破除组织自上而下的垂直高耸结构，建立一种紧缩的横向组织，从而达到使组织变得灵活、敏捷、富有弹性和创造性的目的，更好地适应不断变化着的环境。另一方面，组织结构的变革也要求加大管理幅度。科技的发展使管理者与下属可以用较少的时间和精力及时了解对方的状态和意图，从而使管理对象增多。以上两个方面共同作用的结果，必然是组织规模的减小和结构的扁平化，以适应知识经济时代竞争激烈、变化迅速的客观环境。

2. 组织结构柔性化

在知识信息时代，社会对组织的灵活性提出了更高要求。此外，国际互联网和组织内部网的广泛应用，使组织的业务流程及相应管理流程也发生了巨大变化。因此，组织结构的设计必然趋向柔性化，使组织中集权与分权相结合，稳定性和变化性相统一，灵活性和多样性相协调，保证组织充分利用资源，为组织提供应变内外部环境变化的能力，从而提高其在社会中的竞争力。

(二)组织管理知识化、信息化

高科技时代的到来，使组织管理成为一门专门的学问。目前，对知识管理的全面研究正在世界范围内展开。组织设计、组织管理都将在相关知识的指导下进行。20 世纪 80 年代以来，随着信息技术的迅速发展及其在组织管理中的普遍应用，组织运行管理的信息化趋势在不断加强。而实现信息化管理，必须有为信息交流和知识共享提供便利的基础设施网络的支持。对组织来说，拥有现代信息技术和设施已成为评价其信息化管理程度和组织综合竞争力的重要尺度。

(三)重视组织文化建设

未来的组织管理必将会越来越重视人的作用，组织文化这一概念的出现就是一个典型的例证。虽然组织文化至今并没有一个统一的定义，但其核心却是一致的，即以价值观为核心的精神文化是组织文化的最主要成分，它主要包括组织在其发展过程中所形成的共同价值观、行为准则等及其在规章制度、行为方式和物质设施中的外在表现。一般认为组织文化具有如下作用：一是导向作用；二是凝聚作用；三是激励作用。组织文化及其价值观产生以后，具有相对的独立性和继承性，它会作为组织的精神气质长期存在，从而影响组织的成长、发展。

(四)完善科层制

在组织管理活动中，家长制已经被历史所淘汰。现在，世界上大多数组织都以科层制的形式进行管理。实际上，科层制作为一种组织和管理方式，是对无规则低效率的传统管理方式的一种进步，它是在管理实践中不断积累和发展起来的，在未来相当长的时间里它仍然是我们选择的最佳方式。

然而，社会组织的生存环境是时刻变化的，组织作为社会系统中的一个子系统，其行为也必然发生适应性变化。这样，预先已有的详细规定就不一定能适应现实的要求。另外，加入组织的成员实际上也不是组织这架机器上的一个零件，他是一个活生生的、有丰富需要的人。这样，科层制的优越之处就面临着挑战。有些社会学家认为，科层制的某些特点实际上束缚了组织成员积极性的发挥和组织效能的实现，因而具有反功能。其理由是：

第一，科层制靠严格细密的规章制度及行为规则推动运行，使每一个成员都按照既定的规则行事。这会降低工作的主动性和积极性，降低他们对工作的满意程度。

第二，组织为每一组织成员都规定了工作的规范，但这些往往只适用于已经考虑到的正常情况。当组织环境发生变化，从而要求组织及其成员的行为发生适应性变化时，由于既定规则已不适用，新规则不会马上建立，这会使那些受过专门训练的成员无所适从，从而影响组织效率。

第三，组织中严格的分层及权力责任的明确划分，使上下级之间的沟通变得既规范又繁琐，工作程序机械化、死板化，逐级请示报告制度也使由下而上的反馈变得复杂困难。

第四，组织中实行的事本主义的活动规则，一方面排除了人情关系对正常工作的干扰，另一方面也把组织成员之间的关系严格地限制在工作范围内，重事不重人。这样，他们在组织中所遇到的只是纯粹的正式的工作关系，个人情感等方面的需要得不到满足，久而久之，人际关系尤其是上下级关系较为紧张，也会影响他们的工作积极性和工作效率。

第五，容易导致官僚主义出现。科层制又称官僚制，其消极部分发展起来会导致官僚主义，形成“衙门作风”。

由此看来，科层制既可以克服诸如家长制那样的随意式的无规则管理，从而提高组织效率，又可能由于过分严格死板的规则而妨碍其成员积极性的发挥和影响组织效率；既可以克服责权利不清，从而使人财物各尽所能，也可能由于过分强调上下界限而形成官僚主义。于是，科层制对于组织来说，既有正功能，又可能产生负功能或反功能。这就要求应尽量发挥其正功能而避免其反功能，既通过组织内部的分工和制定规则来促进组织运行，但又不造成对组织成员积极性、主动性的限制；既能发挥每一个人的主观能动性，又不造成“衙门作风”。当然，并不是所有组织都适用科层制。它最适于以生产效率为主要目标的常规的组织活动，而不适用于从事以创作和革新为重点的非常规的、非常灵活的组织活动。但是，无论如何，科层制对于发展组织管理理论具有积极贡献。至今，它仍发挥着重要的作用。我们现在的任务就是如何避免科层制所带来的负面效应，从而使它更好地服务于组织管理。

(五)权变管理

组织管理实际上就是权衡组织所处的环境、组织自身及人员和当时的情景等因素而因势利导，不断做出调整。未来社会知识化、信息化是必然趋势，这必将导致社会节奏加快、各种情况瞬息万变，因此组织必须适应这一状况，使组织管理灵活、便捷。

思　考　题

1. 什么是社会组织？它有哪些构成要素？特征是什么？
2. 如何理解中国的第三部门？
3. 社会组织目标的制定需遵循哪些原则？影响目标制定的因素有哪些？
4. 组织正式结构主要有哪些？试比较它们的优劣。
5. 组织管理将来的趋势如何？

主要参考文献

[1]王绍光．多元与统一——第三部门国际比较研究[M]．杭州：浙江人民出版社，1999.

[2]郑杭生．社会学概论新修[M]．北京：中国人民大学出版社，2005.

[3]张树义．中国社会结构变迁的法学透视[M]．北京：中国政法大学出版社，2002.

[4]朱力，等．社会学原理[M]．北京：社会科学文献出版社，2003.

推荐阅读书目

[1] 王绍光．多元与统一——第三部门国际比较研究[M]．杭州：浙江人民出版社，1999.

[2] 李亚平，于海．第三域的兴起[M]．上海：复旦大学出版社，1998.

[3] 何增科．公民社会与第三部门[M]．北京：社会科学文献出版社，2000.

[4] 郑杭生．社会学概论新修 [M]．北京：中国人民大学出版社，2005.

[5] 张树义．中国社会结构变迁的法学透视[M]．北京：中国政法大学出版社，2002.

第十一章 社　　区

社区是社会的细胞和缩影，是我们认识整个社会的窗口和途径。研究社区，不仅有利于我们把握微观社会结构，也有利于我们认识宏观社会结构。人们生活在社区之中，相互依赖，相互影响，共同生存和发展。充分调动社区力量，利用社区资源，改善社区环境，提高社区成员的生活质量，更好地推动社区的建设，将有利于从基层层面促进整个社会稳定和发展。

第一节 社区概述

一、社区的概念

(一)社区的由来

社区是社会学的一个基本概念，社区研究也是社会学的传统课题。学者们普遍认为，社区这个概念最早是由德国社会学家滕尼斯(Ferdinand Tonnies)在其1887年出版的《社区与社会》(又译作《共同体与社会》)一书中首次提出的。滕尼斯在书里讲的社区是与社会相对而言的，主要用以阐明在人类的群体生活中的两种结合的类型，社区是“一种持久的和真正的共同生活”，而社会是“一种机械的聚合和人工制品”。① 滕尼斯认为，社区是“关系密切的伙伴和共同体”，在社区中，人们具有共同的文化特质、习俗和价值观，彼此之间关系密切、情感相依、守望相助。

我国关于社区的概念，最早是由费孝通先生等一批燕京大学的学生，在翻译美国芝加哥学派创始人帕克的社会学论文时，将英语“community”一词翻译成“社区”的，主要是指以地区为范围，人们在地缘基础上结成的互助合作的群体，用以区别在血缘基础上形成的互助合作的亲属群体。② 费孝通先生认为，“社区是若干社会群体或社会组织聚集在某一地域里形成的一个在生活上

---

① [德]滕尼斯．共同体与社会[M]．北京：中国商务出版社，1999：28.

② 于显洋．社区概论[M]．北京：中国人民大学出版社，2006：28.

相互关联的大集体”。①

（二）社区的含义

长期以来，人们对于社区概念的界定并不一致，社会学家从不同的角度对社区下过许多定义。而且，由于不同国家、地区对社区理解的差异性，在不同的文化背景下，社区总是呈现出多元化的特质。“社区”一词从滕尼斯提出到现在，其含义也随之发生了很大变化，人们对社区含义的理解也不尽相同，社区的含义也多种多样。

1936年，美国芝加哥大学社会学系教授帕克在对社区的研究中，试图从基本特点上对社区下定义。他认为，“社区的基本特点可以概括为：一是有按区域组织起来的人口；二是这些人口不同程度地与他们赖以生息的土地有着密切的联系；三是生活在社区中的每个人都处于一种相互依赖的互动关系中”。可以看出，帕克的社区概念主要包括了人口、地域和互动关系三个特征。②

郑杭生在人大版《社会学概论新修》一书中认为，“社区是进行一定的社会活动，具有某种互动关系和共同文化维系力的人类群体及其活动区域”。他认为，社区一般包括了四层含义：地域、人口、文化维系力和互动关系。③

徐永祥在《社区工作》一书中认为，“所谓社区，是指由一定数量居民组成的，具有内在互动关系和文化维系力的地域性的生活共同体；地域、人口、组织结构和文化是社区构成的基本要素”。④

于显洋在《社区概论》一书中认为，“社区是指在一定地理空间内的人群及其社会性活动的总称”。⑤ 黎昕在《中国社区问题研究》一书中认为，“社区一般是指聚居在一定地域范围内的人们所组成的社会生活共同体”。⑥

美国著名社会学家杨庆堃统计发现，目前有关社区一词的定义已经有140余种。尽管界定社区的角度不同，但是学者们在对构成社区的基本要素的认识上还是大体一致的，都普遍认为，社区应具备诸如人口、地域、文化、价值观、组织等要素。综合以上不同学者的观点，结合我国社区建设的现状和实践，我们认为，所谓社区是指由一定规模居民组成的，具有持续互动关系和共同文化价值观的地域性的社会实体。这里要特别指出的是，学者提出的“社区”同我国目前正在进行的社区建设中的“社区”是有一定区别的，《民政部关

---

① 参见黎昕．中国社区问题研究［M］．北京：中国经济出版社，2007：2.

② 徐永祥．社区工作［M］．北京：高等教育出版社，2004：7.

③ 郑杭生．社会学概论新修［M］．北京：中国人民大学出版社，2002：272.

④ 徐永祥．社区工作［M］．北京：高等教育出版社，2004：8.

⑤ 于显洋．社区概论［M］．北京：中国人民大学出版社，2006：2.

⑥ 黎昕．中国社区问题研究［M］．北京：中国经济出版社，2007：4.

于在全国推进城市社区建设的意见》中指出："社区是指聚居在一定地域范围内的人们所组成的社会生活共同体。"同时，该文件还明确指出了城市社区的范围，"目前城市社区的范围，一般是指经过社区体制改革后作了规模调整的居民委员会辖区"。

(三)社区的构成要素

根据我们对社区的界定，我们可以把社区的构成要素归纳为以下几个方面：

1. 地域要素

社区是地域性的社会实体，也就是说，社区是有着一定边界的，任何一个社区都存在于一定的地域空间，是一个相对稳定和固定的地理区域。一般而言，社区的地域要素主要包括了两个方面，即自然地域要素和人文地域要素。自然地域要素包括了社区的自然条件、生态环境、地貌特征等。人文地域要素则包括了社区的人文景观和建筑设施等。没有一定范围的地域空间，人类的一切活动便无法进行。社区的范围一般而言小于国家、社会和城市，但是，想要明确界定一个社区的边界却是十分困难的，因为社区的边界有可能是自然区域，也有可能是行政区划。社区的范围一般较小，比如城市里的社区或居委会，农村里的行政村或自然村。

2. 人口要素

一定数量的人口是社区的主体，社区的存在和发展离不开一定的人口，社区因人聚集与互动，离开了一定数量的人口，就不可能形成社区。社区中的人口不是孤立存在的，而是相互之间有一定联系，彼此之间结成一定的社会关系的人群，他们是社区物质和精神文化的创造者。社区人口包括了以下几方面的要素：人口数量、人口构成、人口素质、人口密度等。人口数量指的是某时间段内社区的人数，包括了社区常住人口和流动人口；人口构成包括多方面内容，比如社区男女人口比例、婚姻状况、职业状况、民族状况等；人口素质指的是社区人口的受教育状况、科学技术水平和文化素质等方面；人口密度指的是社区一定面积内所居住的人口数量。这些要素会影响社区的性质和特点，并决定着社区经济与社会的发展。

3. 结构要素

社区组织结构主要指社区内各种社会群体与社会组织之间的构成方式及相互联结关系。社区是由不同的社会群体和社会组织构成的，包括了家庭、学校、医院、工厂、公司、政府机构、群众社团、非政府组织等。这些群体和组织之间的关系直接影响社区的稳定和发展。随着社区规模的不断扩大和社区人口数量的不断增加，社区的异质化程度随之增强，不同群体和组织之间的关系更为复杂。

4. 文化要素

社区文化是社区居民在社区这个地域性社会实体长期生活过程中形成的历史习惯、文化传统、生活方式、社会规范以及对于社区认同感和归属感的共同意识，是社区得以存在和延续的精神基础。社区文化本质上是一种家园文化，它渗入到社区生活各个层面，约束着社区居民的行为，为社区居民提供系统的行为规范。社区文化是社区居民形成归属感和认同感的基础，一个具有共同价值文化的社区，居民有着较深的社区凝聚力，社区居民更容易融入社区。同时，不同特征的社区文化也是区别一个社区和另外一个社区最显著的标志之一，例如城市和农村社区由于文化的差异性较大便很容易区分开来。

上述构成社区的四种基本要素是形成社区的必要条件，这四个要素相互依赖、有机统一。其中，地域要素是社区的地理环境要件，人口是社区生活的主体要件，组织与群体是社区居民交往和整合得以实现的客观机制，而文化则是社区居民交往与整合得以实现的精神要件，四者紧密相关，缺一不可。①

二、社区的功能

社区是多功能的地域性社会实体，人们需要在社区里实现各种不同的功能。例如，在经济上社区可以满足人们的生产—分配—消费功能；在政治上可以维护正常的社区秩序，保障社区居民的安全；在教育上可以体现对社区居民的教化功能；在满足居民的社会需要上，可以实现社会服务功能、社会保障功能等。我们认为，根据对社区含义的分析，社区的功能可以归纳如下：

(一)社会服务功能

社区的社会服务功能，是为了满足社区居民的基本生活需要，在政府支持、社会参与的前提下，由社区内外部组织、志愿者和社区居民在社区区域内提供的公益性社会服务。社区的社会服务性质是公益性的，是不以盈利为目的的无偿或低偿的服务。社区社会服务根据服务对象的不同分为一般人群社区社会服务和特殊人群社区社会服务。一般人群社区社会服务指的是服务的对象是面向全体的社区居民而开展的，比如便民服务、卫生医疗服务、文化娱乐服务等；特殊人群社区社会服务是指服务对象是社区内的特殊人群，主要包括残疾人士、老年人、妇女和儿童等社区弱势群体，比如我国民政部在社区实施的针对老年人服务的“星光计划”，对残障人士的就业援助，对受虐妇女的心理劝导服务等。社会服务功能是社区最重要的功能，我国目前开展的社区建设正是从社区服务开始的。社区社会服务在为社区居民解决困难，满足居民不同需求方面发挥了积极作用。随着社会发展和社会结构变革，社区出现了诸如流动人

---

① 徐永祥．社区工作[M]．北京：高等教育出版社，2004：9.

口增加、人口老龄化、社区组织多元化等新的情况，也给社区社会服务功能提出了新要求和挑战。

（二）社会化功能

社会化是一个“自然人”通过不断内化社会价值，学习社会角色要求，适应社会生活转变而成为“社会人”的过程。而社区在人的社会化过程中起着非常重要的作用。在儿童阶段，除去家庭对于个人社会化的影响，社区中的邻居、文化环境以及社区幼儿园对个人早期社会化具有基础性作用；青少年阶段社区内的同龄群体对于个人的价值观和人格形成有着潜移默化的作用；成人的社会化也会继续受到社区的影响，例如我们现在提出的“社区矫正”这个概念，实质就是利用个人熟悉的环境，对违法分子和犯罪分子进行“再社会化”的过程，目的是使违法犯罪分子更容易回归社会。所以我们应该重视社区在个人社会化过程中的功能，调动社区组织、邻里组织、社区群体在社会化方面的积极作用。

（三）社会控制功能

社会控制是指社区通过对某种行为的禁止和提倡，促使社区居民遵守既定的社会规范，维护现有的社会秩序的过程，社会控制对于社区稳定有着积极作用。社会控制一般可以分为两种形式：正向的社会控制和负向的社会控制。正向的社会控制是指通过宣传、表扬和鼓励等方式支持符合社区秩序和规章的行为，从而达到使居民遵守社区规章制度的目的；负向的社会控制是指对于违反社区相关规范和制度的行为予以相应的控制和惩罚。根据社会控制的正式与否，我们还可以将社会控制分为正式的社会控制和非正式的社会控制，正式的社会控制是指根据社区现有的制度法规对违反相关规定的人和行为予以相应的惩罚，而非正式的社会控制是指通过邻里之间的赞誉、责备、批评和议论等形式对居民行为起客观约束作用。

（四）社会参与功能

社会参与是社区的根本功能，社区是人们参加社会生活的基础场所，我们现在所提倡的公民意识的培养也应该从社区开始。社区为居民提供了参与公共事务的场所和机会，居民通过社区参与增强对政府的信任和支持，同时，社区居民通过社区参与锻炼了自己的参与能力，将社区潜在的多种资源发掘出来，成为社区进一步发展的潜在动力和积极因素。社会参与还可以改变目前社区居民疏离、冷漠的人际关系，通过社区活动增进居民之间的互动从而达到居民之间的相互关怀和情感交流，在参与的过程中，发掘社区领袖，增强社区的自治能力。

（五）社会互助功能

社区居民人与人之间的相互支持和帮助是社区的另外一项重要功能，传统社会中的支持功能主要依靠血缘基础之上的家庭和家族，但是随着工业化进程和家庭核心化的趋势，家庭的支持功能逐渐外移。社区内的互助体系可以使居民之间相互支援、相互帮助，社区通过重建邻里关系，引入非政府组织和非营利组织参与社区事务，建立社区自身的互助组织和机构，从而完善居民之间的互助网络。

三、社区的分类

随着社区的不断演变和人们对社区的认识不断加深，我们可以按照不同的标准将社区划分成多种类别，最为常见的是按照社区生产力发展水平、社区功能及空间特征对社区进行划分：

(一)按社区生产力发展水平划分

按照生产力发展水平来划分，可以将社区归纳成三种类型：第一，传统社区。主要指人类社会发展史上曾出现过的社区的残余形态。所谓传统，多指前资本主义的生产和生活方式，目前这类社区在发达国家已不多见。第二，发展中社区。它是传统社区向现代社区转型中的社区形式，既保留了前者一些特点，又吸收了后者许多内容。我国的许多集镇和乡村都属于这类社区。第三，现代社区或发达社区。表现为现代城乡融为一体，人们的日常活动穿梭往返于城乡之间，乡村生活十分方便，水平甚至高于城市。这类社区主要存在于一些发达国家。我国主要的社区形式是发展中社区，这与我国社会处在转型时期的现状是一致的。①

(二)按社区功能划分

按照社区的主要功能来划分，可以将社区分为政治社区、经济社区、文化社区、军事社区等。

政治社区一般是指国家、省、市、县等各种行政区划的行政中心所在地，比如美国的白宫附近、英国的唐宁街、北京的中南海等。

经济社区是指该社区的经济活动集中，经济功能明显，如商业活动、工业活动中心以及旅游、矿产资源集中的地区。比如北京的王府井、西单；西安的东大街、康复路等；上海的宝钢和辽宁的鞍钢等；杭州的西湖和湖南的张家界等；榆林的神木和黑龙江的大庆等。

文化社区是指科研院所、学校、文艺单位比较集中的社区，如北京的中关村、798 艺术公社以及各地兴建的大学城等。

军事社区主要是以军营、军事基地为代表。

---

① 郑杭生．社会学概论新修[M]．北京：中国人民大学出版社，2002：2.

(三)按空间特征划分

按照空间特征划分也可以理解成按照地域区别来划分，我们可以将社区划分成农村社区、集镇社区和城市社区三种类型。

1. 农村社区

农村社区是指居民以农业生产为主要生活来源的地域性或区域性社会。农村社区是人类历史上最古老的社会生活共同体之一。农村社区的主要特点是：人口密度低，同质性强；经济结构单一，主要以农耕为主；风俗习惯和生活方式受传统势力影响较大；社区内居民关系密切、守望相助；社区设施相对落后。

2. 集镇社区

集镇社区是介入农村社区和城市社区之间的社区形式，在特点上，集镇社区兼有农村社区和城市社区某些特征。费孝通认为，小城镇(集镇)社区是一种“比农村社区高一层次的社会实体的存在，这种社会实体是以一批并不从事农业生产劳动的人口为主体组成的社区。无论从地域、人口、经济、环境等因素看，它们既具有与农村社区相异的特点，又都与周围的农村保持着不可缺少的联系”。① 集镇社区的主要特点是：人口密度大于农村社区又小于城市社区；社区居民基本不从事农业生产活动；居民既保留了传统文化，又接受了现代城市文明和理念，体现出现代性和传统性的碰撞；人际关系比农村社区较为复杂。

3. 城市社区

城市社区是指在特定区域内，由从事各种非农生产劳动的密集人口组成的社会。城市社区的主要特点是：城市人口密度大，居民之间异质性强；社会组织结构复杂；社区居民生活方式、价值观体现出多元化和差异化；人际关系较为松散并且复杂；社区服务设施相对齐全和先进；思想、政治、文化相对发达。

除了以上三种划分类型，我们还可以按照不同标准将社区划分成不同类型，比如按照社区的形成途径，可以将社区划分成行政社区和自然社区；按照社区规模划分，可以将社区划分为大型社区和小型社区；按照是否现实存在，可以将社区划分为现实社区和虚拟社区。深入研究社区的不同类型及特征，对于我们多角度和整体认识社区和社会有着重要作用，既有助于我们更深入认识社区，也有助于我们推动社区建设和社区发展。

---

① 郑杭生．社会学概论新修[M]．北京：中国人民大学出版社，2002：275.

第二节 农村社区与城市社区

地理区域、互动关系、共同情感三个特征决定了社区的构成结构。我国由于长期受城乡二元经济的影响，社区的形式主要分为城市社区和农村社区。

一、农村社区

(一)农村社区的含义及特征

农村社区作为人类生活中最基本的一种社区形式，存在时间已经有几千年历史。今天，在全世界范围内仍有一半人口居住在农村社区，我国也有近60%的人口生活在农村社区。农村社区是指社区居民以从事农业生产为主要生活来源的地域性或区域性社会。农村社区在人口特征、组织特征、文化特征等方面有以下特点：

1. 人口特征

农村社区人口密度小，社会结构简单。由于农业生产会受到自然地理条件的影响，而土地的多少、肥沃或贫瘠等因素会直接影响到农业生产，农业生产劳动力严重依赖于土地，所以，农村社区的人口密度大大低于城市人口密度，尤其是一些土地面积稀少、土地贫瘠的社区。农村社区的社会结构表现为社会结构简单，社会分工程度较低。由于传统农业生产技术较为简单，不需要发达的社会分工，所以农村人口的同质性较高，而异质性较低，大多以务农为业。从质的方面看，农村社区居民文化水平普遍较低。

2. 组织特征

农村社区由于分工不发达，人口同质性高、异质性低，决定了职业种类简单和组织结构数量较少、结构简单。在农村社区，家庭是社区居民生产、生活的中心，承担着生产、消费和社会保障等多种社会功能。家庭内部成员和邻里之间的交往是农村社区居民交往的主要形式，交往渠道和交往模式较为简单，而不是城市中建立在科层制下的复杂的社会交往结构。

3. 文化特征

农村社区由于特殊的人口特征、组织特征，使得农村社区居民的文化素质、心理状态、思维模式、生活习惯等方面明显区别于城市社区。由于简单农业生产不要求过高的技术，所以，农村社区居民的知识文化素质相对较低；农村社区受到地理和自然条件的影响，与外界交往相对较少，造成了农村社区居民的心理和思想相对保守，重视家庭关系、血缘关系和宗族关系，社区成员之间相互熟悉但是具有排外心理。

（二）农村社区的类型

由于受地理条件和生产技术的影响，农村社区又表现出多样化特征，按照不同的标准，我们可以将农村社区从不同角度予以分类。

按从事的产业划分，可以将农村社区划分成：(1)农业社区，主要从事农业耕作生产的社区；(2)林业社区，主要从事林业和果业生产的社区；(3)牧业社区，主要从事放养牲畜为主的社区，如我国的内蒙古、新疆、西藏等牧区；(4)渔业社区，主要以养鱼和捕鱼为主的社区，如靠近江、湖、海的农村社区；(5)混合社区，社区的产业包括两种以上产业且分不出主次的社区，如农渔业社区、农牧业社区、农渔牧业社区等。随着农村社区的不断发展，这种混合社区在农村也较为多见。

按行政区划划分，可以将农村社区划分为行政村和自然村。行政村是指国家行政机关按照便于管理的标准人为地划分出来的区域范围，有着明确的界线；自然村是指在社区发展过程中自然形成的村落，例如村庄的名字叫做“张家村”、“李家寨”等这样的社区。

按聚落形态划分，可以将农村社区分为散村社区和集村社区。散村社区是指在人烟稀少地区，由十来户家庭所形成的小村落，整个社区呈点状分布，多见于丘陵、山区地区，这种村庄往往规模较小；集村社区指的是村庄规模较大、人口较多、村庄人口聚集程度较高的社区，这种社区多见于平原和盆地地区。

（三）中国农村社区的变迁

中国传统社会是以农村社区为主，农业人口、农业活动占社会主要地位。新中国成立后，我国开展了土地改革、农业合作化、农村公社化等运动，传统农村社区结构发生了根本性变化。改革开放之后，随着农村经济体制改革的推进，我国农村社区呈现出新的特征。

1. 政治结构日趋民主化

自改革开放以来，中国农村实行了家庭联产承包责任制，确立了农户相对独立的生产经营者地位，废除了“政社合一”的人民公社体制。我国政府在乡镇以下农村社区按照居民居住地区设立基层群众性自治组织的村民委员会，办理本居住地区的公共事务和公益事业，调解民间纠纷，维护社会治安，并且向人民政府反映群众的意见、诉求和提出建议，村民自治成为农村社区居民政治生活的主要形式。村民积极参与农村社区公共事务，治理农村社区，农村社区政治结构日趋民主化。

2. 经济结构日趋多样化

随着土地承包到户的实施，农村社区的经济结构也随之发生了较大变化，经济结构由以往的以农业生产为主逐步发展到农业、林业、渔业、牧业和非农业共同发展的多样性和复杂性的格局。其中，农村社区的非农产业更是有了飞速发展，以村镇企业为代表的农村非农产业已成为中国农民脱贫致富的必由之路，也成为国民经济的一个重要支柱；广大农村社区在坚持因地制宜的原则下，依据农村社区区域特有优势，积极调整和发展农村社区经济结构；在市场化和可持续性发展的原则下，发挥主导产业优势，积极发挥农业产业化优势，建立各类产业协会、农民专业合作社、专业市场组织，培育我国农村发展新的经济增长点。

3. 社会结构日趋复杂化

农村社区的社会结构伴随着生产力的不断发展而在产业结构、就业结构和组织结构上也日趋复杂化，对我国农村社区的社会结构变迁产生了巨大影响。在产业结构上，传统的农林牧副渔产业在农村社区的产业结构中所占的比例逐步下降，而工业等非农产业在农村社区的产业结构所占比例正逐渐上升；在就业结构上，由于我国人多地少的基本国情影响及农业技术的不断提高，农村出现了大量剩余劳动力，大批的农村社区居民进入乡镇企业工作或外出务工，非农收入占农村居民总收入的比例也逐年提高；在组织结构上，农村社区居民交往日益广泛，农村新生社会组织在整个农村社区生活中地位日益重要，村民委员会、村民小组和各种农业合作社在社区中发挥着重要作用。

4. 文化结构日趋多元化

改革开放以来，我国农村经济社会发展带动农村社区精神文化出现了以下变迁："法治"文化正逐步取代原有的"礼治"文化，成为约束农村社区社会关系的主导秩序准则；积极主动、开放进取的市场意识正逐步取代原有的安土重迁、封闭保守的小农意识；"义利并重"甚至"偏利淡义"的价值观正在逐步取代原有"重义轻利"的价值观；科学、进步、理性的生活方式正逐步取代原有愚昧、落后、感性的生活方式。① 农村社区文化和居民心理结构正逐步改变，商品经济观念、时间观念、开放意识等新的理念正逐步被农村居民接受，农村社区正由封闭、保守的文化结构向开放、多元的现代生活转化。

二、城市社区

(一)城市社区的含义及特征

城市社区与农村社区一样，也是人类居住生活的主要形式之一。城市社区的出现一般晚于农村社区，城市社区一直到近代才成为人类居住生活的主要形式。随着社会现代化程度的提高，城市化进展日益加快，城市社区在人类社会

① 陈宇海．改革开放以来中国农村社区的精神文化变迁[J]．云南社会科学，2007(1)．

生活中扮演着越来越重要的角色。由城市社区研究发展起来的城市社会学也成为社会学研究的重要领域。城市社区是指在特定区域内，由从事各种非农生产劳动的密集人口组成的社会。城市社区具有以下几方面特征：

1. 人口特征

与农村社区人口相比，城市社区人口聚居规模大，且人口密度高，这是城市社区有别于乡村社区的最显著和最直观的特征；从人口的经济形态上来看，城市社区居民以从事工商服务业(第二、第三产业)为第一职业和主要谋生手段，而在农村社区，农业生产是农民的主要职业；与农村社区的"安土重迁"的习惯不同，城市人口的流动相当的频繁，这种流动包括水平流动和垂直流动，而城市的社会流动往往和城市的经济社会发展水平有着密切的关系；城市人口的增长以移民为主要形式的机械增长模式为主，而农村社区是以人口自然增长为主；城市社区人口异质性较强，主要表现在人们从事职业和社会阶层的多样化，个人文化程度、价值观念和文化也有较大差异。

2. 经济特征

城市社区经济活动和其他社会活动频繁，职业类别较多。城市社区作为一定区域发展中心，不仅是工业、商业、运输业和服务业等非农产业的聚集地，是一定区域的生产中心、流通中心和消费中心，也是全社会经济活动的中心，发挥着带动国民经济发展的作用。城市的基本特性是高聚集性，即人口集中，经济活动、文化活动和其他各种社会活动集中，物质财富与精神财富集中，商品经济程度较高。

3. 生活方式特征

生活方式包括劳动生活方式、消费生活方式、文化娱乐方式、人际交往方式等各方面。城市社区人口的生活质量和生活水平比农村社区居民高，生活方式和消费方式也体现出多元化、差异化、超前化等特征，较之农村社区更加多元化和丰富多彩。在人际关系方面，由于城市社区体现出较强的异质化、匿名性和非个性化，与农村社区居民人际关系相比，人际交往更多以业缘为主，而不是农村社区以血缘、姻缘和地缘为主要纽带，人际关系较为松散，人际交往中目的性和功利性较强，而感情色彩较少。

4. 社会关系和社会组织特征

城市社区居民社会关系更多体现出一种"契约性"和"工具性"，即在人际交往中，个人是根据理性和需要和他人交往，在社会关系的协调和人际冲突的解决途径方面，城市社区居民不是依靠传统社区中的共有文化和价值判断，而更多地依赖法律和契约的力量。而在乡村社区，传统道德对人际关系的约束要更强。城市社区社会组织数量众多、类型复杂，包括政治组织、经济组织、文化组织、社会组织等，对于社会组织的管理普遍采取的是科层化的管理方式，组织类型结构复杂化，组织功能专业化，组织体制科层化构成了现代城市社区社会组织的基本特征。

(二)城市社区的作用

城市在整个社会中发挥着越来越重要的作用，城市代表了先进的经济生产方式，对整个社会经济起着主导作用。城市在整个社会系统中的中心地位突出表现在以下几个方面：

1. 城市是区域的政治和管理中心

城市一般都是各级政权机构所在地，它对一定范围内的政治、经济和社会活动行使着领导与组织管理作用。城市社区之所以能够承担这个职能，是因为城市社区在经济实力与结构、交通、通信等各个方面都比农村社区要先进许多；其次，城市的政治影响力吸引着广大农村社区居民向城市社区流动，并带动整个社会的进步。

2. 城市是区域经济活动的中心

城市发挥着带动国民经济发展的作用。当前，城市集中了整个社会绝大部分的工业、商业、金融业和服务业，城市以其强大的经济实力，在生产、生活诸多方面带动着全国经济的发展。作为经济中心的城市的形成，要取决于地理位置、交通运输、经济结构等条件，长期以来，紧邻河道、海港或道路一直是商业性城市兴起的重要因素。我国当前经济发达的城市主要集中在以珠三角地区和长三角地区的南方沿海省份。

3. 城市是区域的服务中心

城市集中了文化、教育、科研、体育、卫生等方面的重要设施，这些设施与我们的生活密切相关，各类设施的高度集中，使城市成为区域的服务中心，带动着社会的全面进步。城市社区由于在经济、政治、信息、服务等方面具有的绝对优势，它能够满足周围农村社区的需求和带动农村社区的持续发展。

(三)城市社区的类型

目前，城市社区根据不同的划分法可以进行以下分类。

第一，按城市人口数量不同，可以将城市社区分为大城市、中等城市和小城市。因国情不同，每个国家对于城市划分的标准也不相同。根据有关规定，我国城市市区非农业人口数量20万人以下为小城市，20万~50万人为中等城市，50万~100万人为大城市，100万人以上为特大城市。随着特大城市人口的持续膨胀，又把200万人以上的城市列为超大城市。随着城市的进一步发展，我国现在已经出现了人口数量在千万以上的城市，比如北京、上海等城市。

第二，按城市的主要功能来划分，可以将城市划分成政治城市、工业城市、商业城市、宗教城市、旅游城市、文化城市等多种类型。(1)政治城市。

以政治活动为中心的城市，一般是一个国家或地区的政治机关所在地。例如美国的华盛顿、英国的伦敦、我国的北京等。(2)工业城市。以工业生产为中心的城市，例如我国的石油城大庆、钢铁城鞍山等。(3)商业城市。以商业活动为中心的城市，比如法国的巴黎、我国的香港、上海等城市。(4)宗教城市。以宗教活动为中心的城市，例如麦加、耶路撒冷等城市。(5)旅游城市。以旅游活动为中心的城市，例如我国的大连、杭州、桂林等城市。(6)文化城市。以文化、科学研究等活动为中心的城市，例如英国的牛津和剑桥，我国文化古都西安、洛阳等城市。以上仅是从单一功能性来划分，需要注意的是，现在城市发展越来越多地体现出多功能和综合性的特征，比如我国的北京既是政治城市、经济城市，还是旅游城市和文化城市。

第三，按城市的行政级别划分，可以将我国城市划分为直辖市、地级市和县级市。目前我国的中央直辖市是上海、北京、天津、重庆和香港、澳门特别行政区。地级市为省辖市的一种，接受省、自治区政府的直接领导和管辖。截至2009年10月，中国大陆省辖地级行政单位共333个，其中包括283个地级市、17个地区、3个盟、30个自治州。在实际工作中，部分省会城市和沿海经济开放城市被当做副省级城市，拥有相当于省级的权限，目前约有30个。县级市是指不设区的市，截至2009年10月，全国有367个县级市。

第四，按社区形成的原因及所处的民族与文化传统等综合特点作为标准，可以将城市社区划分成欧洲型、亚洲型、美国型、中东型等。① 欧洲型城市社区是工商业市民的城堡，是一种以工商业市民为主体的城市。从城市的建筑上看，城墙包围着街市，市中心是市民集会的广场或大教堂，城市由工商市民管理。工业革命后，欧洲城市中又兴建了许多规模宏大、工人众多的工厂，人口向城市大量集中。亚洲型城市往往是统治者政治统治的核心，城市是君主或国王居住的地方，并且多数城市的产生是在政权建立之后才逐步发展，城市具有鲜明的政治色彩。美国的城市社区的结构要简单得多，主要原因是美国是一个新建的移民国家，城市从一诞生起就布局合理，规划整齐，商业发达。中东城市里一般都有伊斯兰教的清真寺，城市道路往往较为复杂，宗教气氛浓厚。

第三节　社区变迁和社区发展

经过20多年的发展，我国城市的社区制已完全取代了街居制，并且形成了社区内多种组织并存的局面，这些组织开始初步形成了合作共治的机制。但是，也仍然存在一些需要克服的不足之处，今后的社区发展应更多地体现其居

① 风笑天．社会学导论[M]．武汉：华中科技大学出版社，1997：169.

民自治组织的特点，进一步淡化政府的行政色彩，从社区管理走向社区治理。

一、社区变迁

(一)社区变迁的涵义

社会的发展变化必然会导致社区的变迁。社区变迁是指在社区的实践活动过程中，由于相关因素发生变化而导致社区发生局部或全部性质改变。研究社区变迁，有利于社区实际问题的解决，并对社区建设有重要的理论价值。

(二)社区变迁的类型

按照不同的标准我们可以将社区变迁划分为以下几种类型：

1. 变迁的内容

按照社区变迁的内容来划分，可以将社区变迁分为：社区自然环境变迁、社区政治变迁、社区经济变迁、社区文化变迁等。

(1)社区自然环境变迁。所谓社区自然环境变迁是指社区地理、风貌、大气、水等自然资源发生的改变。我国古代“丝绸之路”上的重要站点楼兰，在西汉时期，环境优美、水源充足，是来往商客重要的驿站和货物的集散点。而随着后期楼兰所在地区的常年干旱、缺水和生态恶化，楼兰居民最终不得不外流迁移，楼兰也最终被废弃。目前，由于环境污染对社区的气候、水等方面造成了极大的危害，而社区经济发展水平和社区环境质量关系又十分密切，所以，在考虑经济开发的同时，我们必须要把发展经济和保护社区环境有机地结合起来。

(2)社区政治变迁。所谓社区政治变迁是指社区原有的权力结构、社会关系及社会互动发生的改变。社区政治包括了社区的管理、社区参与、社区权力分布等多个方面。例如，传统社区的居民参与程度较低，而现代社区居民的参与意识和参与程度都比较高；我国在计划经济时代，社区的权力主要集中在相应的政府机构，而目前居民委员会、社区组织、业主委员会都在社区管理中承担着重要角色。

(3)社区经济变迁。所谓社区经济变迁是指社区在经济发展水平、经济结构、经济发展模式等方面发生的改变。例如改革开放前，我国南方地区社区的经济发展水平较低，改革开放后，南方地区的经济发展水平得到了飞速发展。以玉门、铜川、抚顺为代表的资源型城市，在资源充裕时期经济结构比较单一，主要以石油、煤、矿产为城市的支柱产业。但是，当资源开采枯竭之后，这些城市就必须要考虑经济结构的转变以及经济发展模式的变化。

(4)社区文化变迁。所谓社区文化变迁是指社区内的人们的信仰、价值观、行为规范、历史传统、风俗习惯、生活方式等方面发生的改变。社区文化变迁是社区变迁最为典型的外在表现形式，我们往往可以通过社区文化变迁来研究社区整体变迁。我国传统社区文化观念和思想观念比较保守，而随着市场经济和商品经济的影响，现代社区的文化观念和思想观念表现出更多的开放性和多元化。

2. 变迁的范围

从变迁涉及的范围看，可以把变迁分为社区整体变迁和社区局部变迁。社区整体变迁是指变迁的范围涉及社区的方方面面，引起社区在结构、经济、文化等方面的变迁。这种社区变迁通常是根本的，也是较重大的。例如，社会现代化使农村社区转变为城市社区，最为突出的就是随着城市化进程的加快，大量的城市周边村庄被划入到城市，土地被征用，农民变成了市民，整个社区发生了整体性变迁。社区局部变迁是指社区结构的某一部分或社区某些方面发生的变化，这种变化通常不影响社区的正常运转，也对社区原有的性质不发生改变。例如社区的建筑设施的改变，农村社区的农业经营方式的改变或社区领袖的改变，都属于社区局部变迁。但需要注意的是，社区整体的变迁往往开始于社区某些局部的变迁。

(三)影响社区变迁的因素

影响社区变迁的因素复杂多样，一般而言，影响社区变迁的主要因素包括：环境因素、政策因素、人口因素、技术因素等。

1. 环境因素

社区环境是社区赖以生存和发展的外部条件的总和，也就是各种直接或间接地作用和影响社区本身的外部客观因素的总和。① 影响社区变迁的环境因素可以分为自然环境因素和社会环境因素。自然环境主要指的是诸如空气质量、气候条件、日照时间等生态因素，这些因素可以影响社区的变迁。例如，环境的恶化可能会迫使社区居民改变原有的生活方式或者外出迁移，自然灾害的发生可能使居民需要重建社区。2010 年，我国西南地区的特大旱灾就迫使大量农村社区居民外出务工并改变社区原有的种植结构。社区的社会环境是指与个别社区有关系的所有社会组织及其他社会要素，包括社区以外的其他社区、国家政治、经济和法律系统乃至中国加入世界贸易组织的影响、国际政治变化的影响等。这些社会环境对于社区结构与功能的改变起决定性的影响，作为社区本身只能去适应并承受这种变化。②

2. 政策因素

政策因素是指国家在一段时间内关于社区各个方面所规定的一般步骤和具体程序，政策因素对于社区的变迁、社区管理、社区参与等各个方面起着十分

① 张宝锋．社区管理[M]．郑州：郑州大学出版社，2006：31.

② 于显洋．社区概论[M]．北京：中国人民大学出版社，2006：279.

重要的作用。我国关于社区的政策，对于不同时期社区的变迁，都有着规定性和导向性作用，如我国在农村社区实施的农村人民公社化运动，彻底消除了生产资料方面的私有制残余；目前我国进行的新农村建设运动，整个农村社区尤其是在基础建设上有了较大改善，有利于城乡差距的进一步缩小。这些社区变迁与相关政策的规定和导向有着紧密的联系。

3. 人口因素

人是社区最重要的因素，人口性质的变化会影响社区的结构和变迁。人口性质主要指人口数量、人口结构、人口流动等。随着我国城市化进程的加快，农村社区的人口正在逐渐下降，而城市社区人口正逐年上升。据国家统计局报告，截至2008年，我国的城市化率已经达到45.68%。由于人口自然增长率的下降和我国人口平均寿命的增加，社区的人口年龄结构也发生了很大变化，最为突出的是老年人数量的剧增，导致了社会和社区负担的加重；此外，农村社区的人口性别比过高也应引起我们高度的关注。人口流动呈现出逐年增长的趋势，大量农村剩余劳动力涌向城市各个角落，在给城市社区造成一定负担的同时，也深刻影响着农村社区的结构，最为典型的就是大量“空心村”的出现和几千万的留守儿童问题。

4. 技术因素

技术因素指的是社会中科学技术、知识等对于社区变迁的影响。随着信息技术的飞速发展，科学技术已经影响到了社区的各个方面，满足了居民日益增长的需求，丰富了居民的交往形式。例如互联网在城市社区的普遍使用，可以满足居民多元化的生活、文化、精神需求，并改变社区居民传统的交往方式，居民利用社区论坛、社区业主群等新的联系方式参与社区公共事务，完善居民自治。

（四）我国社区变迁的趋势

社区变迁是一个极为复杂的过程，不同的社区由于条件不同，在社区变迁的趋势上也体现出较大的差异性。

1. 社区形态由单一类型向多元类型变迁

传统社会中，我国社区形态主要以农村社区为主，城市社区在整个社会中占据比例很小。改革开放后，随着城市化进程的加快，农村社区与城市社区都发生了较大变迁。中国农村社区由以往的单一农业生产型向目前的农业生产主导型、工业主导型、工农业并存型、外出务工主导型的多元化社区转变。城市社区也已从早期的单位制向社区制转变，社区不再仅仅是居民的居住区，它已经发展成为能够满足居民日益增长的经济、文化、生活需求等多个层面的全方位、综合性区域。

2. 社区结构由简单化向复杂化变迁

改革开放以来，我国社区结构在以下方面发生了较大变迁：社区主体除了传统社区中存在的社区管理机构和居民之外，还出现了很多新的管理主体，如物业管理公司、业主委员会、非政府组织、社区群众组织等；传统社区功能主要是作为“准政府”而存在的，而目前社区功能大为强化，包括承担社区的环境、卫生、体育、治安、服务、社会保障和教育等多种功能；社区组织进一步多样化，各种社区组织相互协调、相互促进，共同维护社区的稳定和发展。

3. 社区流动由不流动向快速流动变迁

我国传统社区流动性较低，甚至几乎没有流动性。新中国成立后，由于城乡分割和户籍制度的原因，我国的社区流动相对较低。改革开放之后，我国社区流动明显加快，主要表现在由农村社区向城市社区流动、中小城市社区向大城市社区流动、经济欠发达社区向经济发达社区流动、西部社区向东部社区流动等几种趋势。其中流动性最强的就是由农村社区向城市社区的流动，农民工就是这种流动的主体，国家统计局根据抽样调查数据推算，2009 年中国总的流动人口规模为 1.8 亿人左右，其中外出农民工是主体，2008 年末达 1.49 亿人。①

4. 社区文化由保守、封闭向开放变迁

传统社区居民同质化较强，在文化上表现为保守和封闭。现代社会由于职业分化逐渐发达导致社区居民的异质性增强，不同的居民由于各自的生活环境、社会地位、文化价值、生活方式的不同而在文化价值观念上差异性较大。一方面，居民之间异质化的交流带来了社区文化价值观念的多样化，同时社区居民对社区文化的需求也呈多元性，所以从总体上看，社区文化正由保守、封闭向开放、多元变迁。另一方面，传统社区里血缘、邻里关系是人际交往的主要纽带，而现代社区则是契约、交换和计算关系，人与人之间传统的亲密关系正被市场经济下的冷漠、疏离人际关系所取代，这也是我们要思考的社区文化变迁的另一个角度。

二、社区发展

(一)社区发展的由来与概念

社区发展运动最早可以追溯到 19 世纪 80 年代在英、美一些资本主义国家开展的社区睦邻运动。社区睦邻运动的宗旨是为了改善和发展社区居民的福利，通过充分发掘和利用社区内的人力、物质资源等解决社区居民在生活中出现的困难，更为重要的是培养社区居民自助和互助的社区精神，全面提升社区居民的生活质量。

---

① 参见 http：//news. sina. com. cn/o/2010-01-21/152316970625s. shtml.

“社区发展”一词最早是由美国社会学家弗兰克·法林顿(Franck Farrington)1915年在他的名为《社区发展：将小城镇建成更加适宜生活和经营的地方》的著作中首先提出来的。1928年，美国社会学家J. 斯坦纳在其所著的《美国社区工作》一书中专门设置了“社会变迁和社区发展”一章，并对社区发展的内涵进行了论述。1939年，美国社会学家桑德森(Sanderson)与波尔斯(Bols)在其合著的《农村社区组织》一书中，也对社区发展的基本方法和理论观点进行了比较详细的论述。① 此后，又有几位美国社会学家对社区发展的定义、社区发展的基本方法和社区发展的理论作过较详细的论述，并为这一概念的发展和广泛应用奠定了基础。

1955年，联合国发表了《通过社区发展促进社会进步》的专题报告，使“社区发展”成为了一个全球性的概念，并指出社区发展的目的是动员和教育社区内居民积极参与社区和国家建设，充分发挥创造性，与政府一起大力改变贫穷落后状况，促进经济的增长和社会的全面进步。经过50多年的社会发展，“社区发展”的外延已不再局限于发展中国家，已经覆盖了到了发展中国家、发达国家和新兴工业化国家，其内涵已不再仅仅是落后国家的扶贫助弱工作，而已拓展到社区的经济、政治、文化等各个方面。②

我们认为，社区发展是以社区为单位的有组织、有计划的社会变迁，社区在政府的支持和指导下，通过动员和组织社区居民，发掘社区资源，解决社区问题，提升居民自助、互助与民主参与意识的过程。

(二)社区发展的目标

社区发展的目标除了强调社区在经济、社会、文化等实质内容上矛盾和问题的解决，也强调通过居民对社区事务的参与，提升社区的文化水平；同时人们更为看重的是通过社区发展，唤醒和提升社区居民自身的参与意识和民主意识，增强自身的自治能力。一般而言，社区发展的目标包括以下两个层面：

1. 社区问题的解决——具体目标

社区在发展过程中，往往会遇到一些影响居民日常社会生活等方面的具体问题和困难，社区发展的具体目标便是通过调动、挖掘社区内外部资源来解决具体的社区问题。社区发展关注一些特定的社区问题，诸如社区经济发展迟缓、社区社会保障水平低下、社区公共设施缺乏、社区治安恶化等各种社区问题。社区发展必须着眼于这些具体问题，社区中的各个单位和组织应密切合作，实现各自功能，解决社区问题，为社区居民生活质量的提升和社区的良性运行和协调发展提供有力保障。

---

① 参见李芹．社会学概论[M]．济南：山东大学出版社，1999：254.

② 徐永祥．社区工作[M]．北京：高等教育出版社，2004：21.

2. 社区居民意识、能力的增强——终极目标

社区发展的终极目标是社区在具体项目的开展和具体问题的解决过程中，通过居民的广泛参与，使社区居民在解决问题的能力、民主参与的意识、社区认同感和归属感等方面达到发展和增强的目标。具体而言，社区发展的终极目标包括：社区中社会网络的建立；居民互动及交往的增加；居民对社区认同感和归属感增强；居民愿意参与社区事务并承担责任等。社区发展的终极目标有助于社区居民增强发现、认识和解决问题的信心和能力，有助于社区不同组织机构、群体之间的交流合作，并逐渐培养社区居民的"社区凝聚力"，增进其对社区的认同感和归属感。

联合国和许多国家都制定了社区发展的指标体系，其中，关于社区发展的目标主要有以下几点：(1)提倡互助合作精神，鼓励社区居民自力更生解决社区问题；(2)培养社区居民的民主意识，在社区发展过程中促使民众积极参与本社区的公共事务；(3)加强社区整合，促使社区变迁，加速社会进步的进程。①

(三)社区发展的基本原则

为了达到社区发展的目标，社区发展可以采取多种形式，但社区发展的具体项目如何实施，居民在社区发展中的地位和作用如何体现等诸多问题，还需要一些规则来约束。1955年，联合国社会局出版了《通过社区发展促进社会进步》一书，提出了社区发展的十条基本原则：(1)各项活动必须符合社区的基本需要，并根据居民的愿望制定工作方案；(2)全面的社区发展必须建立多目标的计划，并组织各方面、各部门联合行动；(3)在推行社区发展的初期，改变居民的态度和物质建设同样重要；(4)社区发展的目的在于促进人们热心参与社区工作，从而改进地方行政机构的效能；(5)选拔、鼓励和训练社区领袖人才是社区发展计划中的主要工作；(6)社区发展工作应特别重视妇女和青年的参与，以扩大参与的公众基础并获取社区的长期发展；(7)社区自助计划的有效实现，有赖于政府积极而广泛的协助；(8)制定全国性的社区发展计划必须有完整的政策，行政机构的建立、工作人员的选拔与训练、地方和国家资源的研究及开发、社区发展的实验与考核机构的设立等都应逐步配套进行；(9)在社区发展中应充分利用地方的、全国的与国际的民间自助资源；(10)地方性的社会经济进步，必须与全国性的发展计划互相结合、协调实施。②

以现今的社会发展情势与视角审视，社区发展一般应遵循以下几条基本原则：

---

① 李芹．社会学概论[M]．济南：山东大学出版社，1999：256.

② 徐永祥．社区工作[M]．北京：高等教育出版社，2004：33-34.

1. 以人为本原则

社区居民是社区的主体，也是社区发展的出发点和落脚点，所以，社区发展首先应以人为本。以人为本要求我们在社区发展过程中，必须坚持不断满足社区居民的社会生活需求，保障社区居民的经济、政治和文化权益，促进居民的全面发展。评判社区发展的标准，就是看是否有利于社区居民物质、精神生活的改善。社区发展应以提高居民生活质量为宗旨，把服务社区居民作为社区建设的根本出发点和归宿点。

2. 民主自治原则

民主自治是指社区发展目标的确定以及实现目标的步骤与方法是民主的，是由多数人经过自由意志决定的，而不是少数人和社区之外的某些人来确定。一般来说，这种民主是通过社区全体居民参与讨论、辩论，最后经过投票决定的，其决定的发展目标及实现目标的方法基本符合多数人的兴趣与意愿。① 政府在社区发展过程中的角色应该定位在指导和协助上，而不是采取直接干预和强制命令；居民在社区发展中实行民主选举、民主决策、民主管理和民主监督。

3. 居民参与原则

居民参与是指在社区发展过程中居民能有效地介入到有关决策、实施、管理和利益分享的过程中。居民参与是社区发展的基础和根本保证，没有社区居民的参与，也就谈不上社区发展，一方面，居民参与可以避免社区权力集中或操纵在少数人手中，从而威胁整个社区的健康发展；另一方面，居民参与有利于培养社区居民的社区意识，以及对社区的认同感和归属感。居民的参与应该是在项目的决策、项目的开展、项目的监控、项目的评估等过程中的全程参与，而不仅仅是某一个阶段性的参与。

4. 利益分享原则

利益分享是指社区发展的成果和收益应该是全体社区居民都能平等分享，而不仅仅是个别居民的利益垄断。社区发展应尽可能多地让全体社区居民都可以从中受益，利益分享原则突破了“利益独占”的传统思维的束缚，主张建立社区平等的利益分享机制，而不是形成阶层分化和经济差距，利益分享也是化解社区内部各利益主体之间的矛盾和推动社区协调发展的主要手段。

5. 由下而上原则

由下而上也是一种民主过程的体现。目的是真正考虑社区居民的需求，从他们的角度和心态决定适合他们需要的发展项目，避免行政部门或某些高层人

① 于显洋．社区概论［M］．北京：中国人民大学出版社，2006：307.

士为了个人或者某些群体利益而损害多数居民的利益。① 在社区发展过程中，居民是社区的主体，而相应的行政机构和社会组织只是社区发展的协助者。应尊重居民、倾听居民的呼声和意见，由居民决定要做什么和怎么做。在整个社区发展过程中，应始终体现项目的选择来自居民、项目的实施依靠居民、项目的评估决定于居民，整个社区权力运作的方向是由基层传递于上层机构。

思　考　题

1. 社区的含义及其功能是什么？
2. 如何理解我国目前所提出的“社区”？
3. 如何看待我国城市社区发展的现状及趋势？
4. 如何理解影响社区变迁的主要因素之间的关系？

主要参考文献

[1] 徐永祥．社区工作[M]．北京：高等教育出版社，2004.
[2] 于显洋．社区概论[M]．北京：中国人民大学出版社，2006.
[3] 郑杭生．社会学概论新修[M]．北京：中国人民大学出版社，2002.
[4] 黎昕．中国社区问题研究[M]．北京：中国经济出版社，2007.
[5] 风笑天．社会学导论[M]．武汉：华中科技大学出版社，1997.
[6] 张宝锋．社区管理[M]．郑州：郑州大学出版社，2006.
[7] 李芹．社会学概论[M]．济南：山东大学出版社，1999.
[8] 陈宇海．改革开放以来中国农村社区的精神文化变迁[J]．云南社会科学，2007(1).

推荐阅读书目

[1][德]滕尼斯．共同体与社会[M]．北京：中国商务出版社，1999.
[2] 徐永祥．社区发展论[M]．上海：华东理工大学出版社，2000.
[3] 徐勇．社区工作实务[M]．北京：高等教育出版社，2003.
[4] 张玉枝．转型中的社区发展：政府与社会分析视角[M]．上海：上海社会科学出版社，2003.
[5] 侯玉兰．城市社区发展国际比较研究[M]．北京：北京出版社，2000.

① 于显洋．社区概论[M]．北京：中国人民大学出版社，2006：309.

第十二章　城　市　化

城市化是社会生产力发展到一定历史阶段的必然产物。城市化肇始于1760年英国的产业革命。从本质上讲，城市化是社会经济形态发生根本转变的过程，是工业经济、城市经济取代农业经济、农村经济并占据社会主导地位的过程，是工业革命和工业化强有力地推动了城市化这一历史进程。城市化不仅与工业化相伴随，而且与现代化紧密相连。从一定意义上说，城市化就是现代化的代名词。世界各国城市化的起点不同，背景相异，城市化道路的选择及发展历程也各不相同，但却表现出殊途同归的一些规律性特征。城市生活令人们所向往，城市病又广遭诟病。我国的城市化进入快速发展时期，由于农村人口基数过大，城乡劳动力就业问题突出，这就决定了我国的城市化具有不同于任何其他国家城市化的一些特殊属性。因此，本章所要讨论的不仅是城市化的一般问题，也包括具有特殊意义的中国城市化的问题。

第一节　城市化概述

本节所要介绍的是有关城市化的几个基本问题，主要包括城市化的内涵、动力、特点、速度等。

一、城市化的内涵

(一)关于城市化内涵的界定

这是城市化的基本问题或首要问题。国外关于城市化的研究可以说是从研究城市开始的。不同学科、不同国家、不同的研究者对城市的定义大不相同，正如对城市化的定义大不相同一样。但城市构成要素不外乎以下诸条：人口；人口密度；产业构成；中心性；其他。“我们可以说，城市是一个巨大的人口集团密集的地域，它以第二、第三产业为主并与之互相依存，同时作用周边的地方中心，进行着高级的社会经济文化活动，是具有复杂的利益目标的各种各样的组织的地方。”①关于城市化内涵的表述，学界见解不一，但大体上是从两

① ［日］山麓城茨. 城市地理学［M］. 朱德泽，译. 武汉：湖北教育出版社，1986：2-4.

个角度去定义的：一是从要素转移角度定义城市化。人口学认为，城市化是乡村人口转化为城市人口的过程，这个流动过程是导致城市数量和城市人口数量双增加的结果，即农民市民化。地理学认为，城市化是人口、产业等由乡村地域向城市地域转化和集中的过程，即农村城镇化。经济学认为，城市化是由于社会分工、经济专业化的发展和技术的进步，农业经济活动向城市非农经济活动转移并在城市集中的过程，即农业产业化或农业工业化，从产业结构变化的角度看，就是第二、第三产业不断发展的过程；从劳动力的构成来看，就是第二、第三产业中的劳动力人数与第一产业相比不断增加的过程；从消费方式角度看，就是由乡村消费方式不断向城市消费方式进化的过程。社会学认为，城市化是人们的生产、生活方式由农村社区向城市社区的转化过程，即农村社区化。① 二是从功能转化角度定义城市化，认为城市化是一个由乡村社会、乡村文明逐步转变为现代城市社会和城市文明的自然历史过程。沃纳、赫希将城市化定义为："从以人口稀疏并相当均匀地遍布各地、劳动强度很大且个人分散为特征的农村经济，转变为具有基本对立特征的城市经济的变化过程。"库兹涅茨则认为，城市化是"城市和乡村之间的人口分布方式的变化，即城市化的进程"。日本学者山田浩之认为，城市化的内容，大致可分为以下两个方面：一是在经济的基础过程中的城市化；另一个是在城市文化过程(或上层建筑)中的城市化现象。前苏联学者对城市化的理解有狭义与广义之分，狭义是指城市的增加和城市在国家生活中作用的提高；广义是指各种城市活动的集中、加强、分解，人口分布的新形式与空间结构的形成，具有特殊的交际方式、文化和价值观等城市生活方式的普及。美国学者弗里曼对城市化的认识颇具代表性。他指出，城市化作为国家和区域空间系统中的一种复杂过程，它包括人口和非农业活动在规模不同的城市环境中的地域集中过程，非城市型景观逐渐转化为城市型景观的地域推进过程，还包括城市文化、城市生活方式和价值观念向农村地域扩张的过程。②

鉴于城市化概念界定不一、莫衷一是的实际情况，不少学者力求去探讨比较一般性的、为大家所普遍认同的城市化定义。如有学者提出了一般城市化、狭义城市化与广义城市化的见解。所谓一般城市化，是指："由于机械文明的发达推进了人口向城市的集中和由此而同时发生的地域和社会的变化"；所谓狭义的城市化，"就是由于近代产业的发展而发生的农村地域向城市地域的质变"；所谓广义的城市化，"就是在聚落或地域中城市的因素逐渐增大的过程，

① 周一星．城市地理学[M]．北京：中国商务出版社，1995：60.

② 沈建法．城市化与人口管理[M]．北京：科学出版社，1999：43.

而且是从城市产生的影响在聚落或地域的内部越来越显著的过程”。① 罗西在社会科学词典中采用一种综合观点给城市化下了定义，即城市化一词有四层含义：一是城市中心对农村腹地影响的传播过程；二是全社会人口逐步接受城市文化的过程；三是人口集中的过程，包括集中点的增加和每个集中点的扩大；四是城市人口占社会人口比例的提高过程。② 前苏联学者库采夫更进一步指出：“城市化是社会从一种形态转向另一种形态的世界——历史性过程”，“现代城市化的实质就是在发展工业、交通、住宅、信息、文化与生活服务以及向社会各阶层居民普及城市生活方式的基础上，在经济、社会、文化方面，对所有人口分布体系进行深刻的改造。城市化过程是一个综合的社会经济发展过程，在此过程中，城市型的人口分布逐步变成以地区型为主的人口分布。因此，要评价这个过程，必须对城市、聚集化、城市化地区、人口分布体系、城市化生活方式及其个别要素的普及等方面发展的全部直接与间接指标进行研究”。③

我国学者对城市化问题的研究，大概始于20世纪70年代末，时间上晚于国外，但内涵上却有新的拓展。内涵的理解与表述也是各持己见但大同小异。由于讨论的深入，特别是多学科的参与，应该说对城市化的构成要件已基本形成共识，没有根本分歧，不同的只是学科特点、侧重点及语言文字上的差别。概括起来，人们较多地倾向于从质和量的统一及物质和精神两大板块综合起来加以界定。从质的规定性看，城市化过程是农村不断被城市“同化”的过程，即城市的先进生产力、现代文明不断向农村传播和扩散，最终达到城乡共享的过程。从量的规定性看，城市化过程又是一个不断“量化”的过程，这一“量化”过程意味着农村地域不断地转化为城市地域，表现为城市地域的扩大和城市数量的增加；农村人口不断转变为城市人口，表现为城市人口规模的扩大和人口密度的增加，“量化”到一定程度将转变为城市化的“同化”过程。因此，可以把城市化理解为：城市化是随着社会、经济发展，农村要素不断转化为城市要素的“量化”过程和城市要素不断向农村扩散的“同化”过程的有机统一。这里的要素既包括物质要素，又包括精神要素。④

---

① [日]山麓城茨. 城市地理学[M]. 朱德泽，译. 武汉：湖北教育出版社，1986：106.

② 参见许学强，等. 现代城市地理学[M]. 北京：中国建筑工业出版社，1988：47.

③ [苏]库采夫. 新城市社会学[M]. 张叔君，译. 北京：中国建筑工业出版社，1987：46.

④ 周加来. 城市化、城镇化、农村城市化、城乡统一化[J]. 中国农村经济，2001(5).

(二)城市化与城镇化的区别

城镇化与城市化的基本内涵是一致的，在英文中是同一个词，即urbanization。译成中文后，有的译作城市化，有的译作城镇化。但准确地说，国际上通用的是城市化，我国学术界在20世纪90年代之前，一般也使用城市化。城镇化这一概念的出现要比城市化晚一些。有人认为，城镇化是中国学者创造的一个新词，是基于中国农村人口众多，城市化任务异常艰巨这一基本国情提出来的。他们认为，城市与城镇的原本涵义并不等同，它们都可以从狭义与广义两个方面去理解。狭义的城市概念，只含市不含镇；广义的城市概念，则含市又含建制镇。狭义的城镇概念，含市和建制镇；广义的城镇概念，含市、含建制镇，并且含集镇。1989年12月26日，第七届全国人大第11次常委会通过《城市规划法》，并从1990年4月1日起施行。该法明确规定：本法所称城市指按行政建制设立的直辖市、市、镇，所称城市规划是指城市市区、近郊区以及城市行政区域内实行规划控制的区域。2007年10月28日，《中华人民共和国城乡规划法》由第十届全国人大常委会第30次会议通过，于2008年1月1日起施行。与《城市规划法》比较，《中华人民共和国城乡规划法》突出强调了城乡统筹和城乡一体化规划与建设：本法中所称的城乡规划，包括城镇体系规划、城市规划、镇规划、乡规划和村庄规划。实际上，城镇化这一概念，是先经学者提出、讨论、争鸣，而后被官方认可并最终广泛使用的。2000年10月11日，中国共产党第十五届中央委员会第五次全体会议通过的《中共中央关于制定国民经济和社会发展第十个五年计划的建议》中，首次正式采用“城镇化”一词。

之所以用“城镇化”替代“城市化”，并非是对城市化(城镇化)内涵的本质修改，而是体现国情，突出特色。依照我国的《城市规划法》，广义的城市与狭义的城镇内涵是完全一致的，二者通用并无不妥。我国人口众多，设市的人口规模标准相对较高，与其他国家形成较大反差。而我国建制镇两万多个，县城镇即城关镇两千多个，占中国城镇个数的大部分。其中，人口3万以上较大规模的镇只有170多个(1996年第一次全国农业普查信息)，占总镇数的1.05%，这个人口规模接近或高于西方发达国家的设市标准。因此，将建制镇纳入城市范畴，是可以的。另外，从城市化转移成本、农民的意愿及多元城市化的实际考虑，重视小城镇建设，实行就地就近城镇化，仍将是一条可取之道，可以在有条件的地区推广。以城镇化表述之，要比城市化来得更确切，广大农民也更容易接受。需要注意的是，不能把“城市化”片面理解为主要发展大中城市，也不能把“城镇化”片面理解为只发展小城镇。而应该是在我们的城市建设与发展规划体系中，既包含(大、中、小)城市，也包括规模庞大的建制镇。保持城镇体系的合理性，正是城镇化所要强调的。

(三)逆城市化

逆城市化是相对于城镇化而言的，其实是人口分布的一种变化和迁移。城市化是一定区域内的政治、经济、文化、社会及居住与消费功能向城市聚集，其中，最突出最显见的现象便是农村人口向城市的转移。城市的聚集效应在使其自身迅速繁荣的同时也负担沉重，“城市病”尤其是“大城市病”应运而生。于是，城市的边界向外延伸，城市的功能开始向外分解，市区人口向城市郊区或农村流动。在中心城市人口与城郊及农村人口此消彼长的流转过程中，出现了市区人口绝对数的减少，郊区人口的相应增加。这便是所谓的逆城市化现象。一般认为，逆城市化是城市化发展到一定阶段的产物，是城市中产以上的富有阶层逃离城市灾难，追求惬意的乡村田园生活的结果。逆城市化一般要经历以下四个阶段：率先搬入郊区的富有阶层，萌芽阶段；大量中产阶层搬入新的郊区或开发区居住，却仍到市中心上班工作，形成阶段；居住郊区化与工业郊区化，发展阶段；郊区功能由单一走向复合多元，自立程度日益提高，郊区人口成为市区人口的一部分，中心城市的卫星城、城市带成型，成熟阶段。

当下中国出现的逆城市化现象，主体人群是那些刚刚“被城市化”或“半城市化”或即将城市化而尚未完全城市化的农民，还有一部分是城市的低收入者。他们选择由城市中心区向城郊或农村迁移，是基于城区生活的高房价、高消费、高成本带来的巨大生活压力而被迫向外迁移。至于城郊的农民，可能属于“半城市化”的居民，他们原本就并不大乐意“被城市化”，保持农村户口及身份比较收益会更大。当城市边缘上的农民，感觉会最好。一些已经入城或即将入城落户的远郊农民及家乡自然条件较好的农民，出于对城乡生活环境、压力、收益、质量及农地升值等因素的综合考量，主动选择放弃入城，返回乡下居住和生活。如果他们原本就没有被城市化，原本就属于徘徊于城乡之间的“边缘人”，则这部分人的入城又返乡的迁移过程，还不能被称作严格意义上的逆城市化现象。至于浙江等地少数公务员迁户农村“当农民”，其实是为争土地补偿分红而去，不具典型分析意义。

(四)再城市化

城市化要经历农村人口城市化、郊区化、逆城市化三个主要阶段。逆城市化之后，会出现另一个发展阶段，即“再城市化”阶段。由于交通的便捷和人们追求高质量生活的驱使，大量城市人口开始向更远的乡村迁移。迁入的郊区或农村土地价格上涨，商业活动开始活跃；而与之形成鲜明对照的是，城市的中心反而出现了“空心化”趋势。这种现象最早在发达国家出现。“再城市化”就是城市为了规避“空心化”而进行内城改造的过程。人们在做这样的努力，即通过一些文化复兴的手段和新的创意活动，将“空心化”的城市中心区进行包装、改造，旧貌换新颜，使市中心重焕生机，成为创新的源泉、娱乐中心和生活中心。比如，将先前废弃的仓库、码头、厂房等旧建筑改造成一些极具现代风格充满时代气息的文化展厅、咖啡屋、步行街、同性恋社区等。文化产业受到热捧，其中嬉皮士主导的“绅士化”成为这一过程的典型代表。

二、城市化的特点

城市化是世界各国社会经济发展的普遍趋势，其实质是人口、社会生产力逐渐向城市转移和集中的过程。世界城市化呈现出以下一般特征：

(一)城市化与工业化相伴随

在整个城市化进程中，农业、工业和第三产业在整个经济中所占比重不断变化，一般趋势是，农业比重持续下降，工业比重阶段性上升，第三产业的比重持续走高。城市化发展的原动力来自工业化及其所引起的农业劳动生产力的提高，以及国民经济部门结构包括劳动力产业结构的变革。工业城市化使城市形成巨大的人口拉力，而农村人口的增加和生产水平的提高，出现了剩余产品和剩余劳动力，并由此造成人口的外推力，推动了乡村人口大规模地向城市转移。而人口、资本、劳动等要素向城市集中的过程，正是通常所说的城市化过程。因此，正如专家所说，工业化过去是、将来仍然是城市化的“发动机”。

(二)城市化水平与人均国民收入成正比

这也就是说，在其他条件大致相同的情况下，城市化水平高的国家和地区，其人均国民生产总值数量也较高。有人分析测算，大致人均国民收入在250美元时，城市化水平低于25%；人均国民收入达到1500美元左右时，城市化水平在50%左右；人均国民收入大于5000美元时，城市化水平达到70%左右。但一些发展中国家出现了非正常超前发展的畸形城市化现象，与此特点相异。

(三)人口集聚的“趋大效应”

由于都市经济的巨大张力，人口的流动一般呈现出由农村—城镇—小城市—中等城市—大城市—特大城市集聚这样的特点，特别是迅速地向大城市集中，致使大城市人口急剧膨胀，地域空间不断扩张，大都市区、大都市带渐渐成形，出现了以首都城市及省会城市为中心的超大型城市、巨型城市，继而出现中心城市与相邻中小城市融为一体的连体城市。1957年，法国地理学家戈特曼在研究了美国东北部大西洋沿岸的城市群之后，首先提出大都市带的概念。美国东北海岸的城市带，面积达53500平方公里，城市人口比例高达90%。类似的城市带还有美国的洛杉矶—旧金山城市带、日本东京—大阪—名古屋三大城市群、德国的莱茵—鲁尔城市群和荷兰的港口城市群等。

(四)城市化与“迟发展效果”

200多年时间，发达国家已经完成了城市化进程，城市人口的比重超过了70%，并出现了“逆城市化”趋向。发达国家的城市化与发展中国家的城市化表现出许多不同的特点，对于后者，可以用美国经济史学家格申龙的著名的“迟发展效果”加以解释。① 从时间上看，发达国家的城市化进程是循序渐进的，资金、技术等配套性强，人口密度指标能够较好地反映城市化水平，即人口密度的提高与产业系统的完善是同步的、一致的。而发展中国家往往是在人口、资源、环境等条件严重恶化，发达国家城市化“示范效应”逼压下掀起城市化浪潮的。先天条件不足，城乡关系背离，发展步子太快，以短短几十年时间走完了城市化先驱国家二三百年的历程，因而出现畸形的低水平低素质的城市化，人口密度指标并不能真实准确反映本国城市化的状况。从空间体系演变上看，发达国家城市化基本上是循着大中城市—中小城市—逆城市化的模式前行，目前以城市体系的结构调整及特色化城市培育为目标。而发展中国家的城市化仍以乡村向城市移民为主，人口流动迁移的动力很大程度上是基于农业的衰退和生计的考虑。套用多尔的观点，早发展国家的城市化是“自身城市化”，而“迟发展国家”的城市化是“被城市化”。这样，由于“示范效应”的作用，就在两者之间建立起一种支配关系。

关于世界城市化的特点，向德平先生把它概括为三条：城市化的世界性、城市化的不平衡性和城市化的阶段性。② 我们将在下一节中对此作进一步分析，因为从一定意义上说，很难将城市化的特点与城市化的规律这两个问题严格区分开来。关于发展中国家城市化的特点，陈甬军等学者将其概括为四点，即：(1)城市化快速增长。从 20 世纪开始，发展中国家的城市化发展速度开始大大超过世界平均水平。(2)城市化促进了收入水平的提高。发展中国家人口集中到城市后促进了经济发展和收入水平的提高。城市化本质上是发展的一个源泉。(3)城市化的地区间差异扩大。第三世界国家和地区之中，拉美国家是城市化发展最快的地区，已有超过 2/3 的人口居住在城市，而在亚洲和非洲国家，城市化人口只有 25%左右，非洲则是全世界城市化人口最少的地区。(4)出现显著的城市贫困现象，表现为发展中国家有大量贫困和失业人口在城市中集聚。在现代城市中，贫困与财富、传统与现代的鸿沟正在形成，高楼大厦与贫民窟形成鲜明对比，失业状况严重。③

三、城市化的速度

通常衡量城市化发展速度的指标即是城市化水平，一般有城市化率和城市

① 孙立平．社会现代化[M]．北京：华夏出版社，1988：451.

② 向德平．城市社会学[M]．北京：高等教育出版社，2005：141-146.

③ 陈甬军，景普秋，陈爱民．中国城市化道路新论[M]．北京：商务印书馆，2009：36-38.

化增长率两种。在没有特别说明的情况下，城市化水平就是指某个国家或区域当期的城市化率。

城市化发展速度问题，从根本上讲，是城市化水平与经济发展水平是否相互协调彼此同步的问题。

正像世界经济存在显著的区域差异一样，世界城市化水平也呈现出明显的地域差异。这种差异的表征就是城市化速度对比。人们把世界城市化发展分为三种类型：(1)初步城市化国家，城市人口比重在30%以下。1981年，这类国家有54个，其人口占世界总人口的56.3%，城市人口仅占世界城市人口的25.8%，其中城市人口比重最低的是非洲的莱索托，城市人口仅占总人口的3%，低于5%的还有布隆迪、卢旺达、苏丹等国。经济落后、农业在国民经济中占主导地位、工业基础薄弱，是这些国家的共有特点。(2)中等城市化国家。城市人口比重在30%~70%之间。这些国家经济比较发达，城市化趋于成熟。1981年有78个国家，人口占世界总人口的27.2%，城市人口占世界的40.9%。但这其中存在城市化水平与本国经济发展水平不相一致的情况。一种是经济发达而城市化水平偏低，如意大利、瑞士、挪威等国；一种是城市化水平与经济发展水平均处于中等水平，如捷克、斯洛伐克、罗马尼亚、波兰等；还有一种则是经济不发展但城市化率不低的国家，如埃及、利比亚及拉丁美洲大部分国家。(3)高度城市化国家。城市人口比重超过70%，城市数目多，城市地域规模扩张迅速，城市职能深化，城市化水平远远高于世界平均水平，城市化进程明显减缓。1981年，这类国家有33个，人口占世界总人口的16.5%，城市人口占世界城市人口的33.3%。这类国家大多经济高度发达，城市化起步较早，城市人口比重很高，如比利时、原联邦德国，城市人口比重高达95%和92%，处于饱和状态。其次是冰岛(88%)、新西兰(86%)、澳大利亚(85%)，北欧、北美、日本也平均在74%以上。也有经济上属于发展中国家，但城市人口比重却很高的国家，如南美洲的阿根廷、巴西、智利等国。

就整体状况而言，衡量城市化速度是否正常合理，主要是看城市化率与经济发展状况是否匹配。发达国家主要依赖市场机制的作用和数百年的探索积累，实现了城市化进程与经济增长同步发展的良性互动，在不同发展阶段保持了相对合理的一个城市化速度。而发展中国家，往往是依靠政府意志的强力作用而推动城市化前行的，因而，城市化速度起伏波动，难以准确反映本国或本地区经济发展的真实状况，有的表现为城市化的超前，有的表现为城市化的滞后。前者如巴西、阿根廷等国，后者如印度尼西亚、孟加拉国等国。我国则是先滞后、后超前。1978年以前表现为城市化的长期停滞，20世纪90年代以后，城市化发展快速。当然，对我国城市化速度以及关于衡量城市化速度是滞后、超前还是适度的测度标准问题，学界尚存争议，有待深入探究。

第二节 城市化的进程与规律

这一节将探讨四个方面的内容，即世界城市化发展的阶段及特点、发达国家的城市化、发展中国家的城市化、城市化的一般规律。从世界范围内考量，城市化无疑具有普遍性。但由于世界各国城市化的起始时间不同、国情不同、内部外部条件不同，发达国家的城市化与发展中国家的城市化在许多方面都表现出较大的差异性。

一、世界城市化发展阶段及特点

以18世纪60年代发端的工业革命为起点，世界城市化的历史大致可分为三个阶段。按城市化发展水平和主要发展国家的不同，可列简表图示如下：

表1 **世界城市化发展阶段及特点**

所属阶段	时间跨度	主要代表国家	主要特点	世界城市化水平
起步阶段	1760—1850年	英 国	英国实现基本城市化，世界整体水平较低	3%~6.4%
发展阶段	1851—1950年	除英国外的发达国家	发达国家实现基本城市化，英国达到高度城市化，世界整体水平有所提高	6.4%~28.2%
普及阶段	1951年至今	发展中国家	发展中国家城市化速度加快，发达国家进入高度城市化，整个世界接近基本城市化	28.2%~46%

资料来源：陈甬军等著：《中国城市化道路新论》，北京：商务印书馆2009年版，第31页。

第一阶段是城市化的起步阶段。大致时间段为1760—1850年。从1760年的产业革命开始到1850年，英国花了90年的时间，基本上实现了城市化，成为当时世界上第一个城市人口超过总人口50%的国家。这是因为，工业革命首先在英国爆发，圈地运动和大工业的建立使农村人口大量流向城市，城市规模迅速扩大，新兴城市应运而生。大工业发展需要生产要素在特定地域的相对集中，因此，英国成为当时世界上最强大的国家固然有多方面的因素，但高水平的城市化却是其重要原因之一。1790—1810年间，英国已然成为“世界工厂”，1825年，英国铁制品的产量占到世界的一半。英国城市人口的比重由

1750年的25%左右提高到1801年的33.8%，1850年达到50.2%，基本上实现了城市化。① 首都伦敦变成了全世界的商业首都，格外繁华，一枝独秀，为全世界所瞩目。除英国外，整个世界城市化还处于兴起阶段，进展缓慢，水平较低，1800年世界城市化水平为3%。1850年提高到6.4%。② 传统的农业经济仍占主导地位。

第二阶段是欧美等发达国家城市化快速发展阶段。时间段为1851—1950年。这一阶段，法国、德国、美国等发达国家是城市化的主要推动国家，其主要特点基本上是循着英国的路径，依靠产业革命推动，城市人口主要由农村流入，城市人口比重大幅提高。1950年，发达国家城市人口比重已达到51.8%，基本上实现了城市化。花了百年时间，使4亿多人口转入城市(1850年，这些发达国家的城市人口大约只有4000万，到1950年则增加到4.49亿人)。英国的发展更快，1951年城市人口比重已上升到78.9%，进入了高度城市化阶段。发展中国家的城市人口也由1850年的4000万增加到1950年的2.68亿。世界城市人口占到总人口的比重达到28.4%。总体来看，这一时期世界城市化进程的格局大致是："英国进入高度发达的城市化阶段；其他发达国家进入基本城市化阶段；发展中国家的城市化进入起步阶段；整个世界则进入加速发展城市化阶段。"③

第三阶段是城市化在全球范围内的推广普及阶段。时间大致为1951年到现在。这一阶段，世界城市人口的比重由1950年的28.4%上升到1999年的46%，接近基本实现城市化的水平。主要特点有三：一是发展中国家的城市化进程提速，1950—1960年间，城市人口年增长率高达8%。作为一个人口最多的发展中大国，中国的城市化进程从1978年改革开放以后开始提速，引起世界瞩目。发达国家的城市化率达到8%以上，速度减缓，进入自我完善阶段。二是人口继续向大城市或较大城市集中，大城市带(或称"大都市圈"，"大都市区")逐步形成。目前，学界比较公认的大城市带或大都市区有：美国东北部大西洋沿岸自波士顿经纽约至华盛顿的都市带；美国沿五大湖的都市带；日本东京至九州太平洋沿岸都市带；英国以伦敦为中心的英格兰南部都市带；德国的鲁尔都市带等。三是郊区化、逆城市化的出现。它表现为发达国家城市人口向城市郊区或农村的迁移。1989年，英国学者曾对此进行研究，归纳出"逆

① 王章辉，黄柯可．欧美劳动力的转移与城市化[M]．北京：经济科学出版社，1999：21.

② 高佩义．中外城市化比较研究[M]．天津：南开大学出版社，1991：13.

③ 高佩义．世界城市化的一般规律与中国的城市化[[J]．中国社会科学，1990(5)：127-128.

城市化”出现的17条原因，但总的来说，它是对大城市过度发展，大都市人口“过密问题”做出的反应。

二、发达国家的城市化

发达国家作为城市化运动的先行者及最先受益者，经历了一百多年的实践探索，积累了经验，形成了特色，也为后发国家提供了有益的借鉴。概括说来，发达国家城市化的做法与经验主要有以下几个方面：

(一)实施工业化驱动战略

如前所述，工业化从来都是城市化的“发动机”。工业化的主要功能，是为提高劳动生产率而应用新的科学技术和工艺，提供新的生产方式，使更多的劳动力从简单繁重的手工劳动方式中解放出来，以创造更丰富更多样化的物质产品，给人们提供更多的闲暇时间。而这一功能的实现，则有赖于资本、人口、劳动等要素向城市集中。此外，城市化本身所具有的外部经济效益、聚集经济效益、大市场的吸引力等功能，又有力地保障和推动了工业化的发展。对照发达国家的城市化历程，无论起步早、耗时长的国家，还是起步晚、耗时短的国家，一个共有特点就是，几乎所有的国家都实施了以工业化推动城市化的战略，而且工业化的套路也十分相似，都是循着轻工业化—重工业化—高度加工化的顺序进行的。这种工业化顺序的选择，既适应了社会需求的变化，符合生产要素比较优势的次序转换，更重要的是，它使城市在工业化早期有能力吸纳大量农村转移劳动力，对城市化进程中劳动力的有序流动有利。发展中国家求快心切，往往选择优先发展重工业的工业化战略，反倒欲速则不达。这是因为，重工业资本有机构成较高，吸纳劳动力能力有限，恰恰有碍于农村劳动力向城市的流动。中国和印度都出现了城市化落后于工业化，农民进城找不到工作的现象，就是典型的例证。

(二)巩固农业的基础地位

怎样处理好城市与乡村、工业与农业的关系，努力降低城市化的成本，减少农业、农村的代价，这是任何谋求社会转型的国家必然要面对的重大课题。世界经济史证明，几乎没有哪个国家不是首先或同时发展它们的农业来保持经济的持续增长的。发达国家的成功之处在于，它们认识到了工业化、城市化与农业之间相互依从、相互促进的关系，更认识到了农业在工业化、城市化过程中的基础性地位，在工业化的同时进行农业革命，通过农业革命有效提升农业劳动生产率，从而为城市化提供基础保障。比如英国，1700年，一个英国农业劳动力只能养活1.7人，到1800年能养活2.5人。其实在城市化之前，英国即享有“欧洲的粮仓”之誉。它们是通过提高耕作技术和选用优良品种，使农业劳动生产力得以进一步提升并保证城市化健康发展的。美国则是通过推广农业机械化和发展集约经营而较早地实现了农业现代化的。1820年美国一个农业劳动力能养活4.1人(包括自己在内)，1900年为7.0人，1920年达到8.3人，提高一倍，1950年比1920年又增加近一倍，达15.5人，到1964年，一个农民可以养活33人。①

(三)以制度保障劳动力自由流动

与工业化、城市化紧密相伴的一个现象，就是社会流动频率加快，范围扩大。但人口自由迁徙、劳动力自由流动的基本前提，即是有关限制性法律的松动修改。在工业革命之前，英国的人口流动受到旧时法律和交通条件的限制，如1601年的《济贫法》和1662年的《定居法》，均属于阻碍人口自由迁徙的法律。它只允许居民在收获季节暂时性流动，但限制长期流动。工业革命的推进，使得城市工业对劳动力的需求增大，农业劳动力向城市工业领域流动已成大势所趋。在此情况下，1795年至1846年，英国政府曾多次对《贫民迁移法》等法律进行修改，放宽了对人口迁移的限制。1865年，英国议会又通过《联邦负担法》，英国实现了人口的自由迁移。② 美国在南北战争前，北部已经基本完成了工业化，城市发展较快；南部则以庄园经济为主，农奴制之下，劳动力流动小，城市发展缓慢。南北战争之后，南北方经济交流的障碍消除，实现了劳动力的自由流动，城市化步伐大大加快。19世纪60年代至20世纪20年代成为美国城市化发展最快的时期，城市人口比例从1860年的19.8%上升至1920年的51.2%。

(四)重视交通运输业建设

交通运输业是工业经济的大动脉，是推进城市化的助推器。发达国家在城市化建设过程中，无不把交通运输技术的改进及交通运输业的发展放在优先突出位置。英国城市化的成功，与其交通运输业的发达密不可分。美国的城市化在每个发展阶段，特别是在内战后城市化加速发展时期，对交通运输业都给予了极大关注。内战前(1830—1865年)的城市化时期，由于交通运输技术的改进及西进运动，大大带动了西部城市的发展，尤其是中西部和五大湖区的发展。西部贵重金属的发现和开采，使旧金山湾地区和科罗拉多州北部派克峰一带出现了很多矿业城镇。内战后(1865—1920年)，美国的工业化城市化加速且基本同步进行。交通革命促使城市化地域范围进一步扩大。值得特别一提的是，铁路网的完善，尤其是横贯东西铁路的修建，加强了东西之间的经济联系，人流、物流、资金流开始自东向西流动，从而促使城市化向西推进。1920

① 王章辉，黄柯可．欧美农村劳动力的转移与城市化[M]．北京：社会科学出版社，1999：13-65.

② 陈甬军．中国城市化道路新论[M]．北京：商务印书馆，2009：35-36.

年以后到现在，美国步入了郊区化时期。由于交通运输技术与手段的进一步提高完善，再加上通信技术的日新月异，国民收入水平的不断提高，以及产业结构的调整变化，美国的工业区开始向郊区转移。二战后，由于高速公路网建设及私人汽车的普及，城市的地域范围不断向郊区扩展，郊区逐渐成为就业和商业发展的次级中心。交通条件的改观，不仅改变了美国人生产生活方式，拓展了他们的活动空间，而且也使人口大规模郊区化成为可能。

除了上述诸条之外，由于“城市病”的渐渐凸显，发达国家开始反思、研究和整治，这也为发展中国家提供了一些可资借鉴的经验。

三、发展中国家的城市化

由于国家的政治制度、经济结构、文化传统及自然条件、社会环境等差异，发展中国家的城市化不仅与发达国家的城市化大相径庭，而且不同的发展中国家之间也往往表现出很大的差异。其共同点如下：

（一）起步晚，起点低，发展快

大多数发展中国家是从二战结束、国家独立之后，城市化才开始起步的；大多数具有农业社会传统，工业底子薄，经济不发达，城市化水平低等特点。但由于工业化的推动，从20世纪开始，发展中国家的城市化进程提速，超过世界平均水平。其中，20世纪60年代到80年代是发展中国家城市化急速发展时期。

（二）城市人口与农村人口同时增长，城市化引发贫困人口由农村向城市转移，但不能根本上消除贫困现象

许多发展中国家属于增加型人口结构，人口增长速度快。当发达的后工业化国家因出现持续的人口零增长或负增长而引起恐慌的时候，发展中国家仍在为怎样才能刹住人口高速增长的快车而大伤脑筋。这样的结果是，尽管发展中国家的城市化率在较短的时间内已经有了大幅提高，但就总体而言，这个比率还是偏低的。如印度，在1950年至2000年之间，有超过2亿人口移居城市，但2000年印度的城市化水平仅仅是28%，甚至低于1980年时发展中国家平均为30.4%的水平。① 巨大的人口压力，往往成为发展中国家走向城市化、现代化的最大瓶颈。

（三）城市发展中的非均衡态势

这种非均衡态势主要表现有三：(1)发展中国家之间城市化水平相差悬殊。从大洲的分布看，拉丁美洲国家发展最快，已有超过2/3的人口居住在城

① 王思斌．社会学教程[M]．北京：北京大学出版社，2003：179.

市，已接近欧洲水平。特别是位于温带的南美洲，城市人口已占总人口的80%，① 2000年阿根廷的城市化水平达90%，超过了欧洲和北美的水平。其次是东亚，最低的是非洲和南亚。(2)一国之内地区之间城市化发展不均衡。一般情形是，沿海、沿边、沿路等自然、经济、社会诸条件较优越，交通较便利的地区，城市基础设施较好的地区或资源富集地区，城市发展快，辐射带动能力强，城市化步伐也相对较快，其他地区则等而下之。(3)大、中、小城市体系不配套，不合理。突出表现为以首都为中心的大城市人口增加迅猛，城市规模越来越大，出现了明显的"过度城市化"倾向，比如圣保罗、墨西哥城及里约热内卢等。而在国内的其他地区，则是城市发育的严重不良，中小城市因为功能不全，无力对大城市形成功能承接与压力缓冲的"二传手"作用。总之，人口向大城市、特大城市盲目流动，几乎是大多数发展中国家人口迁移中的一个普遍现象。

(四)城市贫困化问题加剧

由于城市化的超前与工业化的滞后并存，许多发展中国家遭遇这样的尴尬：满怀希望跳出农门进入城市的农民，却因就业无门生计受困而进退维谷。大批乡下村民被城市化浪潮卷入城市，变成城市贫民，在繁华都市的角落里，在都市与农村的结合部，都可以看到大片低矮潮湿、条件简陋的"棚户区"及"贫民窟"，出现了二元社会结构背景下的"二元城市"格局。预计在短期内，这个现象还很难消除。

四、城市化的一般规律

关于城市化发展一般规律的认识，学界的观点基本趋于一致。高佩义先生将其概括为三大规律，即：

(一)城市化进程的阶段性规律

早在1975年，美国城市地理学家诺瑟姆在其《城市地理》一书中，把世界城市化的发展过程所经历的运动轨迹描述成一条好似被拉平的S型曲线。清华大学谢文蕙教授据此推断，给出了相应的数学模型并得出结论：城市化过程要经历发生、发展、成熟三个阶段。这三个阶段的基本变化规律是：发生阶段变化速度缓慢，发展阶段变化速度加快，成熟阶段变化速度又趋缓慢。② 高佩义先生进一步研究证实，这一规律不仅仅为美国所特有，也不限于已经实现了高度城市化的国家，而是一条普遍规律。虽然世界的城市化总体水平和发展中国

① 孙立平．社会现代化[M]．北京：华夏出版社，1988：410.

② 参见李笔戎．城市化规律与中国城市化发展战略基本问题探讨[J]．人文杂志，1988(4).

家的城市化总水平的发展过程尚未出现一条成型的“S”曲线，但从总趋势上看，迟早会出现的。其重要原因，是由生产力的发展水平（广义的）所决定的“城市文明普及率加速定律”在起作用。① 荷兰城市地理学家莱温顿·拜根认同城市化阶段性规律的存在，他把西方国家的城市化分为城市化、郊区化、逆城市化、再城市化四个阶段。我国学者杨重光等人则将城市化发展阶段分为向心（集中）城市化阶段和扩散城市化阶段。② 这表明，学界对城市化的阶段性规律一致认可，但对不同阶段的划分与表述不一。关于三个阶段的城市化率，诺瑟姆的研究认为依次为30%以下、30%~70%之间和70%以上。持城市化进程五阶段说的学者则认为，20%以前为起步阶段，20%~50%为加速阶段，50%~60%为基本实现阶段，60%~80%为高度发达阶段，80%~100%为自我完善阶段。

（二）大城市超先增长规律

高佩义把大城市界定为人口在50万以上的城市。他认为，与阶段性规律相适应，城市化发展到一定阶段，城市人口规模结构的变动具有大城市超先增长的客观必然性。城市化加速发展阶段，正是大城市超先增长规律发挥作用最明显的阶段。从城市增长的几种具体表现形式——内涵增长、外延增长、机械增长来看，大城市超先增长规律无不得以体现。这一规律的存在依据应是聚集效应。聚集经济是城市化最显著的特征，城市规模越大，聚集效应越强，发展动力越大。虽然大有大的弊端，但从目前情况看，还没有出现大城市规模过大、聚集效应为负的情况。18世纪以来城市发展的状况显示，大城市比一般城市具有更高的聚集效应，更快的发展速度。以百万人口以上城市为例，1850年全世界仅有3座，占城市人口比例为6%；1900年为13座，占城市人口比例为13%；1950年为115座，占城市总人口比例为31.6%；1980年达到234座，占城市人口的40%。从1900年到1980年，大城市人口增加的速度，等于全世界人口增加的3倍，等于城市人口增加的1.5倍。③ 但也有学者对此规律的客观性及适用性提出质疑，原因在于“资料的选取上存在缺陷”，因而“尽管有许多学者认为存在这个规律，但结论的可信度仍然受到怀疑”。

（三）城市化与经济发展的双向互促规律

城市化与工业化相关性规律，由钱里纳提出，高佩义等学者又作了进一步论证。1986年，钱里纳等在《工业化和经济增长的比较研究》一书中，对城市与工业化水平相关性进行了测度研究，得出在常态发展过程中工业化与城市化

① 高佩义．世界城市化的一般规律与中国的城市化［J］．中国社会科学，1990(5)．
② 参见朱道才，陆林．城市化问题的争议与诠释［J］．学术界，2009(3)．
③ 包宗华．中国城市化道路与城市建设［M］．北京：中国城市出版社，1995：38．

关系的一般变动模式：随着人均收入水平的上升，工业化的演进导致产业结构的转变，带动城市化程度的提高。人均国民生产总值为100美元时，国家的城市化水平为22.0%；人均产值为200美元时，城市化水平为36.2%；人均产值为500美元时，城市化水平为52.7%；人均产值为1000美元时，城市化水平为63.4%。高佩义通过对相关资料分析也证实，城市化水平与国民生产总值(GNP)的人均占有量呈正相关关系。也就是说，在其他条件大致相同的情况下，城市化水平高的国家或地区，其人均GNP的数量也较高。但他又强调指出，城市化水平的提高与人均GNP的增长之间，并不是一种简单的因果决定关系，而是一种相辅相成、互促互进的双向因果关系。我们既可以说，城市化水平随人均GNP的增长而提高；又可以说，人均GNP随城市化水平的提高而增长。

第三节　中国的城市化

中国的城市化进程以1949年新中国的诞生为起点。城市化水平由诞生初的10.6%上升至2008年的45.68%，城镇人口已经突破6个亿。对于这半个多世纪的城市化历史到底该作何评价？有何特点？今后的发展走向如何？这些问题是学界、政界及全社会共同关心的重大问题。

一、中国城市化的进程及其特点

学术界一般把中国城市化的发展历程划分为四个阶段，这里我们将其概括为三个阶段：

(一)起步阶段(1949—1957年)

这一阶段是我国国民经济的恢复和开始实施计划指导阶段，工农业生产发展迅速。期间，1949—1952年为恢复阶段，1953—1957年为“一五”计划时期。特别是在“一五”计划时期，国家开始了大规模的工业化建设和城市建设，围绕156个重点建设项目，采取了“重点建设，稳步前进”的城市发展方针，新建了6座大城市，大规模扩建了20座城市，一般扩建了74座城市。8年时间，平均每年增加城镇人口为445万，年均增长7.06%，同时期的总人口年均增长率为2.24%，所增加的城镇人口中机械增长占了56%，8年间城市化水平由10.6%上升到15.4%，年均增长0.6个百分点，略高于世界平均速度。① 需要强调的是，这一阶段也正是我国工业化的起步阶段，工农业总产值由574亿

① 陈甬军，陈爱民．中国城市化：实证分析与对策研究[M]．厦门：厦门大学出版社，2002：7-8.

元增加到1375亿元，表现出城业化与工业化同步发展的态势。

(二)非常态发展阶段(1958—1978年)

之所以用“非常态发展”来概括这一时期城市化的状况，是因为，我们主观上犯了极“左”冒进错误，客观上违反了经济运行规律，结果因经济上的大起大落导致城市人口的先进后出震荡反复，出现了世界城市化史上较为罕见的反常发展现象。这一阶段又可区分为前后两个时期：

1. 1958—1965年为第一个时期

这一时期城市化的问题，主要属于经济领域的问题。1958年开始的“大跃进”，全国大炼钢铁，导致工业化和城市化在脱离农业的基础上超速发展。三年“大跃进”，工业产值占社会总产值的比重由1957年的43.83%提高到1960年的61.10%，重工业产值年均增速高达49%，轻工业平均增速达14%。全国职工猛增2860万人，城镇人口从1957年的9949万人上升到1960年的13073万人，三年净增31.4%，城镇人口比重由1957年的13.08%猛增到1960年的16.61%，年平均上升1.2个百分点，1961年，这个比例已上升至19.75%。城市化的超常跃进，埋下了一个很大的隐患，农业生产产量连年下降，再加上三年自然灾害，粮食大幅减产，无论市民还是农民，吃饭一下子成了个大问题。这样迫使政府做出了遣返市民回农村的决策，由此出现了我国第一次城市化倒退现象。从1961年至1963年间，全国共精简职工2546万人，其中1641万人直接由城镇回到了乡村，全国城镇人口净减少1427万人，城市化水平由1961年的19.75%下降到1963年的16.84%。① 应该说，农业问题，更确切地说，粮食问题是导致反城市化现象发生的重要原因。

2. 1966—1978年为第二个时期

这一时期城市化的问题，主要是属于政治领域的问题。“文革”十年，是政治上动乱、经济上停滞的十年。国民经济处于崩溃的边缘，城市化总体上处于停滞状态。此间发生了以知识青年上山下乡和干部下放劳动为标志的我国第二次城市化倒退现象。12年时间，城市非农业人口增长仅仅相当于人口的自然增长，城市化水平由1966年的17.83%下降到1978年的17.44%。② 总起来看，从1958年到1978年的20年时间，是中国城市化的停滞和倒退时期、严重反常时期。作为一个人口大国、农业大国，城市化的欠账主要是在这关键的20年间累积形成的。

(三)加速发展阶段(1979年以后至今)

1978年中共中央十一届三中全会的召开，是中国社会的一个转折点，当

---

① 陈甬军，等．中国城市化道路新论[M]．北京：商务印书馆，2009：40.

② 陈甬军，等．中国城市化道路新论[M]．北京：商务印书馆，2009：40.

然也是中国城市化的一个转折点，它标志着我国的城市化从此进入了一个快速发展时期。其特点主要有三：(1)农村改革给农村社会、经济带来了活力，农村剩余劳动力开始向城镇流动，国家政策上又为这种流动减少了限制。(2)1980年国家出台我国城市化建设指导方针，政府主导、行政力量推动的作用逐渐显现出来；越到后来，有关流动人口等入城农民的户籍管制愈益松动，有关社会福利保障制度逐步建立健全，城市流动人口渐渐转变为常住人口。(3)降低建制城、镇的标准，“建制城市化”导致的“表面加速”城市化特征突出。1983年起先后实行市管县体制和整县改市政策；1984年，国家又降低了设镇标准，放宽了户籍管制，乡改镇步伐随之加快，在1978年至1988年间，我国新设城市241座，平均年增加24.1座；新设建制镇576个，平均每年设57.6个。① 截至2008年末，我国的城市化率已达到45.7%，城镇人口达6.07亿，建制城市655座，其中百万以上特大城市118座，超大城市39座。从1997年到2008年的10年间，城镇化率从31.91%提高到45.70%，年均提高1.38个百分点，相当于每年平均有约1800万人从农村转向城市。从2008年到2013年5年间，城镇化进程再次加速，城镇化率由45.70%提升至53.73%，到2014年末，城镇化率达到54.77%。

中国城市化进程具有以下一些特点：

从表象上看，中国城市化存在一些突出问题，如人口转移基数大，城市化水平低，区域发展不均衡，大、中、小城镇不匹配及工业化与城市化关系不协调等。国务院发展研究中心课题组则把问题概括为六大方面，包括：(1)城镇化进程相对滞后。低于相同发展阶段国家的平均水平(近10个百分点)，城镇化水平存在虚高问题(如入城而无户的城市流动人口被统计在内)，土地城镇化快于人口城镇化。(2)城镇化结构性矛盾突出。城镇规模不合理，城市数量多而人口规模相对不足，许多地级市只有其应有规模的一半；城镇经济专业化程度不够。(3)城镇承载力不强、功能不全，生态环境压力较大。(4)城市运行欠佳，管理不善，城市特色不显著。(5)城镇化过程中积累了一些社会矛盾。如农民工基本权益没有得到充分保障，失地农民大多缺乏可持续生计保障，城市拆迁改造规则不完善等。(6)城乡收入不协调。城乡收入差距扩大，城乡居民福利水平差距大。② 应该说，上述概括是比较客观、准确和全面的。这些问题既是存在的实际问题，同时也可以看做是具有普遍性的特点。

从深层去看，中国城市化进程存在以下特点，它又可以成为解释上述问题

---

① 辜胜阻．非农化与城镇化研究[M]．杭州：浙江人民出版社，1991：109.

② 国务院发展研究中心课题组．我国城镇化体制机制及若干政策建议[J]．新华文摘，2008(4)：23-24.

的缘由，二者之间存在着某种因果关系。

第一，受政策导向影响，城市化容易起伏波动。(1)从20世纪50年代开始直至“文革”结束，我国城市化进程中的起落反复，既受到当时政策的影响，又和政治因素搅和在了一起。法定城乡隔离制度的出台，对农村户口进城的严格控制，城市人口的下放及数千万城市知识青年的“上山下乡”等，都对我国的城市化进程造成直接影响。(2)阻碍我国人口流动的最大障碍因素是户籍管理制度。但新中国成立60年来，户籍控制始终没有一个大的、根本性的松动，深层原因是经济问题，直接原因则是政策问题。(3)我国现行的城市化建设方针，突出强调的是“积极发展小城市”。自20世纪80年代开始的“小城镇”建设及曾风行一时的“苏南模式”成为全国的样板。但小城镇建设的一大特点，是农村劳动力的就地转化，“离土不离乡”。这也许并不是完整意义上的城市化，最多可算作“准城镇化”或“半城镇化”。这个政策导向对全国的城镇化建设影响较大，而且，“中国特色的城镇化建设”，还给人们带来概念上的混淆和统计上的困难。(4)在市场经济背景下，依靠行政力量强力推动的政府主导型城市化，这是中国城市化的一个显著特点。但它到底能走多远？是否合乎城市化的一般规律？有无大的后遗症？特别是，政府主导与市场调节的利弊得失到底该如何评价？这些问题还有待进一步探究。

第二，受“三农”问题牵制，政策往往瞻前顾后左右摇摆。一方面，完全放开户籍限制，大量农民离开土地，离开农业产业，国家担心土地撂荒，粮食生产出现问题。“手中有粮，心里不慌”，这是人口大国各级政府的共识。另一方面，数以亿计的农民工流入城市，又担心城市无力承受。城市化的大方向是鼓励农民离乡入城，但基于中国农民队伍的庞大数量、粮食供应的安全保障以及中国农业产业化、现代化程度不高，生产力水平低下等实际，中国在城市化推进中，往往有一种欲放又收、欲速还慢、左顾右盼、患得患失的自相矛盾的心理和表现。

第三，受经济、社会诸多因素影响，城市化建设存在三个不协调：一是城市化进程与工业化不协调，城市化滞后于工业化，滞后于经济发展水平。二是农村经济与城市经济、农村工业化与农村城市化的不协调。三是大、中、小城市内部体系不协调。大城市发展受限制，聚集效应发挥得不充分；中等城市发展受到忽视，小城市及小城镇数量增长快，内涵、质量却不高，规模偏小，功能不全，城市味不足，乡土味浓重。仅从城市自身素质看，相当数量的小城市(小城镇)尚处在城市化的初级阶段。

从2003年到2013年的10年间，特别是2008年至2014年间，由于城镇化的骤然提速，我国的城镇化表现出三个显著特点，即规模和速度空前，城市化与郊区化并进，城市群的发展逐渐成为带动城镇化发展的引擎。

二、中国城市化的建设方针

中国城市化的理性自觉，始于1978年的改革开放以后。从那时算起，显著影响中国城市化方向和进程的大致方针主要有以下三项：

(一)城市化建设方针

新中国成立初期，国家把发展工业放在突出位置，实施"重工业优先发展战略"，谋求"以工业化带动城市化"，但事实上，兴奋点、注意力主要在发展工业上。直到1978年以前，一直走的是以重工业发展为主要推动力的政府严格控制型城市化道路，城市化进程缓慢甚至停滞。以生产型的重工业为主的城市发展较快，城乡对立的二元结构由此逐步形成。

1982年，中央召开全国城市规划会议，第一次明确提出了我国城市化建设方针，这就是："控制大城市规模，合理发展中等城市，积极发展小城镇。"1989年，国家出台的《城市规划法》第4条又明确提出："国家实行严格控制大城市规模、合理发展中等城市和小城市的方针，促进生产力和人口的合理布局。"

上述方针的着眼点或核心内容，是有目的地控制城市的人口规模，并以此来推进各级城市的发展。这个方针的实际执行至少延续了20年时间。总的来看，这一方针的贯彻执行，对于改变长期以来我国大城市比例过大、中小城市发展不足的不合理的城市布局，对于推动城市化的发展起到了积极作用。在此期间，由于"小城镇"发展模式渐渐占据主导地位，这二者的缺陷暴露得越来越明显，到了21世纪，城市化建设方针有了新的调整。

(二)小城镇发展战略

20世纪80年代初，费孝通的"小城镇论"一经提出，广受关注。"小城镇，大问题"，以发展乡镇企业为依托，积极推进小城镇发展，进而推进农村城镇化进程，一时成为学界及政府的普遍共识和地方政府的实际行动。这一主张的着眼点有两个方面：第一，发展小城镇可以作为农村剩余劳动力的蓄水池，减少对大城市的压力；第二，它也可以成为农村的经济、政治和文化中心，带动农村的发展。苏南地区的小城镇建设取得了极大成功，"苏南模式"成了全国效仿的模板。当市场经济渐渐走向成熟，在连续遭遇东南亚金融危机、世界经济危机之后，乡镇企业受到较大冲击，小城镇的先天性营养不良症状慢慢显现出来，因而小城镇发展战略的推广价值及发展前景受到越来越多的质疑。

(三)新世纪城市化建设方针的调整：协调发展，中国特色

进入21世纪之后，在总结既往经验教训、吸收专家学者的意见的基础上，国家对城市化建设方针又作了一系列调整。2001年10月，中共中央关于制定"十五"规划建议中，明确提出"积极稳妥地推进城镇化"的战略要求。2002年

中共十六大报告，将“全面繁荣农村经济，加快城镇化进程”作为新世纪前20年必须抓好的八大任务之一，并将城市化建设方针表述为：坚持大中小城市和小城镇协调发展，走中国特色的城镇化道路。2007年中共十七大报告又指出，要“走中国特色城镇化道路，按照统筹城乡、布局合理、节约土地、功能完善、以大带小的原则，促进大中小城市和小城镇协调发展”，重点强调了“以增强综合承载能力为重点，以特大城市为依托，形成辐射作用大的城市群，培养新的经济增长极”。① 这是中国官方关于城市化建设指导方针的最新表述，既反映了它与过去方针的衔接性、一致性，又反映了根据形势变化的客观实际，如何把握建设的重点等信息。关于“中国特色的城市化道路”的内涵，则可以从城市化机制、工业化与城市化协调发展规律、可持续发展原则、国际经济与中国国情几个方面综合理解和把握。

三、中国的城市化道路

在中国，人们对“城市化道路”的理解，往往是指以什么类型城市为主实现城市化。我国政府对城市类型的划分是：50万人口以上的城市为大城市，20万~50万人口的城市为中等城市，20万人口以下的为小城市或小城镇。自20世纪80年代开始，有关中国城市化道路的探讨一直是学术界争论不休的热点问题。围绕以何种类型城市为主实现城市化，学术界大致形成以下几派观点：②

（一）小城镇重点论

以著名社会学家费孝通为代表。农村经济改革，带来了农村经济和乡镇企业的大发展，小城镇成了农村经济增长的一个闪光点。费孝通认为，小城镇的兴衰存亡直接影响到农村商品经济能否发展，直接影响到农村几亿剩余劳动力的出路，遂于1984年将其观点提炼成“小城镇，大问题”六个字，小城镇重点论从此广为流行。但费孝通最初的着重点是发展乡镇企业和农村工业化，直到看到了小城镇蓬勃发展充满活力的情况后，才提出了“乡镇城市化”的观点。客观地看，“小城镇论”的主张，是符合当时农村经济的实际，符合发展企业的要求的。至少在我国城市化提速初期，面对数以亿计的等待转移的农村劳动力，小城镇的“蓄水池”、“二传手”、“集散地”等功用还是不可抹杀的。作为一个特定阶段上的发展模式，它的贡献与价值同样是不可低估的。真正的问题是出在全国各地盲目跟风仿效，不分青红皂白，把以重点发展乡镇工业和小城镇为主要内容的“苏南模式”到处胡乱套用，劳民伤财，走了弯路，大大地败

① 参见陈甬军，等．中国城市化道路新论[M]．北京：商务印书馆，2009：11.
② 郑杭生．社会学概论新修[M]．北京：中国人民大学出版社，2003：302.

坏了小城镇建设的名声。相比之下，小城镇自身发展的先天不足后天乏力诸问题，反倒不重要了。事实上，西部贫困地区发展小城镇就尤需慎重，发展乡镇工业缺乏现实基础，因而，“苏南模式”在西部地区不具备普遍的推广价值与应用前景。①

(二)大城市优先发展论

持此观点的学者大致可分为两派：一派以城市化规律与中国国情为理论依据，认为在工业化初期，城市化具有突破人为控制的自然冲动，以人口向大城市的聚集为基本模式；而在工业化基本实现后，城市化则表现为集中度相对分散化。中国目前尚处于工业化与城市化的第一阶段，不具备分散发展小城镇的条件。② 另一派以批判小城镇的弊端为出发点，通过大小优劣对比，先破后立。他们认为，小城镇模式可能导致“准城市化”现象泛滥，不利于消除城乡二元结构；不利于资源在更大空间的合理配置，降低了基础设施的利用效率；不利于土地资源的高效利用，影响了社会经济的可持续发展；对区域经济发展的带动作用有限，难以形成真正的“增长极”等。有学者研究认为，我国城市的规模效益以100万至400万人口为最好，“建大城市，走集约化之路是中国城市化的必由之路”；“对于中国这样的人口众多的国家来说，今后50年再出现50~100个200万人口以上的大城市并不算多”。

(三)中等城市重点论

这是前两种观点的一种折中，基本思维逻辑是：大的太大，小的太小，中等最好，中间的往往是美好的。据美国系统工程专家吉布森的分析，当人口规模达到25万人左右时，经济效益明显提高，城市所提供的教育、文化、医疗等方面的条件比较完善，就业机会也较充分。英、法、德、日等国的学者通过定量分析，也倾向于推荐15万~45万人口的城市规模。③ 有学者进一步论证道，中等城市的经济效益与社会效益能够得到较好的统一，其投资效益明显地高于小城市，比大城市也不逊色。它的优势还表现在：规模不大，但发展空间较大，具有双向吸纳功能，有利于来自大城市的资本、科技力量和来自乡镇的人力资源的结合；它处在中间层次，能向大城市大量提供所需资源，也便于向小城镇扩散经济效应，具有一种“中间优势”。即使从个人生活角度看，中等城市也应属于“宜居城市”。但学者们所担忧的，主要还是数量有限的中等城市无法充分消化中国数以亿计的庞大的农村剩余劳动力。加之目前的中等城市

---

① 胡俊生．西部贫困地区：慎重发展乡镇工业小城镇[J]．社会，2008(8)．

② 阎鹏．社会学在中国：过去，现在与未来[J]．社会学研究，1990(6)．

③ 陈甬军，陈爱民．中国城市化：实证分析与对策探讨[M]．厦门：厦门大学出版社，2003：102.

中，为数不少的是近一二十年间急剧膨胀起来的，自身基础设施诸条件尚不完备，城市建设的缺口很大，因此，要使其担当城市化的主要任务，或成为中国城市化的主要途径，尚存困难。

(四) 多元综合论

此论亦称"并举论"，主张我国的城市化道路选择应当走大、中、小城市(镇)多元并举的道路，不必一定确定谁为重点。基于中国地域广大，城市化基础千差万别等实际，应当因地制宜，根据各地的经济、社会条件及城市建设状况，选择最合理、最适当的城市化道路。

另外，关于城市化的模式问题也是一个不容回避的问题。以中国的"政府主导型"或"计划型城市化"与"市场型城市化"模式相比较，学者认为，城市化道路是"市场自然选择"的结果，城市化的实现是市场主导化的经济发展的自然结果。由此看来，对于中国"政府主导型"城市化的利弊得失，尚需作进一步深入的探究。事实上，中国城市化发展道路问题之所以长时间争论不休，莫衷一是，难点正在于两种关系难以很好把握：一个是政府与市场的关系，一个是城市化一般规律与中国的特殊国情的关系。关于前者，理论上说，在市场经济条件下，应当遵循城市化发展的客观规律，让市场机制发挥主要作用，政府发挥引导和助推作用；关于后者，我们只能说，既要遵循城市化的规律，充分借鉴发达国家城市化的经验；又要立足特殊的国情，从实际出发，大胆探索符合我国国情的城市化创新之路。

著名社会学家李强先生对多元城镇化作了进一步阐释，他将我国城镇化的推进模式概括为七种类型：建设开发区、建设新城和新区、城市扩展、旧城改造、建设中央商务区、乡镇产业化和村庄产业化。他认为，从城镇化推进的主导力量来看，这七种模式囊括了从中央到地方的各级行政主体；从空间维度看，也基本覆盖了城乡空间范围；从实践层面看，这几种推进模式往往互相结合互相交叉，而不是单一使用。通过对其动力机制、空间特征、规模和问题的分析，他认为这七种模式是我国城镇化推进实践中最显见、最突出、最频繁使用的。城镇化的核心是"人的城镇化"，与"人的城镇化"相反的则是"物的城镇化"和"土地城镇化"。从入城者的主观愿意来考量，可以把城镇化区分为"主动城镇化"与"被动城镇化"两种形式。以人为本的城镇化，应当尽量尊重并保护参与城镇化的民众的意愿和利益，实现主动城镇化，避免被动城镇化。①

四、新型城镇化及我国城镇化发展新战略

2013 年 12 月，中共中央首次召开城镇化工作会议，根据城镇化发展形

① 李强．主动城镇化与被动城镇化[J]．西北师范大学学报，2013(6)．

势，会议明确了推进城镇化的指导思想、主要目标、基本原则、重点任务。会议强调，要走中国特色、科学发展的新型城镇化道路，核心是以人为本，关键是提升质量，与工业化、信息化、农业现代化同步推进。新型城镇化要找准着力点，有序推进农村转移人口市民化。会议提出推进新型城镇化的六项主要任务，即：推进农业转移人口市民化；提高城镇建设用地利用效率；建立多元可持续的资金保障机制；优化城镇化布局和形态；提高城镇建设水平；加强对城镇化的管理。

这次会议所确立的国家城镇化发展战略，对今后几十年的发展影响深远，意义重大。其中，特别值得一提的有三条：一是首提以人为核心的城镇化，旨在从根本上消除长期以来"半城镇化"所带来的后遗症，为实现举家迁移完整意义上的城镇化扫除障碍；其中也包含了城镇化要既讲速度规模，更要重质量内涵的问题。二是强调城镇化的布局和形态。2010年，国务院正式颁布全国主体功能区规划方案，为未来城镇化建设做出了总体布局安排。也就是说，城镇化建设必须依规守矩，在主体功能区这个规划框架内科学谋划，局部的开发建设一定要服从国土主体功能区的整体规划部署，而不是随心所欲，毫无章法。三是明确提出城市群建设将成为推进城市化的主体形态。2014年3月16日，《国家新型城镇化规划(2014—2020年)》正式发布，明确了建设东中西"两横三纵"七大城市群的战略构想，即以欧亚大陆桥通道和沿长江通道为两条横轴，以沿海、京哈、京广、包昆通道为三条纵轴，以轴线上城市群和节点城市为依托、其他城镇化地区为重要组成部分，大中小城市和小城镇协调发展的"两横三纵"城镇化战略格局。除了目前已经形成的东部地区京津冀、长江三角洲和珠江三角洲三大城市群外，要求在中西部和东北有条件的地区，依靠市场力量和国家规划引导，逐步发展形成若干城市群，使之成为带动中西部和东北地区发展的重要增长极，推动国土空间均衡开发。具体包括成渝、中原、长江中游、哈长四大城市群，作为中西部地区重点培育的城市群。东部地区其他城市群，要根据区域主体功能定位，在优化结构、提高效益、降低消耗、保护环境的基础上，壮大先进装备制造业、战略性新兴产业和现代服务业，推进海洋经济发展。规划还要求把城市放在大自然中，把绿水青山保留给城市居民。今后在城市化空间布局上，可以按照特大城市群、大城市群、其他城市化地区(大都市区、城市圈、城市带)、边境口岸城市、点状分布的中小城市和小城镇五类考虑，实行有区别的城市化方针。专家预计，这五类城市空间未来可以集中10亿左右的城市人口，基本上可以满足2030年中国人口达到14.6亿的高峰值、城市化达到65%时对城市空间的需要。规划指出到2020年，我国常住人口城镇化率将达约60%，户籍人口城镇化率要从目前的35.7%提高至45%左右。

思 考 题

1. 如何理解世界城市化的进程与一般规律?
2. 世界发达国家城市化的主要经验是什么?
3. 发展中国家的城市化面临哪些困难与阻碍?
4. 如何看待城市化进程中的“拉美陷阱”?
5. 如何理解我国的“半城镇化”、“人的城镇化”、“新型城镇化”内涵?
6. 中央确定的我国城镇化发展战略的主要内容是什么?
7. 如何实现国家主体功能区规划与国家城镇化发展战略的相互对接?

主要参考文献

[1] [美]R. E. 帕克，等. 城市社会学[M]. 北京：华夏出版社，1987.

[2] [日]山鹿城茨. 城市地理学[M]. 朱德泽，译. 武汉：湖北教育出版社，1986.

[3] 陈甬军，景普秋，陈爱民. 中国城市化道路新探[M]. 北京：商务印书馆，2009.

[4] 向德平. 城市社会学[M]. 北京：高等教育出版社，2005.

[5] 包宗华. 中国城市化道路与城市建设[M]. 北京：中国城市出版社，1995.

[6] 高佩义. 中外城市化比较研究[M]. 天津：南开大学出版社，1991.

[7] 周一星. 城市地理学[M]. 北京：商务印书馆，1995.

[8] 孙立平. 社会现代化[M]. 北京：华夏出版社，1988.

推荐阅读书目

[1] [美]罗吉斯，等. 乡村社会变迁[M]. 杭州：浙江人民出版社，1988.

[2] [美]R. E. 帕克，等. 城市社会学[M]. 北京：华夏出版社，1987.

[3] [德]滕尼斯. 共同体与社会[M]. 北京：中国商务出版社，1999.

[4] 王春光. 中国城市化之路[M]. 昆明：云南人民出版社，1997.

[5] 费孝通. 中国城镇化道路[M]. 呼和浩特：内蒙古人民出版社，2010.

[6] 陈甬军，陈爱民. 中国城市化：实证分析与对策研究[M]. 厦门：厦门大学出版社，2002.

[7] 陈一筠，等．城市化与城市社会学[M]．北京：光明日报出版社，1986.

[8] 向德平．城市社会学[M]．北京：高等教育出版社，2005.

[9] 王凯，陈明．中国城镇化的速度与质量[M]．北京：中国建筑工业出版社，2013.

[10] 李强．城镇化进程中的重大社会问题及其对策研究[M]．北京：经济科学出版社，2009.

[11] 李强．多元城镇化与中国发展——战略及推进模式研究[M]．北京：社会科学文献出版社，2013.

[12] 李铁．城镇化是一次全面深刻的社会变革[M]．北京：中国发展出版社，2013.

[13] 李铁．城镇化进程中的城乡关系[M]．北京：中国发展出版社，2013.

[14] 易鹏．中国新路——新型城镇化路径[M]．成都：西南财经大学出版社，2014.

第十三章　社会分层与社会流动

完整地把握社会结构及其社会变化发展的规律，除了要全面考察群体、组织等社会单位及其关系构成外，还要深入探讨由阶级、阶层、地位等不同社会层次及其关系构成的结构。社会分层研究的是个人之间、群体之间的利益差异，特别是经济利益的差异，这涉及对社会群体分类的最根本问题。社会分层和社会流动是对某个国家或地区同一类社会现象所作的两种视角的分析和描述。社会分层是从静态的角度，分析描述社会阶层结构的分化内容、形式、形成的层次和分布形态，是研究社会阶层结构分化的质变过程。社会流动是从动态的角度，分析描述社会阶层结构分化中各层次间的互动、动力机制、时空范围、方向和速度，是研究社会阶层结构分化的量变过程。社会分层研究与社会流动研究互为依托、不可或缺，是相辅相成的关系。

第一节　社会分层概述

社会上的差异现象有千千万万，有差异就可以进行分类。所以，分类也有千千万万种。但在所有这些分类中，分层首先关注的是人们社会地位高下的不同，所以分层研究的问题是非常本质的问题。社会分层指的是依据一定具有社会意义的属性，把社会成员区分为若干高低有序的等级、层次的过程与现象。社会分层体现着社会不平等。分层现象是分析社会结构及其变迁时必然要涉及的一个重要方面。我们先从概念入手，了解社会分层和社会不平等的内在联系，进而对社会分层的结构和影响作进一步揭示。

一、社会分层的概念和特征

阶级、阶层和社会分层，这三个概念既有区别，又有联系。所谓阶级是指依据社会资源的不同占有状况及相互关系所组成的社会集团。这些不同的社会集团形成不同的阶级，在社会结构中处于不同的地位。所谓阶层，一是指阶级内部的层次划分，二是泛指具有不同社会地位的群体。阶级和阶层概念的使用具有相对性，当强调群体利益或社会集团的矛盾和冲突时，人们倾向用阶级一词；当强调利益群体或社会集团的协调和整合时，人们倾向使用阶层一词。

所谓社会分层是指社会成员被区分为高低有序的不同等级、层次的过程与现象。“社会分层”不但可以指阶级和阶层的分层，还可以指阶级和阶层之外的分层；不仅可以指阶级社会内部的各种不平等分层，还可以指无阶级社会里的种种序列分层。因而，阶级、阶层和社会分层这三个概念有相通、重叠之处，但也有区别。①

社会分层作为一种特定的社会分化，所反映的是人们在社会资源、社会声望或社会地位方面的不平等，体现的是等级制的地位结构。具体来说，社会分层具有如下五个方面的特征：②

第一，社会分层的久远性。自有文字记载以来，就存在着社会分层。如在古代中国、印度，以及古巴比伦和埃及等，都有明显的等级制。

第二，社会分层的普遍性。分层广泛存在于每一个国家或地区，无论是在野蛮社会，还是在文明社会，人们所拥有的权力、财产和声望都是各不相同的。

第三，社会分层的社会定势化。社会分层并非基于人们之间的生理差别，而主要是基于人们之间的社会差别。这种社会差别是由社会化、社会制度、地位的封闭性等社会因素造成的。只是在现代社会中，随着社会流动的加强，分层的社会定势逐渐减弱。

第四，社会分层的差异性。社会分层在方式和程度上，会因不同的国家或民族、不同的历史时代而有所不同。例如，印度的种姓制等级森严，分层明显，而在现代社会中，这些阶级界限却不甚严格，变化性较大。

第五，社会分层的结果。社会分层可导致下列结果：(1)生活机会差异，包括生活机遇、成就和经历等；(2)生活方式的差异，包括社会声望与受尊重程度；(3)制度化的活动方式不同，即在政治、经济、教育、家庭、宗教等方面的参与程度各不相同；(4)价值、态度和观念的不同，处于不同社会分层位置或地位的人，他们在价值观和思想观念等方面是不一致的。

总之，社会分层作为社会地位的体现，对人们的社会生活和思想观念的影响是很大的。因此，许多社会学家都非常重视对社会分层的研究，并形成了不同的社会分层研究传统和理论。

二、社会分化与社会不平等

分化，就其一般涵义而言，就是指事物由同质性的状态向异质性的状态的

① 王丽英．社会学基础[M]．北京：科学出版社，2008：141.

② 李芹．社会学概论[M]．济南：山东大学出版社，2002：201.

变化。当它被用来表示社会状态的一种变化时，则指社会系统中原来承担多种功能的角色、集合体逐步分化成为承担某种专门的单一功能的多个角色或部门的过程。比如，家庭原先是承担着生产、消费、教育、娱乐等多种功能的综合社会组织，而如今，许多功能都已经从家庭中分离出去而由其他新生的专门机构来承担了。在社会分化过程中，各种角色和集合体在形式上彼此相互脱离，日渐获得独立自主的地位，但同时在实质意义上则越来越相互依赖。许多研究者，如斯宾塞、涂尔干等都曾指出，社会分化是自有人类社会以来的普遍事实，是社会发展的基本形式。同时，他们也都承认，自产业革命以来，无论在社会分化的规模还是速度方面，都是以前的社会所无法比拟的。

从理论上说，社会分化不一定导致社会不平等，即它可能是一种纯粹的水平分化，只意味着社会结构各个单元之间在结构和功能上的分离，并不造成哪一个社会单元对另一个社会单元的特权地位。但是，当社会分化的结果不仅表现为社会结构和功能的复杂化、专门化，而且还表现为社会结构中的某些角色地位（或者说处于这些角色地位上的社会成员）享有更多的社会资源从而高于、优越于另一些角色地位（或者说处于这些角色地位上的社会成员）时，就出现了垂直分化。正是垂直分化产生了社会分层，从而使社会成员之间呈现出尊卑有序的不同等级、不同层次的现象，它反映了社会成员之间的一种结构性的不平等。①

社会不平等是社会分化的必然结果，是社会地位和等级垂直分布的表现，对社会的发展具有重大影响。从社会关系的层次来看，社会不平等包括三种类型：第一，社会关系的宏观层次。在这一层次上社会不平等表现为阶级分化，形成社会的阶级结构，如资本主义社会中的资产阶级和无产阶级的划分。第二，社会关系的中观层次。以生产关系中的劳动关系和其他社会关系为标准，可以把社会成员划分为不同的阶层，如白领阶层和蓝领阶层。第三，社会关系的微观层次。它根据群体的特殊利益把社会成员分为不同的类型，常见的有以收入高低、职业特征等为标准所作的划分。②

三、阶级与阶层

“阶级”一词最初泛指社会中由具有相同或相似社会地位的人构成的各种群体，19世纪中叶，马克思主义者率先指出，阶级是按人们的经济地位来划分的地位群体，后经列宁进一步具体化，阶级指在社会生产资料所有制关系中居于相同地位的人构成的群体。拥有生产资料的社会成员构成一个阶级，没有

① 冯刚．社会学[M]．杭州：浙江大学出版社，2005：220.

② 张友琴，童敏，欧阳马田．社会学概论[M]．北京：科学出版社，2007：274.

生产资料的社会成员构成另一个阶级。它们体现出一种“零和”的关系模式，即一个阶级“得”便意味着另一个阶级“失”，阶级之间存在实际或潜在的对抗。阶级分层是阶级社会最基本的社会分层。在资本主义社会，资产阶级和无产阶级构成基本的分层，无产阶级最终将通过革命推翻资产阶级的统治。

韦伯认为，阶级是按社会成员的经济地位划分的，但社会成员对生产资料所有制的关系并不具有决定性，社会成员的经济地位是由市场竞争决定的。市场竞争的成功者构成上层阶级，失败者构成下层阶级。在市场竞争中，除了拥有生产资料，社会成员所掌握的技术和知识，能够得到的机会也是重要的资源。同时，韦伯认为阶级分层只是社会分层的一种形式。韦伯在讨论“共同体内部的权力分配”时，区分了三种权力分配的形式，即阶级(经济)的、等级(身份)的和党派政治的，社会分层还可以采用等级和党派指标。西方学者在此基础上提出了按财富、权力和声望为基础的阶层分层法，阶层分层法是对社会成员基本的分层方法。①

随着资本主义社会经济的发展，民主政治制度进一步完善，社会福利广泛实施，社会多元化越来越明显，传统的阶级概念所能解释的现象越来越少，阶级概念开始进一步扩大。达伦多夫将阶级理解为在某方面具有共同利益的社会成员组成的群体。美国社会学家伦斯基认为，阶级是在各种权力、特权和声望方面处于相似地位的社会成员所构成的社会群体。

通常认为，“阶层”一词有以下三种涵义：一是指一个阶级内部的层次划分，如在土地革命中，曾将农民阶级划分为富农、中农、贫农三个阶层；二是指那些不能用阶级标准去划分的社会群体，如干部、知识分子等群体；三是泛指所有具有不同地位的社会群体。在这三种理解中，前两种是传统理解，第三种最初是西方学者的理解，但近年来已为中国学术界所接受。

四、社会分层的结构

我们已经看到，在迄今为止的大部分社会里，社会分配过程都是不平等的。并且，这种社会不平等不是偶然的、零星的和个别的，相反，它们在很大程度上是必然的、普遍的和社会性的。我们接着要关心的问题是，历史上和当今社会不平等中都有哪些规律？例如，在某些特定社会中，具有哪些社会属性的人，更容易获得更多的报酬？而另外的哪些人获得更少？在研究这一问题时，研究者首先将具有相同(或相似)社会属性的社会成员划分为一个个的社会群体。例如，将拥有大量生产资料的人们划分为资产阶级，而将不拥有生产资料的人划分为无产阶级。除此之外，我们还经常用职业、职位、性别和地域

---

① 周运清．社会学[M]．武汉：武汉大学出版社，2004：192.

等属性来划分社会群体。

当我们做出了这种划分，并且用群体差异的眼光去看待社会不平等现象时，展现在我们眼前的就不再是一幅杂乱无章的图景。此时，我们不再去关心为什么张三的收入高于李四，李四的声望高于王五，而更多的是去分析各个社会群体在社会分配中的相对地位。只要用群体的眼光去分析问题，我们立刻就会发现各个社会群体之间在分配地位上的高低不同。形象一点说，各个社会群体因其地位的高低而在社会中形成了层层排列的关系。社会分层就是指一个社会中的各个社会群体在分配过程中形成的这种层次关系。用社会学的语言来说，这就是“社会分层结构”。

所谓社会分层结构，是指各个社会群体在社会不平等格局中的排列组合状态、相互之间的关系及总体特征。分析一个社会的社会分层结构，有助于我们更进一步地把握社会不平等的实质。社会学家们发现，人们在社会分配过程中的不平等地位在很大程度上是由其所属群体的地位决定的。并且，人们往往也是通过集体努力去提高本群体在社会中的地位，从而提高群体成员个人的地位；或者通过改变自己的群体所属来改善自己的社会地位。因此，社会学在研究社会不平等问题时，主要是以群体作为基本的分析单位，以群体间的分层关系为主要研究内容。

五、社会分层的影响

社会分层与社会成员密切相关，而且还直接或间接地影响到整个社会的政治、经济、文化和其他社会变迁过程。

（一）社会分层对社会成员的影响

1. 生活机会上的明显差异

生活机会是指社会成员一生中可能具有的各种机会的总和，如婴儿时期存活的机会、接受教育的机会、就业的机会、晋升和取得更高收入的机会、长寿的机会等。在社会分层体系中，上层社会成员明显具有更多的生活机会，而下层社会成员在生活机会方面很难达到社会的平均水平。下层成员一般比上层成员死得早，容易碰到工作和家庭灾难，非自然死亡的比例也偏高。①

2. 生活方式上的明显差异

上层社会成员在饮食、服饰、居住环境、医疗条件、交际方式和闲暇消费等方面与下层社会成员有着明显的差别和界限，这些差别和界限一般通过“地位象征”表现出来。在社会学中，“地位象征”指社会成员展示其社会地位或身份的任何东西，如明显的奢侈物，某种风格的衣着，讲话的风度。分层地位越

① 周运清．社会学[M]．武汉：武汉大学出版社，2004：193.

高的社会成员使用的“地位象征”越多。

(二)社会分层对社会生活的影响

社会分层的现实格局，刺激着下层社会成员通过各种努力向上流动，争取有利于自己的社会资源配置。这必然要求社会创造社会流动机会，并使这些机会能公平分配，但既存的社会分层结构会在一定程度上造成流动机会的封闭。

若封闭性程度较低，大部分社会成员能够通过社会流动获得一定的成功。这样，社会分层就会激励社会成员努力学习和工作，不断竞争，不断奋斗，争取较好的社会地位，形成强大的动力机制以有力地推动社会发展。

若封闭性程度较高，较低阶层的社会成员不能通过社会流动改变自己的低地位状况，就会产生对社会的不满情绪。这样，分层将使得一些社会成员基于共同的利益诉求，产生群体意识，进而引发一些反社会行为。当下层成员人数较多时，可能利用占优势的人数资源对现有的社会分层结构提出挑战。当由精英人物领导时，他们会形成有组织的社会运动。在民主的政治体制中，他们的愿望可能通过合法的途径得以部分或完全实现。但在专制的政治体制下，他们的抗争往往引发大规模的社会冲突，最终导致以革命方式改变现有的社会制度和分层体系，实现社会变迁。

第二节　西方社会分层理论

社会学对社会不平等的研究有两大理论渊源，从而形成两个理论传统：一个是以马克思主义阶级理论为渊源的理论传统，另一个是以韦伯“三位一体”分层论为渊源的理论传统。最近的几十年里，其追随者对之加以重新建构和重新解释，这导致了1980年代和1990年代上半期新马克思主义和新韦伯主义理论取向的阶级分析研究的高潮。1990年代以来，新马克思主义和新韦伯主义分析家们受到了后工业主义和后现代主义分层理论家的严重挑战，他们对传统社会分层理论提出的质疑是：在当代社会，“阶级”这一概念是否还有效用？有关这一问题的讨论成为当前社会分层领域中最热点的理论争论。同时，在社会分层研究的各分支领域，也相应产生了一些新的理论观点和解释。这些研究有助于这一领域的理论推进。

一、传统社会分层理论

以马克思主义阶级理论为渊源的理论传统和以韦伯“三位一体”分层论为渊源的理论传统在理论目标上有重要分歧。出于对资本主义社会的批判，马克思的阶级理论更多地强调了社会冲突的方面；相反，出于对资本主义社会维护的目的，韦伯的“三位一体”分层理论更多地强调了社会协调的一面。

（一）马克思主义阶级理论

在社会分层问题上，马克思主义者从所处历史条件出发，详尽考察了资本主义社会中的阶级结构与阶级斗争，创立了马克思主义的阶级理论。

我们把马克思主义阶级理论简要概括为以下几点：第一，划分阶级的标准是经济地位，特别是对生产资料的占有关系。第二，阶级产生于生产力发展特定阶段上的私有制社会。第三，阶级的内部关系和发展。同一阶级的社会成员具有同样的经济地位和共同利益，具有共同行动的可能性。第四，私有制各个基本阶级之间的关系，在社会发展到一定阶段必然采取阶级斗争的形式。第五，阶级是个历史现象，仅仅同生产力发展的一定阶段相联系，阶级的消亡与其产生一样不可避免。第六，阶层分析是阶级分析的具体化，进行阶层分析要以阶级观点为指导。

马克思主义阶级理论的基本结论是：资本的私人占有及以此为核心形成的各种生产关系是现代资本主义社会不平等的最深刻根源，因而也是社会冲突的主要根源。以资本主义现有的生产力水平，一旦消灭私有制，就有可能大大缩小整个社会的不平等差距，创造出高于资本主义社会的相对平等。

这一理论科学地揭示了资本主义社会中不平等现象的根源、表现、影响及发展趋势，具有重大的认识意义。而且，其立场、观点和方法对于我们今天研究社会分层结构仍有一定的现实指导意义。

（二）韦伯的“三位一体”分层模式

德国社会学家马克斯·韦伯创立的“三位一体”分层模式认为，在研究社会不平等时，把经济作为分层标准是必要的。但社会的分层结构是个多层面的统一体，除了经济地位之外，至少还有两种同样重要的分层属性在造成社会不平等方面具有突出影响力，这就是声望和权力。由此韦伯主张从经济、声望、权力三个角度综合考察一个社会的经济、文化和政治三大领域中的不平等。

韦伯也把根据经济因素划分的地位群体叫做阶级，认为阶级是指一批在经济状态和变化方面相同或相似的人群，而不涉及他们在所有制中所处的地位。所以，韦伯所说的阶级差别主要是货币量的差别，这与马克思的阶级概念显然不同。声望地位是由社会公认的评价体系确定的。社会的评价从肯定到否定构成了高低有序的阶梯，声望地位即指人们在这一阶梯中所处的位置。权力地位则是依据人们是否拥有权力以及权力的大小确定的。所谓权力，在韦伯那里意味着为实现自身意志，无视他人意愿而支配他人的能力。权力分层反映了政治领域的不平等。韦伯相信，在任何社会中，这三种东西都是既有价值而且稀缺的。因此，在各个社会活动领域中，人们总是要求名、逐利、争权的，社会分层结构就是用等级秩序将上述活动纳入制度化轨道。

“三位一体”的分层模式对西方分层研究产生了深远的影响，现代西方社会分层研究虽然理论名目繁多，分层标准五花八门，但一些基本特点都可以溯源于韦伯的分层模式。当代西方分层研究所运用的主观法、声誉法就是继承了韦伯的这一思路。

二、当代社会分层理论

在当今的社会分层研究领域，马克思主义者与韦伯主义者的传统对立逐渐淡化，两派的理论之争不再居于分层理论研究的中心位置。不过，两派理论的后继者们仍在致力于修正和发展马克思主义和韦伯主义的分层理论，以使原有的理论适应于新的社会现实。当代社会分层研究者对于社会不平等问题的探讨比以往更加深入也更加广泛。同时，分层研究领域中传统理论模式和传统研究论题在逐渐转变，以适应新的社会、经济、政治变迁及其引发的相关问题。

(一)关于社会分层的理论解释

现代西方社会分层研究有两种理论范式——功能论范式和冲突论范式，分别为以迪尔凯姆、戴维斯和摩尔、帕森斯为代表的功能论分层观点及以马克思、韦伯、达伦多夫为代表的冲突论分层观点。在20世纪60年代，冲突论与功能论展开了激烈的争论。这场争论对于人们全面地了解社会分层问题是富有启发意义的。

1. 功能论对社会分层的理论解释

功能论指出社会文化和社会结构会对社会的生存、稳定和发展产生深远的影响，社会分层作为一种结构性的作用机制将普遍存在。功能论的社会分层理论认为，阶层是满足社会需要的必然存在，每一个社会都会因需要整合、协调和团结而产生社会阶层；阶层反映了社会的共享价值观，提高了社会与个人的功能；经济结构不是社会中的主要结构，权力在社会中是合法分配的，工作与报酬是合理分配的，社会的阶层结构经由社会变迁而改变。①

最早在功能论框架下进行的社会分层分析是涂尔干的生物有机体论，其论述了社会分工对于社会团结的重要性。戴维斯和摩尔继承了涂尔干的观点，发表了著名的《分层的一些原则》一文并引发热烈的讨论。他们提出，不平等能够确保社会中重要的工作由最有才能和资格的人来担当。在不同的社会，“重要的工作”的衡量标准是不同的，戴维斯和摩尔提到了三个重要的方面，即宗教、统治和技师，认为基于不平等的社会分层能够满足复杂社会系统的功能需要，肯定并强调了社会分层的价值。

帕森斯则认为社会有自我整合的需要，规范和价值起着维系社会秩序的主要作用，共同的价值体系为满足社会需要提供服务。因此，地位或荣誉是社会

① 侯钧生，韩克庆. 西方社会分层研究中的两种理论范式[J]. 江海学刊，2005(4).

分层最重要的维度。在他最具代表性的著作《社会体系》(1951)一书中，他认为“总体社会系统”包括四个主要功能子系统：(1)适应环境。(2)目标获取。(3)整合。(4)潜在模式维持(简称 AGIL)，分别对应经济、政治、社会、文化功能。帕森斯认为，社会是一个整体的、自我调解和相互支持的系统。

2. 冲突论对社会分层的分析

冲突论来源于马克思的阶级和阶级斗争的思想。生产方式的私有制产生了阶级和阶级斗争。统治阶级占有生产方式并剥削被统治阶级，无产阶级和资产阶级的对立不可避免，两大阶级之间的对立和冲突是推动历史发展的动力。

冲突论的社会分层理论认为，社会各等级之间的利害冲突产生社会分层，社会制度本身并非均衡的产物。除了马克思的阶级理论，韦伯的多元分层理论也产生重要影响。韦伯认为，经济收入、政治权力、社会声望都会对社会分层产生影响。相对于马克思的一元阶级划分标准，韦伯的阶层划分标准通常是多元、综合的，强调冲突关系可以来源于很多不同的利益类型。冲突论者对社会分层的消极评价是，认为社会分层有时是可以避免的，社会等级的存在会阻碍社会功能的正常发挥。

通过以上对西方社会分层理论两种范式的梳理，我们可以清晰地认识到社会分层的客观性和社会秩序自身的合理性。如何更好地理解社会分层，充分激发社会活力，既保证良好的社会秩序又能人尽其才，这是当前中国社会分层理论研究和实践探索的重要课题。

(二)新马克思主义分层理论

在社会学家最初开始讨论社会分化、社会冲突及其与社会变迁之间的关系等问题时，马克思的阶级理论一度居于主导性的位置。然而，工业社会的兴起对马克思的阶级理论造成了极大的冲击。1970 年代和 1980 年代，一些新马克思主义者对传统马克思主义阶级理论进行了修正和发展，进行了长达 20 多年的实证研究并取得了许多研究成果。

近几十年，新马克思主义者对传统马克思主义阶级分析的最重要的理论修正是有关中产阶级的各种论述。在新马克思主义派别内部，对于当代社会的中产阶级问题也有不同的看法，并产生激烈的争论，这些争论构成了当前新马克思主义分层研究的主要内容。当时资本主义社会还存在着一些过渡性质的阶级(如地主)、类阶级群体(如农民)和阶级内部的分支(如流氓无产者)等，但是，马克思期望资本主义社会的进一步成熟将消除这些复杂成分，而最终简化为两极分化的阶级结构。然而，当代资本主义社会中两极分化的结构并没有出现，中间阶级没有消除反而日益增长。正如达伦多夫所指出的，老中产阶级(手工业者和小店主)的确像马克思所预言的那样在衰落，但由经理人员、专业人员和非体力工人所组成的新中产阶级则在发展壮大。新马克思主义者针对中产阶级现象提出了两种相互对立的观点：一派观点仍坚持传统马克思主义的两极分化趋势的看法，认为当今的中产阶级仍有无产阶级化的趋势；另一派则对原有的两极阶级结构模式进行了修正，把中产阶级纳入阶级分类框架。①

前一派理论的主要代表人物是哈里·布雷弗曼(Harry Braverman)，他认为，中产阶级仍然属于工人阶级，因为他们也是受雇佣的领取薪金的劳动者。同时，他还进一步指出，新中产阶级的底层部分正处于无产阶级化过程中。他提出的劳动者"去技能化"(deskilling)的说法产生了广泛的影响。"去技能化"是指用机器取代工人的技术工作。布雷弗曼认为，随着技术的进一步发展，越来越多的工人包括白领工人将被"去技能化"和"无产阶级化"，中产阶级的中下层成员趋向于落入工人阶级队伍，工人阶级在相对规模上还将继续扩大，它仍然保持着以往所具有的政治能量和社会作用。阿罗诺维滋和迪法齐欧提供了这一派观点的最新说法，他们认为，无产阶级化的一个具体表现是，技术变迁在工薪人群中制造了一大批失业者、半失业者和间歇性就业者。

另一派理论的代表人物是尼科斯·波兰查斯(Nicos Poulantzas)，他认为新中间层的绝大多数成员已经从工人阶级队伍中脱离出来了，因为这些人并没有受剥削，他们不能再算是工人阶级。波兰查斯及这一派别的其他学者坚持马克思主义传统意义上的剥削定义，即对劳动力剩余价值的榨取，他们所认定的工人阶级概念也严格按照马克思所作的界定。根据这一概念划分出来的工人阶级在整个社会中所占比例很小，这使得那些把工人阶级看做为强有力的政治力量的学者大失所望。②

后来的许多新马克思主义者不得不对布雷弗曼和波兰查斯的极端观点进行修正，以发展一些新的阶级分类框架，从而确保工人阶级的比例不至于太低。赖特(Wright)、罗埃默(Roemer)和索内森(Sorensen)等人都对传统马克思主义的剥削定义加以修正，并提出一些其他分类标准，如技术和自主性等。其中，赖特的阶级分类框架影响最大。赖特等人采用多元指标来划分当代资产阶级结构的做法，使新马克思主义的阶级划分与韦伯主义的阶级划分越来越接近，从而导致两派理论出现日益融合的趋势。

(三)新韦伯主义分层理论

目前，最有影响的韦伯主义分层理论并不是传统的多元分层理论。1960年代和1970年代，一些分层理论家从另一角度来吸收和理解传统多元分层理论，这一批学者被称为新韦伯主义分层理论家。这一派的代表人物有安东尼·吉登斯(Anthony Giddens)、弗兰克·帕金(Frank Parkin)和约翰·戈德索普

---

① 李春玲．社会分层研究与理论的新趋势[J]．学术连线，2005(4)．

② 李强．社会分层十讲[M]．北京：社会科学文献出版社，2008(5)．

(John Goldthorpe)等人。这一派理论的主要依据是韦伯在一篇论文《开放与封闭的关系》中提出的一个概念——“社会封闭”。文章指出，社会封闭是指社会群体设置并强化其成员资格的一种过程，其目的是为了以垄断手段来改进或最大化自身群体利益。帕金对“社会封闭”概念的进一步解释是：“社会集群通过把资源和机会获得局限于有特别资格的人的范围之内以达到最大化自身报酬的过程。”新韦伯主义者认为，正是由于在宏观结构层面运作的这种排斥性过程，导致了阶级和身份群体的产生。这些理论家指出，在当代工业社会，并不存在某种正式的制度规则禁止就业者跨越阶级边界进行流动，但实际上存在着各种制度力量限制了人们的代际的和代内的社会流动，这正是“社会封闭”机制的作用。这种排斥性机制不仅仅使封闭性的阶级(往往是居于优势地位的特权阶级)最大化了自身的报酬和机会，而且，其持续的影响也导致了各种不同的阶级文化，并使这种文化在代际之间延续。吉登斯还指出，这种机制不仅是阶级结构化的根源，而且还有助于阶级认同的形成。目前，新韦伯主义取向的分层研究还在继续发展，许多研究者基于这一理论取向开展对阶级结构化、社会流动、阶级认同等问题的研究。在阶级分析领域，它与新马克思主义取向形成了并驾齐驱的局面。①

(四)新理论取向引发的争论

不论是新马克思主义者还是新韦伯主义者，阶级及阶级结构概念都是他们开展社会分层分析的基本工具，时至今日，这一研究传统仍在分层研究中占据主导地位。然而，1990年代以来，后工业化理论和后现代理论的支持者分别对这种传统的阶级分析理论提出挑战，他们对传统阶级分析模式的批评和阶级分析理论家们对这些批评的驳斥，成为近年来这一领域最重要的理论争论。这场争论涉及的核心问题是：在经济、社会和政治快速变化时期，阶级的重要性是否已下降或者它是否还是社会分层的一种重要形式？后工业和后现代理论家们认为，阶级这一概念在社会学中已不再是一个有用的工具；而阶级分析家则认为，阶级分析在对当代社会的研究中仍然占有重要地位。

1. 后工业化主义的挑战

后工业自由主义社会分层理论家特里·克拉克和西摩·李普赛特认为随着传统的阶级等级体制的消亡和新的社会区分的出现，“阶级越来越成为一个过时的概念”。他们考察了三个领域中阶级衰落现象：政治、经济和家庭，指出这三个领域的变化证明：“社会阶级死亡”，“社会分层的新形式出现”。克拉克和李普赛特认为，当前社会发展的主要趋势可以描述为“分层的碎片化”。克拉克和李普赛特的看法也与其他的一些后工业主义理论家的观点相呼应。丹

① 李春玲．社会分层研究与理论的新趋势[J]．学术连线，2005(4)．

尼尔·贝尔(Bell)在《后工业社会的来临》一书中指出，经济增长和技术变迁导致了职业结构升级，无技术体力性就业减少，高专业技术性的非体力就业上升，从而，后工业社会越来越平等开放。以往社会存在的严格的阶级结构变为更加温和的、更加流动性的等级结构。英格勒哈特(Inglehart)则分析了后工业社会带来的政治领域的变化。他认为当前的社会变得更加灵活了，政治的特性从过去的带有阶级性的物质利益的关注转向非阶级性的后物质主义的关注。政治争论不再围绕着与工人阶级利益密切相关的经济问题，而是转向中产阶级关心的生活方式、环境保护以及维护和平等问题。1990 年代中后期以来，另一批学者对于后工业社会的分层体系的变化趋势，提出了与早期的自由派后工业主义者完全相反的解释。格伦斯基(Grusky)把他们称之为悲观的后工业主义者，因为他们预言，后工业社会将会“复兴无产化的底层阶级”，并在底层阶级中形成对社会具有威胁性的群体。①

后工业主义者的“阶级消亡”观点立即遭到另一批社会学家的反驳，这些社会学家坚持认为，在后工业社会中仍然存在着阶级。在这场关于后工业社会是否还存在着阶级的争论中，传统马克思主义的阶级分析受到了巨大的冲击。但是总体来说，认为阶级仍然是当代社会分层的核心概念的主张占了上风，采用阶级概念来分析当代社会分层体系的取向在分层研究领域仍是主流。

2. 后现代主义的挑战

对于传统阶级分析模式的另一个冲击来自后现代主义分层理论。后现代主义者基于文化主义的立场来讨论当代的社会分层问题，这与传统的社会分层理论取向完全不同。长期以来，在社会分层研究领域中，结构主义取向一直居于主导地位。马克思主义阶级分析理论、工业化理论、后工业化理论等都带有明显的经济结构决定论的倾向。新韦伯主义的阶级理论虽然考虑了社会行动对结构的建构作用，但仍然强调阶级结构具有决定性的影响力。后现代主义者采取了不同的取向，他们对阶级结构不感兴趣，他们所关注的是文化价值、意识形态对社会分层的独立影响力，以及主体的自我选择对社会分层的建构作用。

后现代主义者很怀疑阶级的分类对消费行为的影响，他们更强调后现代消费的碎裂化的、挥发性的和反省性的特征。他们认为，现代社会的消费行为是个性化的或个体化的，受到个人的多元身份的影响。阶级或身份的归属并不能机械地决定人们的消费实践，消费实践是通过个人偏好不断地创新、再生和特别化的形式而主观建构出来的。后现代主义者指出，当代社会的消费实践正在

① 参见李春玲．中国社会分层与生活方式的新趋势[J]．科学社会主义，2004(1)．

脱离阶级区分的影响，需要一种新的理论来解释人们的态度和生活方式。①

后现代主义者中另一个更为激进的派别也对传统分层理论提出挑战。这些学者的关注点不是描述个人的生活方式和价值态度差异，他们更感兴趣的是现实社会政治问题。这些理论家一方面继承了传统马克思主义阶级分析思维方式——把集体行动与社会变迁相联系；另一方面，他们又反对传统阶级理论家的观点——把阶级冲突看做是社会变迁的动力。在当代社会，新的社会运动正在兴起，它们对于人们的集体行动更具有号召力，因为这些运动所关注的是生活方式、价值认同和社会规范方面的问题。这类新社会运动可以作为"形构未来现代社会"的一种力量。关于这场理论之争，有一部分研究者(再生产理论和结构化理论的支持者)得出的结论是，在当代社会，阶级效应仍然突出而且普遍存在。毫无疑问，绝大多数学者都承认，大众文化的出现是解构阶级的重要力量，但它是否足以使阶级概念失去以往的效力，争论仍在继续。

3. 新迪尔凯姆主义

后工业主义者和后现代主义者的挑战不仅导致了阶级分析研究走向衰落，而且也使整个分层研究在社会学界的地位大大下降。在这种情况下，格伦斯基和杰斯珀·索内森提出的新迪尔凯姆主义无疑给当代分层理论带来了一股新鲜之风，他们期望以此来"挽救阶级分析"。

格伦斯基和索内森从迪尔凯姆的论著《劳动分工》中吸取思想，发展了他们的新迪尔凯姆主义的分层理论。他们指出，在当代社会，职业的概念及其分类已经被制度化，职业群体转化为具有共同利益的社会政治联合体，这些联合体(比如工会、行会等)在当前的社会政治生活中发挥着越来越重要的作用。因此，新迪尔凯姆主义者认为，应该根据职业的分类来划分阶级。

新的理论取向带来了新的研究热点，有两种理论潮流在当前的分层研究领域中盛行，一是新结构主义理论，二是文化主义取向。新结构主义理论给传统的社会流动研究、分层机制分析和分层系统变迁研究带来了新的活力；文化主义取向在最近十几年里迅速发展，有关消费实践、生活方式、价值态度、社会组织、社会运动的研究成为分层研究领域的热点。为了回应后工业主义和后现代主义理论家的挑战，阶级分析理论家们也开展了大量的宏观比较研究。面对变化的社会结构，社会分层理论呈现出一些新的特征即阶级观念模糊、社会分层维度的多元化、职业分层模式得到强调、社会流动原因获得了多重解释、获取性因素受到重视、社会分层学派杂出，分层理论呈现出从冲突走向综合的

① [美]丹尼尔·贝尔．后工业社会的来临：对社会预测的一项探索[M]．北京：商务印书馆，1984：240-241.

趋势。①

第三节 当代中国的社会分层

当代中国处于急剧的变化之中。社会结构转型和经济体制转轨引发了我国社会分层体系的深刻变化，这一变化将极大地影响我国未来的社会发展走向以及社会的基本运行状态，具有重大理论和现实意义。已有的社会分层研究成果日趋丰富，但也凸现出一些问题。在现有的研究基础上梳理当代中国的社会分层框架，了解其特征和演变趋势，将更有助于我们把握当代中国的社会结构及其变迁。.

一、当代中国社会分层研究概述

社会分层研究一直是中国社会学界关注的重要内容。特别是自20世纪90年代以来，有关社会分层的著作和论文显著增多。根据检索到的相关著作和论文统计，大约2/3的论文和几乎所有的著作，都发表于90年代，绝大多数有关中国社会分层的实证研究也发表在90年代。② 纵观中国社会分层的研究概况，特别是实证研究的成果，大致有如下特点：

(一)研究主题

或者是由于中国正处于全面的社会转型时期，或者是由于社会学的国际交流与合作日渐增多，中国社会分层的研究几乎涵盖了社会分层理论发展的所有方面，国际社会学中有关社会分层的不同理论观点和模式，在中国社会分层研究中都有所体现。例如(不完全的列举和归类)，关于阶级地位和阶级关系的研究(何建章主编，1990；陆学艺主编，1992；戴建中，1995；李春玲，1997)，职业分层和收入分层的研究(李强，1993；葛延风，1994，1995；沈红，1995)，地位结构观视角的研究(路风，1989，1993；孙立平等，1994；李路路，王奋宇，1992；李培林等，1992；李汉林，1993；卢汉龙，1996；李路路，1996)，转型社会精英替代模式及分层机制变化的研究(李金，1994；张厚义，刘文璞，1995；戴建中，1995；李路路，1996，1998；李强，1997；宋时歌，1998)，阶级阶层与利益结构的研究(黄伊凡主编，1989；冯同庆，许晓军主编，1993；李培林主编，1995；孙立平，1996；郑杭生等，1997)，网络结构观视角的研究(王春光，1995；张宛丽，1996；李培林，1996)，职业声望和社会地位认同的研究(于显洋，1991；蔡禾，赵钊卿，1995；卢汉

① 李春玲．社会分层研究与理论的新趋势[J]．学术连线，2005(4)．

② 李春玲．社会分层研究与理论的新趋势[J]．学术连线，2005(4)．

龙，1996)，职业流动模型以及大量有关农民流动的研究(陈婴婴，1995；李春玲，1997)。

上述不完全列举的社会分层研究虽然存在着种种问题，但仅从研究主题上看已是极为丰富。这一方面是因为中国社会的全面转型为理论研究提供了丰富的"社会事实"；另一方面是因为众多研究主题在过去的分层研究中几乎是空白。尽管如此，仍然有一些社会分层研究中的基本主题未被涉及，或者没有进行深入的实证研究，例如，工作部门、组织特质、职业特质等结构性因素的作用很少被涉及。

(二)"问题意识"

"问题意识"在这里是指社会分层的研究应该是针对有意义的"问题"而进行的，可从现实的层面和理论的层面表现出来。现实中和理论上存在的没有得到合理、充分解释的"问题"，构成了研究的出发点。缺乏"问题意识"，研究就可能变成一种游戏和自说自话的纯个人行为，丧失了社会意义。

中国社会分层中的众多研究，特别是在现实层面上，并不完全缺乏"问题意识"。缺陷在于这些问题意识是否清晰，研究者对自己的研究和使用的理论之主旨是否有明确认识。当然，还包括这些问题是否是"真问题"。这方面的缺陷导致很多研究停留在描述性的层次上而缺乏解释，人们叙说了一种现象，却没有指出这种现象意味着什么。在理论层面上，相当部分的研究比较缺乏"问题意识"，即研究者常常没有将自己的特定研究置于理论发展的线索中去，或者将一个具体的研究与一个普遍的理论问题联系起来。人们叙说了一种现象，但无法去理解这种现象。

(三)理论逻辑

理论逻辑在这里主要是指一项研究特定的理论视角和概念系统。一般来说，任何一种理论解释乃至一个学科，对研究对象的透视或解释都有自己的独特视角，并从基本概念出发形成一套概念系统。理论视角的独特性不在于对象的独特性，例如，人的行为可以成为不同学科研究的对象。在社会分层研究的理论逻辑上，众多的研究都存在明显的缺陷。人们更多地去分析没有被研究过的现象(中国社会和社会学的现状提供了大量这种可能性)，较少考虑在理论上能够提供什么新的解释；同时，由于理论视角上的模糊，导致在一项研究中或同类研究中理论概念使用上的随意性、概念系统的不一致，甚至逻辑上的混乱。①

(四)理论模型

这里所说的理论模型，是指对所研究对象或问题中所涉及因素或变量之间

① 张宛丽．现阶段中国社会分层近期研究综述[J]．中国社会学年鉴，1999—2002.

模式化关系的说明。说明的工具可以是理论概念，也可以是统计手段。对于同一个研究对象，应该允许存在多种理论模型的解释，而在社会分层的研究传统中，也确实存在着多种不同的理论模型。对于中国的社会分层研究来说，建立独立的理论模型还有很长的路要走。这一方面是因为中国社会分层的系统研究毕竟时间还短，另一方面，中国社会目前正处于转型时期，几乎一切社会现象都处于激烈变动的过程中。但是，无论是社会现实还是理论的发展，都向社会分层研究提出了这样的要求，一些研究也开始朝这个方向努力。从某种意义上可以说，中国独具特色的社会关系、两种体制或制度的混合以及渐进式的社会转型，都为中国社会分层研究在理论上的突破提供了可能性。

(五)研究和分析方法

社会分层和社会流动研究与统计分析技术有密不可分的联系。大多数中国社会分层的研究在统计分析方法上都存在着严重的不足。没有研究和分析方法上的改进或发展，中国社会分层的研究有可能受到很大损害，所有的研究者都应对此有清醒的认识。

二、当代中国的社会分层框架

陆学艺等人以职业分类为基础，以组织资源、经济资源和文化资源的占有状况为标准对社会成员进行分层。组织资源包括行政组织资源与政治组织资源，主要指依据国家政权组织和党组织系统而拥有的支配社会资源(包括人和物)的能力；经济资源主要是指对生产资料的所有权、使用权和经营权；文化资源是指对社会(通过证书或资格认定)所认可的知识和技能的拥有。在这三种资源中，组织资源是具有决定性意义的资源，执政党和政府组织控制着整个社会中最重要的和最大量的资源；经济资源自20世纪80年代以来变得越来越重要，但它在当代中国社会中的作用并不如西方社会中那么重要，现有的社会制度和意识形态都在抑制其影响力的增长；文化资源的重要性在近十年来上升很快，它在决定人们的社会阶层位置时的重要性并不亚于经济资源。在当代中国社会，对这三种资源的拥有量和拥有资源的重要程度决定着各社会群体在社会分层结构中的位置以及个人的综合社会经济地位。①

根据这种分层标准，陆学艺等人将中国社会划分为10个社会阶层：

第一，国家与社会管理者阶层。该阶层是指在党政、事业和社会团体机关单位中行使实际行政管理职权的领导干部，具体包括：中央政府各部委和直辖市中具有实际行政管理职权的处级及以上行政级别的干部；各省、市、地区中具有实际行政管理职权的乡科级及以上行政级别的干部。目前，中国的社会政

① 周运清．社会学[M]．武汉：武汉大学出版社，2004：201.

治体制决定了这一阶层在趋于等级分化的社会阶层结构中居于最高或较高的地位等级，是整个社会阶层结构中的主导性阶层，是当前社会经济发展及市场化改革的主要推动者和组织者。这一阶层的社会态度、利益及行动取向和品质特性，对于正在发生的经济社会结构变迁和将要形成的社会阶层结构的主要特征具有决定性的影响。另外，由于国家与社会管理者阶层是执政党和政府意志的代表，所以，各社会阶层同国家与社会管理者阶层之间的关系——与他们的合作或冲突，经常转而表现为对执政党和政府的支持或不满。

第二，经理人员阶层。该阶层是指大中型企业中非业主身份的中高层管理人员。这一阶层同国家与社会管理者(干部)阶层和私营企业主阶层之间的区分还没有完全明晰化，其阶层内部的不同来源的成员，在社会政治态度和利益认同方面还有明显差异。这一阶层的社会来源主要是三部分人。第一部分是原来的国有和集体企业干部，随着现代企业制度的发展，这一部分企业干部逐渐从行政干部系列中脱离出来，成为职业经理人。第二部分来自较大规模的私营企业或高新科技产业领域中的民营企业，这些企业自20世纪90代后期以来开始出现所有权与管理权分离的趋势，一些企业主聘用职业经理人来管理企业；另一些企业主则通过企业股份化而使自己从业主型的创业者转变为职业经理人。第三部分是“三资”企业的中、高层管理人员。经理人员阶层是市场化改革的最积极推进者和制度创新者，他们支配着大量的经济资源，大都有较高的学历和专业知识水平，同时，拥有较高的政治地位。这一阶层的成员多数集中在大中城市特别是经济发达的城市。

第三，私营企业主阶层。该阶层是指拥有一定数量的私人资本或固定资产并进行投资以获取利润的人员。私营企业主阶层是改革开放的产物，是在社会主义市场经济发育和发展的过程中产生和成长起来的。

私营企业主阶层的成员最初主要来自乡村和城镇社会的较低阶层，但在1992年以后，具有专业文化知识的原国有和集体企业的管理人员、专业技术人员和机关干部开始大量加入这一阶层，使这一阶层的社会形象和社会地位有了极大提高。但由于传统意识形态的阻碍，私营企业主阶层的政治地位一直无法与其经济地位相匹配，他们对社会政治生活的参与受到很大局限。

第四，专业技术人员阶层。该阶层是指在各种经济成分的机构(包括国家机关、党群组织、全民企事业单位、集体企事业单位和各类非公有制经济企业)中专门从事各种专业性工作和科学技术工作的人员。他们大多经过中高等专业知识及专门职业技术培训，并具有适应现代社会化大生产要求的专业知识及专门技术。改革开放以来，中国的专业技术人员阶层结构实现了以人文知识分子为主导向以专业技能性知识分子为主导的转变。这种转变有利于专业技术人员阶层在市场经济发展中保持较优势的地位，并和掌握组织资源和经济资源的国家与社会管理者阶层、经理人员阶层和私营企业主阶层保持良好的关系。专业技术人员阶层在中国的阶层结构中所占比例还比较低，他们主要集中于城镇。随着现代化进程的推进，随着教育、科技和各种社会事业的发展，这一阶层将日益壮大。①

第五，办事人员阶层。该阶层是指协助部门负责人处理日常行政事务的专职办公人员，主要由党政机关中的中低层公务员、各种所有制企事业单位中的基层管理人员和非专业性办事人员等组成。这一阶层是社会阶层流动链中的重要一环，其成员是国家与社会管理者、经理人员和专业技术人员的后备军，同时，工人和农民也可以通过这一阶层实现上升流动。在未来十几年中，这一阶层的人员所占比例将会有明显提高。

第六，个体工商户阶层。该阶层是指拥有较少量私人资本(包括不动产)并投入生产、流通、服务业等经营活动或金融债券市场而且以此为生的人员。如小企业主或个体工商户(有足够资本雇佣少数他人劳动但自己也直接参与劳动和生产经营的人)、自我雇佣者或个体劳动者(有足够资本可以自己开业经营但不雇佣其他劳动者)以及小股民、小股东、出租少量房屋者等。在20世纪80年代，这一阶层的主要来源是农民和城镇的失业待业人员(尤其是返城的"知识青年")。进入20世纪90年代以后，由于国有企业改革和产业结构调整，大量国有企业工人和城市居民、下岗工人、失业待业人员和进城农民等进入这一阶层。他们中的一部分人由于有某种特长或因为经营得当而逐渐积累资本，扩大经营规模和范围，从而上升到私营企业主阶层。

第七，商业服务业员工阶层。该阶层是指在商业和服务行业中从事非专业性的、非体力的和体力的工作人员。由于中国目前的商业服务业还不发达，产业层次较低，这一阶层的绝大多数成员的社会经济状况与产业工人阶层较为类似。但在一些大城市中，在与国际较为接轨的商业服务业部门中，商业服务业人员的社会经济状况较接近办事人员阶层。随着旅游业、体育事业、科技教育事业、文化娱乐业以及社会服务事业的发展，这一阶层的规模将会进一步扩大。

第八，产业工人阶层。该阶层是指在第二产业中从事体力、半体力劳动的生产工人、建筑业工人及相关人员。这一阶层内部在收入、福利、社会地位、劳动保障等多个方面存在明显社会差异。经济改革以来，产业工人阶层的社会经济地位明显下降，人员构成发生了根本性的变化。一部分成员通过接受成人教育和技术培训，进入社会经济地位较高的其他社会阶层。相当一部分人员，在企业改制后，处于就业无保障的状况，许多人一时不能适应这种改变。与此

① 陆学艺．中国社会分层研究报告[M]．北京：社会科学文献出版社，2002.

同时，进城的农民成为产业工人阶层中的重要组成部分。

第九，农业劳动者阶层。该阶层是指承包集体所有的耕地，以农(林、牧、渔)业为唯一或主要的职业，并以农(林、牧、渔)业为唯一主要收入来源的人员。这是目前中国规模最大的一个阶层。农业劳动者阶层几乎不拥有组织资源，所拥有的文化资源和经济资源往往也低于上述所有阶层，在整个社会阶层结构中的地位比较低。在20世纪80年代中期以前，农业劳动者阶层是改革和发展的受益阶层，在这之后，这个阶层便逐渐成为利益受损的阶层了。1997年以后，农产品从卖方市场转变为买方市场，销售困难，价格显著下降，乡镇企业不景气，进城做工变得更加困难，以农业为唯一收入来源和以农业收入为主的农民的收入，实际上是减少的，而各种税费负担却没有减轻，这个阶层利益受损的状况表现得更为明显。

第十，城乡无业、失业、半失业者阶层。该阶层是指无固定职业的成年人员(排除在校学生)。体制转轨和产业结构调整导致一批工人和商业服务业人员处于失业、半失业状态。就业机会不足使许多新进入劳动力市场的青年劳动力长期待业。这一阶层中，无业、失业、半失业人群数量比较庞大，他们具有类似的社会经济背景，大多为原国有、集体企业工人及其子女，以及无法依靠农业维持生计的中青年农民。在这个阶层中，相当部分人的失业、半失业状态持续数年之久，给他们的生存带来极大的威胁。这一阶层许多成员处于贫困状态。目前，这部分人的数量还在继续增加。①

三、当代中国社会分层的特征及演变趋势

(一)当代中国社会分层的特征

改革开放以来，中国社会发生了深刻变化，随着经济体制转轨和现代化进程的加快推进，原来的"两个阶级一个阶层"(工人阶级、农民阶级和知识分子阶层)的社会结构发生了显著的分化，一些新的社会阶层逐渐形成，各阶层之间的社会、经济、生活方式及利益认同的差异日益明晰化，以职业为基础的新的分层机制逐渐取代过去的以政治身份、户口身份和行政身份为依据的社会分层机制。与1978年以前的阶层分化相比，新的阶层分化呈现出以下特点：②

第一，在当前中国社会，阶层的分化越来越趋向于表现为职业的分化。职业因素对社会分层的影响主要表现在两个方面：一是体力与非体力劳动者之间的社会经济差异扩大；二是管理者与非管理者之间的社会经济差异扩大。

第二，当前中国社会的一些特殊的制度性安排对社会阶层分化仍然有着显

① 陆学艺．中国社会分层研究报告[M]．北京：社会科学文献出版社，2002.

② 周运清．社会学[M]．武汉：武汉大学出版社，2004：199.

著的影响。这些制度因素包括所有制、户籍制度、部门差异以及国家在资源配置中的强有力的作用。

第三，生产资料所有权是导致社会阶层分化的重要因素之一，但这一因素在当代中国社会分层中的作用要相对弱于它在当代资本主义社会中的作用。

第四，经济体制转轨的过渡期对社会阶层分化产生了特殊影响。在过渡时期的利益调整中，大部分人的收入和生活水平逐渐提高，同时也会有一部分人因为收入和生活水平相对下降而落入社会底层。另外，在过渡时期还会出现阶层位置不确定的边缘性群体。

(二)当代中国社会分层的演变趋势

改革开放30多年来，中国社会阶层结构的变化是中国社会转型和经济转轨的最核心内容，中国社会阶层结构正在朝着现代化社会阶层结构演变。

1. 社会结构的中下层正在逐步缩小

改革开放以来，中国农业劳动者数量大量减少，占就业人口的比重从1978年的70%下降到1999年的44%，外出务工、经商、兴办乡镇企业、接受高等教育以及城市化，是当前中国农业劳动者实现社会流动的主要途径。

伴随着农业劳动者的逐年减少，整个社会结构的中下层(或底层)部分也在逐步缩小。随着新兴服务业的出现、产业层次的提高和日益规范化、现代化，相当一部分成员向上流动，进入社会中间层；产业工人随着部分传统产业的衰落和产业升级、技术含量增加，部分产业工人也会流向其他阶层，或者成为现代意义上的技术工人，实现向上流动，进入社会中间层。

2. 社会中间层已经出现，并且正在不断壮大

1978年以来，中国的社会中间层规模有了非常快的扩张，可以说是扩张最快的阶层。到1999年，中国私营企业主阶层所占比重从零上升到0.6%，个体工商户阶层和经理人员阶层从0.03%和0.23%增加到4.2%和1.5%，商业服务业员工阶层从2.2%左右增加到12%，翻了几番。这样，中国社会阶层结构便开始从原先的金字塔型逐渐向橄榄型转变。

随着中国工业化、信息化和城市化的发展，社会中间层将会不断得到扩张，最终成为中国现代化阶层结构的最重要部分和最稳定的社会力量，而且专业技术人员阶层和办事人员阶层有望构成社会中间层的主体，从而使中国的社会中间层更多地具有“现代社会中间阶层”的特征。

3. 掌握、运作经济资源的私营企业主与经理人员阶层正在兴起和壮大

在中国社会结构较上层的部分或者说居于优势位置的社会阶层中，掌握或直接运作经济资源的阶层正在兴起和壮大。在这类阶层中，除了国家和社会管理阶层外，还有私营企业主和经理人员。在过去30多年里，私营企业主阶层从无到有，经理人员从干部队伍和企业主中分离出来形成一个相对独立的社会

阶层。这两个阶层在社会结构中所占比例都在逐年稳步上升，而且还将继续上升，尤其是经理人员阶层的比例将会有较大幅度的上升。

4. 现代化社会阶层的基本构成成分已经具备

与现代化国家所具备的社会阶层相比较，中国已经出现相应的社会阶层，有的已经具有相当规模。只是当前中国专业技术阶层、私营企业主阶层和经理人员、办事人员、商业服务员工等属于中间层的阶层规模过小，而农业劳动者阶层还过于庞大。

今后，中国社会阶层结构在构成成分上也不会有太大的变化，可能变化的主要是各个阶层的规模。其中，专业技术人员阶层、商业服务业员工阶层、经理人员阶层和私营企业主阶层会大大扩张，这是同现代化建设与市场经济发展相适应的变化趋势。

5. 现代化的社会阶层位序已确立，但并未得到全社会认可

当前的社会阶层地位秩序，即各阶层所处的等级层次，基本与现代化社会的阶层结构一致。但是这种位序并未得到全社会的充分认可，缺少必要的社会群众基础，明显影响着社会心态的稳定，从而也影响着社会阶层结构的稳定。主要原因在于现阶段资源配置与收入分配存在的不合理，如权钱交易、贪污腐败、行业垄断和部门垄断等非市场因素的大量存在，引起社会不满，影响阶层位序的合法性。此外，一些阶层并未得到与之相适应的政治、社会、经济地位，如农民工已是一个普遍社会现象，但仍然存在身份限制，不得不在居住、生活、子女就学等方面付出额外的巨大代价，形成阶层的不稳定。国家与社会管理者阶层掌握着配置政治、经济资源的极大权力，其合法回报却低于其阶层地位，或低于其他一个收入较高的阶层，在外部约束机制不健全的情况下，容易形成以权谋私、贪污腐败等丑恶现象。

6. 现代社会流动机制已经出现，并正在逐渐取代传统社会流动机制

在现代化的社会阶层结构中，尽管各社会阶层的位序已经稳定，但作为某个阶层的个人仍然可以通过自己的努力，逐步改变自己的社会地位。改革开放以后，中国改变了以“身份”论阶层和划分阶层的做法和机制，社会流动的渠道越来越开放，也越来越多。尽管还存在许多制度性障碍，但只要通过努力奋斗，只要有能力，每个人都有改变其社会地位的机会和可能。能力评判原则逐渐取代身份主义原则，这是符合现代化要求的，也是中国保持持续发展活力的需要。

第四节　社会流动

在现实生活中我们会看到，原来处于社会下层的一些个人和群体现在变得

比别人富了，原来大权在握的一些职业群体现在大权旁落，习惯了受人尊敬的长者突然发现年轻人不再听话了，这些现象都说明，在任何一个不平等的社会分层格局中，社会成员之间地位高低都不会是一成不变的。相反，随着社会、经济、科技、文化的变化，人们的社会地位也会随之发生变化。社会学家将这些变化称为“社会流动”。① 本节将对社会流动的含义、类型和影响因素进行阐述，同时探讨如何在社会分层与社会流动的互动中实现社会的良性运行。

一、社会流动的涵义

对社会流动的研究始于19世纪末，它是与社会分层的研究同时进行的。美国社会学家索罗金(Sorokin)在1927年所著的《社会流动》一书中首先提出社会流动的概念，他指出：社会流动意味着个人或社会的事物及价值，从一个社会位置向其他社会位置的移动。李普塞特(Lipset)和本迪克斯(Bendix)在其合著的《工业社会的社会流动》中将社会流动定义为：个人在社会中从一个社会位置向其他社会位置移动的过程，这些社会位置被赋予普遍承认的特殊的等级。我们认为，所谓社会流动，是一个社会成员或社会群体从一个社会阶级或阶层转到另一个社会阶级或阶层，从一种社会地位向另一种社会地位，从一种职业向另一种职业的转变的过程。它是社会结构自我调节的机制之一，社会流动的程度与社会分层体系封闭或开放的程度密切相关。

二、社会流动的类型

根据社会流动的方向、参照基点和原因，社会流动可相应地划分为如下四种类型：

(一)结构型流动与非结构型流动

根据社会流动的规模和影响，可将社会流动划分为结构型流动与非结构型流动。

结构型流动指由于生产技术及社会变革引起社会成员在阶级、阶层之间、地区之间大规模的、整体性的流动。产业结构、所有制结构、人口结构、城乡结构等方面的变化，都会造成结构型流动。结构型流动规模宏大、速度快、变动急剧，其结果往往导致社会结构或人口地区分布上的重大变化，因而会改变社会分层结构中的排列组合状态，是社会流动中最需予以关注和研究的现象。如工业革命之后，社会的产业结构、阶级结构发生了根本性的变化，在这一过程中，产生了社会成员在各产业之间、阶级阶层之间大规模的流动。

非结构型流动，指社会上经常发生的少数社会成员零散的流动。这种流动

---

① 彭华民，杨心恒．社会学概论[M]．北京：高等教育出版社，2006：211.

多由个人原因造成，如某人因业绩卓著而不断得到提升。非结构型流动一般不引起社会结构的变化。

(二)垂直流动和水平流动

根据社会流动的方向，可将社会流动划分为垂直流动与水平流动。

垂直流动又称上下流动，指在一定的社会分层结构中，人们社会地位的变动、转移之后改变等级序列的现象。垂直流动有两种情况：一是向上的社会流动，即人们的社会地位从较低的阶级、阶层转入较高的阶级或阶层。一般认为，工业化、城市化、产业结构的升级以及教育事业的发展是促使向上的社会流动发生的主要原因。二是向下的社会流动，即人们的社会地位从较高的阶级、阶层转入较低的阶级或阶层。这是人们一般都不愿意发生的社会流动。但是，从社会整体的角度看，向下流动是必然要发生的，具有一定的积极意义。

水平流动指在一定的社会分层结构中，人们社会地位发生变动、转移之后未改变等级序列的现象。水平流动与社会水平分化有关，在社会出现水平分化之后，一些社会职业在功能重要性程度上或社会分层的序列中处于同等水平，如讲师、工程师等。水平流动可以使自然资源、物质财富和人才资源得到合理的分配和使用，影响着人口的地区分布和同一产业的内部结构。它带来人员的交往，有利于各地区和群体之间的文化交流，能打破地区和人群的封闭状态，有利于社会的发展。

(三)代内流动与代际流动

根据社会流动的主体，可将社会流动划分为代内流动与代际流动。

代内流动，又称一生中的流动、终生流动，指一个人在一生当中的地位、职业、权力、声望等方面的变动。一个人在一生中可能向上流动，可能向下流动，也可能水平流动。代内流动通常以社会成员的职业地位为标准，比较同一成员在不同时期的社会职业状况。在现代工业社会中，由于社会生产力水平迅速提高，社会的职业结构变化迅速，社会成员一生常常从事几种社会职业，不断变更社会地位，导致代内流动加速。

代际流动，指两代人在职业、地位、身份、收入等方面的变动，即子女从父母所在的阶级、阶层向另外的阶级、阶层的流动。代际流动的状况，可反映社会进步的程度和社会分层体系的变化。

(四)自然流动和人为流动

根据社会流动发生的原因和形式，可将社会流动划分为自然流动和人为流动。

自然流动，指在一定因素影响下，人们为适应生存环境或获取新的需求、目标，自发地发生变动、转移的现象。换言之，是个人选择、分散状态的变动或转移现象。如，个人谋取了新职业、个人职务升迁、家庭搬到新的居住地等。

人为流动，指社会为达到某种目标，由社会一定部门对部分社会成员有计划性、目的性实施的变动、转移现象。换言之，是社会或制度安排的、一定整体状态的变动或转移现象。例如三峡移民工程、“知识青年”上山下乡等。①

三、社会流动的影响因素

影响社会流动的因素大体可归纳为人口、社会、自然三个方面。

(一)人口原因

人口是生活在自然环境之中并依靠自然资源(包括土地、动物、植物、矿物和淡水)而生存的。自然资源中较突出的是土地资源，它有一定的承载力。若人口密度超过资源的承载力，势必引起人口的向外流动。人口的密度主要是由人口的自然增长率决定的，而人口的自然增长率并不是直接由资源的贫富决定的。当一个地区的人口自然增长率过高或过低，就会产生人口的压力或吸引力，于是出现人口流动。

(二)社会原因

从一定意义上讲，引起社会流动最根本的原因来自社会。社会原因概括起来表现为以下几个方面：

1. 社会价值观

这是引起社会流动的一个重要原因。被一定的社会价值观肯定的东西，如地位、声望、财富等，人们竞相追求，成为推动人们向上流动的原因。价值观念的转变，会改变人们的流动方向。例如，在中国流行一时的“知识无用”、“知识越多越反动”的变态社会价值观，曾一度使人们回避向知识阶层流动。

2. 战争、民族歧视与民族压迫

这是社会流动的一个常见原因。中国人曾把由自然灾害引起的流动叫“逃荒”，而把由战争和民族压迫引起的流动称为“逃难”。哪里有战争和民族压迫，那里就有难民逃出。难民已成为当代世界的一大社会问题。

3. 社会改革与社会革命

这是引起社会发生结构性流动的原因。社会改革调整了政治经济制度和产业结构，是一场深刻的社会变迁，必然引起人口在空间和职业阶层间的流动。中国从1979年以来发生的社会流动便是明证。革命从根本上改变了社会的阶级关系，在革命过程中和革命之后，阶级关系发生大调整，在调整中各阶级的成员必然出现上升或下降的流动。

4. 科学技术的进步与生产力的发展

---

① 雷洪．简明社会学教程[M]．北京：高等教育出版社，2012：174.

前三种原因都是由它派生的，社会流动的根源是社会生产力的发展。在传统社会里，社会流动之所以稀少，是由于生产力发展缓慢；到了工业社会，生产力迅速发展，促进产业结构的分化，社会流动率才不断提高。一个生产力水平不断提高的社会，向上流动的比率也会提高；反之，就出现众人的向下流动。

(三)自然原因

自然环境是指人类生存和发展所依赖的各种自然条件的总和，包括人类生活所需的一定的生态环境、生物环境和地下资源环境，比如气候、水文、地貌、生物、土壤等。自然环境通常是人们在社会流动中首先考虑的因素，但不同的个体对自然环境的敏感度和选择能力不同。中国地域广阔，地区之间自然环境差异较大，中西部尤其是西部边远地区，自然环境仍然较为恶劣，不仅制约着外来人口流入，本地的人力资源也往往留不住。无论是突发性的自然灾害还是比较缓慢的自然生态的变化，都会引起一个地方的人口迁出或迁入，造成社会流动。三峡大坝的修建，库区百万居民的大迁徙，也是一例。

在社会流动日趋频繁和流动长期化的趋势下，人们越来越倾向于选择较为适宜居住的自然环境，尤其是对于打算较长时间居住的流动人口。一般来说，流向东南沿海地区的人口远多于西部地区，近年来中部地区流动人口也有一定增量，但东南沿海地区还是很多流动人口的主要选择。其中，除了经济机会等方面的因素，必须要看到自然环境也起到了很大的决定因素。

四、社会流动与社会分层

从社会学视角来看，在现有的社会分层的框架下，建立一个机会均等、全方位立体开放的社会流动机制，是社会良性运行必不可少的调控器。只有通过社会流动，才能实现资源的合理配置，才能使一个集体不断地补充进新鲜血液，保持生命活力。社会流动越畅通，社会流动率越高，就越能调动社会各个阶层尤其是中低层社会成员的积极性，使他们充满希望，通过个人后天的努力奋斗，实现上升流动到更高层次的社会地位的愿望。这种流动，将在客观上推动社会化生产的发展，形成经济结构变动与社会结构变动相互促进的良性循环。

但是，为什么该扩大的社会阶层还没有真正大起来，该缩小的社会阶层还没有真正小下去，现有的社会阶层结构还不能适应社会主义现代化发展的要求呢？原因是多方面的，而其中最重要的原因之一则是：当前中国的社会流动渠道还不畅通，计划经济时代留下来的一些制度性障碍(如户籍制度、就业制度、人事制度、社会保障制度等)仍在阻碍着人们向上流动以获得更高的社会地位，社会流动模式呈现出新老社会流动机制并存的两重性特点。也就是说，公正合理的现代化社会流动机制尚未形成。所谓公正合理的社会流动机制，就是要遵循机会均等、社会公平公正的原则，打破在物的依赖中人与人的依赖纽带、血统差别和教育歧视，使个人独立自主地相互接触并在这种自由中相互交往，使人的个性自由获得极大发展。在这种自由中，人们的社会地位、财富、声望的获得不再以先赋的身份条件为前提和基础，而是以个人后天的努力为决定性因素。在社会分层框架内，社会流动机制对于社会稳定和发展具有正面意义。同时，由于层级之间开放性不断增强和归属性因素对社会流动的制约力相对下降，社会不平等变得越来越可以接受，甚至还被认为是有利于促进社会发展的必要功能。①

这种认识倾向和由此而形成的社会心理，改变着人们的政治意识：激进色彩的日淡和保守色彩的日浓。社会与政治系统之间的紧张关系由此而得到了相应的缓解。

因此，当前开展社会流动问题的研究具有非常重要的理论意义和实践意义。在理论上，对中国社会流动及其机制的研究，将极大地丰富甚至创新社会学的学术体系；在实践上，通过研究中国社会流动的形式、机制、路径、方向和特征，我们可以发现中国社会流动模式转变中的积极因素，揭示其中的消极因素，为进一步改革和调整相关的制度安排和政策规定提供合适的战略方向和可行的策略路径。在促使中国社会流动模式最终实现现代化转型的同时，使社会流动的机制变得更加公正、更加合理、更加开放，在此基础上加快形成一个与经济发展和经济结构变化相适应的公正、合理、开放的现代社会阶层结构。②

思 考 题

1. 社会不平等的含义是什么？
2. 如何正确看待西方社会分层理论？
3. 试论我国转型社会中的分层结构调整？
4. 简述社会流动的类型。
5. 如何理解社会流动的意义？
6. 我国改革开放以来的社会流动会对社会结构变迁产生怎样的影响？

① 黄颂，陈友华．略论当代西方社会分层中社会流动的思想[J]．思茅师范高等专科学校学报，2002(6)．

② 陆学艺．研究社会流动的意义[J]，社会学研究，2009(3)．

主要参考文献

[1] 李元书. 社会分层与阶级分层的区别、功能和意义[J]. 江苏社会科学，2005(2).

[2] 李瑜青. 社会主义和谐社会与社会分层[J]. 毛泽东邓小平理论研究，2005(4).

[3] 李强. 实现科学有序的社会流动[J]. 学会，2005(4).

[4] 陆学艺. 中国社会分层研究报告[M]. 北京：社会科学文献出版社，2001.

[5] 郑杭生. 当代中国城市社会结构[M]. 北京：中国人民大学出版社，2004.

[6]张敦福. 现代社会学教程[M]. 北京：高等教育出版社，2007.

推荐阅读书目

[1] [美]吉尔伯特. 美国阶级结构[M]. 北京：中国社会科学出版社，1992.

[2] [美]布劳. 不平等和异质性[M]. 北京：中国社会科学出版社，1991.

[3] [美]伦斯基. 权利与特权：社会分层的理论[M]. 杭州：浙江人民出版社，1988.

[4] 李培林，李强，孙立平，等. 中国社会分层[M]. 北京：社会科学文献出版社，2004.

[5] 边燕杰. 市场转型与社会分层：美国社会学者分析中国[M]. 上海：三联书店，2002.

[6] 周晓虹. 中国中产阶级调查[M]. 北京：社会科学文献出版社，2005.

[7] 陆学艺. 当代中国社会流动[M]. 北京：社会科学文献出版社，2004.

[8] 李春玲. 断裂与碎片：当代中国社会阶层分化实证分析[M]. 北京：社会科学文献出版社，2005.

第十四章　社会制度

“人有营生的需要，便有经济制度；有性的需求，便有婚姻制度；有生殖育种的需要，便有家庭制度；有和平相处的需要，便有政治法律制度；有抵御敌人的需要，便有军事制度；有传达思想的需要，便有语言、文字、交通制度；有解释和对付自然力量的需要，以求精神上的安慰，便有宗教制度。这些制度都是人类社会中最基本的，而每一个制度，都有一种基本需要为其依据。”①所以，社会制度的产生与人类的需要是分不开的，正是为了满足人类的需要，人类才建立了相关的社会制度，以规范社会，并满足人的需求。社会制度是关于人类社会关系的一种规范体系，它为社会个体及群体，尤其是社会组织提供一定的行为模式。它协调社会内部各种利益之间的关系，在规范人类行动、实现社会进步以及维持社会秩序等方面都起着核心作用。正是有了社会制度，人类社会才能加快前进的步伐，社会才能有序地运行。

第一节　社会制度概述

在前面的章节中，我们已经研究了社会化，社会组织，社会群体，个人与个人、个人与群体以及群体与群体之间的社会互动，在上述的各种社会现象中，或多或少都会涉及社会制度。比如个人社会化的实现依赖于社会的教育制度；初级群体家庭的存在依赖于社会的婚姻制度；国家机构的设置依赖于社会的政治制度；公司(企业)的成立依赖于社会的经济制度等。由此，社会学必须进一步探讨社会制度的概念。

一、社会制度的涵义

社会制度作为社会学概念，源自英国社会学家斯宾塞提出的“social institution”。“social”意为“社会的”，“institution”主要包括三层含义，第一层含义是“机构、组织”；第二层含义是“习俗、惯例”；第三层含义是“创立、设

① 龙冠海．社会学[M]．台北：台湾三民书局，1971：163.

置”。有的学者从其第三层含义出发，把“social institution”译为“社会设置”或“社会创立”，这种译法虽忠实于英文原义，但却晦涩难懂，不符合中国人的语言习惯，因此，我们仍然把“social institution”译为“社会制度”，取古代汉语中“制定法度”之意。

当前，学术界一般认为，社会制度有三个层次：第一个层次是从意识形态的角度出发，认为社会制度是指一定的社会经济形态类型或社会根本制度，例如，原始经济、农业经济、资本主义制度、社会主义制度等。第二个层次是从社会中某个特定领域出发，认为社会制度是社会中某一领域，或者社会生活某一层面所特有的行为模式、价值规范等，例如，经济制度、家庭制度、教育制度等。第三个层次是从具体层面出发，认为社会制度是某一组织的规章、准则等，例如学校的考勤制度、公司的奖励制度、国家机关的工资制度等。上述三个层次分别从不同角度界定社会制度，第一个层次从宏观角度切入，研究社会性质、社会形态，这主要是政治学所关注的。第三个层次从微观角度进行解释，研究具体的规章制度，这主要是管理学所关注的。我们认为，第二个层次从中观角度提出研究社会中特定领域的行为模式和规范体系，这才是社会学所关注的。

但是，这样界定社会学研究的社会制度范围，并不意味着社会学研究可以完全抛开第一层次和第三层次的社会制度。

首先，大多数对社会存在与发展起着重大影响的具体社会制度，如经济制度、政治制度、军事制度、文化制度、教育制度等，无不受到所处的社会形态或者社会性质(即第一层次的社会制度)的制约。

其次，一切相关领域的具体社会制度，在执行落实到一定的社会组织中时，必然具体化为这些组织中相应的规章制度。这样，规章制度本身的情况——是否时时贯穿着这些具体社会制度的精神实质，是否处处与这些具体社会制度吻合，是否得到严格的执行等，就不能不影响到这些具体社会制度的实施。

最后，在某些情况下，详细的规章制度是社会学研究的重点。比如，规章制度使得组织成员的行为趋同或一致，组织体系的规章制度(如某行业协会的章程)使得若干组织的行为趋同或一致。因此，研究集体行为和组织行为时，规章制度往往就成为重点研究内容之一。在组织社会学、管理社会学等分支社会学里，规章制度更是研究重点，因为规章制度直接决定着组织的存在和发展状况、管理是否科学、有效等。①

搞清了社会制度的研究范围之后，我们有必要对社会制度的定义进行分

---

① 吴方桐．社会学教程(修订本)[M]．武汉：华中师范大学出版社，2007：181.

析。关于社会制度的定义，也存在不同的看法，其中具有代表性的观点主要有以下六种：

第一，把社会制度界定为一种规范体系或规范系统，代表人物主要包括美国社会学家库利、中国社会学家郑杭生等。

第二，把社会制度界定为一种组织或机构，例如英国社会学家斯宾塞认为，社会制度是"执行社会职能的机构"。①

第三，将社会制度界定为一定的行为模式。认为社会制度是"人类在团体生活中为了满足或适应某种基本需要所建立的有系统有组织的并为社会所公认的行为模式"，或"与社会生活的一些特点有关的一种确定的行为模式"。②

第四，把社会制度视为某种社会关系。例如，我国早期社会学家吴文藻曾经指出："制度是由于人类团体活动而引起的某种社会关系。"③

第五，将制度定义为某种社会结构。如戴维·波谱诺在他的《社会学》一书中写道："制度是为了满足社会基本需要而组织起来的一组稳定的社会结构。"④

第六，将上述两种或几种看法综合而成的定义。例如认为社会制度"是指专门机构、作用和规范体系以及职业团体，它们能保证实现社会统一体或整个社会的存在和发展在客观上所必需的职能"。⑤

综上所述，我们认为，社会制度是指为了满足人类社会生活需要而形成的，是一定组织在特定社会活动领域中所创造的持续而稳定的规范体系。

现代社会主要有五种社会活动领域：经济活动、政治活动、文化活动、公共服务、私人生活。相应地便形成了五种制度：一是经济制度，即关于生产资料归谁所有、产品如何分配与交换、消费行为主体相互关系的调整等方面基本规范的总和。二是政治制度，即关于各个阶级在国家政权中所处地位与相互关系，行政管理、公共秩序、国家安全等方面的基本规范的总和。三是教育制度，即为了满足文化创造、使用和传承而设立的各种规范的总和。四是公共制度，即关于由政府机关或社会团体举办的公共事业，以及提供给社会成员的直接社会服务方面的基本规范的总和。五是私人制度，亦称婚姻家庭制度，即关于婚姻、生育、亲属关系以及家庭私人生活等方面的基本规范的总和。⑥

---

① 参见[英]邓肯·米切尔. 新社会学词典[M]. 北京：知识出版社，1986：36.

② 龙冠海. 社会学[M]. 台北：台湾三民书局，1971：162.

③ 参见北京大学社会学系. 社会学教程[M]. 北京：北京大学出版社，1987：165.

④ 参见胡荣. 社会学导论——社会单位分析[M]. 厦门：厦门大学出版社，1993：288.

⑤ [苏]达维久克. 应用社会学词典[M]. 哈尔滨：黑龙江人民出版社，1988：167.

⑥ 朱力. 社会学原理[M]. 北京：社会科学文献出版社，2003：232.

二、社会制度的特征

当我们在一定社会历史条件下，从协调社会关系、规范社会行为、调整社会利益的角度来考察社会制度时，就会发现社会制度具有如下特征：

(一)普遍性

"社会制度在时间和空间上具有普遍性。一部人类社会的发展历史，也是社会制度的发展史。"①在人类社会发展的历史长河中，为了满足人们复杂而多变的需要，分工协作，形成人们共同认可的合作方式和规范是必须条件。人们在长期的实践中总结经验，产生了一些合理的行为方式，并且这些行为方式又在实践中不断地被固化，最后成为一种明确的制度。为了促使社会生活具有稳定性和秩序性，人们创造了各种社会制度。

社会制度的普遍性是指人类社会存在的政治制度、经济制度、婚姻制度、教育制度、宗教制度等基本社会制度，普遍地存在于世界上一切国家、民族之中，不仅在空间上是一切国家、民族和地区所共有的，而且在时间上世代相承，贯穿人类社会数千年的历史。在人类史前时期的原始社会中，经济制度和婚姻家庭制度就早已存在，其他诸如政治、教育、宗教等制度也根植于家庭之中，借助于家庭表现其功能。而且，社会制度一旦确立，在其适用范围内，对其所有社会成员均无例外地起到制约作用。社会制度这种在空间上、时间上的普遍性，根据美国人类学家摩尔根的考察，是由于人类基本需求的相同性决定的。

(二)强制性

社会制度作为一种规范体系，具有制约社会行为、调节社会关系的作用。所以，社会制度必须具有强制性，否则就无法发挥其规范制约作用。社会制度的强制性是由社会制度的本质直接决定的。一项社会制度，在其有效适用范围内，必然会要求其社会成员必须遵守它的规定，否则必然会受到谴责或惩罚。当然，社会制度的强制性并不是一样的，因社会制度的性质不同，其强制性程度也有强有弱，可以分成不同的层次。一般地说，某些采取立法形式和必需由执法机构保证其实行的制度，强制性最强；某些非立法形式，但却由主管机构明文规定并监督其执行的制度，强制性次之；那些由某一社会群体成员共同商定，采取协议、乡规民约等形式产生的制度，强制性更次之；至于人们通过习俗而形成的诸多与婚丧嫁娶和礼尚往来相关的制度，强制性就更弱了。此外，任何一种社会制度，都有一定的局限性，一旦超出人员、时间和空间的具体适用范围，就会失去其强制性。

---

① 吴铎．社会学[M]．北京：高等教育出版社，1992：195.

（三）约束性

美国经济学家康芒斯认为，“制度”是经济制度进化的动力。按照他的解释，“制度”就是所谓“集体行动控制个体行动”，① 这揭示了制度的集体性约束特征。某一领域的社会制度需要该领域的社会成员共同遵循，这便是社会集体行动，社会集体行动控制着每个个体的行动，所以，社会制度具有社会性，同时具有普遍意义。个人可以有自己的行动习惯，甚至是行动的原则（比如做人的原则），但这不是社会制度。

（四）相对稳定性

社会制度作为稳定的规范体系，是社会有序发展的重要保证。当某种行为方式和规范被认为有效、合理而被多次重复和广泛运用时，它就开始制度化了，而相互联系的一套行为规范明确化、程序化之后，它们就变成了制度。社会制度一旦确立，就会在相当长的时期内制约人们的行为，成为社会保障的中坚力量，保持一定的连续性和稳定性。如果一项制度朝令夕改，不仅其预期的作用难以发挥，而且会使社会成员无所适从。除此之外，社会制度的相对稳定性还来自规范的体系化。规范的体系化是指相关规范之间的密切联系，它们相互配合、相互补充，共同发挥作用。当互相关联的规范系统发挥作用之后，局部情况的变异难以使整个制度发生变化，这样，该制度便处于相对稳定状态。例如，在我国计划经济体制下，城市的劳动就业制度长时间都没有发生明显变化，尽管 1980 年代中期就存在大量的城镇企业雇用农民工，实行劳动合同制，但是，因为当时的劳动就业制度与住房分配制度、社会保障制度等密切地联系在一起，所以局部的改变难以促成整个制度的变革。

当然，社会制度也具有一定的生命周期，必须随着社会的发展变化而适时修订。正因为社会制度具有其稳定性，在社会发展过程中可能会落后于社会生活的变化，在某些情况下会演变成社会的保守力量，甚至会阻碍社会发展，最终成为社会变革的对象。所以，社会制度的稳定性不是绝对的，而是会随着社会的发展变化而发生变化。因此，社会制度的稳定性是相对的。

三、社会制度的类型

在社会制度的分类研究中，学者们从不同角度、依据不同标准进行多元划分。美国社会学家英格尔斯从功能角度把社会制度分为四组：“第一组是政治制度，它涉及的是权力的行使和对力量的合法使用的垄断……第二组是经济制度，它涉及的是货物和服务的生产和分配。第三组是表意整合制度，它是关于戏剧和消遣之类的制度。这一组也包括有关思想和价值传递制度。所以，我们

① ［美］康芒斯．制度经济学［M］．于树生，译．北京：商务印书馆，1962：81.

还可以把科学、宗教、哲学、教育的组织归入这一类。第四组是亲属制度，它主要是关于性的调整问题，同时也为抚育幼小子女提供稳定而可靠的机构。”①

“吉登斯从制度结构的角度也将制度分为四种类型：文化制度(符号秩序/话语形态)、政治制度、经济制度和法律制度。在他看来，制度结构不外乎三个方面内容：一是表意结构(S)，二是支配结构(D)，三是合法化结构(L)。”②但目前中国社会学界较为普遍的分类方式主要有以下两种：

(一)正式社会制度与非正式社会制度

社会制度发挥作用的方式是不一样的，根据发挥作用的方式不同，可以把社会制度划分为正式社会制度(以下简称正式制度)与非正式社会制度(以下简称非正式制度)。

正式制度是指以稳定的、明文规定的规范体系为基础所形成的组织化的行为模式。正式制度以严格规定的命令(法律章程、职务细则)为前提，在规定制裁(奖赏、奖金、行政和刑事惩罚)的基础上实现其管理职能和监督职能。国家、法庭、军队、学校就是这种正式制度的典型例证。在社会常规性事务的处理中，正式制度的运作具有合理性、有效性和模式化的特点。但是，由于正式制度是基于固化的规范要求而运作的，因此对纷繁复杂的社会环境缺乏灵活的应变能力——尤其是遇到突发事件或非常规事件时——往往难以做出及时、恰当和正确的应对，从而贻误解决问题的时机，使事态的发展更加复杂，难以得到有力控制。例如我国2003年所经历的“非典”事件，给人民生命和财产造成巨大损失。在对于这个突发性事件的反思中，我们既要承认现有的医疗、行政、安全制度所存在的缺陷，也要认识到正式制度针对突发性事件的应变能力有限，这也成为正式制度的“软肋”。

非正式制度是指无明文规定的、非固定的规章制度，以人们之间彼此协商、约定俗成的规范体系为基础的行为模式。非正式制度没有专门章程和规范，没有明确规定的涉及活动功能、手段、方法等方面的具体指示。社会监督通过社会舆论传统、风俗习惯、道德观念等非正式制裁手段来实现。在某种程度上来看，非正式制裁在奖励和监督社会偏离行为上比正式制裁手段可能更有效。正如费孝通先生所说，一个罪犯可以远渡重洋，跑到其他国家以逃避本国法律的制裁，但是，他(她)将永远无法逃脱道德的拷问和良心的谴责，而这种罪恶感将伴随其终生。

与正式制度相比，非正式制度的重要特点是灵活性，有利于人们针对现实复杂多变的社会环境采取适当的制度行为，避免僵化的正式制度的负面作用；

① [美]英格尔斯．社会学是什么[M]．北京：中国社会科学出版社，1981：99.

② 郑杭生．社会学概论新修[M]．北京：中国人民大学出版社，2013：264.

可以发挥人们的主观能动性，创造性地参与解决常规和非常规的现实问题，以使社会制度的运作达到更优。但是，非正式制度中的行为由于缺乏明确可靠的规范约束，可能会出现偏离甚至背离既定正式规范的行为，使制度行为非模式化、缺乏可靠性以及导致组织效率低下，甚至还可能给社会成员腐败提供机会。

一般而言，正式制度与非正式制度的区分只具有相对意义，正式制度可能由于社会条件的变化，人们思想观念的发展，而无法适应社会历史的要求，逐渐失去其应有的效力，被以往的非正式制度所取代；此外，随着人们行为模式的固定化和长期化，非正式、无明确规定的制度可能逐渐明确和固定下来，成为大家严格执行的正式制度。我国改革开放以来，非公有制经济的发展历程正是如此。非公有制经济最初是暗地里发展，官方则严厉禁止，然后由不承认到默认，再到制度化承认并鼓励其大力发展。这说明，两者是可以相互转化的。在现实社会中，两种类型的制度行为往往相互结合，共同发挥作用。在中国社会中，往往非正式制度发挥的作用更大一些，这与中国传统的“人治”和“权谋”有关。① 关于两者在社会控制中的地位和作用，将在之后的“社会控制”章节中详细论述，在此不多赘述。

（二）本原社会制度与派生社会制度

不同的社会制度，其产生、发展历史过程也是不一样的，根据社会制度产生、发展历史的过程，可以把社会制度分为两类，一类是本原社会制度，另一类是派生社会制度。本原社会制度是其他社会制度产生的母体，主要是在人类与环境交往、争取生存与延续的过程中产生的。派生社会制度是从本原社会制度中生长、演化和发展出来的社会制度。本原社会制度主要满足人类生存与延续的需要，派生社会制度主要满足人类发展与社会秩序的需要。

恩格斯在《家庭、私有制和国家的起源》中指出：“根据唯物主义观点，历史中的决定性因素，归根结蒂是直接生活的生产和再生产。但是，生产本身又有两种，一方面是生活资料即食物、衣服、住房以及为此所必需的工具的生产；另一方面是人类自身的生产，即种的繁衍。”也就是说，人类社会存在和发展的基础主要有两个：一个是物质资料的生产，另一个是人类自身的再生产。物质资料生产形成经济制度，而人类自身的再生产形成家庭制度。二者构成人类社会存在的本原社会制度。本原社会制度具有三个特点：第一，本原社会制度出现在人类社会生活早期，正是这些制度使人类生活进入社会生活阶段；第二，它在人们的基本社会生活领域中发挥着作用。第三，它能够在自身的基础上衍生出新的社会制度。例如：经济是社会的基础，是社会用以调节、

① 赵孟营．社会学基础[M]．北京：高等教育出版社，2006：253-254.

引导人们生产要素的分配，是产品的生产、分配、交换及消费行为的制度体系。相关的经济制度比如生产制度、交换制度、分配制度指导着人们的经济活动，维系着物质资料的生产和再生产，维系着人类的生存和发展。而家庭则是人类生活的基本形式，在早期社会中，家庭承担着几乎所有社会功能，家庭制度在其中发挥着支持与稳定的作用。广义的家庭制度包括婚姻制度、生育制度、家庭成员之间的责任制度、亲子制度等。

派生的社会制度主要包括政治制度、教育制度、宗教制度等。政治制度即由国家强制执行的关于国家权力起源、结构与分配安排的规定。教育制度，即科学与知识在社会中传播与延续的方式与组织的总和。宗教制度，即包括崇尚超自然形态的宗教观念、信仰、宗教组织及宗教仪式在内的规则体系。同时，随着人类社会的发展，新的派生的社会制度也在发展，比如社会保障制度、医疗制度、养老制度等。我们认为，从人类生存和发展对制度的需求角度看，最基本的社会制度应该包括婚姻家庭制度、经济制度、政治制度、教育制度和宗教制度五种，其中，婚姻家庭制度是生育制度，经济制度是生存制度，教育制度是发展制度，政治制度是主导制度，宗教制度属于信仰制度。

第二节　社会制度的构成及功能

“社会制度是社会成员在生产和生活中创造出来的规范系统，制度的产生反映了社会系统对制度的需求，也就是人们要通过制度来适应生产和生活环境。”①所以，社会制度虽然是人创造的，为了满足人的需求而产生的，但是社会制度产生之后，就起到约束人的作用，不管是什么人，都要遵循社会制度，按照社会制度的规范要求做出行动，一旦违反社会制度，势必会遭到制度的惩处。因此，制度的功能是对所有人的，不是对单个人的。

一、社会制度的构成要素

社会制度是一个系统，它由各种不同的要素构成。一般来说，社会制度的基本要素是规范系统，而观念系统、组织系统和设施系统等也与之密不可分，上述的四个要素缺一不可，它们之间的协调程度和状态直接影响着社会制度的功能。

（一）观念系统

观念系统是社会制度得以存在的理论基础，是用来阐明社会制度的终极目标或价值要素的系统。其中的价值要素是人格和文化中的核心要素，是制度的

---

① 郑杭生．社会学概论新修[M]．北京：中国人民大学出版社，2013：270.

灵魂，通过对社会地位、角色及利益关系的评判，体现社会的普遍价值。社会制度的观念系统通常不是专门设定的，而是体现在一系列社会学说、理论或思想之中，特别集中地体现在社会的主导意识形态中。不同的社会制度具有不同的观念系统。从宏观角度来说，资产阶级凭借“自由、平等、博爱”的先进思想从封建地主阶级手中夺取了政权，而无产阶级则是在马克思创立的唯物史观的理论武装下建立了社会主义国家。从微观的角度来说，某一具体领域中的制度也蕴含着其特有的价值观念。例如学校教育的背后总有一整套文化观念作为支持，包括培养目标、校规、校训，甚至于教师的敬业精神等，都充分折射出这一制度的灵魂。张艺谋的电影《一个都不能少》中，不能让任何一个孩子辍学就是那所山村小学得以存在的精神核心，如果没有这种观念的维系，那么学校可能早就瘫痪了。学生在学校中学习、生活，必然会感受到这种无形的影响，这是一个集体内在的要求，促使学生不知不觉地实现观念内化，做出符合集体目标的行为选择。

(二)规范系统

作为制度灵魂的观念系统是看不见的，必须外化为规范才能发挥作用。规范是制度运行过程中实际起作用的要素，是一系列有关角色行为的规定，用以指导社会中各种角色之间的相互关系以及各自的行为模式。规范系统通常包括社会的风俗习惯、伦理道德、社会舆论、传统惯例等(上述大都是不成文的规范)，还包括各种准则、章程、条例、法律、纪律等(上述大都是成文的规范)。在一个正式制度中，某些规范是稳定的、明文规定并公布出来，要求大家坚决执行的，如学校管理制度中的《学生综合考评条例》，《考试违规处罚条例》等。同时，另一些规范虽然没有明文规定，却时时处处影响着我们，被我们默默地遵守，如在自习室中保持肃静，碰到师长要礼貌问候等。前者属于正式、公开的规范，如果触犯就会受到校方的严厉制裁；后者属非正式、隐蔽的规范，如果违反不会受到正式的处罚，但可能会引起他人的冷眼相待。

社会中通常的规范形式包括习俗、规则、道德与宗教、法律等。

社会习俗指社会生活中的一般习惯和风俗。它包括岁时节令、婚嫁礼仪、社交庆典、饮食起居和日常交际等方面。社会期待人们遵守习俗，但是习俗对不遵从现象有着较大的容忍度。那些不遵守某些社会习俗的人，一般不会被当做道德堕落者或被当做罪犯看待。

规则与社会习俗约定俗成的性质不同，它是明确规定的行为准则。它首先是由人们在社会互动过程中明确设定、成文规定的，带有较为明确的目的性，约束社会角色之间的交往和互动，也就是所谓的“没有规矩，不成方圆”。其次，关于规则的解释，往往以参与此类行动人们的自身利益为依据，规则的设立，常常是为了调整行动者之间的利益关系。最后，规则对于行动的参与者来说，具有一种外在的约束性，违反规则通常都会受到明确的惩罚。

道德或宗教既可能表现为一种习俗，也可能表现为明文规定，但是它与一般习俗或规则的区别在于，道德或宗教带有更为明显、更为强烈的价值取向。道德规范与社会习俗相似之处在于，它们都受到社会的普遍反应的制约，由人们的普遍舆论、共同意识来维持。不同的是道德和宗教以人们所普遍信奉的价值原则、价值标准为前提和基础，调整行动者之间的利益冲突，约束人们的行动，规定人们的行为关系。同时，宗教规范的维持，除了人们普遍的精神信仰外，还受到来自政治或宗教权威的影响。

法律的基本构件是规则，它是由某一政权正式颁布，并受到国家权力机构支持的一系列重要规则之总汇，其中宪法是一个国家的根本大法，其他法律规定、条例不得与之相冲突。法律总是通过强制性的权威手段，去仲裁、调整不同社会生活领域之中的利益冲突、利益矛盾。违反法律的人，所受到的惩罚都十分明确而严格。法律的强制性与一般规则的强制性或外在性不同，它总是来源于国家或政府的权威，有专门机构来执行与维护。

(三)组织系统

组织系统是社会制度的实体部分。“Institution”本身就有机构、组织等意思。制度是包括组织与设施的，它们是观念和规范的载体。组织系统包括组织的管理者、职能部门和具体执行任务的组织成员。一般来说，制度的组织系统是制度的执行者和推动者。一项社会制度是否能够顺利运行，除了必须具备一套令人接受的观念系统，一套合理有效的规范体系之外，在很大程度上还要依赖于一套分工严密、权责清晰、效率超前、领导有方的组织系统，这样才能充分发挥这种制度应有的规范和协调职能。

“组织是社会制度中的主体。在制度的运行中，制度的实施者是一定的政府部门与组织机构，他们按照内化于组织目标中的价值观念与原则，按照规范规定的程度与具体的规程，采用奖惩的手段对社会关系与人们的行为进行定向的管理。首先，奖惩是制度的力量源泉。它是社会对一定社会关系与社会行为后果处理的基本方式。任何制度都是一种奖惩手段，从这个意义上讲，奖惩是制度的本质。奖惩的依据是原则、规范，奖励的对象是原则中倡导的部分，惩罚的对象是原则中禁止的部分。倡导与禁止的中间地带是容忍，容忍的宽窄是制度弹性程度的标志。其次，权威是制度的保证因素。执行制度的政府与组织享有相应的权威。权威不是来自个人的威望或信誉，主要来自组织与机构被人们认同的精神力量。”①

① 朱力．社会学原理[M]．北京：社会科学文献出版社，2003：231.

(四)设施系统

社会制度的执行离不开具体的社会组织及设施。设施系统是社会制度运作的空间场所和物质基础。设施系统分为两类，一类是实用性的物质设施，如政治制度的政府、军队、法庭、监狱等；经济制度的货币、银行、公司、工厂、商店等；宗教制度的教堂、神庙、神器、经书等；教育制度的学校、教学楼、图书馆、教科书等。另一类是象征性的设施，显示制度的权威和特征，具有强烈的感召力，例如国旗、国徽、军旗、党旗、校徽等，它们是组织观念系统的物化表现，都具有一定的象征意义，在其作用范围内能够起到团结一致、增强凝聚力的作用。

上述四个基本要素是从理论角度进行的划分，现实中的社会制度是以上四个要素结合而成的，无法也没有必要进行严格区分。对于一个具体的社会制度来说，制度的四个要素是不可或缺的，其中，观念和规则构成制度的“灵魂”，组织与设施构成制度的“躯体”，它们有机地结合在一起，就会构成一个有血有肉的社会制度。

二、社会制度的功能

人类社会之所以需要社会制度，是因为人类社会的生存和发展离不开社会制度的协调发展。从静态上看，社会制度作为一套社会规范体系，它通过规定各种社会角色之间的权利、义务关系而确定社会结构的性质，为社会生活和社会互动建立起一个稳定的框架，从而使社会变成一个内部协调、秩序井然的完整系统。从动态上看，处于各个社会地位上的成员遵照制度规范的要求进行一系列的制度化，从而使其社会行为贴近或符合各个社会领域中的社会制度，并且把这种制度文化世代相传，这就是社会制度的功能。①

(一)考察社会功能的角度

由于社会制度是一个复杂的系统，它的内部构成要素之间有纷繁复杂的组合方式，各个领域中不同的社会制度之间也处于相互作用、相互影响的状态中，所以，社会制度的功能体现也是复杂的。我们可以从以下两个视角对它进行研究。

1. 正功能与负功能

根据社会制度功能性质的不同，社会制度的功能可以被分为正功能(positive function)和负功能(negative function)。

正功能又称积极功能，是指某一项制度活动的结果对社会的生存和发展具有促进作用，同时有利于提高社会系统的活力和适应力，巩固社会系统各部分

① 李芹．社会学概论[M]．济南：山东大学出版社，1999：271-272.

之间关系的协调、稳定和一致。

在社会运行过程中，社会制度正功能的发挥主要表现在以下几个方面：

第一，满足人类社会生活的需要。社会制度保证了社会成员之间一切正常的互动和正常的关系。社会是一个复杂的整体，这个整体系统内部由各个子系统构成，每个子系统都承担一定的功能。只有各个子系统相互联系、相互协调，整个社会系统的运行才能实现一种理想状态。它通过使社会成员各就其位、各司其职、各负其责而使社会有序运行。只有在制度化的社会里，社会成员的需要才能得到很好的满足。例如，在人潮拥挤的十字路口，如果没有交通规则，出现的将是一片混乱的场景，每个人到达目的地的需要都难以满足。只有执行和遵守相应的规则，才会给人们带来秩序和通畅。

第二，社会整合的功能。尽管社会制度规定了社会成员的行为模式，但是，并不是所有的成员都会照章办事，严格遵守制度规范的要求。在现实社会中，或多或少总会出现一些偏差行为。为了保证社会正常运行，社会制度就必须对越轨行为进行干预和控制，并根据行为的偏离程度，对越轨者给予适当、有效的惩罚和制裁，从而对人们的社会行为进行控制整合。社会制度的整合作用不仅依靠强制性的消极惩罚手段，而且更注重积极的建设性倡导方法。社会制度的社会整合作用是以它对社会成员的行为导向功能为前提的。社会制度通过权利和义务系统为每个社会成员规定了特定的地位和角色行为，社会成员只有按角色规范行事，发挥自己的作用，才能减少与社会的冲突，更快地适应社会生活。

第三，传递社会文化，促进社会发展。虽然制度也是一种文化现象，但是它却成为传递文化的重要手段之一。社会文化的传递依赖于一定的社会制度，社会制度一方面把过去人类所创造的文化保存下来，代代相传；另一方面，社会制度又不断创造新的文化，丰富文化内容，促使社会发展和进步。因此，制度不仅是人类文化传递的重要工具。同时，它也是促进社会发展的重要手段。

社会制度除了发挥上述的正功能之外，还可能会导致一些负功能。

负功能又称反功能或消极功能，指某项制度活动的结果降低了社会系统的活力和适应力，破坏了社会系统内部的协调、稳定关系，造成社会内部的紧张和冲突。社会制度在发挥正功能的同时，也包含着一些危机：

第一，制度的“惰性”。制度是现有规范体系的合理化行为模式，这种模式一经制度化(制度化是指将合理、有效的制度固定下来，形成标准化的程式)，就容易形成刻板的程序，使制度变得僵化或形式化。但是，人们的需求与社会生活总是不断变动的，这时就造成制度的刻板性与人类活动的丰富性之间的矛盾。而现实生活中不断涌现的新生事物有时会超越制度的范围，这时制度便不能适应形势发展的需要。因此，社会发展需要对制度进行不断改革，使制度适应社会生活的发展变化。

第二，制度化逃避。“制度化逃避”是指在现实生活中存在大量违背制度要求，但却能行得通的行为与现象，也就是我们通常所说的“上有政策、下有对策”。这种“制度化逃避”恰恰体现了形式制度与现实制度之间的矛盾。所谓形式制度，是指官方颁布、公认的成文制度。而现实制度，即是民间现实生活中真正执行的制度。之所以会存在这种官方与民间两种制度的并行，一方面可能是由于制度本身存在的某些漏洞或不完善之处，无法全面涵盖和制约人们所有的行为与调节所有的关系，而这种制度的漏洞使越轨行为有了活动的余地，从而会有诸多“打擦边球”的现象。另一方面可能是制度的实际内容不切合实际，无法有效地满足现实生活中人们的具体需要，从而使人们产生抵触心理，不愿遵从制度规范，使制度的实际执行困难重重。从制度本身的要求来看，这两种制度重合的程度越高越好。一般来说，两者完全重合是不可能的。但是，两者距离逐渐扩大，就会产生制度的虚伪性和软弱性。一项制度不管怎么合理、怎么正确，如果只停留在纸面上而不付诸实施，不可能在实际生活中发挥作用，那就无法成为真正的好制度。

第三，制度被少数人垄断。制度确立之后，一般由少数人专门负责执行，而现代社会，这些“少数人”就是各种执行制度的专门机构和组织的工作人员。“如果一个集团或整个社会的大多数人不能够有效地监督这些作为执行制度的少数人，那么这一制度就会被这些少数人所垄断。被少数人所垄断的制度，只能体现个别社会利益集团的利益，而不能保证大多数人的利益。”①这种制度被少数人垄断的现象，在一定程度上限制了民主参与、共同执政，容易导致公共权力的私有化，公共利益让位于个别集团利益，少数人以权谋私，贪污腐败滋生。

在现实社会中，任何一种制度都不可能十全十美，不可能只有正功能而没有负功能。完美无缺的制度只能存在于人们的头脑中或图纸上。制度的正功能与负功能相辅相成，是一种事物的客观现象。例如我国进行经济制度改革，实行市场经济引起了竞争，提高了人们生产的积极性，提高了生产效率，但市场经济的竞争对弱势群体产生巨大的压力。我们倡导发展个体私营经济，吸纳了大量的民间闲散资金，在一定程度上解决了社会劳动力就业问题，创造了大量的社会财富，但无法避免个体经营者唯利是图、越轨经营的具体做法。因此，我们无法把制度的正功能与制度的负功能相剥离，充分发挥制度的正功能而抛却其负功能，但我们可以通过不断改革完善制度，最大限度地发挥制度的正功

① 宋林飞．现代社会学[M]．上海：上海人民出版社，1997：188.

能，抑制其负功能。①

2. 显功能与潜功能

根据社会制度功能层次的不同，社会制度的功能可以分为显功能和潜功能。

社会制度的显功能(manifest function)是指人们能观察到或者能预料到制度执行效果的功能。也就是说，某一特定单位执行制度的客观结果，这些结果有助于该单位的适应或顺应，而且也是制度设计的原定目标如此安排的。社会制度的潜功能(latent function)是指既不能认识也不能预期制度执行效果的功能。也就是说，特定单位在适应或顺应制度有意安排的活动的客观结果中，所产生的非主观意图的而且未被察觉的客观效果。

以中国的教育制度为例，当代的高等教育的显功能是在教育资源有限的情况下，选拔优秀人才，提高人才素养，传递社会文化，培养社会发展所需要的新生力量；而其所具有的潜功能则是缓解就业压力，使适龄就业人员通过继续接受再教育实现分流，以减缓社会巨大的就业压力，稳定社会就业的信心。此外，伴随着教育产业化的发展，高等教育也衍生出一系列的产业化利益链，比如说围绕着高校的后勤集团商业化，高校周边的饮食、住宿、娱乐等商业链条的泛化等，高等教育所创造的间接利润无法估计。此外，在当今的消费社会中，消费风尚也对人们的生活产生重要的影响。例如购买高档名牌汽车，其显功能是为出行方便，提高生活质量；但高档汽车更重要的作用是显示出社会成员个人的社会地位，可以作为社会地位的外在评判标准，助长奢侈消费和超前消费的风气。

由此可见，人类有意识的行动，常常产生无意识的后果，制度的设计也是如此。一种制度既可能发挥所预料到的显功能，也可能出现没有预见到的潜功能。这里，潜功能可能表现为正功能，也可能表现为负功能。对制度潜功能的分析，促使社会学家超越个人而为社会风俗和制度的存在寻找原因。制度的这一功能分析，使某些质朴的道德判断得以消除，从而真正显示出社会学分析不可替代的作用。

(二)社会制度的基本功能

社会制度履行重要的社会监督、管理职能。其主要职能是组织和管理社会存在和发展所必需的社会活动和社会关系领域，调节社会关系并保持其稳定性，监督社会的偏离行为，奖励遵循规范的社会行为，维护和保证社会组织的一致性和团结性。

社会制度的基本功能包括：满足人类社会生活的需要；传递社会文化，促

① 朱力．社会学原理[M]．北京：社会科学文献出版社，2003：235.

进社会发展；促使社会整合。具体内容在此不多赘述。

第三节　社会转型与社会制度

社会制度是一个社会得以正常运行的规范系统，一系列社会制度的相互配合、相互协调，才使人类在各个领域的社会活动井然有序、有条不紊。但是，随着社会结构的转型和社会的现代化进程，必然引起社会制度的变迁，要实行一定的体制改革和完善，以适应现代社会中人们的各种需要，继续维持社会的稳定发展。

自从1978年，中国共产党第十一届三中全会吹响改革开放的号角以来，转瞬30多年，中国社会发生了翻天覆地的深刻变化，变革在经济、政治、文化等各个领域全面展开。伴随着改革开放的浪潮，整个中国社会的结构开始发生了急剧的转型和变迁，我们已经步入了“转型社会”或者说处于“社会转型时期”，那么，什么是社会转型呢？

郑杭生认为：“社会转型是社会生活和组织模式不断从传统走向现代、走向更加现代和更新现代的变迁过程。第一，‘社会转型’是一个有特定含义的社会学术语，意指社会从传统型向现代型的转变，或者说由传统型社会向现代型社会转型的过程，说详细一点，就是从农业的、乡村的、封闭的半封闭的传统型社会，向工业的、城镇的、开放的现代型社会的转型。当我们说‘社会转型’时，着重强调的是社会结构的转型。在这个意义上，‘社会转型’和‘社会现代化’是重合的，几乎是同义的。第二，中国的社会转型，是中国的社会生活和组织模式(即社会实践结构)从传统走向现代，迈向更加现代和更新现代的过程。”①按照郑杭生的这种广义转型论，我们的社会结构转型涉及社会的各个领域，影响到人们生活的方方面面。现在我们主要考察社会转型中的经济制度、政治制度和教育制度的变革。

一、经济制度与社会转型

改革开放以来，为加快我国经济社会发展，不断提高人民的生活水平和质量，我们始终坚持以经济建设为中心，不断调整社会结构，以经济发展带动社会结构调整，以社会结构调整推动经济发展，从而实现了经济发展与社会结构调整的良性循环。

在社会结构调整、转型的过程中，经济体制也产生了重大的变化。改革开

---

① 郑杭生. 改革开放三十年：社会发展理论和社会转型理论[J]. 中国社会科学，2009(2).

放以来，我国在经济体制上有五个重大突破。

第一，废除了人民公社制度，建立了农村基本经营制度，就是土地制度，以家庭承包为基础，实行统分结合的双重经营体制。① 1991年11月举行的中国共产党第十三届八中全会通过了《中共中央关于进一步加强农业和农村工作的决定》。《决定》提出把以家庭联产承包为主的责任制、统分结合的双层经营体制作为我国乡村集体经济组织的一项基本制度长期稳定下来，并不断充实完善。家庭联产承包责任制作为农村经济体制改革的第一步，突破了"一大二公"、"大锅饭"的旧体制。而且，随着承包制的推行，个人付出与收入挂钩，使农民生产的积极性大增，解放了农村生产力。②

第二，在所有制问题上，破除了过去单一的公有制的经济形式，建立了基本经济制度，公有制经济与非公有制经济共同发展的经济体制。③ 所有制改革是经济体制改革的主要内容之一。改革开放初期，所有制基本是单一的公有制经济，在GDP中公有制所占比重最大。改革开放以来，为适应我国仍处于社会主义初级阶段的基本国情，结合社会主义的本质——解放和发展生产力的要求，不断改革和调整所有制结构，逐渐形成了以公有制为主体、多种所有制经济共同发展的新局面。所有制结构的调整使国有企业数量所占比重有所下降，但从经营效益和总体规模来看，公有制经济的主体地位并没有削弱，反而得到了进一步巩固，对整体经济的控制力和影响力也进一步增强，特别是在关系到国家安全和国民经济命脉的行业，例如电力行业、石油、天然气、煤炭开采等行业，公有制经济一直占据主导地位。此外，非公有制经济也快速发展，在促进经济增长，扩大就业和活跃市场，积累社会资金等方面，发挥着越来越大的作用，成为公有制经济的有力补充。④

第三，破除了大锅饭和平均主义，建立了以按劳分配为主体，与多种分配形式相结合的分配方式。⑤ 改革开放以来，为了适应社会主义初级阶段的基本要求，我国不断调整和完善收入分配制度，规范分配秩序，合理调节收入分配，坚决打破了高度集中的平均主义"大锅饭"，把按劳分配和按生产要素分配结合起来，确立了劳动、资本、技术和管理等生产要素按贡献参与分配的原则，进一步完善了以按劳分配为主体、多种分配方式并存的分配制度，国家、

① 参见 http://www.sachina.edu.cn/Htmldata/news/2008/12/4498.html.

② 参见 http://www.cnr.cn/09zt/60zn/dgxj/200909/t20090909_505462640.html.

③ 郑杭生．改革开放三十年：社会发展理论和社会转型理论[J]．中国社会科学，2009(2).

④ 参见 http://www.sachina.edu.cn/Htmldata/news/2008/11/4306.html.

⑤ 郑杭生．改革开放三十年：社会发展理论和社会转型理论[J]．中国社会科学，2009(2).

集体、个人三者之间的分配关系得以改善，居民收入分配不合理现象有所缓解，社会保障体系建设快速推进，适应我国生产力发展水平和社会主义市场经济要求的分配体制正在逐步形成。①

第四，破除了高度集中的计划管理体制，建立了社会主义市场经济体制。② 改革之前，我国实行的是高度集中的计划经济体制，计划经济主要以行政指令为依据调拨资源。生产活动所需要的各种资源由国家掌握，有关的政府部门和官员提供行政指令组织经济活动所需的各种资源。这种制度在新中国成立初期一定范围内弥补了市场的缺陷，促进社会经济秩序的稳定，满足人民基本需要。但是，由于计划经济体制导致劳动者积极性低、市场资源得不到合理配置，最终结果是经济得不到发展，人民生活水平下降。我国经济改革其实是改变这种体制，引入市场竞争，实现资源合理配置，充分调动劳动者的积极性，最终增强经济实力，提高人民生活水平。当然，市场经济也不是十全十美，其自身也有不能克服的弱点，也有“市场失灵”。但历史证明，市场经济更适应现代社会的发展，更有利于国家经济的全面发展。于是，摒弃计划经济、从计划经济向市场经济转轨，变成了一种必然的历史选择。

第五，破除了封闭型经济，建立了开放型经济。③ 历史实践充分证明，任何闭关自守的经济形态都不可能得到长远发展，因此，要想提高经济实力，增强经济竞争力，参与国际经济利益的分配，实现经济由传统农业向现代工业的成功转型，就必须努力坚持改革开放，维持一种开放型的经济形态。

二、政治制度与社会转型

中国政治体制改革是与经济体制改革相应而生的。改革开放以来，我国政治体制的发展主要包括八个方面的内容：

（一）民主化

政治建设和政治体制改革的核心在于民主化。政治体制改革中的民主化进程主要体现在以下几个方面：

1. 尊重和保障人权，依法保证全体社会成员民主参与、平等发展的权利

改革开放以来，在不断发展经济的同时，保障公民的生存权和发展权也是

---

① 郑杭生．改革开放三十年：社会发展理论和社会转型理论[J]．中国社会科学，2009(2)．

② 郑杭生．改革开放三十年：社会发展理论和社会转型理论[J]．中国社会科学，2009(2)．

③ 郑新立：《改革开放 30 年中国经济体制实现“五破五立”》．http：//www.sachina.edu.cn/Htmldata/news/2008/12/4498.html.

一项重要工作。为使公民的生存权和发展权得到进一步保障，国家进行了一系列改革，如不断丰富民主形式，健全民主制度，拓宽民主渠道，依法推进民主选举、民主管理、民主决策和民主监督，努力保障公民的知情权、表达权、参与权和监督权。通过这些改革，不仅保障了公民的人权，而且有利于激发社会内部的生机与活力。

2. 党内民主与人民民主相结合，以党内民主来带动人民民主

中国共产党是一个有着8500多万名党员的大党，所以，党必须在民主政治发展中保持其先进性，必须始终成为民主的践行者。“真正的民主有两个特征可以使之与其他种类的政府分开来：在一个真正的民主国家里，政府的权力源于被统治者的正式认可，而且公民有权以一种有意义的方式参与决策的过程。”①从这个角度理解，我们的民主是符合条件的，因为中国政府的权力来源于人民，而且政府是为人民服务的。中国共产党带领中国人民推翻了三座大山，建立了新中国，使中国人民站立起来，为人民民主奠定了坚实的基础。而且，人民并不是独立于政治之外的，即便是普通民众也享有法律规定的政治权，比如选举与被选举权。当然，因为历史原因和中国的特殊国情所限，我们的民主并不是完美的，伴随社会的发展，我们的民主还需要进一步完善。

3. 选举民主与协商民主相结合，使公民的政治参与更加有序

改革开放30多年来，中国的票决民主不断完善和发展，不仅在公民自治组织的范围内实行了直接选举制度，而且在其他实行间接选举的领域扩大了差额选举，完善了候选人提名方式，特别是在党内民主发展进程中，扩大了基层党组织领导班子成员直接选举和中央、地方党委成员差额选举的范围，实行了候选人无记名投票推荐等民主形式。与此同时，中国的协商民主也在进一步完善和发展。特别是，中国人民政治协商会议在党和政府重大决策之前和决策执行过程中，积极参与民主协商、民主监督，且富有成效。各级政府也主动实施民主恳谈会、听证会等制度。各人民团体在民主协商中也发挥了积极作用。

从上述内容我们可以看出，我国的政治体制改革在民主化进程中所取得的发展和进步，但是，民主化的程度还不够深入，民主化的范围还受到限制，民主只是一定程度上“集中”的民主。因此，我们的政治体制改革还必须在“发展民主，改造集中”的道路上继续努力，彻底改变“以党代政”的政治局面。

（二）法治化

依法治国是社会发展的客观要求。中国传统社会是一个以德治为主的社会，对于法律的执行随意性相对较大，而历史上的所谓青天大老爷大多是依法治国

① ［美］戴维·波普诺. 社会学［M］. 李强，等，译. 北京：北京大学出版社，1999：529.

的楷模，比如包拯。以德治国容易导致不同的人在同样的位置上不能做出同样合乎法律的事情，也容易产生社会问题。新中国成立后，我们开始建立健全我国的相关法律，尤其是1978年以后，更加重视法治建设。当前，党和政府始终坚持依法治国，法律面前人人平等的原则，惩治了一批违法乱纪的大官贪官，这标志着中国已经是一个法治国家，在国法面前，没有例外，只有守法。

(三)公开化

公开意味着透明与公正。政府权力本身属于公共物品，如果不能公开，就得不到有效监督，容易滋生腐败。此外，民众有知情权。因此，政治公开化有利于政府做出正确的政治决策。我国《政府信息公开条例》的出台，标志着政治公开已经制度化。“建立信息公开制度，建设透明政府，不仅是规范官僚机构权力，提高行政管理水平的治理工具；它还是保障公民知情权，促进参政议政，推行政治民主的重要举措。”①

(四)参与化

“积极的政治参与能使公民保护自己及自身利益不受那些不负责的国家的侵害。”②当然，我国的情况还是相对比较特殊，“与其他国家相比，与改革开放之前相比，当前我国公民政治参与主要呈现出过渡性、不均衡性、多样性、层次性四大特征”。③ 导致这种情况出现的原因主要有两个：一方面，由于我国人口太多，不可能所有人都能完全直接参与到政治生活当中；另一方面，因为我国封建帝制太过漫长，这样一种传统的惰性即便是在现在也没有完全消除。所以，我国国民的政治参与是通过人民代表实现的。参与政治活动，不仅能保证自己的利益不被损害，同时也能了解政治形势的变化，民众的普遍参与既对政治权力有一定的制约，同时也能保证权力的使用合法化。因此，公民普遍的政治参与在一定程度上标志着一个社会有着优良的政治环境。

(五)监督化

之所以要进行监督，是因为没有监督就会产生腐败，绝对权力定会导致绝对腐败。“‘国之命在人心’实际上是把一个国家的未来发展与人民的支持直接联系在一起。只有勇于接受‘人民批评和监督’，在反腐以及其他各项工作上，政府才能有魄力和意志去攻破一道又一道难关。”④我国政治监督主要有党内监

① 李学．信息公开、公民认知度与地方透明政府建设——基于A市居民问卷调查数据的实证分析[J]．东南学术，2011(1)：82.

② [美]戴维·波普诺．社会学[M]．李强，等，译．北京：北京大学出版社，1999：534.

③ 曾庆亮，林艺．我国公民政治参与的当前特征[J]．理论探索，2013(4)：50.

④ 石嘉．让民众“批评监督”有助突破反腐瓶颈[N]．新京报，2011-03-16.

督、行政监督、法律监督和公民监督四个方面，要充分将这四个方面的监督有效结合起来，同时要不断加大公民监督，使权力在阳光下运行。另外，还需要进一步完善公民舆论监督和信访制度，使人民群众在遇到问题、困难和不公正待遇时，有寻求解决办法的途径。

(六)科学化

科学化指的是政治决策科学化。要保证做出的政治决策是科学的，就必须打破独裁专权，实行集体决策。集体决策是在充分听取多方意见和建议的基础上做出的决策。一方面，集体决策可以有效防止决策不符合实际情况；另一方面，集体决策可以照顾到大多数人的利益。除此之外，政治决策的科学化还应该注意决策过程的科学化与合理化。现在很多时候我们容易关注结果，往往忽略过程对于结果的影响，事实上，过程也非常重要，没有好的过程，是很难有好的结果的。

(七)效能化

效能化其实就是民众如何看待政府的执政能力，即民众对执政效能的认同度。“执政效能认同即是指民众对执政党特殊政策制定及实施效果的公平性、效率性、正义性的认可与肯定。”①通俗地讲，其实就是政治管理或治理也要有效率，包括政治决策的能力，处理政务的能力，尤其是社会上出现公共危机如何应对的能力。这就对政府提出了更高的要求，一方面要看你怎么做，另一方面还要看你做的效果如何。注重过程与结果的统一。

(八)精简化

精简政府行政机构是当代国家政治现代化的重要举措。政府行政机构庞大，造成财政开支不堪重负，势必阻碍经济与社会的发展。在我国的政治建设和政治体制改革进程中，行政机构发展的取向是“小政府、大社会”，打造成一个精干、廉洁、高效的政府。② 因此，我国先后进行了五次政府机构的改革，精兵简政，提高效能。

综观我国政治体制的改革，在30多年的发展中，逐渐形成了一个政治清明、民众参与、民主法制的局面。但是，我国政治体制改革之路还很漫长，仍需继续努力。

三、教育制度与社会转型

为适应经济社会发展需要，我国的教育体制改革也在不断进行。改革开放

---

① 蒋荣，等. 从执政效能和执政价值认同看当代大学生的政党认同——基于重庆大学与西南大学的经验材料[J]. 青年研究，2011(3)：31.

② 许耀桐. 论我国的政治建设和政治体制改革. http：//www.sachina.edu.cn/Htmldata/news/2008/11/4349.html.

以来，我国教育体制改革主要体现在以下四个方面：

(一)基础教育逐步转向义务教育，并由政府主办

1. 基础教育管理体制的第一次改革：依靠人民群众办教育，充分调动地方积极性

基础教育的第一次改革，改变了以往中央过于集权的教育体制，开始实行分级管理、地方负责的体制。这次改革的意义在于，它极大调动了地方政府和人民群众的办学积极性，促进和加快了各地基础教育，尤其是义务教育的发展。依靠人民群众和地方的力量办基础教育，不仅可以大大减轻国家的财政负担，而且有利于加快地方义务教育的普及和全面发展，但改革中也存在一些问题，除了"城乡二元"结构对教育的影响之外，另一个突出问题就是各地经济发展水平和教育基础不一，这易造成城乡之间、区域之间基础教育的差距，成为之后区域差异、城乡对立的前奏。

2. 基础教育管理体制的第二次改革：义务教育由政府主办

"与其说义务教育是一个教育概念，倒不如说它更多的是一个政治概念。"①所以，义务教育更多是对政府提出了比较高的要求，即既然是义务教育，那就应该由政府出资办教育。义务教育的口号可以说喊了比较长的时间，但是真正实施的时间并不是很长。所以，义务教育由政府办，不仅可以减轻家庭负担，同时也说明国家开始重视基础教育发展，要让每一个孩子有机会上学。当然，义务教育在发展过程中也出现了不少问题，"经费上突出免费性，'省级政府统筹落实'、'管理上以县为主'，会增加政府的经济负担，对经济发达地区不成问题，但落后地区可能难以落实，要求经济发达地区无私支援经济落后地区会带来许多现实问题"②等。这些问题该如何解决，以及义务教育在未来该如何发展，这些都是需要我们现在认真考虑的。

(二)高等教育体制的深入改革

1. 打破部门办学管理体制

改革之前，我国的高等教育管理过于集中，其中多数高等学校都是由国家各部委直接领导和管理，难以适应市场经济体制的需要，因此，1998年，国务院以机构调整为契机，要求教育部、财政部等有关部委与各地紧密配合，对归属于国务院部门(单位)的院校进行了大调整，经过调整之后，基本解决了部门办学的体制问题。

2. 厘清中央与地方的关系，实行一定的权力下放

改革之前，高等教育的管理权始终掌握在中央手里，地方政府的权力有

① 陈建华．对义务教育的公平性的质疑及启示[J]．南京社会科学，2012(3)：127.

② 陈建华．对义务教育的公平性的质疑及启示[J]．南京社会科学，2012(3)：129.

限，难以进行创造性的教育改革。因此，国家于2000年实行了两个重要的新政策：一是把高职学校的审批权下放给省级政府。二是中央只管本科，把专科的招生计划权下放到省。这是从高等教育发展的实际出发和教育思想解放的结果，也是中国高等院校管理体制改革的一次重大突破。这两个新政策的实施，使省级政府的教育统筹决策权大大提高，同时也使高等教育体制改革取得突破性进展。

3. 整合高等教育资源，积极适应市场需求

从20世纪90年代到现在，高等教育管理体制改革主要有共建、调整、合并、合作四种形式。通过这四种方式整合高等教育资源，形成一批具有高素质、高水准的科研院校，以便实现先进支援落后，形成“强强联合、以强扶弱”的资源配置，有效提高高等院校在市场中的竞争力。高等教育是培养人才的，人才是为社会服务的，伴随社会主义市场经济的发展，高等教育为适应社会形势发展，也在进行着相关方面的改革。诸如大学生不再实行包分配，就业成为双向选择。当前，高校的教育资源与学生数量是不匹配的，可以说，学生数量过多，而教育资源相对偏少。但即便是在这种情况下，高校的很多教育资源还是不能得到充分利用，比如图书馆在不少时间存在闲置现象，学生学习的积极性不高。之所以会这样，一个很重要的原因就是社会对高校的影响，很多学生提前接触社会，受社会浮躁习气影响，再加上自己自控能力较差。这就对新形势下高校的管理提出了更高要求。

(三)职业教育主动适应市场经济的需要

改革开放以来，伴随中国经济社会的全面发展，职业技术人员越来越紧缺，这就需要大力发展职业教育，以适应社会经济发展的要求。职业教育最大的特点就是具有鲜明的职业性，可以说职业教育的出现和发展与工业社会的到来是密切相关的，而且职业教育同经济社会变革也有着紧密关系。

1. 职业教育的办学方向是就业

职业教育是面向社会、市场和企业的，甚至是面向农村的，所以其实践性比较强。然而在中国却有一个奇怪的现象，就是职业教育的受教育者都是学习比较差的学生，学习好的学生都选择上大学。可以毫不夸张地说，选择职业教育的基本上都是学业失败者，而且农民子女数量较多，甚至有人认为农民子女就应该选择职业教育。也正因为如此，中国的职业教育发展很慢，存在的问题也很多，职业教育的生源不是很好，就业也没有预想的好，但是用人单位却非常缺技术人员。

2. 职业教育的培养模式是就业

职业教育最典型最主要的培养模式就是“订单式”培养。“订单式”培养的一般程序是“校企双方签订用人及人才培养协议→校企双方共同制订人才培养

计划→利用校企双方的教育资源共同实施人才培养→企业参与人才质量评估→校企按照协议约定落实学生就业”。① 通过培养模式明显可以看出，职业教育的培养模式主要是为了实现就业。

3. 职业教育的办学机制是就业

“实行政府主导，面向市场，多元办学的机制，是职业教育服务于经济社会发展，培养高素质劳动者和技能型人才的需要。”这样一种面向市场，服务社会的机制明确了职业教育的办学机制是服务于就业的，因为职业教育的生命线是就业，不能就业的职业教育是失败的，是没有任何意义的。当然，职业教育的办学机制还应该进一步改进和完善，以不断提高职业教育的质量，提高职业人才的就业率，最终促进社会发展。

(四)民办教育异军突起

在中国原有的计划经济体制下，整个教育在办学体制上形成了由政府包揽的格局。随着计划经济体制向社会主义市场经济体制的转轨，中国的改革开放进入了新的历史阶段，中国政府确定了以公有制为主体、多种所有制经济共同发展的方向。要适应国家经济体制的这一重大变革，改革传统的教育办学体制势在必行。1993年国家颁布的《中国教育改革和发展纲要》提出，改革政府包揽办学的格局，逐步建立以政府办学为主体、社会各界共同办学的体制。随着中国教育体制改革的不断深化，各地开展了对传统公办学校办学体制进行改革的大胆试验，使中国逐步突破单一由政府包办的教育举办体制，学校在办学体制上呈现出日益多元化的趋势，不断涌现出新兴的办学体制，主要有私立学校、民办高校、公立高校所衍生的二级学院、独立学院等，中国民办教育从无到有，异军突起。

总之，伴随中国的社会结构转型，社会体制也发生了翻天覆地的变化。社会转型促使体制改革，体制改革又进一步影响社会转型，两者之间相互联系、相互制约。而且，由于中国的社会转型尚未完成，因此，对于社会体制改革的考察也尚未终结，还有待我们进一步的探索。

思　考　题

1. 简述社会制度的特征。
2. 社会制度的构成要素有哪些？
3. 试举例说明社会制度的功能。

---

① 朱振宇．职业教育的人才培养模式探讨[EB/OL]．http：//www.ahlgxx.cn/article.asp？articleid=700.

4. 经济体制改革的主要突破有哪些？
5. 我国政治体制改革的特点有哪些？
6. 我国教育体制改革的主要内容有哪些？

主要参考文献

[1] 吴方桐．社会学教程（修订本）[M]．武汉：华中师范大学出版社，2007.
[2] 朱力．社会学原理 [M]．北京：社会科学文献出版社，2003.
[3] 赵孟营．社会学基础 [M]．北京：高等教育出版社，2006.
[4] 李芹．社会学概论 [M]．济南：山东大学出版社，1999.
[5] 郑杭生．改革开放三十年：社会发展理论和社会转型理论 [J]．中国社会科学，2009(2).

推荐阅读书目

[1] 翟学伟．中国社会中的日常权威：关系与权力的历史社会学研究 [M]．北京：社会科学文献出版社，2004.
[2] [英]卡尔·波兰尼．大转型——我们时代的政治与经济起源[M]．杭州：浙江人民出版社，2007.
[3] [法]托克维尔．论美国的民主[M]．北京：商务印书馆，2002.
[4] 费孝通．乡土中国　生育制度[M]．北京：北京大学出版社，1998.

第十五章　社 会 控 制

社会控制作为一种确立和维持社会秩序的机制，是人类社会发展到一定历史阶段的产物。随着社会结构的日益复杂化，社会控制的重要性也随之日益上升，对这一问题的研究已经形成较为完整的理论体系，成为社会学研究当中不可或缺的组成部分。本章将阐述社会控制的相关概念，并着重讨论越轨行为的社会控制以及在转型社会这一特殊历史时期社会控制面临的挑战。

第一节　社会控制概述

理解社会控制这一概念，不仅要从其产生的背景入手研究它的涵义，同时还要深入认识社会控制所具有的特征与功能。

一、社会控制的涵义

社会控制作为一个社会学术语，最早是由美国社会学家 E. A. 罗斯在研究美国社会秩序的过程中提出的。19 世纪末，美国实现了由自由资本主义向垄断资本主义的过渡，一跃成为世界头号工业国家。然而，伴随经济的高速发展，各类社会矛盾空前尖锐，种种社会问题层出不穷，动荡无序的社会引发了大众的不满，也引起了学者们对维持社会秩序的理论反思。1901 年，罗斯出版了《社会控制》一书，从考察社会秩序入手提出并深入论述了社会控制这一概念。罗斯认为，在人类社会的早期，社会秩序的维持依靠的是一种自然秩序，这种秩序的基础是人类的同情心、友善和正义感。生活在自然秩序中的人们，互相帮助、互相同情，同时也互相约束，自行调节自己的行为，因而可以和平共处，并不需要社会控制。但是，社会的发展对自然秩序产生了强有力的冲击，随着美国社会的迅速工业化和大规模移民的到来，自然秩序遭到破坏，初级社区迅速解体，人们开始被迫生活在一个完全陌生的环境中，社会关系逐渐变得客观化和非个人化，仅仅依靠人类的同情心、友善和正义感已经不足以保持社会的基本秩序，越轨行为开始成为社会问题。罗斯认为，此时，需要有一种新的机制来维持社会秩序，“以稳定的不受人的情感影响的关系逐渐取代无常的私人关系”。① 他为这个机制定名为“社会控制”。他认为，社会的进步和发展取决于整个社会如何在社会稳定和个人自由之间取得平衡，要达到社会的平衡与稳定，就必须借助社会控制。社会控制是一种以建立和维护社会秩序为目标，由某种社会组织实施的、有意识、有目的的社会统治系统，它通过法律、信仰、道德、宗教、舆论、艺术等多种手段和方式来实施。

继罗斯之后，西方众多学者从不同的角度对社会控制进行了深入研究，提出一系列重要理论，形成了内容丰富的社会控制理论体系。其中有许多理论影响深远，如美国人庞德的社会法学。庞德在其1942年出版的《通过法律的社会控制》一书中提出了“通过法律的社会控制”。他认为，人性包含着自我扩张的本性和社会本性两个方面。一方面，人的自我扩张的本性外在的表现是人的欲望和要求；这种欲望和要求不断地扩张、永无止境，决定了整个人类社会对于外在自然资源的要求也是无限的。另一方面，世界上的事物和资源是有限的。如何协调这一矛盾？庞德提出了自己的方法：第一步，通过控制个人的欲望和要求使之保持在合理的范围内，这样一来，人与人之间就不会发生冲突；第二步，通过人类社会内部的协调使人类的力量得到完善和发展，从而达到对外在自然界进行控制的目的。庞德认为，用以控制人的自我扩张本性的最重要手段就是法律，宗教和道德是其辅助手段。庞德的思想对于西方的社会控制理论和实践都产生过巨大影响。

在我国，社会控制作为一个理论术语直至近代才被引入，但我国思想家对于社会控制相关问题的研究历史却非常久远。早在“礼崩乐坏”的春秋战国时期，诸子百家在研究治国之道的过程中就已经融入了浓厚的社会控制理念，其中，儒家以“人性本善”为出发点，主张“礼治”、“仁治”；法家以“人性本恶”出发，主张“依法治国”、“严刑峻法”；道家主张“无为而治”；墨家主张“兼爱非攻”。这些研究以“治国之术”为核心，以构建和谐有序的社会为目标，提出了一整套以“礼”、“法”为主干的、从思想观念到具体行为的规范体系，并为推行这套规范体系建构了以教化和赏罚为基本实现方式、以社会官僚机构为组织保证、以“中庸之道”为方法论原则、以“明德慎罚”为控制原则的一整套社会控制运行机制。② 从先秦直至近代，我国各个历史时期的学者们在这一领域的研究从未停止，虽然没有如西方学者那样形成系统的理论体系，但其丰富的思想成果可谓博大精深，对我国社会发展进程影响极为深刻。

综合中外学术界的研究成果，我们认为，所谓社会控制，就是指社会组织

① ［美］E. A. 罗斯. 社会控制［M］. 北京：华夏出版社，1989：9.

② 向德平，田北海. 转型期中国社会失范与社会控制研究综述［J］. 学术论坛，2003（2）.

体系运用社会规范以及与之相应的手段和方式，对社会成员的社会行为及其价值观念进行指导和约束，建立和维护社会秩序的过程。需要指出的是，学术界对于社会控制还存在一种较为狭义的理解，认为社会控制专指社会组织体系对社会越轨行为所采取的各种防范、纠正和惩罚、教育等相应措施的过程。社会学研究中一般在广义上使用社会控制这一概念。

二、社会控制的特征

从社会控制本质的角度看，社会控制具有普遍性和阶级性。从社会控制方式的角度看，它具有统一性和强制性。从社会控制作用的过程看，它具有多重性和闭环性。

(一)普遍性

人类社会的存在和发展，既需要革命和变革，也需要稳定和秩序。一个稳定的社会秩序能够为社会中所有的人带来福利，而一个混乱的社会秩序则会导致所有人的利益受损，维持一个稳定的社会秩序是对所有人都有利的事情。但是，社会的复杂性在于，每个社会成员都具有自己的利益，这种利益的获得又可能与他人的利益相冲突，因而在现实生活中，这种对每个人都有利的社会秩序往往不能自动产生。社会控制作为一种维系社会秩序必不可少的机制，它存在于任何社会、任何历史时代当中，这就是社会控制的普遍性。随着社会的不断发展，社会结构日益复杂，社会利益的冲突日益加剧，社会控制逐渐成为所有国家生存和发展的保障机制。

(二)阶级性

社会控制的内容和形式集中反映了在社会生活中居统治地位的社会集团的意志，社会控制的目标始终是统治集团利益的最大化。可以说，社会控制本质上是统治阶级意志的表现。什么应该控制？什么不应该控制？采取什么样的手段，暴力抑或和平？不同的社会集团都会有自己的看法和主张，但最终都必须服从统治阶级的意志，这就是社会控制的阶级性。虽然，任何社会的统治阶级都会给社会控制披上维护全社会利益的华丽外衣，但其维护特定阶级利益的本质不会改变。

(三)统一性

社会要和谐发展，就必须通过统一的意志、一致的规则来约束社会成员和社会群体的行为，化解社会冲突，建立和维系社会秩序。没有统一的社会控制，就不可能有良好的社会秩序。社会控制的统一性表现在三个层面：第一，在一定的时空范围内，社会控制的手段和目标是统一的；第二，社会控制的范围是统一的，任何历史阶段，社会控制的实施范围都应该是全社会而非社会的某一部分；第三，社会控制的准则是统一的，控制准则对全体社会成员都是一致的，不允许不受控制的特殊阶层的存在。

（四）强制性

自私有制产生以来，社会矛盾冲突就日益尖锐和激烈，社会控制的阶级性决定了社会控制在很大程度上就是统治阶级对被统治阶级的压迫和剥削，就是强迫被统治阶级服从统治阶级意志的强制过程；同时，任何社会都会有严重威胁社会秩序的越轨者和反社会分子的存在，社会控制的统一性决定了必须通过强制的方式对这些行为严加控制和惩戒，否则，其他社会成员的安全和正常的社会秩序就无法保证。

（五）多重性

社会控制的手段多种多样，它们会叠加作用于控制对象，形成多重控制，这就使社会控制具有了多重性的特征。所有社会成员，都要面对风俗、习惯、道德、法律等的共同约束；同时，不同的个体或社会群体，由于所处的地位不同，又要分别面对不同的纪律、制度等的约束，这些多重的控制手段构成一个社会控制体系，保证了控制的有效性。

（六）闭环性

社会控制是一个具有反馈回路功能的系统，输出与回输的过程不断反复，从而使社会控制系统具有自我调节、自我修正的功能，这就是社会控制的闭环性。这一特性决定了社会控制又是一个动态的调节过程，不断地调整并适应社会运行状态，从而达到社会控制的目的。

三、社会控制的功能

价值观念和社会行为（包括社会个体、群体和组织的行为）是多样性与一致性的统一。多样性表现为由于社会成员各自的社会地位不同、自身的素质不同而产生不同的社会需要和社会利益，他们对社会事务的看法及因此引发的行动彼此不可能完全一致，呈现出多维度、多方位性。一致性则表现为人们在长期的社会共同生活中，要产生各种各样的社会互动，要结成各种各样的社会关系，为了使这种互动得以产生和延续，社会关系得以建立与维系，价值观与行为方式在某种程度上的一致性就是必不可少的。如果只有多样性而没有一致性，社会互动无法进行，社会秩序无法建立，社会也必然解体；如果只有一致性而没有多样性，社会活动空间过于狭窄，社会便缺乏活力和创造力，社会便会停滞不前。所以，社会控制的基本功能就是保证价值观与行为方式在一定程度上的一致性得以实现并延续下去，即建立和维系正常的社会秩序。具体可以包括以下三个方面：

（1）提供主导价值观，引导社会行为模式。社会控制可以为社会成员提供合乎社会目标的社会价值观，通过各种方式促使社会成员内化这种价值观并逐渐发展出相应的社会行为模式，调适人际关系和群际关系，制约和指导他们的社会行为。

(2)调整利益关系，规范冲突与对抗。社会控制往往以维护现有制度为最高原则，规定各社会群体或社会阶层的社会地位、社会权利和义务，使各阶层各安其位，从而限制各社会群体或社会阶层之间的利益竞争范围。我国古代思想家韩愈就曾非常好地描述了皇权制度下权利与义务的规定："君者，出令者也；臣者，行君之令而致之民者也。民者，出粟米麻丝、作器皿、通财货以事上者也。"①同时，社会控制还可以通过对越轨行为的纠正和惩戒，抑制个人或群体间的利益冲突，避免产生大规模的对抗。

(3)保障社会各个系统的正常运转。社会控制可以协调各个社会系统之间的关系，以达到协调、正常运行的目标。社会控制是各个社会系统之间的润滑剂和利益调节器。

第二节　社会控制的类型与手段

人类的行为是复杂的，社会控制的方法与手段也必然是多样的，而多重手段的运用是实现社会控制功能与目标的基本保证。

一、社会控制的类型

关于社会控制的类型划分，并不存在统一的标准，从不同的角度可以将社会控制划分为不同的类型。这里按照社会控制的方式将其划分为以下类型：外在控制和内在控制；消极控制和积极控制；强制控制和非强制控制；正式控制和非正式控制等。

(一)外在控制和内在控制

外在控制，是指社会依靠社会力量促使社会成员服从社会规范的控制类型。社会规范是在人们的社会活动中形成的，但当它作为一种社会化的形式存在时，就有了超越个体的社会整体性和外在性，成为一种不以个人意志为转移的客观的社会形式，人们不仅不可以随心所欲地改变它，相反要受到它的制约，所以，我们把这种由人们外化为社会形式的控制方式反过来对人们的控制，称为外在控制。外在控制是相对内在控制而言的，它具有以下特点：客观性，它不以人们的主观意志为转移，是人们内在控制的依据；整体性，相对人们的内化来讲，外在控制方式具有整体性，人们内化的东西是部分；稳定性，风俗、道德、法律等控制形式在何种程度上转化为人的内在控制，并不具有稳

① 韦庆远，柏桦．中国政治制度史[M]．北京：中国人民大学出版社，2005：121.

定性，但它们作为外在的控制形式却具有相对的稳定性，在没有根本的社会变革之前，它们不会发生根本改变。①

内在控制，是指社会成员在内化社会规范的基础上，自觉地用社会规范约束和检点自己的价值观与行为方式的控制类型，又可以称之为自我控制。在社会控制过程中，内在控制很关键，外在控制如果与内在控制相脱离，社会控制将很难实现。内在控制有如下特点：主观性，内在控制作为自我控制，是由人们的主观意志支配的；取舍性，由于内在控制是由人的主观意志等支配的，因此它对于社会规范的内容存在选择与取舍，即外在的控制因素不一定能够完全转化为内在控制；不稳定性，由于人们对社会规范的内化程度会随着自身利益的区别而变化，从而导致人的内在控制存在不稳定性。②

(二)积极控制和消极控制

积极控制是指运用舆论、宣传、教育等措施引导社会成员的价值观，鼓励社会成员按照社会规范的方式行动，以达到预防社会越轨行为产生的控制类型。只有当一种价值观真正内化于大多数社会成员的内心，才能起到行为定向和规范的作用，这也是有效的社会控制体系最重要的控制手段之一。

消极控制是指在积极控制失效的情况下，对已经发生的社会越轨行为进行惩罚以维护社会秩序的控制类型。消极的社会控制根据越轨行为的严重程度表现为对犯罪的制裁，对一般违法违纪行为的纠正，对违反道德行为的谴责等。

(三)强制控制和非强制控制

强制控制，是指运用强制手段如政权、法律、纪律等对社会成员实行控制的控制类型。强制性手段往往作用于那些严重危害社会的行为，它以强制力为后盾，因而又被称为硬控制。

非强制控制，是指运用舆论、风俗、习惯、道德等非强制性手段对社会成员实行控制的控制类型。非强制控制以人们的自觉性为条件，因而又被称为软控制，与强制控制相比，它的作用更加广泛。

(四)正式控制和非正式控制

正式控制，是指通过法律、纪律、规章及各种社会制度等形式，明文规定社会成员行为规范的控制类型。因为此种控制类型以组织化、制度化的程序进行，因而又被称为制度化控制。

非正式控制，是指通过风俗、习惯、伦理道德等为社会大众普遍接受但没有明文规定的行为规范实现控制的控制类型。因为此种控制类型没有制度化和系统化，但却通过社会化过程为社会成员所熟知，因而又被称为非制度化控制。

---

① 穆怀中．社会控制概念和结构分析[J]．社会学研究，1988(3)．

② 穆怀中．社会控制概念和结构分析[J]．社会学研究，1988(3)．

二、社会控制的手段

社会控制的手段，是指保证人们遵守社会规范的各种社会力量的总称。社会之所以能够对社会成员进行控制，保证人们遵守社会规范，维护社会秩序，是因为社会掌握了各种有效的控制手段。这些手段种类繁多，罗斯曾提出了包括法律、道德、舆论、风俗、习惯、宗教等几十种控制工具，美国社会法学的创始人庞德则将最重要的控制手段归结为三种：宗教、道德和法律。随着社会的发展，各种手段在社会控制中的作用会有此消彼长的变化，也会有新的适应社会发展的手段出现，它们彼此之间相互配合，相互补充，共同发挥作用，构成有效的社会控制手段系统。

(一)习俗

习俗就是人们在集体生活中通过互助和模仿自发形成的风俗、习惯，它是最古老的一种社会行为规范。早在人类社会的初始阶段，习俗就已经开始发挥社会控制的功能。如果仅就社会控制的范围而言，恐怕没有任何一种控制手段可以比习俗更为广泛，它渗透于人们社会生活的所有层面，从日常起居到价值判断，习俗都以一种惯性的力量在不知不觉中发挥作用。作为社会控制的手段，习俗具有广泛性、自觉性和非强制性的特点。

(二)道德

道德是一定社会里人们调整个人与个人以及个人与社会之间关系的社会行为规范总和，它是由风俗习惯演化而来的。随着社会的发展，人们逐渐形成了是非善恶的观念，对于有利于人类共同生活的行为，社会会给予褒奖和赞扬，使行为者的声望得到提高；对于不利于共同生活的行为，社会则会给予谴责和贬斥，使行为者的声望受到损伤。道德规范便在这一褒一贬中渐渐形成。道德的控制作用主要依靠社会舆论和人的内在良知来实现，违反习俗的行为，不会引起很大关注，但违反了道德，就会受到社会舆论和良心的谴责。与习俗相比，道德的控制力度显然更强一些。道德是一种内化了的行为规范，人们遵守道德只能是自觉自律的行为。与法律相比，道德对人们行为的控制不仅具有自觉性而且范围更加广泛，是人类社会控制个人行为最为重要的手段之一。我国民国时期著名的社会学家孙本文在论及道德的社会控制功能时曾说：“法律为强迫的，道德是自愿的。法律的标准，往往接近于事实；而道德的标准，则往往接近于理想。故法律的目标，常在维持现实的社会秩序，而道德的目标，则于维持秩序之外，又有促进社会进步的期望。法律仅能控制人类显著的外表行为，而道德则能控制个人一切潜伏与琐屑的行为，故道德可以济法律之穷。”①

① 参见蒋传光．构建和谐社会与当代中国社会控制模式选择[J]．上海师范大学学报，2006(2)．

可见，道德控制是法律控制的最重要补充，在社会控制中具有举足轻重的地位。

（三）宗教

宗教是一种与神相关联的信仰和规范体系，起着社会整合、社会控制的作用。宗教的规范体系主要体现在宗教仪式和宗教教规上，它以仪式和信仰的方式，为信仰者确立了何者为真，何者为善，将诸如行善、怜悯、诚实等价值和信念内化为教徒的自觉行为。宗教的约束力来自对神的信仰，越是虔诚的教徒越能严格约束自己。在教徒看来，神是全知全能的，无处不在，无时不在，违反教规将会受到神的惩罚。佛教认为，众生有善恶之分，顺理利人是善的活动，违理损人是恶的活动，佛经认为"善有善报，恶有恶报"；道教也极为重视道德修养，被誉为道教教主的老子说过："重积德则无不老。"作为社会控制的一种特殊手段，宗教的控制作用在不同国家以及不同的历史阶段都存在较大差异。

（四）法律

法律是由国家制定和认可，并通过国家强制力保证其有效推行的社会规范体系，是对社会成员具有最强约束力的控制手段。法律出自国家，一经产生便具有了阶级性、普遍性、国家强制性和稳定性的特征。阶级性是指法律是统治阶级意志的体现，其本质是阶级统治的工具；普遍性是指法律的约束力遍及全体社会成员和所有社会群体，不存在不受其约束的特权阶层；国家强制性是指法律的实施以国家暴力机器的特殊强制力为后盾，一旦触犯法律，就必将受到惩罚；稳定性是指法律经由严格的程序制定并颁布，在一定的时期内将保持不变，以确保规范的明确和执行的有效。作为最具制度性的行为规范，法律不仅可以通过教育、威慑、惩罚三种方式实现调节个人行为、阶级关系的作用，而且能够担负巨大的政治、经济、文化的组织任务，是实现国家职能、维护社会稳定不可或缺的、至为重要的社会控制手段。在现代社会，法律的社会控制地位和作用愈来愈突出，其功能也越来越强。

（五）社会舆论

社会舆论是大众对社会生活中的某一事件发表的议论、评价。由于社会舆论建立在一定的道德评判基础之上，表达的是多数人的共同心理倾向，能够营造特有的环境氛围，使身处其中的社会成员自觉不自觉地服从舆论的导向，因此，其不仅能够对社会成员形成约束或导向作用，对社会环境也能起到相当大的监督作用。就实现社会控制的作用机制而言，社会舆论同道德很相似，即对某种具体的价值观和行为模式进行褒扬或批评，从而起到或引导或遏制的控制作用。

社会舆论可以是公众自发形成的，也可以由政府部门或某一社会团体、社会组织，有意识、有目的地通过大众传播媒介(如广播、报刊、电视、网络)广为宣传而形成。在现代社会，大众传媒是社会公众获取信息的主要来源，如果各种传播媒介持续地向公众输送某种经过选择的资料和观点，以及对这些资料和观点的分析与评价，就能够潜移默化地引导社会成员形成某种有倾向性的社会舆论，或破坏或维护社会现有秩序。

随着信息化的高速发展，社会舆论对社会秩序的影响愈益增强，如何通过控制大众传媒引导、塑造社会舆论，强化道德控制机制，加强舆论监督作用，已经成为各国政府在社会控制过程中面临的重要议题。

第三节　越轨行为与社会控制

越轨行为是任何社会、任何时代都会存在的社会现象，这些行为对于人类共同社会生活所带来的影响各不相同，是社会控制的主要对象。

一、越轨行为的涵义与分类

(一)越轨行为的涵义

越轨行为，也被称为离轨行为，指社会团体或个体偏离或违反现行社会规范的行为。关于越轨行为的涵义，存在着广义和狭义两种理解。广义的越轨行为泛指一切违反现行社会规范的行为，其中包括犯罪行为；而狭义的越轨行为并不包括犯罪。就本质而言，犯罪行为是一种严重的越轨行为，是越轨行为中的一个特殊类型。

什么样的行为是越轨行为？这个问题在不预设前提的情况下很难给出答案。由于社会控制的阶级性和社会规范的不断发展变化，不同时代、不同文化背景下的社会成员会遵循不一样的社会规范，不存在普遍适用的标准。例如，在封建统治下的旧中国，一个男人可以娶多个妻子，而在今天的中国，这一行为被认为是越轨行为；在美国，私人持有枪支是合法的，而在中国，这一行为则是违法的。

但是，在一定社会的一定历史时期，社会对越轨行为的判定总会存在共同的规范和标准，因为社会规范是人们在长期的共同生活中逐渐形成和建立起来的，具有相对的稳定性，这也是有效社会控制的前提。所有违反当时社会的社会规范的行为都会被认为是越轨行为。事实证明，在社会实际生活中，越轨行为在任何社会、任何时代都是不可避免的社会现象。

社会学家关于越轨行为的解释存在实证主义理论和建构主义理论的对立。实证主义理论主要是由绝对主义、客观主义和决定论三个假设组成的。绝对主义认为，偏差行为是绝对的真实存在，具有内在的特征。早期的犯罪学家坚持这种观点，认为罪犯具有一般守法者没有的生物学或心理学特征。随着研究的深入，实证社会学家认识到社会因素对越轨行为的确定有重要影响。例如，一夫多妻者在当前的中国会被认定为重婚罪，但是在中国封建社会或者某些具有宗教信仰的社会中则是一种正常现象。有的社会学家从自然环境、生产力水平等因素研究这些差异产生的原因，但是，无论是什么原因导致了越轨行为，越轨都是客观存在的。客观主义认为，越轨行为是一种可以观察研究的对象，可以像研究自然现象一样研究越轨行为，越轨者也能像自然界存在的物体一样被客观地研究。他们力求遵循科学原则，不去进行道德评价，不关注越轨者的感情经历，使用不带有主管价值判断的词语描述越轨行为，而尽可能使用价值中立的词语描述。决定论认为，偏差行为是一种个人自由意志决定的行为，自由意志与越轨行为发生的客观因果关系并不矛盾。建构主义理论是由相对主义、唯心主义和自愿主义三个假设组成的。建构主义认为，越轨行为是人文构建的，是由社会定义的，本身是一种标签。越轨者是一个有意识、有感情和思想的生命体，人们应该带着主观性和同情心去研究他。故意的越轨行为是一种自愿的行为，是意志或者意愿的表达方式，而不是由强制力引发的。为了更好地研究偏差行为，可以把实证主义和建构主义理论结合起来考虑，这种综合的观点可以更好地解释越轨行为。①

（二）越轨行为的分类

1. 以越轨行为的自身特点为划分标准

社会规范多种多样，越轨行为也是类型各异。依据越轨行为的自身特点，可以将其划分为违法行为、违警行为、违规行为三类。

违法行为是指违反法律规定的行为。这类越轨行为又可以分为两种，一种是违反了法律但不具备犯罪构成的主客观要件因而不能给予刑罚处罚的违法行为，比如盗窃但数额很小的“小偷小摸”行为。另一种是触犯刑律且受到刑罚处罚的违法行为，即犯罪行为，这是对现存社会秩序危害性最大的越轨行为，要受到法律的严厉惩处。犯罪行为中最为严重的是杀人，其中社会泄愤性质的杀人事件和恐怖犯罪对社会稳定的冲击最为严重。2010 年，福建省南平市、陕西省南郑县相继发生多起针对儿童的暴力杀人事件，对校园安全造成极大的冲击。2009 年乌鲁木齐打砸抢烧事件、2014 年云南昆明火车站暴力恐怖案件等都是典型的恐怖主义犯罪，对公共安全带来极大的威胁。

违警行为是指违反有关维护社会治安和公安秩序的规则、规定、条例的行为，如违反交通规则、不遵守公共秩序等。这些行为需要及时进行批评教育或处罚，否则可能发展为违法行为而造成对社会的更大危害。例如，酒驾、醉驾

① [美]亚历克斯·梯尔．越轨社会学[M]．北京：中国人民大学出版社，2011：8.

这样的违警行为就很容易导致交通事故的发生，后果严重时就会构成违法甚至犯罪。2010年8月23日，在酒后驾驶导致交通事故频发的背景下，全国人大常委会提请审议了《中华人民共和国刑法修正案(八)》草案，把醉驾、飙车，情节恶劣的，定为犯罪。2011年5月9日，高晓松因酒后驾驶，造成四车追尾。最终，高晓松以“危险驾驶罪”被判拘役6个月，罚款4000元人民币。“高晓松醉驾案”成为酒驾入刑后最知名的案例之一。

违规行为是指违反社会公认的道德、习俗等一般社会规范的行为，一切不按常规办事的行为，是最为常见的越轨行为。违规行为既不违法也不违警，很多情况下也不会对他人及社会构成即时的危害。如拿到结婚证的小夫妻没有举办婚宴，在我国的很多地方会被认为是违规行为。

2. 以越轨行为的性质为划分标准

不同的越轨行为对于社会的影响各不相同，或阻碍社会发展，或促进社会进步。根据越轨行为对于社会生活影响的性质，可以将其分为消极性越轨、积极性越轨和中性越轨。

所谓消极性越轨，指的是对社会共同生活产生消极作用或阻碍社会发展进步的越轨行为。这类行为往往挑战人类共有的价值理念，破坏人们从社会共同生活中想要获得的安全感、秩序感和正义感，或直接损害人们的生命财产安全，如恐怖袭击、强奸、盗窃；或威胁人们正常的社会秩序，造成生活环境恶化，生活质量降低，如酒后驾车、调戏妇女、公共场所寻衅滋事等。任何社会、任何国家都会对此类越轨行为严加控制。

所谓积极性越轨，指的是对社会共同生活产生积极作用或推动社会发展进步的越轨行为。这类行为虽然违反了现存社会的某些规范，但这些社会规范已经不能适应社会发展的需要，是阻碍社会进步的、相对滞后的规范，这种类型的越轨行为非但不会对社会生活造成破坏，相反，它会冲击旧有的、落后的社会规范，并推动新的、适应时代发展的新型规范的创立，从而对思想解放、社会发展起到积极的推动作用。如20世纪初期大批年轻人冲破“父母之命、媒妁之言”的束缚，追求婚姻自由，不仅冲击了落后的封建礼教，而且促进了思想的解放，这样的越轨行为实际上起到了社会改革启蒙者的作用。

所谓中性越轨，指的是对社会共同生活或社会发展没有明显的推动或阻碍作用的越轨行为。这类行为非常普遍，多出现于日常的社会生活中，表现为个体对传统文化或传统生活方式的厌倦和突破，对其他社会成员、对社会共同生活并不构成直接的影响，或有些影响目前尚无法判断，如部分年轻人的“闪婚”、“试婚”行为。

二、越轨行为形成的原因

对越轨行为的研究是社会学领域一个非常引人入胜又充满挑战性的领域，社会学家们试图以各种各样的视角寻找对越轨行为可能的解释，这些解释从气候地理到生物机体，从个人心理到文化冲突，出现了多种有影响力的理论，这里主要介绍三种：生物学解释、心理学解释、社会学解释。

(一)生物学解释

这一类解释中包含着从对头颅(颅相学)、身躯类型(体型学)、遗传学中引申出的各种观点，这些理论研究都在越轨行为与生物机体的某一具体特征中找到了联系，并断言正是这些特征引起了越轨行为。

意大利犯罪学家赛扎尔·隆布罗索通过对一些犯罪人员头骨的研究后发现，他们的头骨与常人不同，接近于类人猿，于是极力论证生物机体在导致越轨行为方面的重要作用，认为一个罪犯可以通过口部突出、耳朵大等外部特征被指认出来，“在天生的罪犯中，有33%的人显示出几乎总是隔代遗传的身体特征”。① 此后，又有学者将这种生物机体理论进一步具体化，发展出所谓体态理论、染色体理论。此类理论坚持认为，犯罪分子的遗传因子与正常人存在差异，他们是生来就会犯罪的。虽然在今天看来，生物机体理论很难得到认可，但是在当时，这些理论曾被看做是“讲究实际”、“资料可靠”，具有很强的影响力。

(二)心理学解释

以奥地利人弗洛伊德为代表的心理学家们认为，越轨行为是由个人内在的心理过程引起的。弗洛伊德的精神分析理论认为，人格可分为本我、自我和超我三个层次。本我由欲望和本能的冲动构成；自我是一种认识过程，它是通过后天的学习、通过与周围环境的接触而形成和发展起来的，自我的目的是使个体维持在达到目标的轨道上；超我是社会中的禁忌、准则、规范在人的意识中的反应，起着管制、约束的作用。如果人格中超我和自我没有得到充分的发展，破坏了本我、自我和超我三者之间的平衡，就会使本我得不到应有的控制，人们会依据社会不能认可的行为冲动行事，越轨行为就发生了。

在对弗洛伊德的继承与批判过程中，另外一些关于越轨行为的心理学解释被提出来。其中“挫折-侵犯”理论认为，越轨行为是一种由遭受挫折而产生的、针对他人和社会的侵犯形式。以上诸种研究，虽然都能够通过解释某些特定个体的实际越轨行为来佐证，但对于越轨行为作为社会现象的普遍存在，却

---

① 参见[美]杰克·D. 道格拉斯，弗兰西斯·C. 瓦克斯勒. 越轨社会学[M]. 石家庄：河北人民出版社，1987：45.

显得无能为力。

(三)社会学解释

生物学和心理学的解释强调导致社会失范的个人特质，把社会失范的原因归结为个人的生理或心理因素。社会学则重在探索越轨行为的社会原因，强调社会环境是导致越轨行为的主要因素，并形成了社会解组论、差异交往论、社会失范论、标签论、亚文化论和社会冲突论等不同的理论派别。

1. 社会解组论

这一理论认为，稳定及密切的社会环境是社会规范发挥约束效力的保证，但社会变迁破坏了正常的规范体系，使社会面临解组的危险。所谓社会解组，是指由于丧失了社会联系，社会整体蜕变为一种个体相互分裂的状态，使社会初级群体的功能减弱，对个人的控制力下降，增加了社会的复杂性、流动性和不稳定性，使社会处于失范状态，越轨行为便大量产生。这一理论常用来分析社会转型时期的越轨行为。

2. 差异交往论

这一理论认为，所有的人都要经历一种社会化的过程，但是，他们到底学到了什么，取决于他们在进行社会化的时候与什么人交往。一个人与越轨群体的成员交往越密切，他接受的越轨文化和越轨手段就越多，他成为越轨者的可能性也越大，这与“近朱者赤，近墨者黑”是一个道理。这一理论关注的中心问题是社会失范与越轨行为的文化传递，它专注于人们的交往差异对个人行为选择产生的影响。这一理论常被用来解释青少年犯罪等越轨行为。

3. 社会结构论

这一理论强调了社会结构或制度对于个人行为的影响。这一理论的代表人物、社会学家默顿从价值上将社会结构划分为两大类：一类是社会认可、需要的目标，另一类是达到目标所运用的符合社会规范的手段。默顿所说的文化目标是社会依据它的规范体系认为是值得有、值得存在的；达到目标的手段是社会认为是合法的达到文化目标的方式。社会在提出一系列文化目标的同时也提出了相应的制度化手段，当人们很少获得合法化手段实现社会目标时，社会成员就会采用不符合社会规范的手段实现目标，各种越轨行为就大量发生。根据文化目标与制度化手段这两个因素之间的相互关系，默顿提出了社会成员行为的五种适应模式，即遵从、创新、形式主义、退却主义、造反(如下表)。①第一种模式所反映的是目标与手段的和谐关系，代表了社会结构与功能处于良性状态，社会秩序稳定；其余四种则是目标与手段的紧张关系，都是不同程度

① [美]杰克·D. 道格拉斯，弗兰西斯·C. 瓦克斯勒．越轨社会学[M]．石家庄：河北人民出版社，1987：57.

的社会失范与越轨。社会结构论试图说明，越轨行为是文化目标与制度化手段不平衡的结果。

个人适应方式的类型

适应方式	文化目标	制度化手段
1. 遵从	+	+
2. 创新	+	−
3. 形式主义	−	+
4. 退却主义	−	−
5. 造反	+−	+−

注：这一类型于 1937 年首次发表，+号表示接受，−号表示拒绝。

4. 标签论

这一理论认为，越轨行为不是静态的，而是动态的，是越轨与非越轨之间的符号互动过程。社会的特定群体或个人制定了哪些行为属于越轨的规则，并把这些规则用于特定的人，从而使他们成为局外人并发展为越轨者。标签理论将其分为三个步骤：第一步是权威者或与越轨者关系密切的人对越轨行为的观察，第二步是将越轨者贴上越轨的标签，第三步是越轨者加入越轨群体或越轨亚文化，成为一名公认的越轨者。① 有钱人、权贵及其代表更容易给人们贴上标签。给越轨者贴上越轨的标签，会助长他们的越轨行为。而贴标签的群体会强化社会秩序，增强社会阶层的凝聚力，并从中受益。但是，标签理论无法解释越轨行为的最初诱因，也没有证据支撑给越轨者贴标签会强化其越轨行为的假设。

5. 亚文化论

这种理论认为，社会越轨者并非自己有意违背社会规范，他们也是遵从一种行为规范，即越轨亚文化。社会成员生活在一个具有稳定的、不同于主流文化价值体系的亚文化群体中，长期受其价值观的影响，就可能产生越轨行为。如在政治领域，认为“有权不用过期作废”的价值观念滋生，以权谋私的做法盛行，并形成各种合理化解释的话语系统与游戏规则，生成了腐败亚文化，使得国家公职人员腐败问题屡禁不止，这就是今天有人将部分官员戏称为“高危职业”的原因。

① [美]戴维·波普诺．社会学[M]．李强，等，译．北京：中国人民大学出版社，2007：243.

6. 社会冲突论

冲突是人类本性中固有的，是复杂社会中一个不可避免的过程。冲突及其引发的犯罪是一个现代社会内在的部分。冲突理论包括法律实践理论、社会实践理论、马克思主义理论、权势理论等。法律实践理论认为，法律存在概念和实践的背离，书面上的法律认为合法权利应该是公平正义，但是实践中的法律却表明，合法权利实际上是不公平、不正义的，让那些富人和权势阶层凌驾于穷人和弱势群体之上，法律实践的非正义性归因于历史的变化和组织的规则。社会实践理论则直接批评非正义法律本身，认为它的存在是因为资本主义制度。马克思主义理论同样强调越轨行为的根源在于资本主义的剥削本质。权势理论认为权势阶层为了有利可图而从事越轨行为的可能性比弱势阶层更大，持久性更强。①

鉴于越轨行为本身的复杂性，想要对这一复杂的社会现象提出全面而又科学的解释也是非常困难的。以上列举的各种理论，无一例外存在局限，受到质疑，但它们从不同的侧面对越轨行为做出了各自的解释，对于帮助我们认识越轨行为具有重要的理论和现实意义。

三、越轨行为的社会控制

越轨行为是社会控制的主要对象。由于越轨行为类型的多样性和原因的复杂性，对越轨行为的社会控制必须遵循具体分析、区别对待的原则，在社会控制手段的运用方面则要做到适度与多元的统一。

(一)越轨行为的适度社会控制

社会控制的度，是指社会规范对社会行为限制的程度。正确把握社会控制的度，实现越轨行为的适度社会控制，对于社会的良性运行和协调发展有着十分重要的意义。

对于越轨行为过分严格的控制虽然可以规范社会成员的行为，在一定时期内避免或者消除社会冲突，但是势必在一定程度上造成社会紧张气氛，遏制社会的活力，并造成部分社会成员的不良情绪得不到释放而累积起来，在条件具备的情况下导致更大规模的社会冲突和越轨行为。秦始皇在统一六国之后，为了镇压民众，使用诸如夷三族、枭首、车裂、剖腹等残酷刑罚，并对言论进行了严厉控制，大兴“文字狱”，“偶语诗书者弃市，以古非今者族”。结果导致民怨沸腾，起义频发，最终促成了秦王朝的迅速覆灭。

对于越轨行为过分宽松的社会控制则会导致社会成员对社会规范熟视无睹，甚至形成破坏规范即可获取利益的社会风气，就会严重影响社会稳定和秩

① ［美］亚历克斯·梯尔．越轨社会学［M］．北京：中国人民大学出版社，2011：30.

序，最终会牺牲社会成员的自由。例如，某些西方国家以尊重人权为由对于吸毒采取了较为宽松的社会控制，致使贩毒行为愈演愈烈，并进一步刺激了世界毒品的种植和制造，形成了一个恶性循环。

显然，以上两种情形虽然手段截然相反，但是后果却殊途同归，都不利于社会成员的自由和发展，也不利于建立和维护社会秩序目标的实现。可见，要确立社会控制的“度”，既十分重要，又是十分困难的。“度”的确定依据是现实的社会发展现状、社会结构情况、社会治安状况和社会文明程度等，应该通过一个综合社会指标体系加以衡量。具体而言就是：对于危害社会稳定的严重消极性越轨行为，应当采取严格的控制措施，如我国政府加大了对于腐败的惩处力度。对于中性越轨则采用相对宽松的控制措施，允许小的冲突存在，一方面使社会成员的敌对或消极情绪得以减弱；另一方面也为社会组织体系提供了一个了解社会冲突状况的渠道，从而为制定科学的社会控制措施奠定实践基础。对于积极性越轨行为，则可以通过一定的手段和方式加以引导，如鼓励破除已经不适应社会发展需要的陈规陋习等。

(二)越轨行为的多元社会控制

这里所谓的多元社会控制，主要是指针对不同越轨行为，灵活利用多种手段实现社会控制。我们已经将社会控制的手段划分为硬控制与软控制、积极控制与消极控制、内在控制与外在控制、强制控制与非强制控制。仔细分析这些手段，我们发现，社会控制就是通过外在的强制和内在的认同这两个主要机制，达到约束行为、维持社会秩序的目的。

对于违法行为，我们依据其对社会的危害程度，采取法律的强制手段进行惩罚；对于违警行为，我们依据其实际情况，将软、硬手段合理地组合利用，既要运用法律法规的外在控制，又要充分发挥道德、舆论等内在自律手段的作用；对于违规行为，则侧重于内在控制手段的运用，将之置于整个社会化过程当中，着力营造良好的社会风气和道德风尚。

第四节 转型时期的社会控制

社会转型是指社会从传统型向现代型转变的过程，是社会的结构性变革和整体性发展。社会转型一般表现为从传统的自给自足自然经济社会、农业社会、乡村社会、封闭半封闭社会向现代的市场经济社会、工业社会、城市化社会、开放型社会转化。我国当前的社会转型更为复杂：既是从传统社会向现代社会的转型，又是从相对封闭的社会向开放型社会转型，同时还在经历由计划经济社会向社会主义市场经济社会的转型。与社会历史发展的一般时期相比较，社会转型时期的社会控制往往面临更大的挑战，必须适时进行社会控制模式和机制的创新。

一、转型时期社会控制面临的挑战

(一)社会风险加大

美国当代著名的国际政治理论家亨廷顿指出："现代性孕育着稳定，而现代化过程则滋生着动乱。"①转型时期，现代社会的全球化进程和信息技术的高速发展，在更深、更广的范围内将整个世界联系起来，同时也使整个社会的正常运行更加依赖于这种联系，给人类社会带来了前所未有的不确定性。近年来，诸如SARS、H1N1等疾病的大规模爆发和流行，2008年底开始于美国的全球性金融危机等公共危机事件，都是在现代社会的背景下以前所未有的速度和规模扩散到整个社会乃至全世界的，这些事件的爆发与扩散将现代社会的脆弱性和风险性表露无遗。

在传统社会里，由于社会的分散和孤立，信息沟通和变迁比较缓慢，社会危机的规模往往是可控的，即使应对大规模的社会危机，也可以在危机爆发之后依靠强制性控制恢复秩序。但是，现代社会的社会危机事件在传播速度、社会恐慌或混乱的程度、引发的连锁危机等多个方面，都远远超出了传统社会的可控范围，其对社会控制提出的挑战是严峻的。

(二)社会失范凸显

何谓社会失范？美国社会学家默顿把社会失范看成是"规范的缺失"，即人们对现存的社会规范缺乏广泛的认同，从而使社会规范丧失了控制人们行为的权威和效力。在社会转型时期，社会失范表现为旧有的社会规范被普遍否定或遭到严重破坏，逐渐失去对社会成员的约束力；新的社会规范尚未形成或未被普遍接受，不具有对社会成员的有效约束力，使得社会成员处于混乱的、相互冲突的社会规范之中而缺乏明确一致的社会规范约束的一种社会状态。

正如法国社会学家迪尔凯姆认为的：规范只有当人们认为公正而甘受约束时才有真正的效力。如果规范是持久的、稳定的、有效率的，人们在遵守社会规范的同时获得了应有的回报，那么社会规范在控制人们行为时就拥有权威和效力。但在社会失范的状态下，社会规范往往表现出临时性、不稳定性和无效性，遵守规范比不遵守规范要付出更多的代价和成本，此时社会规范在人们的心中便不被信服与认同，社会规范在控制人们行为时的权威和效力就会丧失。社会规范对于社会秩序而言，用一个形象的比喻，就如十字路口的红绿灯，只有大家共同遵守交通规则，至少是绝大多数人遵守，才能保证道路畅通。如果

① 参见蔡如军．论转型期的社会失范与社会控制[J]．郑州航空工业管理学院学报，2006(2)．

红灯亮起时，只有极少数人停车等待，那么交通堵塞就难以避免。此时，红绿灯所代表的社会规范就被瓦解，社会控制将遭遇巨大挑战。具体来讲，转型时期社会失范集中体现在以下三个方面：

1. 道德失范

道德失范，是指社会生活中基本道德规范的缺失与不健全所导致的社会道德调节作用的弱化以及失灵，并由此产生整个社会行为层面的混乱无序。在社会的运行和发展中，传统的道德观念和价值体系是保持社会同一性，增强社会凝聚力和向心力，促进社会稳定的基本力量。但在社会转型期，社会结构的急剧变化和多元化发展会引发所谓的"道德规范真空"。在迪尔凯姆看来，现代社会失范主要原因是由于个人私欲的增长和道德调节的缺位，现代社会的危机本质上是一种道德危机。以我国当前社会为例，职业道德的缺失导致医生虚开处方、索要"红包"成为惯例；学术道德的缺失导致高校、科研院所屡屡爆出抄袭丑闻；网络道德的缺失导致虚拟的网络世界色情泛滥、暴力横行，各类网络诈骗进一步加深了整个社会的诚信危机；企业道德的缺失导致三鹿有毒奶粉大量涌入社会，对人们生命财产造成巨大损失。黑格尔曾描述过这样一种社会现象：有道德的人常常遭受不幸，而不道德的人则往往是幸运的。可以说，这种现象正是道德失范带来的可怕后果，也是我国在转型时期社会控制面临的现实挑战之一。

2. 心理失衡

社会失范不但表现为社会状况的混乱无序，而且表现为个体生存状态没有依附，社会个体极度空虚，产生浓厚的心灵无依靠和存在的无意义感。在社会意识层面上讲是大众精神低落，颓废情绪蔓延，漠视理想和未来。这种心理的焦虑和迷惘是转型社会的一种较为普遍的社会心理症状，如果这种心理状态成为流行的社会情绪，则会使人们对公共秩序丧失信心，瓦解人们的自律能力，极易导致社会动乱。

当前我国社会转型时期心理危机集中体现为心理失衡。社会分化引发的利益分化尤其是贫富差距加大的现实以及各种社会不公平现象的存在，造成人们心理的震荡与失衡，引发严重的心理问题并导致越轨行为的发生。目前，我国东部最富有省份与西部最穷的省份人均 GDP 差距已扩大至 10 倍多，10%最低收入家庭财产总额占全部居民财产的比率不到 2%，而 10%最高收入家庭的财产总额则占全部居民财产的 40%以上。伴随地区之间、城乡之间以及不同行业之间收入差距的拉大，社会不良心理状态引发的恶性犯罪事件屡屡发生，因此类案件常常引发连锁效应和社会深层反响，其对社会稳定的破坏力也更为强大。例如，2004 年 2 月 23 日，云南某大学在读学生马加爵杀害四名同学的案子，就曾经引发了全社会的高度关注和讨论。2010 年上半年，我国接连发生了多起针对学生的校园暴力凶杀事件，其中反映的正是社会问题所引发的严重心理危机。温家宝总理认为，对此类事件除了要采取强有力的治安措施之外，我们还要注意解决造成这些问题的一些深层次的原因，包括处理一些社会矛盾，化解纠纷，加强基层的调节作用。

3. 行为失控

社会失范还集中体现在一种相当规模的行为失控，它不同于一般意义上的个人行为失控，无法用偶然的、零散的原因来解释，而是在道德失范、心理失衡等多种社会因素共同推动下产生的、大规模的行为失控。当旧有的规范被打破，新的规范又不能建立，人们很难区分什么是公正的，什么是不公正的，什么是合情合理的，什么是非分之想，由此，人们的欲望便失去了约束。在传统约束失去权威的同时，欲望的迅速增长推动着社会中的某些个人、团体不择手段为了利益而冲击、违反规范，越轨行为和犯罪行为在社会各个领域里频繁发生，甚至产生大量的肮脏职业①和犯罪职业，如职业性工作者、职业“枪手”、职业制假证件者、职业传销者，进而发展出犯罪团伙、黑社会组织等社会失范群体。失范群体将越轨行为作为谋生手段，将越轨甚至犯罪作为一种生存方式和生活方式，这一群体的增多意味着直接与规范抗衡的力量的滋长，其结果是社会治安状况的恶化，反社会情绪的滋长和反社会行动的增多，行为失控开始全方位地冲击社会秩序。

（三）社会控制手段弱化

任何社会，都存在一些共同的社会控制体系或手段，例如，法律、国家暴力机器、具有主导地位的价值观、传统的风俗习惯等，它们都是维持秩序、防止社会解体的基本手段。同时，所有社会也都存在适应各自发展模式和文化结构的、独特的社会控制体系或手段，它们也是社会成功抵御社会风险的基础。在转型时期，传统社会的现代化，经济转轨，社会转型，不仅引发了社会失范等社会问题，而且打破了原有社会控制机制的自身平衡，造成社会控制手段的弱化。

以我国为例，社会控制手段的弱化表现为行政控制手段的明显弱化、道德控制手段的部分失灵、法律控制手段的相对滞后。

二、转型时期社会控制机制的创新

特定时期和历史发展阶段的社会控制机制应当与当时的社会发展需要相适应。面对转型时期社会控制面临的诸多挑战，适时调整或创新社会控制机制，

① 肮脏职业是指以规范不允许的手段获取利益的不正当的职业。参见朱力．关于社会失范机制的探讨[J]．社会科学研究，2006(5)．

是维护社会稳定和实现社会有序变迁的必由之路。

(一)构建主导价值观体系

在日益复杂的现代社会中，一个在社会中具有主导地位的、共享的道德观念和价值体系，是有效的社会控制机制最为重要的组成部分。面对转型时期的社会失范，重建一个在社会中占主导地位的、共享的价值体系，并使这一价值观内化于大多数社会成员之中，无疑是社会控制创新中的首要任务。当前，建构社会主义核心价值体系已经成为我国和谐社会建设的重要保证。

(二)构建适应网络时代需要的信息沟通机制

随着网络时代的到来，在一个日益分化但信息传播极为迅速的社会中，各个组成部分和社会成员之间信息的沟通与交流，对于保持整个社会的相互依赖，形成共同的目标和一致的行动具有越来越重要的意义，直接决定着社会控制的有效性。建立良好的沟通机制，首先，要保证信息的公共性，即信息必须是所有社会成员共享的信息，惟其如此，人们才能在共有信息的基础上形成必要的共识，达成共同的行动目标，从而为目标采取共同的行动。其次，要保证信息交流、沟通的通畅性。虽然现代信息技术为信息沟通创造了足够的技术条件，但还必须为信息沟通建立必要的组织保证。

(三)构建社会控制的组织化体系

任何一个社会要实现有效的社会控制，都有赖于相应的组织化体系。国家行政管理体制以及强制性机构，无疑是实现社会控制必要的组织化结构，但是，在一个现代化并处于转型时期的社会中，仅有这些组织已经远远不能满足社会控制的实际需要，必须创新其他形式的社会组织，构建新的社会控制的组织化体系。以中国为例，社会转型、体制转轨使越来越多的社会成员脱离了原有的组织体制，转变为真正的“社会人”，此时，重建一个社会控制的组织化体系以适应这一变化，就成为控制社会风险最重要的制度建构之一。

在社会转型时期，两种类型的组织在维持社会控制体系中具有重要意义。其一是“中介型组织”或社会团体。它们基于各种特定的利益而组织起来，在组织内部实行协调和控制，在组织外部实现竞争和协调，为社会成员或群体提供表达利益、控制行为、解决冲突的重要组织化手段。其二是“地域自治性组织”，例如城市社区或村庄，它们是基于地域基础上的共同利益组织起来的，自我管理是这一类组织非常重要的功能。这两种社会的组织化形式能较好地适应社会日益多元化、非集中化和流动性的趋势，在组织内部承担起社会控制的功能，从而大大缓解旧有组织体系在社会控制方面的压力，提高社会控制的有效性。

(四)构建制度化的利益表达机制

在社会转型时期面临的诸多社会风险中，各种社会矛盾与社会冲突在数量上的增加和烈度上的加剧，是影响社会稳定和发展最为直接的威胁。以我国为例，近年来，因征地、拆迁、农民工工资拖欠、劳工权益等引发的社会冲突此起彼伏，甚至出现了一些举国震动的群体性突发事件。面对错综复杂的矛盾冲突，各地政府予以高度重视，投入大量的人力、物力、财力，成立了“维稳办”、“综治办”，对各类可能引起冲突的利益表达方式采取各种方式予以压制，对已经形成对抗或引起关注的利益冲突则往往通过花钱买平安的方式匆匆解决。以上方式虽然可以实现短暂的稳定，却迫使甚至诱导更多的群体或个人采用法律外的方式，甚至暴力来表达和发泄不满，导致社会矛盾愈加激烈。至今，“维稳”依然是我国政府必须高度重视的紧迫任务。

事实证明，社会转型时期的矛盾冲突多基于利益，而基于利益产生的冲突是不可避免同时也是可以理性解决的，并不一定必然引发对抗或动荡。大量的研究表明，任何一种规范化、受控制的表达方式对社会稳定的冲击和影响，都远远小于不规范、不受控制的方式。在诸多矛盾冲突事件背后，暴露的正是利益表达机制的缺失。一味以稳定为名压制合法的利益表达方式，只会积聚矛盾，扩大冲突，使社会更不稳定。只有构建制度化的利益表达机制，才是解决社会转型时期社会矛盾冲突多发的根本途径，才能够真正确保社会长治久安。

思　考　题

1. 如何理解社会控制的基本涵义？社会控制的特征有哪些？
2. 什么是越轨行为？如何为越轨行为分类？
3. 如何对越轨行为进行有效的社会控制？
4. 何谓适度的社会控制？
5. 试分析我国社会控制面临的风险和挑战。

主要参考文献

[1] [美]E. A. 罗斯．社会控制[M]．北京：华夏出版社，1989.

[2] [美]杰克·D. 道格拉斯，弗兰西斯·C. 瓦克斯勒．越轨社会学[M]．石家庄：河北人民出版社，1987.

[3] [美]亚历克斯·梯尔．越轨社会学[M]．北京：中国人民大学出版社，2011.

[4] 李路路．社会变迁：风险与社会控制[J]．中国人民大学学报，2004(2).

[5] 向德平，田北海．转型期中国社会失范与社会控制研究综述[J]．学

术论坛，2003(2).

[6] 蒋传光．构建和谐社会与当代中国社会控制模式选择[J]．上海师范大学学报，2006(2).

[7] 郑杭生．社会学概论新修(修订本)[M]．北京：中国人民大学出版社，2009.

[8] 朱力．关于社会失范机制的探讨[J]．社会科学研究，2006(5).

[9] 中青在线 http：//zqb. cyol. com/content/2010-04/19/content_3188971. htm.

推荐阅读书目

[1] [美]E. A. 罗斯．社会控制[M]．北京：华夏出版社，1989.

[2] [美]杰克·D. 道格拉斯，弗兰西斯·C. 瓦克斯勒．越轨社会学[M]．石家庄：河北人民出版社，1987.

[3] [美]R. 庞德．通过法律的社会控制[M]．北京：商务印书馆，1984.

第十六章　社会变迁与社会现代化

考察人类社会的发展史，可以看到社会整体结构和各要素之间都处于不断变化的过程之中。社会学研究不仅要从静态方面考察社会角色、社会分层、社会地位等要素，也要从动态方面考察社会的发展和变化。所以，我们就必须了解社会变迁，研究社会变迁规律。社会现代化是社会变迁研究的延伸，也是社会变迁的一种特殊类型。社会现代化正以前所未有的影响力推动着世界和中国的前进步伐，它是一个连续不断的历史过程，导致了人类社会结构、社会生活和社会心态的深刻变化，以及世界格局的根本改变。

第一节　社会变迁

社会变迁是社会学研究的主要内容，是认识社会关系和社会运行的基础。本节主要讨论社会变迁的内涵、类型及相关理论。

一、社会变迁的含义与内容

(一)社会变迁的含义

人类社会始终处在一个不断运动和变化的过程之中，可以说，社会变迁是一种必然和普遍的社会现象。为了更好地认识社会关系和掌握社会运行规律，我们就必须研究社会变迁，掌握社会变迁规律，并了解社会变迁给整个社会带来的深刻影响。

社会是一个有机体，时时刻刻都处在变化之中，并无时无刻不在影响着人们的生活方式和社会行为。众多学者分别从不同角度阐述了社会变迁的内涵。郑杭生认为，社会变迁是“泛指一切社会现象的变化，又特指社会结构的重大变化；既指社会变化的过程，又指社会变化的结果”；① 风笑天认为，“所谓社会变迁，概括地说，就是指社会制度和文化发生的变化”；② 张敦福认为，

---

① 郑杭生．社会学概论新修[M]．北京：中国人民大学出版社，2002：321.

② 风笑天．社会学导论[M]．武汉：华中科技大学出版社，1997：324.

“社会变迁指的是由于社会系统内部或外部原因引起的社会结构的变化”;①学者们的不同阐释给予我们很大的启发。我们认为，社会变迁从广义上讲，是指任何社会现象发生的变化；从狭义上讲，是指社会结构发生的重大改变，包括了社会规范与制度、社会价值与文化、社会组织与经济等方面的巨大变化。

为了进一步理解社会变迁的含义，我们可以从以下两个方面进行把握：

第一，社会变迁更多意义上指的是社会发生的根本性变化，并不是说任何细微的变化也可以称为社会变迁，虽然社会变迁的最初原因有可能就是社会中某些局部的细微变化。社会变迁一般是用来描述包括特定的人口、地理环境以及政治、经济、思想文化等各种要素在内的社会整体、社会单位和社会综合现象的系统变化，而不是指某些单一性要素的变化，比如一般只讲城市的变迁、乡村的变迁、生活方式的变迁等，而不讲经济的变迁、政治的变迁和思想的变迁等。②

第二，社会变迁概念并不等同于社会进步。从性质上讲，社会变迁是一个中性概念，其本身只是事实陈述，并不具有价值判断，社会变迁可能会带来好的结果，也有可能产生不良的结果。社会进步则带有一定的价值判断，是指社会结构的改变符合人类社会发展的规律，带来社会物质财富和精神财富的提高，每位社会成员都从社会进步中受益，概括来讲，社会进步就是良性的社会变迁。

(二)社会变迁的内容

社会变迁强调整个社会结构的重大改变，涉及社会结构的各个层面，所以我们有必要了解社会变迁所包含的具体内容，同样，具体内容的改变又可能会影响到社会变迁，也就是说，社会变迁的内容也是影响社会变迁的因素。社会变迁具体包括了以下几方面内容：

1. 自然环境的变迁

自然环境是指人们生活和活动的自然条件，包括与人类发生相互作用的地理位置、气候、自然资源以及生态环境等。社会变迁的过程总是在一定的自然环境中进行，自然环境作为人类生存与发展的前提条件，其变化必然对社会变迁产生重大影响。自然环境对社会变迁的影响表现在两个方面：一是自然环境本身的变化引起的社会变迁。比如火山的爆发、洪水的泛滥、干旱的蔓延都会影响到当地人口结构、经济发展结构变化。二是人类自身活动所引起的自然环境变迁也会导致社会变迁。人类如果积极保护自然环境，就会使社会变迁朝良性的方面转变，例如我国实施的退耕还林政策对于西北地区的生态环境的改善

① 张敦福．现代社会学教程[M]．北京：高等教育出版社，2007：221.

② 吴铎．社会学[M]．北京：高等教育出版社，1992：287.

起到了积极作用，从而使部分村庄脱贫致富；而盲目的开发会造成环境的损坏和恶化，直接威胁到人类的生存，严重制约社会的发展和进步。

2. 人口的变迁

一定数量和质量的人口是社会存在和发展的基本前提。人口变迁主要指人口数量、质量、构成及人口流动和分布的变化。人口数量过多和过少都会影响到整个社会变迁，比如，人口数量过多会给社会就业、教育、医疗等带来沉重的负担，但是人口过少也会引起本国劳动力供给不足，造成劳动力短缺。人口质量主要指的是人口的文化素质、受教育水平和思维方式等，人口质量低，不利于一个国家现代科学技术的推广和生产生活方式的更新，会直接影响到社会现代化建设。人口构成是指人口的组合状态，最具有代表性的是人口的性别构成和年龄构成，适当的人口性别比会使人口资源得到有效利用，有利于社会稳定发展；而不合理的社会性别比会造成一定的社会问题，目前世界范围内的“老龄化”浪潮也必然会深刻影响整个世界范围内的社会变迁。人口的流动涉及人口的流出地和流入地，对二者都会在人口结构、文化理念、价值观念等方面带来一定影响。

3. 经济的变迁

社会经济的变化与发展是社会变迁最重要的因素之一，是整个社会变迁的决定性的因素。经济的变迁最主要的是生产力的改变，人类社会从原始社会的刀耕火种，到封建社会的手工生产，再到资本主义社会的工业化大生产，无不体现出经济的变迁对于整个社会结构的影响，甚至可以说，人类社会所经历的经济变迁，最终改变了人类的社会活动和社会生活。

4. 社会结构的变迁

社会结构的变迁主要体现在两个方面：一是社会功能性结构的变化，表现为人们为了满足生存和发展的需要，各种经济、政治、组织、制度等结构要素的分化和组合；二是社会成员地位结构的变化，表现为社会成员由于其经济地位、职业、教育水平、权力、社会声望等的不同和变化，所造成的社会阶级和阶层关系的变化。①

5. 社会价值观念和生活方式的变迁

社会价值观念的变迁主要是指人们的行为规范和思想体系的变化，人们的社会活动都不同程度地受到社会价值观念的影响，社会价值观念影响着社会变迁的基本方向。生活方式常指人们在一定的价值观念支配下，为满足需要而在各种生活领域中进行活动的行为习惯。② 当人们接受某一种生活方式并且这种

① 赵连文．社会学论纲[M]．开封：河南大学出版社，2006：234.

② 郑杭生．社会学概论新修[M]．北京：中国人民大学出版社，2002：325.

生活方式成为社会的主流的时候，社会变迁也就随之发生了。例如，目前年轻人普遍追求一种独立、自主的生活方式，而这种生活方式就会影响到社会结构的变迁，最显著的表现就是核心家庭日益成为家庭结构的主要组成形式，而传统社会中占据主要地位的主干家庭比例正在逐渐下降。

6. 科学技术的变迁

科学技术对于人类社会变迁的影响越来越显著，已经成为推动人类社会发展和变迁的主要推动力。科学技术一方面借助先进的知识带来整个社会物质财富的不断增加；另一方面，科学技术也不断改变着人们的交往互动方式，直至改变人们的生活方式。例如，互联网的出现和发展赋予了人们新的互动方式和生活方式，一方面，人们可以借助网络进行聊天、读书、购物等；另一方面，网络也直接影响到社会经济、政治、观念和生活方式的变化，加快社会变迁的速度。在现代社会中，如果忽视了科学技术在整个社会变迁中的作用，就不可能深刻地把握社会变迁的走向与脉络。

二、社会变迁的根源与类型

(一)社会变迁的根源

引起社会变迁的因素是多种多样的，按照马克思主义理论，社会变迁的根本原因是生产力和生产关系之间的矛盾，其他原因都是受这个根本原因的制约和影响的。马克思主义的历史唯物主义认为，社会变迁最根本的动力是社会生产力的发展。这是因为，生产力是人类物质生产方式内部最活跃、最革命的因素。生产力总是处于不断的发展变化之中，而生产关系则是相对稳定的。生产力和生产关系的矛盾运动，使生产方式不断地新陈代谢，整个社会的政治、价值观念、生活方式也随之发生变化，从而造成整个社会结构的变迁。社会生产力的发展是社会变迁的最终决定力量。①

当然，从原因上看，社会变迁可以分为内部原因导致的变迁和外部原因导致的变迁。外部原因的变迁主要是受到外部因素的影响，比如战争、贸易限制、经济制裁等；内部原因的变迁主要是从系统内部角度来研究社会变迁。马克思主义的历史唯物主义便是站在系统内部生产力和生产关系的角度来研究社会变迁的，认为生产力决定生产关系，生产力的发展要求生产关系与之相适应，当双方相适应时，生产关系就会促进生产力发展；反之，则会阻碍生产力发展。所以，社会生产力的发展乃是社会变迁的根源。

(二)社会变迁的类型

社会变迁表现出明显的多样化和复杂化特征，为了更好地理解社会变迁，

---

① 郑杭生．社会学概论新修[M]．北京：中国人民大学出版社，2002：326.

我们可以按照不同的标准将社会变迁划分成不同的类型：

1. 从社会变迁的规模划分

从社会变迁的规模与范围来看，社会变迁可分为整体社会变迁与局部社会变迁。整体社会变迁是指社会体系的变迁，例如社会形态的更替，中华人民共和国的建立就是典型的整体社会变迁，是政治、经济、文化、社会结构等综合、全面的社会变迁。局部社会变迁是指社会结构中各个部分组成要素发生的变化，例如家庭结构的变迁、人口结构的变迁、价值观念的变迁。这里需要强调的是，虽然局部变迁会影响到整体变迁，但并不是说整体变迁是所有局部变迁相加之和。这是因为局部变迁在变迁的方向和速度上往往和整体变迁是不一致的，有的时候局部变迁和整体变迁的方向是一致的，有的时候却是相反的；而局部变迁的速度有的时候会超前或滞后于整体变迁。正因如此，有计划地实行社会变迁就显得尤为重要。

2. 从社会变迁的方向划分

从社会变迁的方向分析，我们可以将社会变迁区分为进步的社会变迁和倒退的社会变迁。具体而言，进步的社会变迁就是我们平时所说的社会进步和社会发展，社会进步一般意义上指的是有利于社会良性运行和协调发展的社会变迁，应是从低级到高级、简单到复杂、野蛮到文明的一个发展方向，比如和平代替战争、社会主义代替资本主义。倒退的社会变迁是指不利于整个社会良性运行和协调发展，并且损害到社会成员利益的社会变迁，例如我国 20 世纪初发生的“张勋复辟”的闹剧和新中国成立后的“文化大革命”运动。从人类社会发展规律和历史上看，虽然在某些情况下会出现倒退的社会变迁，但社会倒退只是一种暂时的社会现象，社会进步和发展是社会变迁总的趋势。

3. 从社会变迁的方式划分

从社会变迁的速度或激烈程度，我们可以把社会变迁分为进化的社会变迁与革命的社会变迁，主要表现为社会进化和社会革命两种形式。社会进化是指社会结构及内部关系的变化相对缓慢，有一定秩序的改变，内外部之间的关系相对均衡，主要表现在量的变化方面。例如家庭结构的变化、人们生活方式的变化、价值观念的转变以及城市结构的改变等都属于进化的社会变迁。我国在 20 世纪 80 年代所发生的社会经济体制改革就属于一种进化的社会变迁。社会革命是指快速剧烈的社会变迁，通常社会革命是这种社会变迁的主要形式，主要表现在质的改变。在这种社会变迁中，社会结构和社会秩序在短时间内被破坏或者重新调整，社会的经济、政治、文化、生活方式、意识形态等都发生了根本性的变化。

4. 从社会变迁的参与和控制划分

从人们对社会变迁的参与和控制来划分，我们可以将社会变迁分为自发的社会变迁和有计划的社会变迁。社会变迁是普遍和必然的社会现象，但并不是说社会变迁是无法控制的。自发的社会变迁是指人类由于在知识和理性上的欠缺，只是盲目地参与和顺从。早期的人类社会变迁大多是自发的社会变迁，这主要是受到当时相对落后的经济社会发展水平制约，人们在大自然面前显得束手无策。有计划的社会变迁是指人们在掌握社会发展的基本规律基础之上，人们对社会变迁的过程、方向、速度、目标和后果实行有计划的指导和管理。在现代社会中，绝大多数社会变迁都是有计划的社会变迁。例如改革开放就是我们国家有计划、有目的地推进的社会变迁。

三、社会变迁理论

社会变迁是社会学研究的重要课题之一，许多社会学家都对社会变迁进行了深入的研究并提出了自己的理论，其中比较有代表性的是社会进化论、循环论、均衡论和冲突论四种。

（一）进化论

进化论是较早出现的一种解释社会变迁的理论，社会进化论源于达尔文的“物竞天择，适者生存”的生物进化论。社会进化论认为人类社会的变迁是自然永恒的，是一个不断发展的渐进的过程，社会结构表现为由低级到高级，由简单到复杂，由此及彼地向前发展。

社会进化论的代表人物是法国社会学家孔德和迪尔凯姆、英国社会学家斯宾塞、德国社会学家滕尼斯等学者。他们认为，社会是遵循固定的路线，沿着一定的历史阶段向前发展的。例如，孔德认为，人类社会的发展是与人类理性活动密切相关的，按照人类理性发展所经历的神学阶段、形而上学阶段和科学实证阶段三个阶段，相应地将人类社会的发展划分为军事、过渡和工业三个阶段。英国社会学家斯宾塞认为，社会发展同生物有机体的进化相似，是一个内部“细胞”不断分化的自我发展过程。迪尔凯姆将社会按团结形式划分为机械团结和有机团结两种类型。滕尼斯将人类社会发展的不同阶段用共同体与社会来进行区分。

传统社会进化论者认为社会变迁以线性模式发展，即都沿着单一途径发展，认为社会变迁即社会进步；视西方社会的发展模式为世界所有社会发展的必然模式。现代进化论者认为，社会变迁是多线的。首先，社会变迁不一定是社会进步，也有可能出现倒退；其次，社会进化是沿着许多方向发散进行的，没有固定的阶段、路线和方式；最后，进化的模式是多样的，不同水平、不同形态的社会，具有不同的进化或发展形式。①

① 张敦福．现代社会学教程[M]．北京：高等教育出版社，2007：226.

（二）循环论

循环论认为，人类社会的变迁是周而复始地经历同样阶段的周期性重复。德国历史学家斯宾格勒（Oswald Spengler）在其名著《西方的没落》一书中提到，全人类的历史是不存在的，只存在各个文化的历史。他认为，社会的变化类似人的生命循环，每个时代都有其产生、成长和衰老死亡的发展过程，社会历史将返回到最初的起点，所以社会也可以分为婴儿期、青年期、成年期、晚年期。继斯宾格勒之后，英国著名历史学家汤因比（Arnold Joseph Toynbee）认为，“挑战”和“反应”是社会及文化的发展核心，他认为，社会是循环发展的，每个社会都是以“挑战”开始的，社会要对“挑战”做出一定的“反应”，如果“反应”成功了，社会就能生存下来，从而面对另外一个“挑战”；如果“反应”失败了，整个社会将会解体。人类社会的历史就是不断接受“挑战”和做出“反应”的历史。①

社会循环理论对社会变迁过程的认识有一定的价值，社会历史的发展在某些时候是惊人的相似。但是，社会循环论曲解了历史变化的客观规律，社会从低级向高级的发展并不是简单的“循环”，而是基于生产力发展的生产关系和社会形态不断曲折和迂回运动，螺旋式发展和上升的过程。

（三）均衡论

均衡论是以美国社会学家帕森斯为代表的结构功能主义的观点，强调社会均衡一致和稳定的属性。结构功能主义认为，社会是具有一定结构或组织化手段的系统，社会的各组成部分以有序的方式相互关联，并对社会整体发挥着必要的功能。整体是以平衡的状态存在着，任何部分的变化都会趋于新的平衡。

从1960年代中期开始，结构功能主义受到相当多的批评，批评者认为，社会均衡论过分、片面强调社会整合，忽视社会矛盾、冲突和不协调的一面，不能合理地解释社会变迁。

（四）冲突论

如果说均衡论强调的是社会的稳定和整合，那么，社会冲突论则是强调社会冲突对于社会巩固和发展的积极作用。社会冲突论认为，社会生活的基本状况不是协调一致和均衡的，而是各个社会集团为争夺权力和优越地位所进行的斗争造成的冲突。

德国社会学家达伦多夫提出以下假设条件，作为有关社会变迁冲突论的基础：（1）每个社会每时每刻都在经历着变迁过程；社会变迁是普遍存在的。（2）每个社会每时每刻都表现出不一致和冲突；社会冲突是普遍存在的。（3）社会中的每一个要素对社会的分解和变迁都发挥着作用。（4）每一个社会都是

① 宣兆凯．新编社会学概论[M]．北京：中国人事出版社，2000：293-294.

以其中一些成员对另一些成员的压制为基础的。① 达伦多夫认为，由于资源的稀缺性特征，每个人都希望获得资源和权力，没有获得权力的人要求获得权力，而拥有权力的人要防止他人夺走他们的权力。任何社会成员都在为权力的分配与再分配进行持续斗争，所以，社会冲突是社会内部固有的社会现象，而冲突导致的社会变迁也是必然的。马克思理论对冲突理论有极其重要的影响，马克思主要关注社会阶层之间的冲突，他认为阶级斗争是历史不同时期社会变迁的根源。

以上几种理论代表了有关社会变迁的几种基本观点，我们可以吸取不同理论的合理之处，从而对社会变迁有个全面的理解和把握。

第二节　社会现代化

社会现代化是一种特殊形式的社会变迁，当前世界各国都致力于本国的社会现代化建设，社会现代化不但深刻影响个人生活，也不断改变整个世界的面貌。

一、社会现代化的含义与内容

(一)社会现代化的含义

社会现代化是16世纪首先在西欧兴起并波及全世界范围的一场剧烈、深刻、广泛的社会变迁运动，是近代以来人类社会所发生的重大变革。无论是发展中国家还是发达国家，社会现代化依然是其发展的主题和目标。

现代化是用来概括人类社会发展进程中急剧变革的名词，学术界迄今对于现代化也没有一致的看法。美国学者吉尔伯特·罗兹曼(Gilbert Rozman)把现代化视作各社会在科学技术革命的冲击下，业已经历或正在进行的转变过程。孙立平认为，现代化是指人们利用近、现代的科学技术，全面改造自己生存的物质条件和精神条件的过程。② 我国著名现代化研究专家罗荣渠总结梳理了关于现代化含义的种种说法，概括为以下四大类：

第一种说法：现代化是指近代资本主义兴起后的特定国际关系格局下，经济上落后国家通过大搞技术革命，在经济和技术上赶上世界先进水平的历史过程。这是我国党和政府领导人在阐述中国的社会主义现代化方针与政策时所明确表达的一贯思想。

第二种说法：现代化实质上就是工业化，更确切地说，是经济落后国家实

① 参见王雪梅．社会学概论[M]．北京：中国经济出版社，2002：188.

② 孙立平．社会现代化[M]．北京：华夏出版社，1988：5.

现工业化的进程。这种观点与第一种的实质内容并无区别，只是前者的特殊之点在于它的政治立论。

第三种说法：现代化是自科学革命以来人类急剧变动过程的统称。按照这种观点，人类社会在现阶段发生的史无前例的变化，不仅限于工业领域或经济领域，同时也发生在知识增长、政治发展、社会动员、心理适应等各个方面。

第四种说法：现代化主要是一种心理态度、价值观和生活方式的改变过程，换句话说，现代化可以看做是代表我们这个历史时代的一种“文明的形式”。这主要是从社会学、文化人类学、心理学的角度考察现代化的。①

以上四类看法从不同角度对现代化进行了归纳，包括了从政治、经济、科学技术、思想与行为模式等各个层面的总结。我们认为，社会现代化是指由传统社会向现代社会转型的过程，是以工业化为动力，引起包括学术知识上的科学化，政治上的民主化，经济上的工业化，社会生活上的城市化等各个领域内的深刻变化的过程。

作为一种独特的社会变迁形式，现代化具有特定的涵义。对于社会现代化概念的理解，我们应该注意以下几方面，以澄清一些认识上的误区：

1. 现代化是一个持续不断的社会变迁过程

现代化自欧洲兴起到现在，已经将世界上几乎所有国家都卷入到现代化的大潮之中，而且现代化依然在继续。无论是对于发展中国家还是发达国家，现代化都是一个持续不断的社会变迁过程。一方面，广大发展中国家正在努力推进本国的现代化进程，促进社会的全面发展；另一方面，对于发达国家而言，一个社会进入现代化过程需要长期的准备和积累，即使进入了现代化过程并达到一定程度的现代化水平后，仍然要继续推进现代化，因为，现代化往往面临着困境与危机，需要继续现代化去解决。

2. 现代化不等于工业化，也不等于“西方化”

尽管现代化是以工业化为基础，但却不能认为现代化等同于工业化，工业化只是现代化的一项基本内容而已。虽然西欧和北美的国家率先成功地进入现代化行列，并已达到较高的水平，但其他国家的现代化过程不等于是“西方化”的过程。任何国家的社会现代化过程，都是普遍的特征与本国的历史文化有机结合的产物，不同国家、不同地区，由于国情的不同而使现代化的道路、模式各不相同，不应该也不可能全盘照搬西方国家的现代化模式。

3. 现代化对于历史传统是有选择的继承

传统是一个民族或国家在长期发展中传承下来的文化、价值观念、思想体系、风俗习惯和制度特点等的总和。传统中的不同部分，实际上在社会现代化

① 罗荣渠．现代化新论[M]．北京：商务印书馆，2004：9-15.

过程中有着不同的功能，有些可能成为社会现代化的动力，也有的可能会成为社会现代化的阻碍。早期的现代化理论中，学者们一般都把现代化看为与传统的彻底决裂，但随着现代化理论的发展，人们开始重新审视传统在现代化中的作用，并有更多的学者认为，现代化是对历史传统批判和继承的过程，是对历史传统有选择的继承。例如我国传统文化中儒家的很多思想，对于我们处理和调适现代化进程中人与自然、人与社会、人与人之间的关系有着非常重要的现实意义。社会现代化是在继承本民族优秀的历史传统文化基础之上发展起来的，没有一个国家的现代化是完全与历史传统相割裂的，也就是说，离开了对优秀传统文化的继承，社会现代化就很难进行。

4. 社会现代化是社会结构全面协调发展的过程

社会现代化虽然是以工业化为动力，以经济发展为基础的，但是，社会现代化绝不等同于工业化和经济发展。社会现代化除了包括工业化和经济发展，还包括了政治、文化、价值观念、生活方式等诸多方面的现代化和全面协调过程。如果片面地认为"社会现代化就是经济增长"，只是重视工业化和经济发展，那么就有可能陷入"有增长而无发展"的困境中，不利于整体社会结构的现代化。

(二)社会现代化的内容

社会现代化是一场全方位、综合性的社会变迁，主要包括了以下几方面内容：

1. 经济现代化

经济现代化是社会现代化的基础，经济现代化奠定了整个社会的现代化。经济现代化主要是指社会从农业经济向工业经济转变，农业社会向工业社会转变，市场经济观念的形成和普及，现代科技和能源的大规模应用，经济活动的工业化和知识化，生产方式的机械化和电气化，工业比重上升和农业比重下降，经济效益的持续增长，经济福利和社会公平的提高等。

2. 政治现代化

政治现代化是现代化理论的一个组成部分，总的来说，政治现代化包括三个方面：一是以理性为基础的权威取代传统型的政治权威。二是理性和世俗化的政策决策模式。三是包括全社会各阶层怀有广泛的兴趣参与政治体制和社会事务的管理。政治现代化是经济发展的必然要求，也是社会现代化的又一重要内容，它增强了国家的适应能力，推动了社会的经济改革和全面发展，并且将新生资源纳入到行政体制中。

3. 文化现代化

文化是指人类在改造世界的社会实践中所获得的物质财富和精神财富的总和，包括物质文明、精神文明和制度文明。文化现代化主要表现为社会文化的世俗化与理性化。传统文化与现代化是历史发展进程中形成的两个环节，既相互衔接又相互矛盾。传统文化既有精华，又有糟粕。所以，对传统文化既不能一概否定，也不能全部吸收，应该采取的态度是摒弃传统文化中阴暗、消极的东西，如专制主义、个人迷信、封建家长制、闭关锁国等；弘扬其积极、向上的成分，按照理性化的原则来支配社会行动、参与社会生活，使民主、科学、法制、公平、效率成为支配社会行动的最高原则。

4. 生活方式现代化

生活方式是一个内容相当广泛的概念，它既包括人们的衣、食、住、行、社会交往、待人接物等物质生活，也包括价值观、道德观、审美观、生活方式等精神生活。随着社会生活水平的提高，物质财富将日益增加，社会生活方式也发生着广泛变化。在现代化过程中，与经济、政治等变革相适应，整个社会和全体社会成员，由落后的、愚昧的、不文明的生活方式转变为文明的、科学的、健康的生活方式，由安于现状、惧怕变革、墨守成规的价值观念，转变为积极的、向上进取的精神状态。

5. 城市化

城市化是指由农业为主导的乡村社会向以工业和服务业为主的现代城市社会逐渐转变的历史过程，具体包括人口的集中、城乡人口的转移、产业结构的转变、土地及地域空间的变化。城市是人类文明的标志，是人们经济、政治和社会生活的中心，一方面，城市化的程度是衡量社会现代化的重要标志之一；另一方面，现代化的产物也包括城市化。城市化根本目的还是为了提高人们的生活水平，改善人们的生活质量，促进人的技能和素质的提高，提高人类社会的整体发展水平，使人与人、人与自然关系达到和谐发展。城市化是一个城市文明不断发展并向农村渗透和传播的过程。城市化的过程也是农村和农民的生产方式、生活方式、文明程度不断提高、不断现代化的过程，也就是城乡一体化的过程。

6. 社会结构现代化

随着社会化大生产的高度发展，社会结构也将发生根本性的转变。社会结构现代化主要是指社会结构的分化、社会流动的增加和普遍性社会关系的形成。(1)社会结构的分化是提高社会效率的前提。在传统社会中，社会的功能往往集中在一种或几种社会结构体中。例如，家庭既承担着生产和消费的功能，又承担着教育、休息、娱乐和人类自身再生产的功能。而在现代社会中，社会的每一种结构都在社会生活中承担起专业化的功能。例如，生产的功能由专门的经济组织来承担，教育的功能有相当一部分由学校来承担，抚养和赡养的功能也开始出现专门组织来承担，这无疑有利于提高社会的活动效率。(2)社会流动的增加，对社会而言，可以保证劳动力资源的合理配置，造成一种积极向上的活力；对个人而言，有利于实现人尽其才、才尽其用。合理的社会流动是社会现代化的一个重要条件。(3)普遍性社会关系的形成是现代社会体制得以运行的必不可少的基础。如果不能形成普遍的社会关系，再好的社会体制也无法正常运行。①

7. 人的现代化

在社会现代化的复杂进程中，作为主体的人是社会现代化的关键因素，离开了人的现代化，社会现代化很难全面实现。人的现代化是指人本身随着社会现代化的发展，不断地从传统人到现代人的发展变迁过程，它的最终目标是实现人的全面自由发展。人的现代化具体包括了思维方式的现代化、道德素质的现代化、知识素养的现代化、行为方式的现代化以及情感方式的现代化。

二、社会现代化的基本类型和发展模式

社会现代化是向高生产力、高效能、合理化与自我持续发展的方向前进的，但现代化过程绝不是把众多不同传统融汇在单一的"西方化"现代模型中的过程。共同形态的现代生产力作用于不同的社会结构和文化传统，会形成多样化的现代化模式。

按照经济形态的不同，我们大致将社会现代化归纳为三大发展类型，即资本主义发展类型、社会主义发展类型、混合型发展类型。资本主义发展类型完全是自发形成的，经过长时间的演变，逐步趋于成熟形态；社会主义发展类型是自上而下的定向发展，至今只具雏形；混合型发展类型则是前两种发展形式的结合。每一类型都有多种发展模式，没有两个国家的发展进程是完全相同的。

一般而言，西方资本主义现代化类型的经济发展格局主要是：资本主义私有制+自由市场+分权型或集权型现代国家机构，这种类型的代表有英国模式、美国模式、德国模式、日本模式等；以前苏联为代表的苏式社会主义现代化类型的基本发展格局是：社会主义公有制+计划指令与有限市场结合+集权型现代国家机构，这种类型的代表有前苏联模式、前东欧模式以及改革开放前的中国模式；混合型现代化类型是当前第三世界发展中国家通过自己的实践正在探索的新类型，这个正在探索中的经济发展的基本格局大致如下：混合经济+自由市场+集权或分权型现代国家，这种类型的代表有墨西哥模式、东亚模式、埃及模式、印度模式等。②

---

① 陈成文．社会学[M]．北京：商务印书馆，2004：274-275.

② 罗荣渠：现代化新论[M]．北京：商务印书馆，2004：161-165.

三、发展中国家的社会现代化

包括中国在内的发展中国家，由于种种历史条件制约，现代化步伐大大晚于发达国家。了解发展中国家的现代化，有助于我们研究并推动这些国家现代化的发展进程。

(一)发展中国家现代化启动的历史条件

1. 后发外生型

发展中国家的现代化与发达国家的现代化最大的差异在于，发达国家是“早发内生型”，而发展中国家是“后发外生型”。前者是指在世界范围内，主要由于社会内部因素的作用，较早进入现代化过程的国家，例如英、法等国。后者指主要由于社会外部因素的作用，在世界范围内较晚开始现代化进程的国家，例如俄罗斯、日、中等国。①

2. 社会生产力水平较低

发展中国家的前现代社会结构是封闭的、板结的和停滞的，农业生产力水平大多处于原始的发展阶段，现代工业基础薄弱，人民受教育程度偏低，生活水平低下。加之大部分发展中国家曾经沦为帝国主义的殖民地或半殖民地，资源矿产被大量掠夺，更加剧了社会、经济、文化的贫困。

(二)迟发展效应

发展中国家的现代化往往晚于发达国家的现代化，与发达国家相比，会面临不同的制约条件和发展环境，这种发展环境对进入现代化进程晚的国家会产生一种特有的“迟发展效应”，这种效应可以分为负面效应和正面效应两个方面。

负面效应有以下几种：

1. 双重发展效应

双重发展效应是指发展中国家在现代化过程中，往往会面临自身和市场的双重压力。发展中国家的现代化不仅要追赶发达工业国家的目标，还要适应发达工业世界的当前趋势。在内部与外部两大系统同时转变的过程中，外部系统变化比本身系统变化更快，在推进本身系统转变的同时，还要随时迎接外部大系统的变化。

2. 同步发展效应

发达国家在进行现代化的过程中具有占先的发展优势，即享有占取廉价劳动力、资源与市场的优势。非工业化国家充当了工业化国家的外部调节器，当发达国家出现问题时容易将矛盾转移到发展中国家以转嫁危机。发展中国家在

① 郑杭生．社会学概论新修[M]．北京：中国人民大学出版社，2002：345.

进行现代化建设的同时往往是数以百计的发展中国家在相似条件下共同发展，由于资源的有限性导致困难较大。

3. 高速效应

发达国家现代化进程往往是渐进式的发展速度，有利于发达国家社会问题的调适和解决。发展中国家面临着日益加强的经济、政治、社会心理等各个方面的压力不得不采取赶超式的现代化模式，将西方国家一二百年经历的渐进发展压缩到几十年时间仓促进行，可能会导致在现代化中出现种种失调和社会危机。

4. 人口效应

人口的空前增长在早期工业化中就是一个突出现象，它是有助于刺激经济增长的重要因素。但是战后发展中国家人口数量激增，要想通过大规模移民来减轻人口过剩压力的余地十分狭小，相反，人才向发达国家外流倒是一种趋势。日益增长的人口压力和劳动力供给的绝对过剩，正在给现代化带来特殊的阻力。

综上所述，对发展中国家的现代化来说，不利条件和有利条件是同时存在的，我们应该认真研究，努力使发展中国家的现代化进程能尽可能避免失误，少走弯路。

第三节 中国社会现代化

中国社会现代化经历了极为复杂、曲折的历程，其发端可以追溯到1840年的鸦片战争。然而在灾难深重的旧中国，社会现代化的愿望一直是一个梦想。新中国成立以后，社会现代化进程取得了重大成就，中途由于受到多种因素的影响，社会现代化进程出现较大波折。1978年以来，伴随着改革开放的开始，我国的社会主义现代化建设进入了一个新的发展时期。

一、中国社会现代化进程

中国社会现代化经历了一个漫长而又曲折的过程。我们把1840年的鸦片战争视为中国现代化发展的起点，中国被动地卷入现代化的滚滚洪流。1949年中华人民共和国的成立，是中国现代化进程的一个里程碑，标志着中国现代化进程进入到一个新的阶段。1978年以来的改革开放使现代化进程真正进入到快速、稳定、全面的现代化阶段。纵观中国现代化进程，可以分为以下几个阶段：

(一)初始阶段(1840—1911)

该阶段时间大约从1840年鸦片战争至1911年辛亥革命。1840年的鸦片战争，是中国走向现代化道路的重要转折。鸦片战争打开了中国封闭的大门，中国被迫开始现代化，我国社会现代化的历史，可以追溯到清代的洋务运动。19世纪后期，中国却由于外国列强的侵略与本国政府的腐败，并没有走上现代化的道路，但清朝晚期进行的一系列改革却为中国的现代化进行了一次小小的尝试。他们通过“睁眼看世界”了解西方的新思潮，通过“洋务运动”学习西方新技术，通过“百日维新”变革落后的经济、政治、军事和教育体制，虽然这场变法以失败而告终，但却给中国现代化建设留下了宝贵的经验和教训。

(二)徘徊阶段(1911—1949)

徘徊阶段的时间大约从1911年到1949年新中国建立。辛亥革命推翻了清王朝，结束了两千多年以来的封建君主制，中国开始了现代化的探索。南京国民政府虽然为中国现代化建设做出了一定努力，但日本帝国主义的入侵，把近30年来中国逐步推进的现代化进程完全打断，使中国面临国家民族灭亡的危险，这种背景下现代化只是昙花一现的海市蜃楼。

(三)探索阶段(1949—1978)

探索阶段的时间大约从1949年到1978年改革开放。中华人民共和国的诞生，标志着中国现代化运动进入了一个新的历史时期，中国开始探索一条符合本国国情的现代化发展道路。中国的现代化问题，第一次作为政府政策和国家发展目标，系统地提出并得以实施。1952年，中共中央制定了过渡时期的总路线：要在一个相当长的时期内，逐步实现国家的社会主义工业化，并逐步实现国家对农业、手工业和资本主义工商业的社会主义改造。1954年9月召开的第一次全国人民代表大会，周恩来在所作的政府工作报告中提出：如果我们不建设强大的现代化的工业、现代化的农业、现代化的交通运输和现代化的国防，我们就不能摆脱落后和贫困，我们的革命就达不到目的。但由于“文革”的干扰，现代化建设实际上没有正式展开。

(四)社会现代化全面建设阶段(1978—)

党的十一届三中全会以后，标志着中国现代化建设进入全面实施阶段。在邓小平同志的领导下，中国的现代化建设进入到全面建设阶段，我国的现代化建设在政治、经济、文化等各个层面都取得了巨大的成就，“建设有中国特色的社会主义现代化”成为当今时代的主题。

二、中国社会现代化的基本特征

罗荣渠从宏观社会史学的视角对这个问题进行了批判性的再思考，分析了中国现代化历史条件的独特性，他提出以下几点：①

① 罗荣渠：现代化新论[M]. 北京：商务印书馆，2004：353-361.

（一）中国现代化是在一个幅员辽阔、人口众多、经济发展落后的农业大国中进行的

进行中外现代化比较时，人们常常忽略这一基本国情。历史上出现的现代化先驱国与后进国，除美国外，几乎都是中小国家，而没有人口众多的农业大国。这说明疆域与人口对社会变革效应有一定联系。大国的变革比小国难，历史传统悠久与结构牢固的社会的变革尤其难。所以，我们要如实地估计中国现代化启动时的实际起点，这对正确估量中国的发展和现代化的艰难性，是十分重要的。

（二）中国现代化是在异乎常态的内外环境中进行的

近代中国的内忧外患，发生的自然灾害、社会动乱、帝制解体、国内战争、对外战争等交织在一起，造成中央集权的国家体制的破坏，国家主权与统一的破损，社会秩序的混乱，大量资源的破坏与浪费，民族精神的损伤等，这些是处在同一历史转型期的世界其他国家所罕见的。

（三）中国现代化的过程是一个历史连续性的破坏与延续的深刻矛盾运动

对于像中国这样具有独特的历史连续性和文化传统同一性的大国，要实现突破原有发展模式的大转变，必然要比历史短、文化传统多元性的国家的转变困难得多。一方面，中国现代化的启动必须打破几千年来小农经济的稳定和皇权制统治的稳定；另一方面，旧秩序的完全解体，政治稳定的大破坏，剧烈的社会震荡，引起社会的完全失序，这又加大了向现代社会过渡的阻力。历史的经验表明，传统与现代性是现代化过程中生生不断的“连续体”，背弃了传统的现代化是殖民地或半殖民地化，而背向现代化的传统则是自取灭亡的传统。适应世界发展的趋势而不断革新，是现代化的本质，但成功的现代化运动不但要善于克服传统因素对变革的阻力，而尤其要善于利用传统因素作为革新的助力。

（四）中国走向现代化的过程是在世界现代化浪潮不断冲击与挑战之下，不断选择与变换发展模式的过程

综观近代以来各国的现代化，凡属成功的经验都是具有独立自主性的选择性现代化，而盲目崇外、照搬外国模式的现代化没有成功先例。因此，中国的现代化不能照搬西方模式，也不能照搬俄国模式或日本模式，必须创造性地探索具有中国特色的自主型发展模式。

三、中国社会现代化的走向及战略部署

（一）建设有中国特色社会主义现代化是中国人民唯一正确的选择

我国正处在社会主义的初级阶段，面临着世界新科学技术革命潮流的冲击，在制定经济和社会发展战略，探索现代化之路时，必须充分考虑当代新技

术革命潮流对我国的巨大影响，从社会主义初级阶段实际出发。只有这样，我们才能远见卓识地确定经济、政治、思想文化协调发展的战略。我国的特定历史条件，决定了我国的社会主义现代化，既不同于资本主义国家的现代化，也不同于经过资本主义发展阶段的社会主义国家的现代化。在中国建设现代化社会，就其本质来说就是要建设具有中国特色的社会主义现代化，即在建设现代化的社会主义物质文明的同时，建设现代化的社会主义精神文明。①

(二)社会现代化建设的战略部署

我国社会现代化的战略目标是把我国建设成为富强、民主、文明的社会主义现代化国家；战略思想是坚持以经济建设为中心；战略步骤是分步实现(“分三步走”)、层级推进；而战略途径则是探寻稳定、高速发展的新路子，其中心是尽快实现从数量增长型模式到质态优化型模式的转换，即以经济的质态跃迁为目标，以提高质量和效益为手段，以内涵发展和集约经营为方式；而我们现代化的战略措施则是协调地区之间、积累和消费之间的发展关系，即合理安排地区经济布局和地区经济结构，在保持东部沿海地区发展趋势的基础上，发展中西部地区经济，同时还要合理解决积累和消费、生产发展和生活改善之间的关系。

第四节　全球化与社会现代化

全球化一词近年来变得日益流行，政治领袖、工商业精英以至大众传媒无不谈及全球化的影响及其如何改变我们的生活。有些人把全球化喻为“地球村”，对于“全球化”的态度是好是坏，目前仍是见仁见智。然而，不管怎样，全球化是我们必须面对的一个新课题。

一、全球化的涵义

当今世界，不管人们是支持还是反对，全球化已成为不可阻挡的世界性潮流。全球化是一个具有歧义性的概念，各个学科所理解的全球化概念均有所不同。对经济学家而言，全球化是指经济活动的跨国化和相互依赖加深；对社会学家而言，全球化是指商业文化、大众娱乐、流行音乐的世界化现象；对政治学家而言，全球化是指国际干预的不断扩大和国家主权日益受限的趋势；对于历史学家而言，全球化是指人类社会发展到近代才出现的现代化过程。全球化既是第二次世界大战以来经济发展的客观历史进程，又是当今科技时代经济发

① 王祥俊．社会变迁与社会协调发展理论研究[M]．桂林：广西师范大学出版社，1993：78.

展的重要趋势，具体表现在生产全球化、市场贸易全球化、科技发展全球化三个方面。① 全球化发展到现在已经不仅仅是某个领域的问题，而应该是多角度、多层次对全球化进行分析和研究。

我们认为，“全球化”涵义有两种，即广义的全球化和狭义的全球化。狭义的全球化是指从孤立的地域国家走向国际社会的进程；广义的全球化是指在全球经济、文化交流日益发展的情况下，世界各国之间的影响、合作、互动愈益加强，使得具有共性的文化样式逐渐普及推广成为全球通行标准的状态和趋势。②

二、全球化的特征

通过全球化的概念我们可以看出，全球化是一个综合的社会概念，包括经济、政治、文化、生产力和生产关系、经济基础和上层建筑等领域的全球化。具体而言，全球化包括了以下几方面特征：

(一)经济全球化

经济全球化是指世界经济活动超越国界，通过对外贸易、资本流动、技术转移、提供服务、相互依存、相互联系而形成的全球范围的有机经济整体。经济全球化包括了以下几方面特征：国际贸易的自由化和迅速发展；生产要素跨国流动，生产国际化；国际金融市场化和金融全球化迅速发展；区域经济一体化趋势明显；经济活动规则全球化等。

(二)文化全球化

文化全球化与经济全球化一样，也是一个不同国家、地区、民族文化相互交流、沟通、融合、对话的过程。在这个过程中，各民族本土文化都以开放的形态与异质性文化进行积极的对话，在相互交流中补充和发展自己。从某种意义上说，全球化的过程就是一个文化共性不断拓展和丰富的过程。导致文化全球化的因素主要有以下几点：互联网的兴起和发展加快了文化传播速度；跨国公司的发展在文化生产和交流中扮演着越来越重要的角色；大规模的人口流动，把各自的传统文化带到世界各地。这里需要注意的是文化全球化并不代表文化一体化，也不应该一体化，文化的全球化实际上是各民族文化相互碰撞和融合而产生的一种现象。

(三)政治全球化

在全球化浪潮中，各个国家及公民在社会结构、价值观念、生活方式等方

① 董小萍．全球化与青年参与[M]．上海：上海社会科学出版社，2004：2.

② 徐艳玲．全球化、反全球化思潮与社会主义[M]．济南：山东人民出版社，2005：47.

面必然会受到很大的冲击，随着物质生活的丰富，人们也必然较多地关注自己所处的政治环境，公民政治意识、政治参与素质将极大提高，民主化思想也在全球范围内广泛传播。政治全球化有以下几方面特点：全球政治民主化大发展；全球政治民主化趋向并不意味着政治上的同质化或统一模式；本国的民主化进程必须走自己的道路，不能照搬其他国家的现成经验；全球化进程在很大程度上改变了各国政府的运作环境，给各国政府带来了严峻的挑战。①

(四)科技全球化

科技全球化是全球化进程的重要组成部分，从目前的发展趋势来看，科技全球化的特点主要有以下几点：国际科技合作与交流迅速增加；科技资源的扩散速度在加快；全球科技体制规范化。

三、全球化对中国现代化的影响

进入新世纪，世界范围内全球化进程已经大大加快，对世界各国的影响也日趋明显，特别对发展中国家影响巨大，全球化对中国社会现代化的进程必将产生深远的影响。

全球化对中国社会现代化的影响体现在两大方面，表现为机遇与挑战共存。

(一)全球化进程为中国社会现代化提供了难得的历史机遇和有利条件

1. 经济全球化有利于我们更好地利用国际市场和资源发展自己

经济全球化促使了生产要素在全球范围内的流动，国际分工水平的提高以及国际贸易的迅速发展，从而推动了世界范围内资源配置效率的提高，有利于各国发挥资源优势，为各国经济提供了更加广阔的发展空间。中国是发展中国家的一员，与发达国家相比具有很大的差距和比较优势，互补性很强。经济全球化有利于中国吸引外资，在吸引外资的同时，我们还引进了一些先进技术和管理经验，这对我国现代化建设起到了积极的作用。

2. 文化全球化提高了中国文化的发展活力和包容力

文化全球化意味着中国文化已经不再是一个封闭自足的体系，文化的发展具有相对独立性，它既受经济条件制约，又与文化的开放交流状况有很大关系。随着经济持续增长和综合国力增强，和对外来文化吸收、理解，中国传统文化的生机活力得到焕发。另外，全球化提高了中国传统文化的包容力，随着外来文明的传入，人们不断受到外来文化潜移默化的影响，竞争观念、时间观念、效率观念、商品意识、服务意识等深入人心，成为中国现代化的一种重要资源和动力。

---

① 陈海燕．全球化与中国特色社会主义[M]．济南：山东人民出版社，2004：61-67.

3. 政治全球化有利于中国民主法制政治的形成

一方面，政治全球化促使政治价值和政治评判标准的全球化，诸如民主、法治、自由、平等、人权、公平、正义等普世性的价值规范和人们公认的政治评判标准，随着民主政治已经成为世界潮流，并且成为人类政治发展所追求的目标。另一方面，中国通过学习、借鉴国外立法和国际立法的成功经验，逐渐规范、完善立法行为，从而有利于中国民主法制政治的形成。

（二）全球化使中国现代化的发展面临挑战

应该看到，全球化在给中国的现代化发展带来机遇的同时，也使中国面临着巨大的挑战。在当今世界经济体系中，由于发达国家已经在经济、科技、金融、贸易等领域占据巨大优势，并力图维护不合理、不正当的世界竞争秩序，这必然使包括中国在内的发展中国家在世界经济竞争中处于不利地位。因此，经济全球化的进程也同时伴随着发达国家的经济利益不断扩大，发展中国家成本增加的过程，特别是经济全球化可能会危及国家经济安全。这种挑战具体体现在：

第一，对外开放步步深入，包括加入世界贸易组织，可能会冲击我国一些经济部门，由此还可能产生相关的失业等社会问题。

第二，经济全球化既传导经济景气，也传导经济衰退，因此，它会增大有关国家经济的波动性。

第三，国际金融市场巨额资金的流动性、投机性和风险性，一方面，在某些方面有益于世界经济；但另一方面，又使世界经济增加了发生大的危机的可能性。

第四，由于对外贸易关系的发展，我国经济生活的某些方面和某些部门有被外国经济组织控制的危险。

第五，政治制度的稳定性及民族文化将受到威胁。在政治领域，某些西方大国往往把自己的意识形态和政治价值观念强加给我国，在人权问题上搞双重标准，并以人权为借口干涉我国内政。在文化领域，信息高速公路使得信息得以在全球传播，占强势的西方文化有可能对我国的民族文化产生冲击。①

（三）中国面对全球化挑战的对策

全球化作为中国社会现代化的国际背景，它对中国现代化的影响是不可回避的，我国应该勇敢地面对全球化的挑战，以积极的姿态融入全球化进程，促进我国改革开放和社会主义现代化目标的实现。面对全球化所带来的问题和挑战，为了使中国在全球化过程中趋利避害，我们必须要制定科学的对策。

1. 提高全球化能力，有效推动中国社会的发展

① 赵连文．社会学论纲[M]．开封：河南大学出版社，2006：269.

全球化能力即适应全球化的趋势和要求，在全球化的进程中得以健康生存和持续发展的能力。增强这种全球化能力是在全球化条件下有效推动中国对外开放及社会发展的本质要求和主体条件。提高全球化能力的核心是增强国民的全球化素质，国民全球化素质直接关系到中国的现代化进程和国际地位与国际竞争力。

2. 不断进行制度创新，加速国内改革进程

中国要在全球化竞争中取得与发达国家同等的地位，减少全球化进程中的损失，最根本的是要进行国内改革。在经济方面，要进一步完善我国的社会主义市场经济体制，实施科技发展与人力资源培养战略，积极培育跨国公司，与发达国家一体化组织加强经贸联系，建立全球合作战略等。在政治方面，要进一步加强社会主义民主法制建设，坚决惩治腐败，建立高效、廉洁、法治的政府机构。在文化方面，要积极培育我国公民的自由、民主、理性、法制观念，同时也要注意保持和发扬我们优良的文化传统和价值观，防止西方社会的极端利己主义、拜金主义和享乐主义滋生蔓延。①

思 考 题

1. 如何理解社会变迁的涵义？
2. 如何理解“迟发展效应”？
3. 谈谈我国现代化进程中的基本特点。
4. 如何理解全球化过程对我国现代化的意义？

主要参考文献

[1] 郑杭生．社会学概论新修[M]．北京：中国人民大学出版社，2002.
[2] 风笑天．社会学导论[M]．武汉：华中科技大学出版社，1997.
[3] 张敦福．现代社会学教程[M]．北京：高等教育出版社，2007.
[4] 吴铎．社会学[M]．北京：高等教育出版社，1992.
[5] 赵连文．社会学论纲[M]．开封：河南大学出版社，2006.
[6] 宣兆凯．新编社会学概论[M]．北京：中国人事出版社，2000.
[7] 高宣扬．当代社会理论[M]．北京：中国人民大学出版社，2005.
[8] 罗荣渠．现代化新论[M]．北京：商务印书馆，2004.
[9] 王雪梅．社会学概论[M]．北京：中国经济出版社，2002.

① 赵连文．社会学论纲[M]．开封：河南大学出版社，2006：270.

[10] 陈成文. 社会学[M]. 北京：商务印书馆，2004.

[11] 王祥俊. 社会变迁与社会协调发展理论研究[M]. 桂林：广西师范大学出版社，1993.

[12] 董小苹. 全球化与青年参与[M]. 上海：上海社会科学出版社，2004.

[13] 徐艳玲. 全球化、反全球化思潮与社会主义[M]. 济南：山东人民出版社，2005.

推荐阅读书目

[1] 孙立平. 社会现代化[M]. 北京：华夏出版社，1988.

[2] 罗荣渠：现代化新论[M]. 北京：商务印书馆，2004.

[3] 王祥俊. 社会变迁与社会协调发展理论研究[M]. 桂林：广西师范大学出版社，1993.

[4] 程美东. 现代化之路[M]. 北京：首都师范大学出版社，2003.

第十七章　社会保障与社会工作

在任何社会制度下，总有一部分人由于先天或后天原因而导致其生存和发展处于“绝对弱势”或“相对弱势”状态，需要通过政府、社会或民众的资助和服务以维持正常的生存和发展，政府或社会也只有为这些人的生存和发展提供一定的保障，才能维持整个社会的安全、公平和稳定。所以，世界上许多国家，尽管经济体制、政治体制以及思想文化体制各不相同，尽管面临的社会矛盾和社会问题有着很大的差异，但都不同程度地实施了社会保障与社会工作。当前，社会保障与社会工作已经成为衡量一个国家或地区社会文明进步的重要标志。改革开放以来，随着我国社会经济的快速发展，社会保障与社会工作也得到了显著的发展，但相对于构建和谐社会的目标和广大民众的需求来说仍然存在着较大的差距。为此，必须大力整合社会资源，完善社会保障与社会工作，以推进我国社会平稳、健康、和谐地发展。

第一节　社会保障概述

人类社会保障可以追溯到人类最初形成的时候，可以说，有了人就有对人的保障。原始社会是以氏族或部落的“群保障”形式存在着；奴隶社会是以奴隶主对奴隶占有或支配的“主从保障”形式存在着；封建社会是以封建地主对农奴或农民部分占有或支配的“土地保障”或“家庭保障”形式存在着，所有这些都可以称为前社会化保障方式。人类现代社会保障制度萌芽、产生的历史可以追溯到17世纪初，以1601年英国伊丽莎白女王颁布的《济贫法》为发端，经过1883年至1889年间“德国保险三法”的发展，从而催生了1935年美国综合性《社会保障法》的形成。此后，社会保障越来越为国际社会所普遍认同。当前，已有170多个国家和地区建立了不同形式的社会保障制度。

一、社会保障的涵义与特征

(一)社会保障的涵义

社会保障(social security)是一个动态范畴，不同时期、不同国家或地区有着不同的内涵，它经历了由传统到现代的转变。传统的社会保障是指社会成员在遭遇疾病、失业、残疾等危境时，由政府负责，利用一系列法定手段，集聚社会力量，向社会成员提供物质援助，以确保其基本生活。随着社会的发展以及人们对社会保障需求的多元化出现，传统意义的社会保障逐渐演变为现代意义的社会保障。关于现代社会保障，各国往往在坚持社会保障一般规定性与本国国情相结合的基础上对社会保障进行各自的界定，就其一般意义而言，社会保障就是国家和社会通过立法实施的、以国民收入再分配为手段，对社会成员的基本生活权利提供安全保障的社会行为及其机制、制度和事业的总称。它包含着以下要义：第一，社会保障的首要责任主体是国家或政府；第二，社会保障的对象是全体社会成员；第三，社会保障的目标是满足公民的基本生活需要，从而实现社会稳定和社会公平；第四，社会保障的手段是对国民收入进行再分配；第五，社会保障的实施依据是国家立法；第六，社会保障既是一种社会行为，一种社会经济制度，也是一项社会事业，一种社会政策。在现代社会，社会保障既是社会文明进步的重要标志，同时也是政府调控经济运行的重要手段。

(二)社会保障的特征

社会保障具有以下几个方面的基本特征：

1. 社会性

社会保障也可以称为保障社会，如果离开了社会这个前提和基础，社会保障的存在也就失去了应有的意义。社会保障的社会性主要体现在以下几个方面：第一，社会保障不仅仅维护少数特殊人群的利益，更以全体社会成员作为自己的保障对象；第二，社会保障不是解决某些领域的特殊问题，而是致力于解决普遍性的社会问题；第三，社会保障的资金不仅仅来自政府，更来自整个社会；第四，社会保障的实施不单单依赖于政府，更依靠社会化的管理和服务机构来完成。可见，是否具有社会性，可以作为社会保障是否成熟的重要标志。

2. 互济性

所谓互济，就是指人们在生存或生活过程中的互相帮助、互相合作和互相接济。社会保障并不是简单的个人对个人的关爱或恩赐，而是社会成员通过各种方式建立各类公共服务机构及社会保障基金，在社会成员遭遇社会风险或生活困境时，可以从社会保障基金中获得相应的补偿或救助，也可以得到公共服务机构提供的相应服务。社会保障的这种互济机制既可以是直接的，也可以是间接的；既可以是制度化的，也可以是非制度化的，由此体现了人类共御风险、共享安宁的美好愿望。

3. 福利性

所谓福利性，就是指社会保障对象能够无偿或低偿地得到一定的经济补偿、精神安慰以及相应的公共服务。社会保障的中心价值观就是强调人的尊严和社区生活的质量，肯定每一个人都有享受公共救助和其他社会服务的权利。尽管世界各国社会保障体系有所差异，但都有一个共性的特征，那就是广大公民在社会保障面前履行的“总义务”总是少于享受的“总权利”，而政府则在实施社会保障过程中履行的“总义务”总是大于“总权利”，由此体现国家在社会保障中承载的经济意义和社会道德意义。

4. 强制性

世界各国社会保障均是依法建立、依法实施的，国家法律的强制性赋予社会保障的强制性。社会保障的强制性在社会保障最重要的社会保险项目中体现得最为突出。这种强制性集中体现在：一是社会保障依法强制符合条件的劳动者及其用人单位必须参加社会保障或被社会保障；二是社会保障依法强制符合条件的劳动者及其用人单位在享受相应权利之前必须履行相应的缴费义务。社会保障的强制性是必要的，它确保了社会保障的顺利实施。当然，社会保障的强制性也会随着人们思想觉悟的提高而逐渐减弱。

5. 保障性

社会保障就是国家按照经济发展水平和承受能力，对社会成员给予基本生活保障的一种社会经济制度。完善的社会保障制度能使全体社会成员或绝大多数人从中获益，特别是在社会成员生存和发展面临困难或威胁时，社会保障可以为他们提供物质支持、精神抚慰、公平分配、安全稳定的保障。社会保障的这种保障性是以国家立法作为后盾的，它确保了广大社会成员能拥有公平的生存机会和发展权利。

6. 动态性

社会保障作为一种维护社会安全、公平与稳定的社会制度安排，从其萌芽、产生、发展到成熟与完善，经历了几千年的历史发展过程。西方一些发达国家社会保障制度开启的时间较早，制度建设虽然历经坎坷，但日臻完善；亚非一些发展中国家社会保障制度实施的时间较晚，往往带有借鉴西方的痕迹，且目前仍然存在着残缺不全的问题。中国在20世纪80年代的“七五”计划中才开始使用该词，目前中国的社会保障事业发展迅速。社会保障制度不是一成不变的，它必然会随着社会的发展以及人们生存与生活需求的提高而不断发展和完善。

二、社会保障的功能

社会保障的功能是指社会保障对人类社会的存在和发展所发挥的重大作用。社会保障的功能主要体现在社会保障的经济功能、政治功能、社会功能以及文化功能几个方面。

(一)社会保障的经济功能

1. 维持劳动力的再生产

社会存在与发展的首要前提无疑是有生命的人的存在和发展。在人的生产和再生产中，劳动力的再生产是其中最核心的内容。在传统生产方式下，劳动力的再生产纯粹属于家庭的功能，随着社会化大生产以及家庭功能的弱化，这一功能逐渐从家庭中分离出来而转化为社会的功能，这就使劳动力的社会使用、社会磨损、社会伤残等均能够从社会中获得保障；在市场经济条件下，社会保障待遇也成为劳动力在人才市场上选择就业的重要依据，由此维护和促进了劳动力的生产或再生产。

2. 调节公民的消费行为

人的消费行为是受多种因素影响的，其中收入因素对消费影响最大。社会保障对消费的调节作用主要体现在：一是社会保障可以对国民收入在积累投资与消费基金方面进行自动调节分配，保证国民经济的正常平稳发展；二是社会保障可以调节劳动者个人不同时期的收入再分配以及代际之间的收入再分配；三是社会保障可以使遭遇风险的广大社会保障对象具有稳定的消费来源，解除了广大公民的后顾之忧，增强了他们现实消费或超前消费的信心和动力。可见，社会保障不仅能够维护和稳定整个社会的消费水平，而且在调节公民消费行为、拉动内需方面也具有十分重要的作用。

3. 调节资金市场运作

社会保障是以征缴税费而积累的庞大保障基金为前提的，社会保障基金或具体项目基金大都是事前积累起来的，有的属于现收现付的，有的属于半积累性质的，对于那些具有积累性质的基金在积累期间就有可能形成国家的建设或调控资金而对金融市场发挥积极的调节作用。智利在这方面积累了比较成功的经验，该国主要是把现收现付的资金运营模式改为积累式的基金运营模式，即通过基金积累带动储蓄的增长，并且将基金投入金融市场，获得了更高的收益。

(二)社会保障的政治功能

1. 巩固国家政权

从现代社会保障的萌芽以及发展历程来看，社会保障是缘于社会矛盾和社会问题，对国家政权造成严重的威胁。为了维护和巩固现存的政治制度，促进国家的安全和稳定，国家往往以提高社会保障待遇的方式来化解政治危机、削弱异己势力、笼络民心、彰显政绩、增强自身实力、维护政权的长治久安。所以，社会保障早已与国家政治制度紧密结合在一起，成为国家社会政策的主要组成部分，并且受到各国政府的高度重视。

2. 体现政府责任

每一个人在生存和发展过程中都不可避免地遇到或大或小、或多或少的风险，个人的风险理应由个人或家庭独自承担，然而当个人或家庭无力独立化解或承担这些风险的时候，个人的风险就会直接影响个人生存和发展的权利。政府因公民而存在，民乐而国安，因此，无论公民遭遇的风险缘于自身、缘于自然，还是缘于政府，也无论公民能否通过自身的努力化解风险，政府均有责任和义务承担其中的风险。可见，社会保障是强化政府主体责任的具体体现，也是政治文明的重要标志。

(三)社会保障的社会功能

1. 维护社会公平

由于先天遗传和后天社会实践的不同，每个人在生存和发展过程中所占有、支配和使用的资源存在着很大的差异，由此直接导致了人与人之间在生存、生活乃至生产方面的不公平性。特别是在一些以市场经济作为基础经济体制的国家中，由于市场经济的效率或效益导向，更加剧了社会成员的不公平性。社会保障就是在不影响竞争或效率的前提下，将社会成员的差异性限制在“适度”范围，维护人的公平权益，促进效率的进一步实现。

2. 保持社会稳定

每一种社会制度或社会形态的最优发展效果就是在稳定中获得又好又快的发展，所以，任何社会的发展都需要相应的动力机制与稳定机制。市场经济是现代世界各国经济发展首选的动力机制，而社会保障则是现代世界各国除了国家暴力工具之外首选的稳定机制。由于社会保障具有调节收入、缩小贫富差距、缓和社会矛盾冲突的重要作用，所以被许多人赋予社会的“稳定器”、“安全阀”的称谓。从世界各国治理社会的实践来看，凡是社会保障完善的国家，社会的稳定性就较强。

(四)社会保障的文化功能

1. 发扬人道主义精神

人道主义是人类长期生存和发展过程中所形成的一种公共道德，它主张爱护人的生命，关怀人的幸福，尊重人的人格和权利。时至今日，虽然现代社会保障制度早已上升到法律规范层次，享受社会保障已经成为民众的一项基本权益，但是人道主义仍然是建立社会保障制度的最根本的道德源泉。所以，大力发扬人道主义精神，有利于促进社会保障的不断发展和完善，而社会保障的不断发展和完善也有利于人道主义精神的彰显与践行。

2. 培育集体主义精神

社会保障属于社会各个主体或群体共同帮助和关爱社会个体的行为，这种行为包含着社会共同责任思想，强调社会成员在自助的前提下承担共同连带的社会责任，也可以称之为“人人为我，我为人人”的思想。社会保障的这种思想有利于促进社会成员打破个人利益和私有观念的禁锢，有利于增强社会成员的凝聚力和向心力，也有利于形成一种集体主义的价值取向以及推动社会发展进步的强大合力。

三、社会保障体系

(一)社会保障体系的涵义

任何事物都是在与其他事物相互联系、相互制约的“体系”中存在和发展的。所谓社会保障体系，是指国家通过立法对社会成员给予物质帮助所采取的各种相互独立而又相互联系的各项社会保障子系统的总和。社会保障是针对社会成员遭遇各种不同风险和多样性需求而建立的，因而它不是由单一的项目构成的，而是由众多制度、计划、项目结合而成的整体。在国家宏观调控下，社会保障的诸多制度、计划、项目各司其职、各负其责，由此形成互相联系、功能互补的社会安全网络。

(二)国际劳工组织的社会保障体系

社会保障体系的构成，既受本国社会经济发展水平的制约，也受国际化标准的影响，所以，社会保障体系在不同国家的不同历史时期包含不同的内容。二战以后，随着以“高福利”为内涵的社会保障制度在西方发达国家的扩展以及一些发展中国家也纷纷建立有本国特色的社会保障模式，社会保障体系在世界范围内呈现出纷繁复杂的样式。为了更好地界定或衡量各国社会保障的发展程度，国际劳工组织在 1952 年第 35 届大会上通过了《社会保障最低标准公约》，《公约》具体规定了现代社会保障主要内容为：医疗、疾病津贴；失业津贴；老龄津贴；工伤津贴；家庭津贴；生育津贴；伤残津贴；遗属津贴等。其中，最主要的是失业津贴、老龄津贴、工伤津贴、伤残津贴和遗属津贴。同时，《公约》还规定了一个国家只要实行了三种津贴(其中至少包括一种最主要津贴)就可以被确认建立了社会保障制度。此后，国际劳工组织相继将社会保险、社会救助等内容归并到社会保障制度中，这样，社会保障体系一般包括社会保险、社会救助、社会福利等几个方面的重要内容。

(三)中国的社会保障体系

中国传统的社会保障体系是计划经济下的以国家、单位为社会保障主体的体系。1951 年我国制定和实施了《中华人民共和国劳动保险条例》，标志着中国建立了包括养老、工伤、医疗、生育保险等内容的社会保险制度。经过不断扩展，我国逐步建成了一套与计划经济体制相适应的国家保障子系统、企业保障子系统及乡村集体保障子系统。

中国现代社会保障制度是伴随着市场经济体制的建立而发展起来的。1993

年中国共产党十四届三中全会通过的《中共中央关于建立社会主义市场经济体制若干问题的决定》提出：社会保障体系包括社会保险、社会救济、社会福利、社会优抚和社会互助、个人储蓄积累保障等，由此形成了中国社会保障体系的框架。随着社会保障制度的逐步完善和发展，如今以社会保险为核心，包含社会救济、社会福利、社会优抚安置内容的与市场经济相适应的社会保障体系已现雏形。

四、社会保障的模式

第二次世界大战后，世界各国的社会保障无论在广度上还是在深度上，都获得了很大的发展，与此同时，也形成了各具特色的社会保障模式。从制度安排角度出发，社会保障可以划分为以下几种模式：

（一）全民福利型社会保障模式

全民福利型社会保障模式以英国、瑞典为代表，主要分布在北欧和西欧许多国家。其基本特征是：其一，实行全民保障与全面保障，待遇水平高，保障项目齐全，强调社会公平，国家为直接责任主体，社会保障范围由生到死，几乎无所不包；其二，社会保障金的筹集方式实行现收现付制；其三，社会保障金主要来源于国家一般性税收，福利开支基本上由政府与企业负担；其四，实行广泛而优厚的公共津贴制度；其五，社会保障机构由国家设立的机构统一管理；其六，政府履行义务过多而导致财政负担沉重。

（二）社会保险型社会保障模式

社会保险型社会保障模式最早产生于德国，现以德国、美国、日本等市场经济发达的国家为代表。其基本特征是：其一，社会保障网络以各种社会保险制度为中心，再补充以其他救助或福利性政策；其二，社会保障金来源多元化，在政府、社会、雇主与劳动者个人之间建立起责任共担的机制，通过个人、雇主投保与国家资助，实现风险保障的互济性；其三，强调受保障者权利与义务相结合，给付以缴费为基础；其四，社会保障金的筹集方式实行现收现付制，无个人账户，完全靠社会统筹，长期项目以代际转移方式进行；其五，实现市场效率与社会公平的有机协调。

（三）强制储蓄型社会保障模式

强制储蓄型社会保障模式以新加坡、智利为代表，其中，新加坡主要由政府集中管理和运营基金，智利主要由私营基金管理公司运营基金。其共性特征是：其一，法律强制受保人必须按一定的比例缴纳基金；其二，建立个人账户，雇主和雇员的缴费全部记入雇员账户；其三，个人账户资金投入资本市场运营，以实现保值增值；其四，雇员退休后的养老保险待遇完全取决于个人账户积累额。

(四)国家保障型社会保障模式

国家保障型社会保障模式以计划经济体制下苏联、东欧以及中国等社会主义国家为代表。其基本特征是：其一，社会保障事务完全由国家(或通过所在单位)包办，政府对社会保障资源进行直接分配，社会保障管理的社会化程度较低；其二，受保人不缴纳任何保险费，保障基金由国家或企业承担，采用从劳动成本中预先扣除的方式筹集，个人不缴纳任何保险费；其三，与工资相比，社会保险待遇偏高，保险待遇与缴费多少无关联，而与劳动贡献相挂钩；其四，在保障目标上追求社会公平，在保障范围上几乎是全体国民，但保障水平较低；其五，各级工会组织代表国家政权机构管理社会保障事宜。

第二节　社会保障与社会和谐

纵观世界各国不难发现，社会保障与社会和谐存在着密切的联系。凡是建立完善社会保障制度的国家或地区，社会相对和谐稳定，凡是没有建立完善社会保障制度的国家或地区，则社会缺乏和谐稳定。社会保障作为构建和谐社会的核心内容之一，是推动经济社会协调发展的根本依托和重要保证，它不但关系到人民群众的基本福祉，更关系到社会稳定和国家长治久安。2004 年 9 月 19 日，中国共产党在十六届四中全会上正式提出了“构建社会主义和谐社会”的概念，在十六届六中全会通过的《中共中央关于构建社会主义和谐社会若干重大问题的决定》中，把 2020 年基本建成覆盖城乡居民的社会保障体系作为构建社会主义和谐社会的目标和主要任务之一，并对如何完善社会保障体系作了重要阐述，为今后加快社会保障体系建设指明了方向。

一、社会保障与社会和谐的关系

(一)和谐社会的涵义

“和谐”一词最早出现在著名历史文献《左传》这部书中。中国古代的“和谐”理念包含几个层面的涵义：一是具有差异性事物的结合、统一与共存；二是一种社会政治安定状态；三是遵循事物发展客观规律，追求人与自然的和谐。西方诸多思想家都把“和谐”视为重要的哲学范畴，认为“和谐就是对立面的统一”。

纵观古今中外，所谓“和谐”就是指事物与事物之间、事物内在诸要素之间的相互融洽与协调。所谓和谐社会，是指构成社会的各个部分、各种要素处于一种相互协调的状态。这种社会状态在任何社会形态下都有可能存在，它取决于当下社会基本矛盾的对抗程度及其治理程度。

自 2005 年以来，我国不仅把和谐社会作为建设中国特色的社会主义过程中的价值取向和战略任务，而且把“民主法治、公平正义、诚信友爱、充满活力、安定有序、人与自然和谐相处”作为和谐社会的新内涵。所谓“民主法治”，就是社会主义民主得到充分发扬，依法治国基本方略得到切实落实，各方面积极因素得到广泛调动；所谓“公平正义”，就是社会各方面的利益关系得到妥善协调，人民内部矛盾和其他社会矛盾得到正确处理，社会公平和正义得到切实维护和实现；所谓“诚信友爱”，就是全社会互帮互助、诚实守信，全体人民平等友爱、融洽相处；所谓“充满活力”，就是能够使一切有利于社会进步的创造愿望得到尊重，创造活动得到支持，创造才能得到发挥，创造成果得到肯定；所谓“安定有序”，就是社会组织机制健全，社会管理完善，社会秩序良好，人民群众安居乐业，社会保持安定团结；所谓“人与自然和谐相处”，就是生产发展，生活富裕，生态良好。

(二)社会保障对和谐社会的作用

1. 促进经济和谐

经济和谐是经济平稳运行的基础，也是支持和谐社会的物质力量。经济和谐是社会经济秩序的理想状态。社会保障制度作为社会经济制度的重要组成部分，它在促进人力资源的持久供给、缩小公民收入分配的差距以及加强政府对经济的宏观调控等方面具有自身独到的作用。所以，完善的社会保障制度有利于降低市场竞争风险，抑制经济波动，从而促进经济和谐。

2. 促进政治和谐

政治和谐是政治稳定的基础，也是构建和谐社会的政治力量。所谓“政治和谐”，就是指政治系统内部各要素之间处于相互依存、相对均衡的稳定状态。政治和谐是政治秩序的理想状态。社会保障制度作为国家上层建筑的重要组成部分，它在化解社会矛盾、协调政府与民众的关系、保障公民基本权利以及维护社会的公平正义等方面具有显著的功能。所以，完善的社会保障制度有利于取信于民，提高政府的凝聚力和向心力，促进民主政治，实现人民当家做主，从而促进政治和谐。

3. 促进文化和谐

文化和谐是文化繁荣的基础，也是指导和谐社会的精神力量。所谓“文化和谐”，就是指一种以和谐为价值取向，以研究、弘扬、传播、实施和谐理念为主要内容的文化状态。凡是促进社会和谐的文化，都可以统称为和谐文化。和谐文化是文化秩序的理想状态。社会保障制度作为一项社会公共事业，内含着人道主义、集体主义、互助精神的价值取向，它在减缓人的精神焦虑、弘扬公平理念、统一人们思想、提升民众精神追求以及倡导个人的社会责任等方面具有积极的效应。所以，完善的社会保障制度有利于形成全民族奋发向上的精神力量，促进文明道德风尚，营造“和衷共济”的思想舆论氛围，从而促进文化和谐。

4. 促进社会关系和谐

社会关系和谐是社会关系融洽的基础，也是推动和谐社会的纽带。社会是一个以共同的物质生产活动为基础而形成的相互联系的人们之间的各种关系复合体。社会的本质是社会关系，和谐社会也是要有和谐社会关系的社会。所谓“社会关系和谐”，就是指在复杂多维的社会关系中实现人与自我、人与人、人与自然之间的处于一种相互协调的状态。社会保障制度作为一项维护人自身生存发展的制度安排，它在实现人自身内在与外在的平衡，促进人与人之间相互尊重、相互友爱以及推动人与自然的共生共荣等方面具有突出的功能。所以，完善的社会保障制度有利于保持健康快乐的心态，合理界定人的自我价值与社会价值，促进人与人的平等合作，从而促进社会关系和谐。

二、我国社会保障的现状及问题

(一)我国社会保障的现状

我国社会保障历史以新中国成立为起点，从无到有、从城镇到农村、从职业人群到城乡居民，是一个不断改革、发展、完善的过程。大体经历了以劳动保险为主的社会保障形成阶段、以社会保险为重点的社会保障改革探索阶段和以统筹城乡为目标的全面发展阶段共三个阶段，并且取得了非常显著的成就，突出体现在以下四个方面：

1. 社会保障体系初步形成，制度转型全面推进

经过几十年探索，我国形成了以社会保险为主体，包括社会救助、社会福利、优抚安置、社会慈善事业在内的社会保障制度框架。与此同时，城镇养老、医疗、失业、工伤、生育保险基本实现了从单位保险向社会保险的转变；社会救助基本实现了由临时单一救助向经常性综合救助转变；社会福利基本实现了零散补贴向稳定保障转变；优抚安置基本实现了保障城市兵源向保障城乡兵源的转变；社会保障筹资机制基本实现了从国家单一责任向多元主体共担责任的转变；社会保障体系基本实现了从单一层次向多层次的转变。从制度转型的过程与结果来看，总体运行平稳，效果日益显现。

2. 解决了大量历史遗留问题，确保经济体制改革顺利进行

在计划经济体制向市场经济体制转轨过程中，为保障企业离退休人员和国有企业下岗职工的基本生活，中央提出了“两个确保”，即确保企业离退休人员基本养老金按时足额发放，确保国有企业下岗职工基本生活费按时足额发放；“三条保障线”，即建立财政支持保障线，所有离休干部离休费实现足额按年发放；建立联系督办保障线，对老干部反映的问题及时给予督办落实；建立特事特办保障线，保障特殊部门特殊人员特殊问题得到顺利解决。由此保障

了3000多万国有企业下岗职工的基本生活，实现了2800多万下岗失业人员的再就业，完成了5000多万企业离退休人员养老金按时足额发放，并解决了地方政策性破产企业退休人员参加医疗保险的问题。从而满足了困难群众的基本生活需求，确保了国有企业改革与经济结构调整的顺利进行，维护了社会稳定。

3. 社会保障覆盖范围不断扩大，待遇水平稳步提高

改革开放以来，我国社会保障制度覆盖范围逐步从国有企业向多种所有制组织、从正式职工向灵活就业人员、从城镇居民向农村居民的扩展。中华人民共和国人力资源和社会保障部2014年4月28日在新闻发布会上公布，截至2014年4月，在就业和再就业方面，城镇新增就业人数473万人；城镇失业人员再就业人数196万人；就业困难人员就业人数56万人。在城镇职工基本养老保险方面，参保人数32477万人。在医疗保险方面，参保人数58160万人。在失业保险方面，参保人数16436万人。在工伤保险方面，参保人数19912万人。在生育保险方面，参保人数16410万人。在城乡居民基本养老保险方面，参保人数49685万人。同时，社会保险待遇水平稳步提高。在坚持社会统筹与个人账户相结合、多缴多得、长缴多得的原则下，再次调整企业退休人员基本养老金，平均增幅10%，使广大群众特别是低收入群众基本生活得到有效保障。

4. 社会保障专业化队伍建设不断加强，管理与服务水平进一步提升

随着我国社会保障事业的不断发展与进步，适应于社会保障事业发展的管理与服务队伍建设也得到了进一步加强。近年来，人力资源与社会保障部对数万名新技师培训与教育计划的全面完成，极大地改善了我国社会保障专业化人才的总量和结构，也初步解决了人才短缺的问题。同时，民政部还从宣传教育和建立机制入手，引导和鼓励更多的企事业单位、民间组织和个人加入到服务社会保障的行列，建立健全志愿者服务组织，深入开展方式灵活、内容丰富、效果实在的志愿服务活动，由此使我国社会保障管理与服务队伍建设得到大幅度的加强，社会保障管理与服务水平得到大幅度的提高。

（二）我国社会保障存在的问题

当前，我国社会保障仍然存在着不少矛盾和问题，其中，最主要的问题有以下几个方面：

1. 社会保障理念错乱

完善的社会保障需要政府、企业以及广大社会成员对社会保障具有清醒的认知和判断，进而形成高度的共识。从当前我国社会保障运行状况来说，社会保障各个主体对社会保障的理解程度不尽相同，对自身在社会保障事业中的角色定位不尽清晰。从政府的顶层设计来说，国家更多地把社会保障定位于社会

控制工具而不是社会公平机制，从而无法满足社会成员在日益扩大的贫富差距面前的社会公平感；从实施机构的执行状况来说，更多地从社会保障制度的技术层面和操作层面来考虑问题，从而淡化了社会主义制度及其原则对社会保障的指导和约束；从企业的行为来说，不少企业都把对员工的社会保障仅仅看做是一种负担或义务，从而出现了瞒报或拖欠社会保障金的消极行为；从普通的民众来说，许多人把社会保障看做是出钱购买政府偶尔的恩惠，从而固守或维系家庭保障模式。正是由于社会保障理念不统一、不明确、认知的错位，才导致了相关政策在制定和实施中的种种不到位不协调现象的发生，从而直接影响或制约了社会保障的全面协调发展。

2. 社会保障待遇失衡

完善的社会保障理应惠及全体社会成员，然而，从当前我国社会保障具体实施来看，还存在着严重的待遇失衡：一是社会保障覆盖面狭窄。中华人民共和国人力资源和社会保障部在《2013 年度人力资源和社会保障事业发展统计公报》中发布，截至 2013 年底，全国农民工总量达到 26894 万人，其中外出农民工 16610 万人；但参加医疗保险的农民工人数为 5018 万人，参加失业保险的农民工人数为 3740 万人，参加工伤保险的农民工人数为 7263 万人，这对庞大的农民工大军来说，仅仅是冰山一角。截至 2014 年 3 月底，城乡居民养老保险参保人数达 49669 万人，实际待遇领取人数达 13903 万人，这与城镇全体劳动者人数相比，还相差很大距离。二是社会保障待遇区域不平衡。由于我国社会经济发展的不平衡性以及社会保障不同项目在不同区域社会统筹层次的各不相同，从而造成了同一个保障项目在不同区域的待遇各不相同。从全国范围来看，社会保障同一个项目的待遇，东部地区高于中部和西部地区，城市高于农村，机关事业单位高于公共或民间团体组织，国有集体企业高于私营和个体，而且有些项目待遇差距竟然高达几倍。由此直接影响社会保障的社会性和保障性功能的有效发挥。

3. 社会保障资金短缺

完善的社会保障制度需要充足的资金来源和健全的基金管理，虽然人力资源和社会保障部在《2013 年度人力资源和社会保障事业发展统计公报》中公布，2013 年全年我国基本养老保险基金累计结存 31275 亿元，城镇基本医疗统筹基金累计结存 5794 亿元，失业保险基金累计结存 3686 亿元，工伤保险基金累计结存 996 亿元，生育保险基金累计结存 515 亿元，但是由于企业以及个人拖欠保险金的事件时有发生，由政府、企业、个人、社会捐助、国际合作以及资金增值等多元化社会保障筹资机制尚未健全，因而社会保障基金总支出和总筹集之间仍然存在着巨大的缺口。从社会保障各个项目的资金状况来看，缺口大小不尽相同。只有一些因不涉及历史“欠账”且资金来源正常的项目才能维持正常运行；而有些社保项目因涉及新旧制度的转轨，新制度不得不为旧制度“买单”，由此导致个人账户“空账”运行。同时，社会保障资金在筹集与给付过程中也缺乏统一规范的管理，中央指导性政策在各地得不到统一落实，中央及地方管理机构臃肿重叠，管理与服务效率低下，监管手段单一，造成财力浪费严重；更有甚者，一些地方出现了社会保障基金的流失，滋生了社会腐败，由此直接影响到社会保障事业的健康发展。

4. 社会保障法制建设薄弱

完善的社会保障必须依法保障，然而当前我国社会保障法制建设仍然相当滞后。一是社会保障基本法律体系尚未形成。到目前为止，我国还没有一部综合性的《社会保障法》。二是社会保障立法层次较低。当前我国社会保障制度往往是以“暂行规定”、“管理办法”、“条例”以及“通知”等形式出现的，不仅临时性与政策性比较明显，而且各地方性社会保障法规也难以统一与衔接。民法、刑法等实体法或程序法中缺少具体详尽的规定，导致社会保障立法缺乏权威性和稳定性。三是“群龙治水”与“政出多门”现象突出。当前，我国社会保障仍然存在着多头分管、条块分割、政事模糊、监督乏力的弊端。从涉及社会保障制度的部门来说，有全国人大、人力资源与社会保障部、民政部、财政部、国家发改委、卫生部、中央军委等，每一个部门只顾及本部门的制度设计，部门与部门间彼此协调迟缓，从而导致了许多社会保障制度被分散地规定在不同法律文件中，甚至由于难以相互衔接而产生新的矛盾和问题以及“有法难依”困境，由此直接影响社会保障事业的规范运行和协调发展。

5. 社会保障信息化建设滞后

完善的社会保障必须具有畅通的信息交流机制，然而当前我国社会保障信息化建设仍然相当缓慢。一是缺乏最新完整的信息库。当前，我国各级社会保障实施机构虽然不同程度地建立了相应的社会保障数据库，但是对社会保障主体、客体的信息难以做到及时更新，人员的增减、收入的变化、人口的流动等许多信息处于“过时”状态，从而无法及时准确地统计社会保障相关信息。二是缺乏便捷的信息通道。许多人都想了解社会保障相关信息，但不知从哪里去了解，以至于不少人至今还不知道社会保障“谁保障”、“保障谁”、“保障什么”、“保障多少”、“怎样保障”等最基本的知识和信息。三是缺乏周到的信息服务。许多人在享受社会保障相关项目时，既无人专门通知，也没有信息提醒，以至于不知自己有没有资格保障以及什么时间、什么地点、携带什么证明、经过哪几个程序才能实现这些保障，从而造成了保障的延误或流失。所有这些问题，都直接影响到社会保障事业的顺利运行和健康发展。

三、我国社会保障制度的改革与完善

（一）提升社会保障理念，体现和谐价值取向

社会保障理念一旦定性为民众的理念，就会形成一种强大的惯性力量，影响社会保障的存在和发展轨迹。我国社会保障理念历经平均主义、效率优先以及公平正义与人道主义三个阶段的演变，对我国社会保障制度的建立与完善产生了深刻的影响。当前，我国社会保障理念面临着选择、统一、提升的重大任务。从选择角度来看，必须从中国国情出发，辩证分析平均主义、效率主义、公正主义、多元化主义、普遍主义与选择主义等诸多理念的利弊，并从中做出现实抉择。我国提出的“低水平、广覆盖、可持续、可接轨”指导原则正是这种选择的结果。从统一角度来看，必须通过宣传、教育等多种途径，实现社会保障诸多主体对中国建立社会保障的必要性、重要性、迫切性以及可行性达成高度共识，以减少内耗、增强合力。从提升角度来看，必须从计划经济下社会保障的极端回归市场经济条件下的理性，从底线公平提升为“以人为本”，以和谐为取向的科学理念。只有树立科学合理的社会保障理念，才能全面调动广大民众的主动性、积极性和创造性，也才能更好地推进社会保障制度的完善以及和谐社会的发展。

（二）扩大社会保障覆盖面，统筹区域社会保障待遇

社会保障覆盖面的大小以及保障水平的高低集中反映着一国社会保障的总体状况。我国是世界上人口最多、社会经济发展相对落后的发展中国家，面临着急需扩大社会保障覆盖面以及全面提高社会保障待遇的艰巨任务。当前，我国必须坚持社会公平正义与共享发展成果的原则，以经济结构调整和经济增长方式转变为依托，以社会弱势区域或弱势群体为重点，以提高社会保障统筹层次为目标，努力扩大我国社会保障覆盖面，均衡地改善社会保障待遇，创建符合中国国情的新型社会保障制度。一是要适应经济结构调整与经济增长方式转变的格局，将混合所有制、非公有制、私营、个体、公共组织、中间组织的劳动者以及自由职业者纳入到新型社会保障制度之中，以保障经济的良性运行。二是要适应社会主义新农村建设的形势，将农村广大农民以及农民工的社会保障纳入国家社会保障制度改革的整体框架中，建立符合农村经济和社会特点的社会保障模式，以实现农民的“国民待遇”。三是要适应政治体制改革以及政府职能转变的契机，适时创建符合机关事业单位特点的社会保障制度，使之与企业社会保障制度相协调。在扩大覆盖面的同时，既要把老人、残疾人、孤寡人员和其他低收入者作为关注照顾重点，在政策上给予特别的倾斜，还需要缩小城乡之间，区域之间，工人、干部、农民之间的社会保障待遇差别，大力提高社会保障的统筹层次和保障能力，努力创建一种覆盖全体劳动者、惠及全体

公民的全国统一的社会保障制度。

（三）扩大社会保障筹资渠道，优化社会保障基金运营

社会保障基金是社会保障制度的物质内容，也是社会保障制度可持续发展的根本动力所在。社会保障制度的实质在于"钱从何处来"、"钱往何处去"的问题。社会保障是保障社会与社会保障的有机统一，因而单纯政府出资、单纯企业（单位）出资以及单纯个人或家庭出资不仅会给国家、企业（单位）以及个人或家庭带来沉重的财政负担，而且也无法满足社会保障对资金的巨额需求。当前，我国社会保障必须建立以政府为主导、以企业（单位）与个人为依托、以市场性收益与社会性捐助为补充、以"广覆盖、保基本"为目标，建立多元化筹资渠道和多样化筹资模式。在国家财力持续增强的条件下，公共财政应该成为支撑社会保障的重点领域，并且保证财政性保障支出增长速度与国内生产总值的增长速度相等。通过科学的预算与调控机制以及依法征缴、激励征缴、教育征缴等多种筹资方式，努力做到全面融资、应收尽收、收支平衡。同时，必须加强社会保障资金的管理与监督，要完善社会保障基金投资市场准入制度、信托制度、风险准备金制度及收益监管制度，建立由政府部门、用人单位、职工代表和专家组成的社会保障监督委员会，定期对社会保障资金进行审计、评估与监督，严禁非法截留、挤占或挪用，以确保社会保障资金运行公开、透明、安全和高效，推动社会保障持续、健康和快速发展。

（四）健全社会保障法律体系，规范社会保障制度安排

立法先行、依法保障是西方发达国家社会保障制度建立或完善的基本经验，也是我国社会保障建立和发展过程中的薄弱环节。长期以来，我国社会保障领域出现许多矛盾与问题都与"人治"密切相关。为此，必须把社会保障法制建设放到关系社会保障事业兴衰成败的战略高度。当前，我国社会保障法制建设的重点在于健全法律体系、提高立法层次。按照西方经验，社会保障法律体系一般包括：《社会保障法》、《社会保险法》、《社会救济法》、《社会福利法》、《社会优抚安置法》、《社会保障管理监督法》、《社会保障基金管理法》以及《社会保障争议解决程序法》等，我国社会保障不仅要按照社会保障实际运行的需要建立上述这些法律，而且要结合我国国情形成一个具有中国特色的社会保障法律体系，力争做到时时有法、处处有法、人人有法、事事有法。为此要尽快推动社会保障临时性规定与政策向法律制度的转化进程，推动社会保障法律制度与其他实体法和程序法的配套进程，推动社会保障法律制度全国统一化进程，推动社会保障法律制度的宣传教育进程，以确保社会保障运行真正实现"有法可依、有法必依、执法必严、违法必究"。同时，还要积极推进社会保障机构改革，变"多头管理"为人力资源和社会保障部"一头管理"，变"政出多门"为"政出一门"，切实转变社保机构职能，明晰职责，相互配合，强化

管理与监督，推动社会保障事业向法制化、规范化、科学化方向发展。

（五）推进社会保障信息化建设，提高社会保障管理服务效率

社会保障信息化是实现社会保障的重要条件。随着我国社会保障事业的不断发展，广大法人以及公民对社会保障“知情”的愿望和要求越来越高，迫切需要加强社会保障信息化建设。当前，我国社会保障信息化建设应着力推进以下几项工作：一是加快完成社会保障资源普查与统计工作。即以人力资源与社会保障部牵头成立若干个普查队，对全国的社会保障主体、客体、资金、资源、机构、人才等多种信息分期、分区、分类加以普查与统计，摸清“家底”，创建完整的社会保障数据库，以便在方便保障对象的同时，也能有效地管理和监督。二是加快完善社会保障信息化通道。政府应当按人口比例在各地投资兴建专门的社会保障信息平台或工作站，利用互联网、电视、广播、报纸、专刊、专栏、传单等多种形式定期发布社会保障相关信息，以便于广大民众的知情与维权。三是加快提高社会保障信息化管理与服务水平。人力资源与社会保障部应加快对社会保障从业人员的专业培训，整合信息管理与服务资源，确定信息管理与服务标准，规范信息管理与服务流程，以提高社会保障的工作效率和服务质量，力争尽快实现中国社会保障的现代化。

第三节　社会工作概述

社会工作是以利他主义价值观为指导，以科学的知识为基础，运用科学方法帮助服务对象走出困境的助人活动。社会工作对服务对象和社会都发挥着独特的功能。专业社会工作产生于19世纪末20世纪初的欧美国家，在我国也经历了曲折的发展。社会工作的领域十分广泛，并且随着社会问题的扩大而不断扩大。

一、社会工作的涵义与功能

（一）社会工作的涵义

社会工作在通俗的意义上，是指人们在本职工作之外所做的不计报酬的工作，如一名教师兼做班主任，一个机关干部兼做工会工作等，他们为工作对象排忧解难，提供帮助，是一种助人行为。但是，作为专业意义上的社会工作却有特定的涵义。

专业意义上的社会工作，是由英文 Social Work 直译过来的，在有些国家和地区也叫社会服务或社会福利服务。尽管叫法不同，但社会工作有基本一致的内涵，即在利他主义价值观的驱使下帮助有困难的人走出困境的活动。在社会工作学界，不同学者对社会工作强调的重点也是有所侧重的。有的学者认为

社会工作是一个助人过程，有的强调社会工作是一个专业，也有的认同社会工作是一种艺术等。

由于对社会工作强调的侧重点不同，社会工作很难形成一个统一的定义。这种现象也说明社会工作内涵丰富，它与各个国家和地区的经济社会发展、文化习俗、宗教传统等都有密切的关联。在本书中，我们给出社会工作一个一般性的定义，即社会工作是以利他主义价值观为指导，以科学的知识为基础，运用科学方法帮助服务对象走出困境的助人活动。

（二）社会工作的功能

社会工作作为一种专业的助人活动，无论对于服务对象（微观方面）还是整个社会（宏观方面）都发挥着独特的功能。

1. 对服务对象的功能

（1）救难解困。天灾人祸和人自身的原因会造成社会上的一部分人陷入危难，不能正常生活，甚至危及基本生存，比如地震、水灾、瘟疫、战场负伤、意外伤害等。即使在一般生活状态下每个社会成员也可能遭遇物质、精神等方面的诸多困难。通常他们可以依靠自己的努力，或通过家人、亲戚、朋友、邻居等的帮助解决问题，但有时则要借助于政府、工作单位等正式支持体系。除此之外，还可以求助各种非政府组织，其中就包括社会工作机构。通过社会工作机构的介入，恢复这部分人的生存能力，使他们能够“像别人那样地”正常生活。这种恢复既包括提供物质帮助，也包括给予心理支持。

（2）促进能力发展。社会工作的基本价值理念是助人自助。社会工作的最终目的是要通过充分挖掘服务对象的潜能，增强其应对各种生活风险的能力。这些能力包括增加服务对象的知识和技能、增强服务对象克服不利因素的能力、提高服务对象与社会环境的协调能力等。通过促进服务对象能力的提升，从而使服务对象不仅具备在问题出现以后充分解决问题的能力，更能够有事先预防问题发生的能力。

2. 对社会的功能

（1）维持良好社会秩序。社会秩序是社会各组成部分关系基本协调、社会相对稳定的状态。良好的社会秩序来自社会的和谐稳定发展，而混乱的社会秩序则源于社会矛盾的激化，尤其是因贫困产生的社会问题的累积。社会工作通过对有困难、有需要的人提供帮助，不仅使当事人渡过难关，而且也有可能消除因问题激化而产生的对社会秩序的冲击，从而达到维持社会秩序的目的。社会工作从预防问题的角度开展工作，不但使社会成员免遭痛苦，而且也避免了对社会秩序的冲击，从而使社会处于相对稳定的状态。

（2）促进和谐社会发展。和谐社会就是社会中的人都讲社会道德的社会，是社会各构成要素之间良性互动，社会成员之间相互接纳、平等相处的社会状态。和谐社会是人们从事正常生产生活的基础，也是人类福祉的一种表现。社会工作关注人、尊重人，致力于社会成员之间的相互关怀和支持。这不但可以帮助人们解决困难，建立良好的社会关系，形成广泛的社会支持，也有利于促进社会和谐与长足发展。

二、社会工作的产生与发展

（一）西方社会工作的产生与发展

专业意义上的社会工作形成于19世纪末20世纪初的欧美国家，它是在人们长期助人活动基础上发展起来的。

1. 社会工作的产生

自从有了人类就有了人类的自助和互助，这或者是基于人类善良的本性、亲情的关爱，或者是基于宗教教义的驱使。不过，一般来说，论及对现代社会工作的贡献，学者普遍认同的是17世纪以来的社会救助制度。

在社会工作产生的过程中，社会工作的主要特点表现为工作对象以贫困者为主、民间力量积极参与、社会服务人员开始职业化、社会工作受到政府制定的社会政策影响等。

2. 社会工作的发展

自19世纪末20世纪初以来，社会工作在全世界得到了较快发展，主要表现在如下方面：

（1）专业教育和培训的发展。到了20世纪，随着社会工作领域的不断扩大、社会工作组织的不断涌现和从事社会工作人员的剧增，社会工作教育日益成为一项重要的事业。欧美国家相继出现了一些由慈善组织开办的社会工作人员培训班、训练学校，对志愿者和服务人员进行培训。例如，1893年英格兰由济贫院和英国慈善组织会社开设了一家两年制的“慈善训练”学校，从而开启了社会工作专业培训的历史。在20世纪初，美国哈佛大学、芝加哥大学等高等院校陆续建立了社会工作院、系。至此，社会工作作为一门应用性的社会科学学科，获得了学术界的认可。

（2）三大工作方法相继形成。1917年美国社会工作学者玛丽·里士满（Mary Richmond）出版了社会工作历史上最重要的一本名著《社会诊断》，试图使社会工作方法成为一套独立的知识体系，这本书也被认为是在社会工作专业发展史上具有里程碑的意义。1922年玛丽·里士满又出版了《什么是社会个案工作》，从而使个案工作作为一种专业方法被社会工作者普遍接受。一直到20世纪30年代中期，个案工作一直是社会工作界普遍承认的唯一的专业工作方法。

小组工作从20世纪20年代开始被纳入社会工作训练课程。1930年，柯义尔(Gracel Coyle)出版了《群体的社会过程》，奠定了小组工作的学理基础。到20世纪40年代中期，小组工作作为社会工作的专业方法之一被社会工作界普遍接受。

社区工作的形成相对要晚一些，起初它只是一种服务于个案工作的间接方法，后来，社区工作者逐渐形成了自己的专业团体，并运用自己的专门知识来解决社区问题。到60年代，社区工作已被正式承认为社会工作专业的基本方法。

(3)社会工作目标模式的变化。专业社会工作产生之初，只是解决已经出现的问题，即它只是扮演事后补救者的角色，社会工作的目标模式倾向于“治疗”和救助。这在个案工作占主导地位的阶段尤为明显。随着社会问题的不断涌现和复杂化，社会工作者感到这种事后的治疗和救助，尤其是在治疗和救助过程中把服务对象置于被动的地位，是不利于服务对象问题的解决和社会工作效率的提高。于是，如何“与服务对象一起”、如何提高服务对象自身的能力、如何事先预防问题的发生就成为社会工作者的工作取向。这样，社会工作的目标模式就由“治疗”和救助，发展为治疗—预防、救助—发展。

(二)我国社会工作的发展

如果从专业标准的角度看，社会工作在中国的发展历史是很短暂的，但是，如果从一般性助人的角度看，中国有着悠久的救贫济困历史。

1. 我国历史上缺乏专业社会工作

中国古代有着丰富的社会福利思想，涌现出了一批杰出的思想家，他们对于社会福利问题的精辟阐述，对于我国古代的扶贫济困乃至当今的专业社会工作、社会福利的发展都有着重要的思想启示。如孔子提出了“大同”的社会理想、孟子主张统治者应该广施“仁政”、墨子主张“兼爱”等。但是，我国古代的社会福利事业却很不发达，没有孕育出专业的社会工作，其根本原因主要有两点：一是传统中国的社会组织以家庭、家族为单位，社会成员一旦遭遇不幸，主要依靠家庭、家族、亲朋好友给予支撑；二是中国古代也有政府和民间的救济措施，如保息和救荒之政、九惠之教、仓储救济等，但这些基本上都是临时性的，没有形成制度化的救济事业。

2. 20世纪上半叶社会工作在我国的发展

20世纪上半叶，国内政治局势动荡，国家和民族处在深刻的危机之中，各种社会问题威胁着人们的基本生活。与此同时，伴随着西方帝国主义列强的侵略，以及中国人自觉向西方寻求民族自救的道路，西方文明也以各种方式传到中国。有研究成果表明，1911年在哥伦比亚大学社会学系获得哲学博士学位的朱友渔，其博士论文《中国慈善事业》最早研究了社会工作理论与方法。20世纪二三十年代，现代意义的社会工作开始在我国萌生，最具有标志性的是燕京大学于1922年成立社会学系(于1925年称社会学和社会服务系)，从事社会工作(社会服务)教学与实践。二三十年代，一些受到西方社会科学思想影响的知识分子，开始在我国开展农村发展活动，从而开启了一场声势浩大的"乡村建设运动"。虽然这场运动由于战争等原因，取得的实践效果比较有限，但它对我国社会工作的发展仍具有重要意义。

3. 新中国成立后我国的社会工作

新中国成立后，我国建立了社会主义制度，实行了计划经济体制。由于对社会学、社会工作学科认识上的偏差，1952年，政府决定在大学里取消社会学、社会工作学科和相关教育，社会工作专业教育中断。党的十一届三中全会以后，我国实行改革开放政策，逐步建立了社会主义市场经济体制的改革目标。社会学的学科地位也得以恢复，人们也逐渐认识到加强社会工作学科研究的重要性，一些大学重新开设了社会工作专业和课程。1991年中国社会工作者协会成立，1994年中国社会工作教育协会成立，2008年国家人事部、民政部联合举行首次全国社会工作者职业水平考试，越来越多的人投身到社会工作的研究和实践中来，社会工作进入了一个快速发展时期。

三、社会工作的对象与领域

(一)社会工作的对象

社会工作的对象，也称服务对象、受助者或案主，是指在社会工作过程中需要接受服务的个人、群体和社区。在社会工作中，社会工作对象是社会工作得以开展的基本前提，假如没有社会工作对象，社会工作就无以开展。所以，社会工作对象是社会工作的基本要素之一。

从社会工作产生的角度看，早期的慈善家们最初帮助的是那些无家可归的流浪者、失依儿童、老人、残疾人、因失业等原因导致的贫困者、战争中的负伤者等。也就是说，社会工作最初救助的是社会上最困难的群体。即使现在，从发展中国家社会工作的具体情况来看，社会工作的基本对象仍然是那些最需要帮助的人。

随着社会的不断发展，社会工作也开始关心在非物质领域遇到困难的人。比如，在人际关系方面出现某种不适应或者重要障碍的社会成员；因在职业生活中遭受沉重打击而在心理上、精神上处于亚健康状态的社会成员等。2006年10月，中共中央十六届六中全会做出《中共中央关于构建社会主义和谐社会若干重大问题的决定》，提出要"建立宏大的社会工作人才队伍"。按照《决定》精神，结合国内经验，有关部门甚至提出社会工作要"帮助有需要的个人、家庭、群体、组织和社区"。由此，可以得出这样的结论：我国社会工作未来的服务对象是——"有需要"的所有社会成员。

随着城市化进程中社区问题的凸显，社区也成为社会工作的服务对象之一。社会工作者用社区方法解决社区问题，不断改善社区状况。这就意味着社会工作者要去处理更加复杂的问题，而且也将社会工作的领域扩展至更加宏观的层面。近些年来，随着人类生存环境的恶化，社会工作也扩展到自然环境的保护方面。可以这样说，社会工作对象正在向所有与人类相关的方面不断扩展。

(二)社会工作的领域

社会工作领域也称社会工作范围，是指社会工作在社会生活中实施并起作用的范围。从社会工作产生及发展的历史过程来看，社会工作领域与社会问题是紧密联系在一起的。社会问题的出现以及人们解决社会问题的努力，促使社会工作产生和发展。这也就意味着当个人、家庭、社区遇到某种问题需要帮助时，社会工作就有了用武之地。因此可以说随着社会变化和新的社会问题的不断出现，社会工作的领域也在不断扩展。

社会工作的领域很广泛，主要有以下内容：

社会救助。社会救助也称社会救济，指政府和社会服务机构对不能维持社会基本生活水平者给予必要的物质帮助。社会救助是对因为各种原因导致基本生活陷入困境者的救助，涉及的是当事人的生命安全和基本生存。因此，社会救助是社会保障、社会福利的最初级、最基本的部分。

儿童服务。国际上的儿童服务指的是对未成年人的服务，即包括对儿童和少年的福利服务。儿童服务不仅救助和保护不幸儿童，也关心一般儿童，使他们健康成长。儿童服务的内容主要涉及儿童教育、儿童营养、儿童卫生保健、儿童游戏与娱乐等方面。

老人服务。老人服务或老年社会工作是社会工作的传统领域。传统社会，家庭承担着照顾老人的主要职责。然而随着家庭小型化、社会流动频繁以及老年人平均寿命延长等社会变迁，对老年人的生活及精神关照、支持老年人正常生活等就成为社会的重要责任。因此，老年人日常生活照顾、老年人心理健康和社会服务、老年人教育服务、老年人就业服务等都成为社会工作的重要领域。

妇女服务。妇女服务或妇女社会工作主要是针对女性需要，为促进女性的正常生活和发展而开展的专业服务工作。我国妇女社会工作成为一个领域，从社会角度而言，是由于长期以来受重男轻女思想的影响，妇女并没有取得与男子同等的有利于自身发展的社会环境和条件；从个人角度而言，是由于妇女特殊的生理状况及由此产生的某些特殊的心理状况。通过妇女社会服务，协调解决妇女在生活和工作中存在的生理及心理问题，促进妇女身心健康发展。

康复服务。康复服务主要是针对残障人士而开展的福利服务。残障人士因肢体或智力残障常常被排除在正常的社会生活之外，成为社会弱势群体。社会工作通过医学康复、教育康复、职业康复、社会康复等方式，帮助残障人士恢复机能，维护其合法权益，使他们积极融入社会。

除了以上内容，社会工作的领域还包括家庭服务、心理健康服务、就业服务、矫治服务、城乡社区发展、学校社会工作、医疗社会工作、企业社会工作、军队社会工作等。

第四节　社会工作的方法

作为应用型的社会科学学科，社会工作的核心是在一定的理论和价值观指导下所采取的一套因时因地而异的工作方法。经过长期的社会工作实践，社会工作形成了一系列工作方法，其中个案工作、小组工作、社区工作被认为是三大经典方法。

一、个案工作方法

（一）个案工作的含义

个案工作也称社会个案工作或个案社会工作，是专业社会工作者遵循社会工作的价值理念，运用科学的专业知识和技巧，以个别化的方式为感受到困难的个人或者家庭提供各种专业服务活动的工作方法，是社会工作传统的三大方法之一。从时间上看，个案工作是最先被提出并在实际工作中得到应用的一种专业方法，因而相对于其他的工作方法，个案工作的理论基础更加完备，方法与技巧也更加健全。

（二）个案工作的理论模式

个案工作经过长期的发展，已经形成了一些比较成熟的理论模式，如危机介入模式、任务中心模式、心理社会模式、认知行为模式、理性情绪模式、人本治疗模式等，这些模式是社会工作者针对具体服务对象设计专业服务程序、选择专业服务方法、开展专业服务活动的重要依据。

1. 危机介入模式

危机介入模式是一种对处于生活危机状态中的人施以短期性治疗的方法。这里讲的危机，是指一个人的正常生活因受到意外危险事件的影响和破坏而出现的身心混乱状态。危机是一个过程，要经历开始阶段的紧张、中间阶段的应对和危机解决、最后阶段的身心恢复平衡。危机介入必须坚持及时处理、限定目标、输入希望、提供支持、恢复自尊和培养自主能力等原则。

2. 任务中心模式

任务中心模式是指在有限的时间内，为服务对象提供直接有效的服务，帮助服务对象实现自己所选定的明确目标的方法。这一模式适用于人际冲突、不满意的社会关系、角色困难、社会转型中的问题、情绪问题、资源不足问题和行为问题等。清晰界定服务对象遇到的问题、明确服务对象、界定服务任务等都是任务中心模式实施过程中需要认真甄别、关注的问题，也是任务中心模式的主要特点。

3. 心理社会模式

心理社会模式是一种将服务对象的心理状态、心理过程同其生活的社会环境结合起来考虑并进行工作的方法。“人在情境中”是心理社会模式的核心概念，即强调人和环境的互动关系。该模式的特点是强调社会工作者和服务对象建立良好的专业关系，注重从人际交往的过程中了解服务对象，重视通过诊断确定服务对象问题产生的原因，采取直接治疗和间接治疗相结合的治疗方法帮助服务对象。心理社会模式可以促进服务对象与其生活环境的积极互动，帮助服务对象享有正常生活，改善服务对象的人际交往等。

(三)个案工作的技巧

在运用个案工作开展实际工作时，社会工作者常常会遭遇各种不同的情况，必须学会灵活运用多种方法和技巧。

1. 会谈

它又称个案会谈，是社会工作者与服务对象面对面的有目的的专业谈话或交谈。会谈是一种专业性的谈话，不同于一般的谈话。个案会谈的类型大体上可以分为收集资料会谈、分析诊断会谈及治疗服务会谈等。会谈的技巧主要包括支持性技巧、引领性技巧、影响性技巧等。支持性技巧主要有表达专注、主动倾听等；引领性技巧主要有澄清、对焦、摘要等；影响性技巧主要有提供信息、自我披露、忠告等。

2. 个案记录

它是社会工作者以专业知识为基础，对与服务对象互动过程的记录，一般包括文字记录、录音记录和录像记录。个案记录的意义在于：它是社会工作者开展工作的重要依据；帮助社会工作者进行专业反思，总结经验与教训；当需要转案时，记录可以帮助工作机构和社会工作者了解服务对象；为社会工作研究和教学提供实际案例等。在进行个案记录的过程中，社会工作者一定要遵守资料的完整性、清晰性、真实性、保密性等原则。

3. 建立关系

它是社会工作者与服务对象初次接触建立相互信任的专业合作关系。这种关系是一种工作关系、职业关系，而非私人关系。也就是说，在专业合作关系中，工作者所提供的服务一定是专业性的，工作者与服务对象的关系也仅仅是助人和被助的关系，除此之外，没有任何其他关系。所以工作者在助人活动中必须严格遵守专业自我，以与日常生活中的自我区分开来。在建立专业合作关系的过程中，社会工作者必须遵循个别化、接纳、同感、真诚、案主自决、保密等原则。

4. 收集资料

它指尽可能详细地收集与服务对象问题有关的资料，从中了解问题的成因，确定问题的性质，发现解决问题的切入点。我们强调“人在情境中”，所以，所收集的资料既包括服务对象的个人资料，也包括与服务对象相关的环境资料，如家庭环境、工作环境、社区环境等。在收集资料的过程中，可以运用会谈、调查表、观察、已有资料的运用等技巧。

5. 制定服务方案

服务方案是社会工作者对服务对象提供服务的基本方法、技巧、步骤、时间安排等的具体规定。服务方案的制定，必须要考虑到为服务对象提供最合适的服务，考虑到社会工作机构所能提供的资源和帮助、社会工作者的能力等因素，制定服务方案需要掌握以下技巧：方案的目标既清晰又具有可行性；服务对象要明确；实现目标的技巧、步骤、进度等要有详细说明等。

6. 评估

评估是指对服务对象提供的服务的有效性进行评定，目的是对整个服务介入过程进行检查和反思。在评估过程中，要注意做到让服务对象积极参与；承诺为服务对象保密，使服务对象充分表达自己的想法和感受；社会工作者要坦诚、透明、公正，正确对待大家的评估意见等。

二、小组工作方法

(一)小组工作的含义

小组工作是一种专门的社会工作方法，它以两个或两个以上的个人组成的小组为工作对象，通过社会工作者与小组成员的积极互动以及小组成员之间的互动互助，使参加小组的成员行为发生改变、社会功能得以恢复与发展，最终达到小组目标，促进社区与社会发展。

(二)小组工作的理论模式

小组工作在其发展过程中形成了不同的理论模式，其中社会目标模式、治疗模式和互动模式是比较典型的三大模式。

1. 社会目标模式

社会目标模式的基本概念是社会意识、社会责任和社会变迁，关注的重点是社会变迁和整合，强调通过社会责任感的培养去影响和促进社会的改变，而不是相反。

该模式的特点是：小组目标是培养小组成员的民主意识、社会责任心、社会归属感，不断增强他们适应社会的能力；小组成员有积极参与社会活动的动机和潜能，可以是所有社会公民，当然更鼓励社会弱势群体参与；社会工作者在工作过程中不断施以各种影响，引导小组活动进程，同时扮演着倡导者、资源提供者和榜样等角色，在小组中传播正能量。该模式的适应性较广，可用于公民教育、社会责任感培养、道德培育等。

2. 治疗模式

治疗模式也称临床模式或康复模式，是通过改变服务对象的行为来到达治疗目的的一种方法。特别是针对某些特殊人群，如问题儿童、青少年犯罪者、恐惧症、抑郁症患者等，该方法更为有效。

该模式的特点是：小组组员一般有比较严重的精神、情绪、人格、行为等问题，治疗是小组工作的首要任务；不仅仅着眼于治疗，更注重帮助小组成员学习新行为，并且通过练习使学习到的行为得以巩固；社会工作者在工作过程中扮演权威的专家和治疗者角色，要有一定的专业背景，掌握专业知识和技巧，通常是临床心理学家、精神医学家或临床社会工作者等。

由于治疗模式对象的特殊性，所以在具体的工作实践中，社会工作者必须遵循以下原则：需要对组员进行细致的材料收集和评估；与小组组员之间要有明确的工作契约，包括治疗计划、治疗步骤、治疗技巧、治疗效果预期等；控制小组进程，引导小组走向；尽量与小组之外的关系建立和保持联络等。

3. 互动模式

互动模式也称交互模式或互惠模式，强调在由具有相似问题的成员组成的小组中，通过相互协作和互助，提高解决问题的技巧，达到增强个人和社会功能的目的。该模式和社会目标模式、治疗模式不同的是，它所关注的既非社会目标，也不是个人，而是互动、互助的过程本身，也就是组员与组员之间为满足其共同需要所产生的互动过程。该模式的特点是：通过组员之间经验和情感的交流，使小组组员在社会归属和相互依存中得到满足；强调小组组员之间的平等和独立性；社会工作者的角色是小组组员之间和小组与社会之间的协调者，不负责设计具体的工作方案，不直接参与小组的具体过程，而是提供各种信息引导小组自主发展，帮助组员之间相互沟通、协商以使问题迅速得以解决等。互动模式适用性较广，常见的互助小组、癌症病人俱乐部、弱智儿童家长小组等就属于这一模式。

（三）小组工作的技巧

小组从成立到解散是一个过程，有自身的发展规律。社会工作者在开展小组工作中，一定要和不同阶段的小组特征结合起来，采取不同的技巧。

小组工作的一般性技巧。作为小组工作者，一般而言，首先要掌握小组工作的一般性技巧，包括：与小组组员建立良好关系以及协助小组组员之间建立关系；组织小组并能及时干预小组出现的问题、冲突、突发事件等；与小组组员、小组有关的外部环境，如机构、社区、人员等进行顺畅的沟通；善于调动各种资源，以利于小组问题的解决等。

控制小组进程技巧。为使小组工作朝着有利于实现小组目标的方向发展，作为小组的组织者和领导者，社会工作者应当采取一定的技巧控制小组发展的方向，这些技巧主要有：激励组员进行“自我”挖掘和剖析，帮助他们认识自我，走出困境；帮助组员树立信心，提供精神支持；鼓励组员在小组发展过程中承担责任；提升小组的凝聚力，使组员产生归属感、安全感等。

策划小组活动技巧。小组工作中，只有通过小组活动，才能实现组员之间的互动，形成解决问题的合力。在小组活动的设计方面，社会工作者要在小组活动初期、中期、结束期设计好活动的重点和提出明确的目标，并且在设计的过程中一定要考虑到小组活动的最终目标、小组组员的特征及能力、开展活动的环境、可资利用的资源等因素。

三、社区工作方法

（一）社区工作的含义

社区工作是个案工作、小组工作之后被公众承认的第三种社会工作方法，它是以整个社区及社区中的居民为服务对象，建立社区服务机构，解决社区问题，促进社区发展的专业方法。个案工作、小组工作、社区工作都是直接面对服务对象开展工作，因此被称为社会工作的三大直接服务方法。但相对于个案、小组工作来说，社区工作的服务对象相对宏观，因此社区工作又属于宏观社会工作的范围。

（二）社区工作的理论模式

社区工作理论模式是社区工作实务的提炼和总结。学者们总结出了多种社区工作模式，但是在社会工作领域影响最大、流传最广的是美国学者罗夫曼提出的社区发展、社会策划和社会行动三种模式。

1. 社区发展模式

社区发展模式是在一个社区内，鼓励居民通过自助及互助的方式，广泛参与社区事务，解决社区问题，推动社区发展。

该模式特别重视居民的参与，因为在社区工作者看来，社区中的问题会涉及社区中居民的切身利益，如何界定问题的严重性、如何解决问题等都应该有社区居民的共同参与。因此，社区发展模式的工作重点在于：通过组织一系列社会交往和公共活动，促进社区居民相互熟悉、交往、沟通，在此基础上成立不同居民小组；推动社区组织之间的协商、妥协和合作；进行社区教育，培养社区精英；聚焦社区的共同性问题，促使社区居民表达不满，提出改善的建议和方法。该模式强调社区居民的参与，因而社区工作者一般处于协助的地位，所扮演的角色是教育者、中介者等。

2. 社会策划模式

策划，是在没有采取行动之前所进行的计划工作，是指向未来的。社会策划模式也叫社会计划模式，是依靠专家的意见和知识，通过客观、系统的调研、论证、计划，然后落实、推进社区问题的解决过程。适合于一些社会变迁急剧的社区，社区内存在着多种问题，如包括医疗、就业、福利、娱乐设施不足等，这些问题仅靠一般民众或社区自身的力量往往难以应对。使用该模式时，特别强调运用理性原则处理问题，因为一旦策划出现问题，随之而来的具体行动就会受到影响，甚至带来经济利益上的损失。社会策划模式可以说是一种由上而下的方法，社区工作者在其中扮演技术专家、方案实施者等角色。

3. 社会行动模式

社会行动模式也称社区行动模式或冲突模式。这种模式在西方的社会工作中十分常见，它认为社区问题出现的根本原因是因为社会上存在着不同的利益群体，这些利益群体由于不公平的资源及权力分配政策，从而使边缘群体或弱势群体的利益受到忽视或损害，从而导致不同利益群体之间出现利益矛盾和冲突。冲突的解决不容易通过协商或制度化的渠道得以缓和，即不同利益群体为了本身的利益只有通过争取和对峙的方法来解决。一般来说，社会行动的形式有对话性行动、抗议性行动、对抗性行动和暴力性行动等。社会工作者在行动模式中扮演着较为主导的角色，如倡导者、行动者、教育者、资源提供者等。

(三)社区工作的技巧

社区工作是一个解决社区问题，满足社区需求的过程，包括一连串的工作方法、步骤及应用技巧。

社区分析技巧。要解决社区问题，就要收集有关社区的各种资料，熟悉社区拥有的资源，了解社区及居民的需要等，在此基础上才能制订工作计划，实施工作介入。一般包括三个方面：基本情况分析，即通过查阅相关资料、组织活动等形式了解社区的地理环境、人口状况、资源、权力结构、文化特色等；社区需求分析，社区工作开始于对“社区需求”的把握，只有真实了解社区需求，才能采取针对性的措施，解决问题；社区资源分析，包括直接或间接的人力、财力、权力、影响力、网络关系、调动能力等。

社区关系建立的技巧。建立社区关系，就是社区工作者进入社区，与有关的人士和机构建立专业关系。社区工作者建立专业关系的对象主要包括：社区居民、社区机构与社区团体、社区中有关机构、社团的领导人和有关方面的代表人物、知名人士等。在建立专业关系的过程中，社会工作者必须要做到：掌握居民参与动机，有针对性进行动员；让居民看到社区问题解决的成效；为参与者带来个人的改变；注意选择动员对象；让参与者有成就感等。

社区组织工作技巧。社会工作者在社区中主要从事的是社区组织工作，即建立和维系一个活跃的、具有生命力的组织，以便能够调动社区居民通过集体力量解决社区问题。社区组织工作一般包括建立社区组织和社区组织经营管理两部分。在建立社区组织的过程中，社会工作者要掌握主动接触社区居民、建立良好的人际关系、引导社区组织成员积极互动等方面的技巧。在社区组织经营管理方面，社会工作者也应掌握诸如服务策划、营销管理、财务管理、人力资源管理等方面的知识和技能。

社区教育技巧。社区工作中常用的社区教育技巧包括：一是知识和资料的传播。社区工作者要经常向社区居民宣传、解读有关法律、法规、政策，确保社区居民获得必要的知识、信息来维护自身的权益。二是社区领袖的培训。社区工作者在鼓励居民参与的同时，注意留意观察有哪些居民拥有社区领袖该具备的特质。确定目标后，社区工作者可以通过训练、示范、观看影音教材、亲身体会、观察、角色扮演等方式来加强对社区领袖的技巧训练。三是志愿者队伍的培训。通过甄选、训练志愿者，使志愿服务在社区工作中发挥更大作用。四是开展互助活动。即通过开展社区活动、展览、演讲、记者招待会、讲座等方式鼓励社区居民彼此信任，自助互助，积极参与到社区事务中来。

社区策划技巧。社会工作者在开展社区服务活动之前，首先要做好策划工作。策划的技巧主要有：一是策略策划。策略策划是采取社区行动、实现社区目标的前提，包括让策划小组成员提出尽可能多的策略、对提出的各种策略进行评估、最终择优选择可行性策略。二是方案计划。方案计划是对可行性策略进行更具体的方案设计，最终形成详细的方案计划书，并付诸具体实施。

思 考 题

1. 什么是社会保障？
2. 社会保障有哪些功能？
3. 如何理解社会保障与和谐社会关系？
4. 什么是社会工作？在我国为什么要开展专业社会工作？
5. 如何看待社会工作在我国未来的发展？
6. 试述个案、小组、社区工作的理论模式。

主要参考文献

[1] 史柏年．社会保障概论[M]．北京：高等教育出版社，2004.

[2] 郑功成．社会保障学[M]．北京：中国劳动社会保障出版社，2005.

[3] 孙光德．社会保障概论[M]．北京：中国人民大学出版社，2004.

[4] 林胜义．社会工作概论[M]．台北：五南图书出版有限公司，2001.

[5] 李迎生．社会工作概论[M]．北京：中国人民大学出版社，2004.

[6] 郑杭生．社会学概论新修[M]．北京：中国人民大学出版社，2003.

[7] 全国社会工作者职业水平考试教材编写组．社会工作综合能力[M]．北京：中国社会出版社，2007.

[8] 郑杭生．中国社会学30年(1978—2008)[M]．北京：中国社会科学出版社，2008.

[9] 王思斌．社会工作概论[M]．北京：高等教育出版社，2001.

[10] 许莉娅．个案工作[M]．北京：高等教育出版社，2005.

[11] 刘梦．小组工作[M]．北京：高等教育出版社，2005.

[12] 徐永祥．社区工作[M]．北京：高等教育出版社，2005.

推荐阅读书目

[1] 史柏年．社会保障概论[M]．北京：高等教育出版社，2004.

[2] 郑功成．社会保障学[M]．北京：中国劳动社会保障出版社，2005.

[3] 孙光德．社会保障概论[M]．北京：中国人民大学出版社，2004.

[4] 魏新武．社会保障世纪回眸[M]．北京：中国社会科学出版社，2003.

[5] 王思斌．社会工作导论[M]．北京：高等教育出版社，2004.

[6] 宋林飞．社区社会工作[M]．北京：社会科学文献出版社，2002.

[7]王思斌．社会工作本土化之路[M]．北京：北京大学出版社，2010.

[8] 林万亿．当代社会工作——理论与方法[M]．台北：五南图书出版有限公司，2002.

[9]陈志霞．个案社会工作[M]．武汉：华中科技大学出版社，2006.

[10] 丁少华．小组工作[M]．北京：社会科学文献出版社，2003.

第十八章　社会问题与社会政策

社会问题是一种客观存在的事实，它不以任何国家和民族的意志为转移。我国正处于社会转型时期，面临着许多需要迫切解决的社会问题。我们必须从实际出发，正确认识社会问题产生及其发展的规律，积极探寻解决社会问题的社会对策。本章将重点讲述社会问题的涵义与要素、特征与类型；社会政策的概念、特点与功能；社会问题与社会政策的关系；当代中国存在的主要社会问题；当前我国社会政策的改革和完善。

第一节　社会问题概述

什么是社会问题？有人问：街道上一群人在打架斗殴是不是社会问题？2008 年出现的全球性金融危机致使大批人员失业是不是社会问题？2008 年我国四川发生的特大地震灾害是不是社会问题？2013 年屡屡发生的空难是不是社会问题？……上述现象究竟是社会问题吗？这就需要从社会问题的涵义入手，对社会问题的概念做出科学的界定。

一、社会问题的涵义与要素

(一)社会问题的涵义

社会问题英文译为“social problems”，通常是指社会病态、社会解组、社会反常或社会失调等。从语义上分析，“社会”是指由于共同物质条件而互相联系起来的人群。也可以说，一定数量的人按照一定的规范发生交互行为，进而形成一个相互联系的生活共同体。“问题”是指需要认识并加以解决的麻烦。简单地理解，社会问题正如美国社会学家米尔斯所表述的“公共麻烦”，它不是个人的困扰，而是公众的问题。具体而言，因为每个国家和地区的发展水平不同，文化背景不同，研究者的理论素养、兴趣、研究视角的不同，对社会问题的理解和定义往往不尽相同。袁方、王康等认为，社会问题是社会变迁和文化失调的产物；雷洪认为，社会问题是引起绝大多数人注意，并需要社会全体成员采取集体行动来解决的问题；乔恩·谢泼德和哈文·沃斯认为，社会问题是人们的一种心理状态，是一种价值判断；孙本文、陆学艺等认为，社会问题是对社会全体或一部分成员的共同生活和社会进步产生一定影响的问题。我们可以从中外社会学者关于社会问题的界定中抽象出其共性的东西重新概括，即所谓的社会问题就是指影响社会进步与协调发展，妨碍社会成员的健康生活，引起社会大众普遍关注的一种社会失调现象。

（二）社会问题的要素

根据以上关于社会问题的界定，我们可以对社会问题的构成要素总结如下：

1. 客观性要素

社会问题是社会生活中确实存在的客观事实，这种客观事实又必然通过一种具体的现象、事件或行为表现出来，它的产生和发展并不是随着人的意志而转移，不管承认与否，社会问题都客观地存在着。例如，人口膨胀之所以成为当代中国最突出的社会问题，是基于中国人口基数大、人口素质低、人口增长速度快给耕地带来巨大的压力，对我国的经济发展和人民生活水平的提高带来巨大的阻碍，这一事实是客观存在的。

2. 数量性要素

社会问题通常是一种“公共问题”而非“个人烦恼”。“公共问题”是涉及整个社会的问题，它已超越了属于个人私事的生活空间，影响到全体社会成员或大部分社会成员的公共生活。社会问题的产生不在于少数社会成员，而是源于社会(社会结构、行为规范和社会运行)本身出现了问题。如一个城市中的几个或几十个大学生找不到合适的工作，这只是他们的个人烦恼而已，但难以就业的大学生数量不断增长，当达到成千上万人时，那就由“个人烦恼”上升为“公共问题”了。

3. 主观性要素

某种社会现象或社会行为能不能成为社会问题，还与人的主观判断有关。人的主观判断的依据是社会的主导价值原则和行为规范。当一种社会现象或社会行为不符合或违背社会的主导价值原则和行为规范时，就会得到绝大多数社会成员的认同并界定为社会问题。随着社会的进步，社会的主导价值原则和行为规范是不断变化和发展的，某些社会现象原来并不被人们所关注和重视，如今也开始进入社会问题的视野。如男女平等问题、种族歧视问题等。此外，社会问题具有明显的道德抉择倾向。诸如严重的自然灾害、车祸问题等，人们一般不把它们看做是社会问题，因为这类问题的发生不是人的主观意志所能掌控的，所以它无关人们的道德行为，也难以激起人们的道德情感；恰恰相反，凡是违背社会规范并具有明显的道德意志倾向的有意识的行动，则很容易被视为社会问题。如艾滋病问题、学术造假问题等。

4. 能动性要素

社会问题是客观存在的，这并不是说人们只是承认它的存在而无法解决它。可以说，社会问题既然不是由个人或少数人引起的客观事实，也不涉及少数人的个人生活，那么，单凭个人或少数人的力量根本无法使社会问题得以解决它。因此，只有动员相当多的人甚至整个社会成员都行动起来，形成强大的社会合力，才能最终解决面广量大的社会问题。当社会力量和社会行动也不能改变一种社会现象时，就不会将它视为社会问题。如人的死亡、癌症等。

二、社会问题的特征

(一)普遍性与差异性

社会问题是普遍存在的，这是社会问题的普遍性。它表现为无所不在，无时不有。无所不在是社会问题的普遍性在空间领域中的表现，即任何社会、任何民族、任何国家或地区都普遍存在着社会问题。无时不有是社会问题的普遍性在时间领域中的表现，即从人类社会诞生之日起，社会问题一直伴随着人类社会的历史。同时，普遍存在的社会问题又在不同民族、不同地区和不同时间里表现出不同的特点，这是社会问题的差异性。不同民族、地区或社会中，社会问题的表现形式和性质各不相同是社会问题差异性在空间领域中的表现；不同历史时代中，各民族、地区或社会的社会问题的表现形式和性质各不相同是社会差异性在时间领域中的表现。也就是说，无论是原始社会、奴隶社会和封建社会，还是资本主义社会、社会主义社会；无论是发达国家，还是发展中国家，都普遍存在着各种各样的社会问题。但这些社会问题在具体社会形态中和不同国家中的表现形式和性质是各不相同的，即使在同一社会形态、国家和民族的不同历史发展阶段，社会问题的表现形式和性质也是各不相同的。

(二)复合性与周期性

事物是普遍联系的。社会问题作为一种复杂的社会现象，也不例外。社会问题的复合性是指社会问题的复杂性质，即产生原因的多重性、表现形式的并存性及社会后果的破坏性等。具体地讲，首先，社会问题的产生原因往往包含了各种不同的社会因素，所导致的后果也往往是多种多样的，如中国农村的贫困问题；其次，一个社会问题的产生与另一个社会问题的产生往往互为因果关系或互为转化关系，如贫困问题、失业问题、犯罪问题等，计划生育政策引起人口老龄化，独生子女问题、性别比例失调等新的社会问题；最后，不同的文化背景和价值观念决定人们认识和界定社会问题的标准具有复杂性，如大龄青年的独身问题。由于社会冲突的永恒性，我们可以调解社会冲突并能在一定程度缓解，但不能完全消除它。当社会冲突再次爆发时，潜伏的社会冲突就以社会问题的形式表现出来，这样，社会问题在一定时期内具有反复出现的周期性，如通货膨胀。

（三）破坏性与集群性

社会问题对社会运行和人们的社会生活具有破坏性作用，这是社会问题的破坏性。如环境污染问题、犯罪问题等，危害了人们的正常生活，降低了人们的生活质量，影响社会发展和社会进步，必须运用社会资源去解决它。社会问题的危害性是社会问题最基本的特征。量多面广的社会问题正是由于其危害性才引起社会多数成员的普遍关注。此外，社会问题往往具有集群性特征，这就大大强化了社会问题的破坏性。所谓集群性就是众多的社会问题往往有一个或数个核心，其他社会问题都是由核心社会问题所衍生的。如在一定程度上，中国的环境污染问题、资源短缺问题、贫富差距问题、就业困难问题、养老保障问题、老龄化问题等一系列社会问题都是由中国的人口问题为核心而衍生出来的。

三、社会问题的类型

由于社会问题具有普遍性与差异性、复合性与周期性、破坏性与集群性，所以，社会学家至今还没有一个被人们普遍接受的统一的关于社会问题的划分标准。有的学者主张从社会问题发生的领域来划分，可分为政治性社会问题、经济性社会问题、文化性社会问题和日常生活中的社会问题。有的学者从社会问题的具体表现形式来划分，可分为人口问题、环境问题、劳工问题、贫困问题、教育问题、家庭问题、交通问题、犯罪问题等。有的学者从社会问题产生的历史条件与地区差异来划分，可分为普遍性社会问题与特殊性社会问题。还有的从社会问题产生的根源来划分，可分为结构失调性社会问题和功能失调性社会问题。下面我们主要介绍后两种划分。

（一）普遍性社会问题

普遍性社会问题是指在一定时期内普遍发生在各个地区或国家的社会问题，具有无国界性、无制度性的社会问题。普遍性社会问题是所有社会都要面临的社会问题，虽然其具体的表现形式、危害程度不尽相同，但都具有某些共同的特征和大致相同的规律。无论是西方资本主义国家，还是东方社会主义国家都存在着这一类型的社会问题，如环境问题、犯罪问题等。

（二）特殊性社会问题

特殊性社会问题是指在一定时期内发生在某类或某个地区和国家的社会问题，这些社会问题只是某类或某个社会中才有的社会问题，对其要运用一些特殊的手段才能够解决。如中国的人口问题、住房问题等，美国的种族歧视问题等。

(三)结构失调性社会问题

结构失调性社会问题是指由于社会结构失调而产生的社会问题。社会结构是由社会各组成要素通过一定的方式而组成的一个相互联系、相互作用的有机整体。当各组成要素的相互连接遭到破坏就会扭曲变形，或当这种连接方式与社会发展不相适应时，就会产生结构性失调。结构失调的后果一方面导致社会秩序的混乱，另一方面导致社会运行的迟滞，进而引起一系列的社会问题。如我国的人口结构失调，育龄妇女人数过多，老年人口比重增大，男女性别比例失调等。

(四)功能失调性社会问题

功能失调性社会问题是指由于社会结构存在某些障碍或病变而没有发挥应有功能所产生的社会问题。社会结构是根据社会需要而自然形成或人为建立的，社会结构的运行就是社会结构发挥其应有功能的过程。当社会结构运行遇到某些障碍或产生一些病变时，社会结构预设或应有的功能就不能发挥出来，出现功能萎缩退化、扭曲变形，进而引起功能失调性社会问题。如官僚主义问题、以权谋私问题、贪污受贿问题等都属于这一类社会问题。

第二节 社会问题的理论阐释

如前所述，社会问题的产生和发展有着极为复杂的原因：既有历史的、文化的因素，又有政治的、经济的、道德的因素；既有制度的、机制的因素，也有个人心理的因素。这些因素彼此交织、相互联系，使得产生某种社会问题的原因是多种多样的。

一、国外关于社会问题成因的理论

(一)社会病态论

1905—1918 年间，社会病态论在美国曾占主导地位。该理论将社会比作一个生物有机体，认为社会问题的产生是由于某些人或群体不能保持与整个社会的协调关系。一般认为，良好的社会状态是健康的，而脱离道德期望的个人与情况(即妨碍社会正常机能的个人或情况)则被认为是有“毛病”，因此也是坏的。所以，社会问题就是违背了道德期望。造成社会问题的最大原因即是社会化过程的失败，而解决办法则是施以道德教育。①

(二)文化失调论

文化失调论是由美国社会学家奥格本在研究社会变迁时提出的，该理论认

① 朱力．当代中国社会问题[M]．北京：社会科学文献出版社，2010：20-21.

为，社会问题都起源于文化的变迁和失调。他认为，文化的各个部分之间是相互依赖的，当各个部分变化速度不一样时，其中一部分可能脱离整体而出现较大差距或错位的时候，从而形成了“文化堕距”。具体来说，物质文化由于积累性的发展而变化快，非物质文化的变化则相对缓慢。因此，人们接受物质文化比接受新思想等精神文化容易得多。一般说来，文化的变迁总是从经济、科技等物质文化开始的，接着是各种精神文化，最后才是风俗习惯发生变迁。文化变速的差距引起文化失调，进而带来社会问题。①

(三)价值冲突论

价值冲突论的主要代表人物是美国社会学家富勒和迈尔斯，他们认为，社会问题是某些群体的价值不能相容共存，群体中的成员认为有必要唤起大众来采取行动以改变这种状况。每个人所处的社会地位不同，所要求的经济利益不同，这决定着每个人对同一社会现象具有不同的价值判断标准和不同的立场、态度，因而在采取某种措施改变某一社会现象时，常常会引起不同群体间无休止的冲突，引发出许多社会问题。如，堕胎仍是美国社会至今争论不休的一个问题。一些人认为堕胎自由，它是公民最基本的权利；而一些人则严加反对，因为它已成为威胁生命的社会问题。1935—1954 年间，价值冲突论在美国社会学界占据主导地位。②

(四)行为偏差论

从 1954 年至今，行为偏差论仍有很大的影响力，该理论的主要代表人物是罗伯特·默顿，他在 1938 年发表的《社会结构与迷乱》一文中认为，当文化目标被过于强调，而且当获取这些目标的合法机会受到阻碍时，迷乱对社会中某些特定区域的人们而言是很平常的事情。社会问题违反道德价值及社会制度所期望的规范要求，其行为或状况脱离规范要求所要达到的目标即是偏差。偏差行为的原因是由于不恰当的社会化，解决偏差行为最好的办法是重新社会化，而重新社会化的较好对策是生活机会的重新分配。③

(五)标签论

标签论从 1954 年起也有较大的影响，该理论的主要代表人物是豪伟·贝克。标签论注重的是过程而不是结构，是社会问题的主观方面而不是客观方面，是偏差行为所产生的反应而不是偏差的起因和由来。某些问题之所以成为社会问题，是因为受到大众或社会控制机构的注意，而社会反应只有在宣称的行为或状况被确认之后才可能发生。贝克在 1963 年所写的《局外人》中指出，

① 朱力．当代中国社会问题[M]．北京：社会科学文献出版社，2010：21.

② 朱力．当代中国社会问题[M]．北京：社会科学文献出版社，2010：21.

③ 朱力．当代中国社会问题[M]．北京：社会科学文献出版社，2010：22-23.

在社会群体中，偏差的产生是为了替那些犯法、构成偏差的人制定规则，并且将这些规则应用到特别的个人身上，并将他标示为外来者。偏差行为者亦即被标示之人，偏差行为即为人们加以标示化的行为。可以说，偏差行为其实不是个人行动的本质，恰是别人利用规则制裁犯罪者而产生的结果。①

二、我国社会问题产生的主要原因

(一)自然环境原因

自然资源是人类生存和社会发展的基础，它深刻地影响着人口规模与社会经济发展水平和速度。我国是人口大国，资源小国。由于长期坚持粗放型经济增长方式，使本来脆弱的自然资源更不堪重负，也引起了相关的社会问题。具体来讲，一方面是自然灾害，如地震、水灾、旱灾等，导致贫穷、饥荒和瘟疫等社会问题；另一方面为人为破坏自然环境，如乱砍滥伐森林，造成水土流失、耕地减少；把工农业废水排入江河，造成水体污染。

(二)人口原因

人口原因集中体现在两个方面：一是人口增长过快。人口增长超过自然资源的承受能力，严重影响中国经济社会的健康而协调的发展，造成贫困、教育、就业、犯罪等社会问题。二是人口素质偏低。我国公民科学文化素质不高，择业上岗能力不强，不能适应社会发展的需要。同时，也制约了道德素质的提高。国民素质低下是社会道德滑坡、低级文化流行的一个重要原因。

(三)经济原因

我国正处于社会转型时期，社会主义市场经济还在不断完善之中，难免有制度缺陷的状况，不合理的经济体制与落后的生产力发展水平之间存在着许多矛盾，这是导致现阶段一系列社会问题的一个重要原因。享乐主义、拜金主义使不正之风和经济犯罪应运而生；各地区生产力发展水平参差不齐，致使城乡贫富差距不断扩大、社会不平等现象日益突出；上层建筑滞后于经济基础，民主法制不健全，增加了中央计划调控的难度，使某些社会矛盾化解的难度增大。

(四)政治原因

我国的政治体制改革仍处于探索过程中，新旧体制的摩擦产生了一系列社会问题，特别是干部腐败、经济犯罪的滋生蔓延。诸如，权力的监督、约束机制严重滞后；干部人事管理制度缺乏创新；基层组织建设薄弱。这些容易使党的领导干部产生官僚主义作风，滋生以权谋私、假公济私、贪污腐化等社会问题。

---

① 朱力．当代中国社会问题[M]．北京：社会科学文献出版社，2010：23.

（五）社会文化原因

一个社会的环境、经济、政治的变化和发展必然反映到人们的社会意识和文化层面。随着社会的不断进步，人们的思想观念也与之相应地发生变化，特别是改革开放以来，西方文化的引进和渗透对中国的传统文化具有强烈的冲击力。面对这种情况，如果缺乏正确的引导和教育，盲目地吸收外来文化，就可能产生缺乏核心价值观、丢失民族精神等社会问题。

第三节　社会政策概述

社会政策（social policy）的概念最早产生于欧洲，自二战以后，随着社会政策学科的迅速发展，越来越多的国家开始使用这一概念。但各个国家在使用这一概念时，在其涵义、实质、特点及功能等方面存在着一些不同的理解。

一、社会政策的涵义

（一）国外学者对社会政策的界定

杨伟民在其《社会政策导论》一书中，将国外学者关于社会政策讨论的众多观点作了以下归纳介绍：①

英国学者马歇尔在1965年出版的《社会政策》一书中说："'社会政策'不是一个有确定含义的专门的术语。在本书中它指的是与政府有关的政策，这些政策涉及向公民提供服务或收入的行动，通过这些行动对公民的福利有直接的结果。因此，其核心由社会保险、公共救助、健康和福利服务、住房政策等组成。"

英国的米沙拉在《社会与社会政策》一书中对社会政策做出了广义的解释："社会政策这个术语的使用，在一般意义上涉及与需求有关的社会行动的目的和目标，以及这些需求被满足的结构模式或安排。"他进一步指出："我们的定义并不限于政府的行动和对需求的安排，也不是当然地限于工业社会，也许用福利制度或福利政策表达我们的意思更好。"

德国学者瓦格纳在《社会政策、财政政策、租税政策》一文中指出："所谓社会问题，就是分配上的不公平。……所谓社会政策，就是要把分配过程中的各种弊害，采取立法及行政手段，以争取公平为目的而加以清除的国家政策。"

可见，由于研究者从社会政策目标的某一方面来理解社会政策，从而产生了不同的定义。有的较为宽泛，有的则较狭窄；有的倾向于社会成员的各种需

① 杨伟民．社会政策导论［M］．北京：中国人民大学出版社，2004：44-48.

求，有的重视政府解决各种社会问题而采取的行动。根据以上分析，我们可以将社会政策定义为：政府或其他组织在一定社会价值的指导下，为了达到其社会目标而采取的各种社会性行动的总和。

(二)社会政策的实质

从社会政策实践上看，政府不是社会政策的唯一主体，但它是主要的主体。社会政策是政府向社会成员提供社会服务和实施社会管理的政策体系。政府的社会政策首先旨在向广大的社会成员，尤其是困难群体提供各种社会服务。从社会政策的运行原则上看，社会政策属于福利性原则。政府向公民提供的社会服务不是按照市场的等价交换原则去进行，而是坚持了非商业化的原则。所以说，社会政策的实质是政府在社会福利事务领域中的干预行动。具体地讲，政府通过在社会福利事务上建立必要的强制性规则，以引导社会福利体系向着良性方向发展，并通过在各种社会服务领域投入必要的公共资源，以满足民众的需要。政府的干预只是针对现有经济制度与社会福利制度的不足而采取行动。政府的行动并不是取代市场机制，而是在“市场失灵”的情况下才去进行干预；政府并不是要去替代家庭、社区、企业和非政府组织等在提供福利服务方面的作用，而是要组织和协调各个方面的行动，并在其他组织难以发挥作用时承担起责任；政府的社会政策行动并不是要排斥个人的责任，而是要尽可能地调动广大民众的广泛参与。

二、社会政策的特点

(一)广泛性

社会政策主要是解决社会性需求和社会问题。随着政府职能的不断增多，干预的领域不断拓展，因而社会政策的内容涉及社会生活的方方面面，如社会公平、社会保障、社会安全、国民教育、环境保护等。社会政策涉及的领域之广、程度之深，使每一个公民或社会成员都与社会政策息息相关。

(二)复杂性

社会政策作为政策系统中的一个子系统，与其他子系统，与系统整体，与系统外部环境之间存在着复杂多样的联系。社会政策的好坏，直接影响到政治政策、经济政策的实施，进而影响到经济的发展和政治的稳定。因此，社会政策的制定必须考虑到所有的现实的、直接的因素，还要考虑未来的、间接的因素。

(三)目标的多重性

社会政策主体在制定政策时，由于受到不同价值观念的影响，就会有多种选择，从而导致社会政策目标的多重性。如公平与效率的关系问题。这就需要政策主体要做到统筹兼顾，根据具体问题具体分析，做出正确的政策选择。

(四)利益相关性

社会政策对社会成员在生产、生活过程中面临的疾病、失业、伤残等问题提供社会保障，社会政策与每一个社会成员的切身利益有着最直接的相关性。社会政策是对社会公共资源的权威性分配，关系社会成员的生老病死、衣食住行等基本生存权利。

三、社会政策的功能

社会政策在不同的社会中发挥的功能取决于政治经济体制、资源可获得性、人力资本、管理制度和环境等。但是，一般而言，作为一种以解决社会问题、满足社会需要和改善公民福利水平的制度设置，社会政策可以发挥的主要功能有三个方面：

(一)解决社会问题

社会政策可以把社会生活中的社会问题纳入到统一而明确的目标上来，使社会成员达成一定的共识，指明社会行动方向，协调全体人民的根本利益和不同群体的具体利益，控制人们的社会行为，缓和社会冲突。具体来说，社会政策告诉人们面对某种社会问题时，应该采取什么样的态度，政府、社会团体和公民个人等各种社会力量应该做些什么；通过怎样的方式来协调社会各阶级和阶层之间因不同的价值观念、利益和生活方式等方面引起彼此之间的冲突和矛盾，从而解决某种社会问题。

(二)改善社会环境

社会政策通过对社会有价值资源在市场初次分配之后进行再分配，能有效地防范自然灾害、失业、贫困、疾病、意外事故等对人的生存与发展造成的危害。社会政策更加关注市场中的弱势群体，满足他们的一些基本需要。这样，可以在一定程度上弥补市场的负面影响，对一些人的对立情绪和行为达到疏导和缓解作用，从而维护社会秩序的稳定。如失业、贫困、贫富悬殊等出现时，可能引发各种反社会行为，需要借助社会政策来解决，使社会的各方面矛盾限制在一定范围之内，为社会成员提供一个健康的社会环境。

(三)促进社会公平

社会政策也是市场机制的必要补充，它在促进经济和社会发展方面起着不可替代的作用。但是，市场不是万能的，市场竞争下出现大量的贫困和失业人口，使他们面临着最基本的生存问题。社会政策能对这种高流动、高风险社会所带来的社会不公平现象提供最基本的生存安全和生活保障，并通过一些积极的福利政策和优惠政策(社会保险政策、优抚政策、扶贫政策、医疗保健政策、住房政策等)手段来不断增强社会成员自身的能力和提高公民的生活质量，从而扩大社会公平，促进社会正义的实现，使社会中的各个群体都能分享到社会发展的成果。

四、社会政策的类型

从社会政策层次的角度，可以将社会政策分为社会总政策、社会基本政策、社会具体政策。

(一)社会总政策

社会总政策又称元政策，它是指用以指导社会政策行为本身的一套准则和方法的总称，即关于如何制定政策的政策。它居于社会政策体系中的最高层次，是其他各项社会政策的出发点和基本依据，对其他层次的政策具有指导作用。制定较优的总政策有助于改进整个社会政策制定系统，总政策是指导一定历史时期全局性活动的高度原则性准则，具有较强的稳定性，它要求在一定时期，多项社会政策都必须以总政策为依据，并依据总政策实现社会政策系统的改进和优化。总政策涉及的问题主要包括社会政策的指导思想、价值标准、程序步骤、方式方法等。

(二)社会基本政策

社会基本政策是用以指导某一领域或某一方面的主导性政策。基本政策是连接总政策与具体政策的中间环节。一方面，基本政策是根据本领域、本部门的实际情况，将总政策的原则规定具体化；另一方面，基本政策又是具体政策的原则化，是制定各项具体政策的依据和原则，对于本领域、本部门来说，基本政策又是全局性、战略性的政策。社会基本政策一般反映社会上占主导地位的社会群体的价值观，因此，制定和发布的主体一般是中央政府或其授权机关，其层次较高，政策的适用范围较为广泛，因而基本政策在一定时期内具有相对的稳定性。

(三)社会具体政策

社会具体政策是针对特定而具体的社会问题做出的政策规定。从广义上讲，社会总政策和社会基本政策之外的所有社会政策都可以看为具体的社会政策。社会具体政策是社会基本政策的具体化，是为了贯彻、实施社会基本政策而制定的具体的行为准则或行为规范。社会具体政策体现并服从于总政策和基本政策，是实现总政策和基本政策的手段和方法。所以，社会具体政策的内容比较具体，每个领域都有各自的具体政策。相比较而言，社会具体政策更具有规范性和灵活性，可操作性更强。总政策和基本政策的贯彻实施，依赖于相应的社会具体政策的完善和配合。

第四节　社会问题与社会政策

社会政策往往缘于社会问题，因此，社会政策的制定前提就是社会问题的存在。可以说，社会政策是解决或应对社会问题的基本原则和方针。

一、社会问题与社会政策的关系

世界各个国家和民族都以各种不同的方式积极地解决社会问题，其中社会政策是重要的方法和途径之一。事实上，社会政策本身就是针对社会问题而形成并展开活动的，也只有在解决社会问题过程中才能最大限度地发挥其功用。

（一）社会政策是为解决社会问题而形成并制定的

1. 社会政策对社会问题能做出积极的回应

社会问题作为一种具有负面影响的社会现象，必然会向国家和政府制定的政策提起挑战或攻击，这时，国家或政府在某种社会问题出现时，必然会采取社会政策措施积极地干预社会过程，把社会问题的危害降低到最低程度，并着手解决社会问题。

2. 社会政策对解决社会问题具有实效性

从社会政策的形成过程来看，无论是对社会问题的分析和界定、政策模型的选择，还是社会政策的实施、评估和反馈，都有一整套科学的程序和步骤，加上公民的积极参与与民主讨论，因而社会政策具有科学性和可行性，用它来解决社会问题，能充分地发挥其针对性和有效性。

3. 社会政策对解决社会问题具有法律意义

一般而言，社会政策一旦采取立法的形式被固定下来，便具有了法律的权威性、严肃性和强制性。更为重要的是，政策文本一般都严格规定了具体的政策事项，如应对的问题、适用人群范围、经费来源、实施机构以及人员安排等，这样又使具有法律意义的社会政策具备了可操作性。

4. 社会政策为社会问题的解决提供社会资源

社会政策可以在解决社会问题的过程中，尽最大的可能满足人们的社会需要，并重新配置各种社会资源。同时，能够动员人们主动参与解决社会问题的具体实践，确保社会政策的有效性。

5. 社会政策的主体对解决社会问题具有自信心

国家和政府是社会政策的主体，是社会政策的制定者、组织者和实施者。目前中国所面临的一些问题，如失业、下岗问题、养老问题、“三农”问题等，都是政府关心并决心解决的问题。政策主体的地位直接决定了社会政策在解决社会问题过程中能够发挥出怎样的效用。

(二)社会政策在解决社会问题中的复杂性

社会政策在解决社会问题方面也存在一定的局限性，即社会政策不能解决所有的社会问题，或仅仅依靠社会政策有时难以解决某个社会问题，具体表现在以下几个方面：

1. 由于社会资源有限，只能集中解决急迫的社会问题，造成社会政策的覆盖面的有限性

社会政策是国家或政府针对某些或某类社会问题而制定的，而不是应对全部的社会问题。社会问题的解决需要与之相适应的人力、物力和财力，鉴于社会资源有限，或出于对社会问题解决的优先次序考虑，政策主体有时候只能首先集中解决最急迫的问题，而难以同时解决所有的社会问题。因此，政策的覆盖面常常是有限的，在某一时空中大量存在的社会问题有可能得不到足够的重视和解决。

2. 由于社会政策分析和决策人员的局限，不能正确界定社会问题，导致社会政策的行动存在偏差

不同的人对同一问题可能有不同的理解、分析和界定，同样，社会政策分析人员和决策人员的地位或知识水平不同，决定着对某一社会问题的界定难以取得一致，因而导致政策存在着偏差，并最终给解决社会问题带来许多困难。

3. 由于决策模型视角的单一性和社会问题理论模型的固定性，造成社会问题的解决缺乏全部性和整体性

任何决策模型其实都是一种研究的视角，用其来看待整体性的社会问题，都不可能看到问题的全貌。我们以政策模型形成的社会政策只能解决问题的一部分，而不是问题的全部。同时，社会问题的理论模型也往往是相对固定的，而社会问题又是变化的，并具有一定关联性，因此，固定的模型分析常常难以解决变化发展中的社会问题。结果是，社会政策在解决某个社会问题的同时，却又带来了新的社会问题。如人口政策的落实带来了独生子女问题。

二、当前我国的主要社会问题

在极“左”意识形态占主导地位的时期，我们不承认社会主义国家存在社会问题，以致错过了解决一些社会问题的最佳时机。随着改革开放，我们能正确面对、认识和解决客观存在的社会问题。当前，我国正处于社会转型期，是社会问题的突发和多发时期，当前最突出的社会问题可以概括为以下几个方面：

(一)人口问题

一是人口数量问题。人口过多是中国的首要问题。有关研究表明，对我国经济发展最有利、资源利用最有效的人口规模应为6亿~7亿，不超过8亿，

而目前我国人口总数已超过13亿，逼近14亿，庞大的人口数量仍是我国目前面临的最主要的社会问题。二是人口素质问题。2010年第六次全国人口普查的主要数据表明：我国人口的科学文化素质已有进一步提高。文盲人口(15岁及以上不识字的人)为54656573人，文盲率为4.08%；平均每10万人中具有大学以上程度的有8930人；具有高中程度的有14032人，具有初中程度的有33961人；具有小学程度的有38788人。可见，我国文盲数量仍然庞大、比例太高，我国仍然面临着提高人口科学文化素质的重要任务。三是人口结构问题。中国目前正在经历着世界上规模最大，同时也是速度最快的人口老龄化过程。预计到2017年，中国老年人口占总人口的比例将超过10%，达到10.42%；2025年达到13.59%；2030年达到16.59%；将在2035年超过20%，达到20.13%。老龄化问题降低了生产性人口比例，加大消费性人口比重，增大劳动力成本，降低储蓄率，进而影响到经济增长和社会发展。此外，中国人口性别比失调。出生性别比的失调会对将来的婚姻和家庭带来严重的冲击，影响到社会的稳定。

(二)环境问题

中国拥有全球1/15的陆地面积，目前人口占世界总人口的1/5，也就是说，人口密度是全球平均水平的3倍。全国荒漠化土地面积262.37万平方公里，沙化土地面积173.11万平方公里，分别占国土面积的27.33%、18.03%，局部地区沙化土地仍在继续扩展，已经治理区域的生态系统尚不稳定；① 我国人均耕地由1996年的1.59亩下降到2009年的1.52亩，明显低于世界人均耕地3.38亩的水平，且区域间很不平衡；② 长江、黄河、珠江、松花江、淮河、海河、辽河、浙闽片河流、西北诸河和西南诸河十大流域的国控断面中，Ⅰ~Ⅲ类、Ⅳ~Ⅴ类和劣Ⅴ类水质断面比例分别为71.7%、19.3%和9.0%。主要污染指标为化学需氧量、高锰酸盐指数和五日生化需氧量，主要表现为：一是环境污染。煤烟型大气污染和城市交通污染严重；水资源短缺、水污染问题突出；垃圾处理率较低。二是资源短缺。重要资源的占有量短缺，如人均耕地面积仅相当于世界平均水平的1/3，人均森林面积不足1/6，人均草原面积不足1/2，人均矿产只有1/2。自然资源的有限性严重制约了中国经济增长对其需求量的与日俱增，供需矛盾日趋尖锐，某些自然资源正在衰竭，且呈锐减趋势，承载能力下降。如农业资源的日益紧张，已接近资源承载极限。三是生态恶化。主要表现为：荒漠化、沙漠化加剧，沙尘暴发生率增高；水土流失面积较大；生物多样性减少等。这些环境问题严重地影响到我国社会的可持续发

① 参见 http：//www.183read.com/magazine/article_193314.html.

② 参见 http：//finance.chinanews.com/house/2013/12-31/5680947.shtml.

展，需要我们坚持科学发展观，在经济社会发展的同时，关注自然环境，强化环境保护的责任，实现人与自然的和谐发展。

(三)就业问题

强大的人口压力使得我国现有的生产力发展水平难以吸纳庞大的劳动力人口，就业面临长期的困难。就业问题已成为宏观经济领域的重大问题，引起党和政府的高度重视。特别是从 2008 年以来，由于美国次贷危机引发的席卷全球的金融危机，使我国经济遭受改革开放以来前所未有的外部冲击，就业形势十分严峻。具体表现为，一是劳动力供求矛盾仍很突出。根据中国人力资源与社会保障部发布的公报，2013 年末，全国城镇登记失业人员 926 万人，城镇登记失业率为 4.05%。2013 年大学毕业生是 699 万，被称最难就业年，而 2014 年则达到 727 万人。我国通过实施促进大学生就业的一系列措施，由于受金融危机的影响，大学毕业生初职的平均工资水平明显下降，过去高校的一些热门专业，如工商管理、外语、国际贸易、法律等，现在就业率比较低，大学生就业出现较大困难。二是结构性失业的矛盾更为明显。近年来，我国经济正处于从规模“量”的扩大向内部“质”调整的时期，对一些传统行业、过剩产能和落后产能行业的人员需要不断减少，造成一大批不熟练、低技能就业者基数过大、比例过高、供给过多；而对一些新兴行业的人员需求则快速增加，形成熟练、高技能就业者数量小、比例过低、供给过少，且工资增长率高现象。于是，形成有人无事和有事无人的现象。在城镇，失业人员受年龄、文化水平、职业技能的制约，再就业越来越困难。在农村，大量的剩余劳动力人口也由于文化素质较低、技能不高等自身因素的影响，其转移速度也在不断减缓。三是我国经济增长对就业的拉动减弱。解决就业的根本出路是保持经济的增长，只有经济发展了才能创造出更多的就业机会。目前，我国的经济增长对就业的拉动作用在不断降低，未来几年我国就业难的严峻形势依然存在。

(四)“三农”问题

中国作为“三农”大国，“三农”问题一直是中国面临的突出问题。近年来，党中央接连出台的以“三农”为主题的中央“一号文件”，显示了中央政府解决“三农”问题的决心。“三农”问题主要表现为：一是城乡居民收入差距不断拉大。据国家统计局的数据显示：2013 年农村居民人均纯收入 7907 元，剔除价格因素，比上年实际增长 12.7%；城镇居民人均可支配收入 26955 元，实际增长 9.7%。农村居民家庭食品消费支出占消费总支出的比重为 37.7%，城镇为 35.0%。① 二是农村贫困人口多，返贫现象严重存在。1978 年，全国农村有 2.5 亿贫困人口，按 2013 年农村贫困标准人均 2300 元计算，2014 年我国农村

① 2013 年国民经济和社会发展统计公报。

贫困人口为8249万人。① 再加上自然灾害的袭击、疾病的侵扰和农产品的市场波动等，都随时可能让农民陷入贫困状态。三是农民素质低下，制约农业和农村发展。从劳动力状况看，我国农村每一百个劳动力中，小学和小学以下及文盲半文盲占61%以上。农村人口素质低下严重制约着农村剩余劳动力的转化，也制约着农业科学技术在农业生产中的应用，制约着农产品生产的升级换代，也严重影响农民致富的能力。四是农村剩余劳动力庞大，失业问题严重。中国农村人口占总人口的50.32%，剩余劳动力转移困难。由于乡镇企业面临大量兴起的民营企业的竞争，其吸纳农村劳动力的能力下降得很明显。现在农村剩余劳动力的转移基本上是外出打工，受金融危机的影响，农民工就业形势也十分严峻，失业的风险加大。

（五）收入分配差距问题

当前，我国收入分配差距不仅表现为个体成员间的贫富分化，而且具有明显的群体特征。主要表现为：一是城乡居民收入差距仍然很大。改革开放以来，城乡居民收入总体上呈现拉大的趋势，许多人认为1980年代末达到了很高的程度。从1994年开始，城乡居民收入差距出现下降的趋势，但从1997年开始城乡居民收入差距又逐步扩大。近年来，农村居民人均纯收入保持了较快的增长速度，但是，城乡居民收入差距一直居高不下。二是地区间收入差距拉大。1978年，东中西部地区人均收入分别为214.3元、184.6元、165.7元。进入20世纪90年代以后，随着改革开放的不断推进，东部地区的发展优势迅猛增长，地区收入差距进一步拉大。尽管中西部地区居民人均居民收入出现了较快的增长，但与东部地区相比仍在不断扩大。三是行业间的收入差距呈扩大趋势。根据2005年《中国统计年鉴》，按行业职工平均工资显示，1978—2002年按行业最高工资与最低工资之比，总体上大于2，1995年以后持续扩大。平均工资最高的始终是金融业、电力、煤气及水的生产供应业，科学研究和综合技术服务业，金融保险业。同样，农、林、牧、渔业一直是行业报酬最低的。2010年，金融业城镇单位就业人员工资达到了70146元，是平均水平（36539元）的1.92倍，居于工资的最高水平；电力、燃气及水的生产和供应业工资为47309元，是平均水平的1.29倍；信息传输、计算机服务和软件业工资水平为64436元，科学研究、技术服务和地质勘查业为56376元，是平均水平的1.76倍和1.54倍。但住宿和餐饮业、建筑业、居民服务和其他服务业、制造业、批发和零售业等行业工资水平在23382~29139元不等；农、林、牧、渔业工资水平为16717元，是平均水平的0.46倍。② 这一方面说明传统行业的

① 2013年国民经济和社会发展统计公报。

② 参见 http://www.stats.gov.cn/tjzs/tjsj/tjcb/dysj/201404/t20140417_540865.html.

劳动生产效率低于一定技术含量的行业，另一方面，说明能源的稀缺与垄断使得其报酬率越来越高。

(六)教育问题

教育作为经济进步的主要内驱力和根本手段，在现代社会发展中发挥着越来越重要的作用。但教育问题始终是全社会热议的话题之一。一是应试教育问题。应试教育最大的特点就是片面追求升学率，把升学看成学校的唯一目的，一切为了升学，一切服务于升学。升学成了一部分教育行政部门、学生家长衡量学校教育教学质量的唯一目标。为了提高升学率，学校对学生采取加班加点、题海战术和考前的各种辅导，造成学生学业负担过重，严重影响学生的身心健康和全面发展。二是学校乱收费的问题。在应试教育的驱使下，中小学往往违反义务教育阶段的收费原则和地方政府规定的义务教育阶段杂费收取的标准，擅自增加收费的项目或自行提高收费的标准。虽然，国家坚决治理这种乱收费的现象，但主管部门疏于管理，学校有应对政策的"对策"，家长表现为麻木不仁，致使乱收费的现象是屡禁不止。三是教育浪费的问题。表现为教育与社会的脱离，造成学与用的脱节、毕业生就业与社会适应的困难。教育体系与教育过程的种种不合理、非科学化现象，导致教育资源的流失和浪费严重。四是教育经费短缺问题。我国是一个最大的发展中国家，经济基础薄弱，但义务教育规模庞大，居世界首位。教育经费的短缺导致教育手段滞后，教师流失现象加剧，学生辍学人数增加，影响了教育教学质量的提高。五是教师队伍的素质问题。自改革开放以来，我国的中小学教师队伍建设取得了较大的进展，但还存在着许多问题，如中小学教师的学历问题、教学素质问题、心理问题、师德问题等。近年来屡次发生在中小学的体罚甚至伤害事件，是我们教育中亟待解决的难点问题。六是学校德育的实效问题。学校德育具有价值导向和促进思想道德素质发展的功能。面对应试教育的冲击，许多中小学忽视德育。当代的电子媒体文化已经成为青少年生活的重要内容，对他们的知识结构、思维习惯、价值观念、生活方式、审美情趣以及言行举止产生了极其广泛的影响，特别是非现实、非理性和非道德的内容对青少年的负面影响十分巨大，如网络中的性和暴力，很容易诱发青少年犯罪和反社会的行为。

三、当前我国社会政策的改革与完善

自改革开放以来，经济体制改革打破了原有的社会政策的制度基础，由过去依托公有制和计划经济体制向依托公有制结合非公有制与市场经济体制的转变，社会政策方面也进行着与之相应的改革。改革可以大致分为三个阶段：一是对20世纪70年代末到80年代初为消除社会矛盾而采取社会政策的改革；二是20世纪80年代后期到新世纪初为实现市场化和全球化而进行社会政策制度的转型；三是社会政策目标和功能的重新定位以及长期社会政策体系的构建。

（一）改革开放初期我国社会政策改革(20世纪70年代末到80年代初期)

1. 就业体制和住房制度改革

针对20世纪70年代末的大批返城知青，显然，过去长期实行的传统计划安置就业的政策远远不能适应集中返城知青的就业需求，这种由原有就业体制造成的供需矛盾直接引发变革的需要。“1979年出现了中华人民共和国成立以来第二次失业高峰，形势十分严峻，给社会稳定带来巨大的压力。”①1980年8月，全国劳动工作会议在北京召开，会上提出劳动部门介绍就业、自愿组织起来就业和自谋职业的“三结合”就业方针。1981年10月中央政府又出台《关于广开门路，搞活经济，解决城镇就业问题的若干规定》，强调要解决众多城镇青年的就业问题，必须打破过去“统包统配”的计划就业制度，由单纯依靠政府重点安排到重工业企业的全民所有制经济单位的消极就业模式，转变为综合利用政府、市场和社会，面向消费品工业及服务业的集体经济、私营经济及个体经济等单位的积极就业体制。通过全国上下贯彻和执行“三结合”的就业方针，极大地促进了劳动力市场的发育和发展。同时，70年代末我国长期实行的福利性住房制度本身就存在着城市住房供不应求的现象，加上大批知青的返城，使得住房短缺问题更加严重。为此，1979年我国开始以广西和陕西为试点实行住房出售，最初是全价售房，1982年后改为补贴售房，效果都不是很理想，但开启了住房制度改革的先例。

2. 企业劳动保险制度改革

20世纪80年代，随着我国建立以按劳分配为主体，多种分配方式相结合的分配制度，国家“允许企业从利润留成中开支奖金、住房等各种福利，利润对企业及其职工来说就有了实质上的意义。而企业退休职工的多少，则直接影响企业利润的水平”。② 面对这一问题，我国开始对原有劳动保险制度进行改革。1984年，我国开启了劳动保险体制的全面改革，建立新的统筹体系作为改革的重点。其中统筹的主要内容包括两方面，即退休金的统筹和医疗费的统筹。统筹的方式也包括两种：行业统筹和地区(市或区)统筹，统筹的基本原则是按照原企业的行政所属体系来进行。统筹的目标是平衡退休金和医疗费在各企业的负担。在新的统筹体制中，改变了原有体制下由企业支付职工退休金

① 关信平．改革开放30年中国社会政策的改革与发展[J]．甘肃社会科学，2008(5)：8.

② 关信平．改革开放30年中国社会政策的改革与发展[J]．甘肃社会科学，2008(5)：9.

的状况，“由各个企业按照其职工工资总额提取退休金统筹费，交由政府管理和统筹使用，政府按照各个企业退休职工的实际数量和退休金开支所需的实际数额，重新分配各个企业之间统筹费”。① 1984年，“城镇集体所有制企业也实行养老保险制度，由企业向中国人民保险公司缴付费用，由中国人民保险公司统一经营”，② 但未能实施下去。

总之，初期的社会政策改革，主要是解决当时严重的就业问题和住房问题，以及由于经济体制和分配制度的改革所带来的制度失调问题，因而这种改革缺乏应有的主动性和整体性。改革虽然一定程度上促使原有体制有所松动，“但国家和企业的基本制度框架没有大的变化，政府在社会政策方面的基本思路和基本制度格局没有明显的变化”。③

（二）我国社会政策实质性的制度转型阶段（20世纪80年代后期到新世纪初）

从80年代后期起，随着经济体制改革取得一定的成效，对经济体制中存在的一些深层次问题的思考，以及受西方新自由主义福利改革理念的影响，我国的社会政策改革开始进入制度转型的时期。

1. 政府采取的主要改革措施

一是由过去企业直接负责的养老、医疗、工伤和生育保险的企业劳动保险制度转变为由政府、企业和个人共同缴费的社会保险制度。二是由过去由政府安置就业而不允许企业解雇职工的制度，逐步转变为市场调节下的就业介绍、就业培训等就业服务体系。三是由过去政府和单位负责的福利性住房供应和分配制度转变为商品化的住房供应体系。四是由过去医疗机构公有化转变为医疗体系部分社会化和私有化，积极推动以市场取向的医疗机构改革。五是由过去单一的社会福利政府化转变为社会化，进行全方位的社会福利制度的改革。六是由过去只针对“三无对象”的城市社会救济制度转变为带有普遍性的城市社会救助制度。七是由过去教育事业国家兴办慢慢转变为允许社会民间资本的投入，并实行非义务教育阶段学生需要缴纳学费和毕业大学生自主择业等制度。④

---

① 关信平．改革开放30年中国社会政策的改革与发展[J]．甘肃社会科学，2008(5)：9.

② 关信平．改革开放30年中国社会政策的改革与发展[J]．甘肃社会科学，2008(5)：9.

③ 关信平．改革开放30年中国社会政策的改革与发展[J]．甘肃社会科学，2008(5)：9.

④ 关信平．改革开放30年中国社会政策的改革与发展[J]．甘肃社会科学，2008(5)：9-10.

2. 社会政策基本体制和机制的转型

一是从过去依附于经济政策到逐渐形成独立的社会政策体系。二是从过去的企业—国家模式转化到政府主导下的社会化模式。其中，第一层是包括住房商品化改革和医疗部门等社会服务的商业化和市场化；第二层是包括社会保险(养老、医疗、失业等)、社会福利服务机构和社区公共服务等福利性供应由政府、企业、社会和个人共同负责；第三层是包括最低生活保障制度、基本的公共卫生投入、义务教育等福利供应完全或基本由国家(政府)负责。三是从过去普遍性福利的主导模式(低价供应的城市居民基本生活资料，福利性的医疗卫生和公共教育服务，国有企业职工的劳动保险、福利性住房等)转化到选择性福利模式。四是从过去的政府对社会服务机构(医院、学校、养老院、儿童福利院等)预算经费实行全额拨款转变为资金缺口由居民缴纳服务费来补偿。①

3. 社会政策基本目标和基本理念的转化

一是我国社会政策的基本目标发生了重要的转化。在基本政治目标方面，从过去以体现社会公平为主转化为以维护社会稳定为根本；在基本经济目标方面，从过去通过向职工提供良好的福利服务而调动职工积极性，转变为以降低劳动力成本而提高企业和国家经济效率为目标；在基本社会目标方面，从过去通过以普遍性的社会福利而维持和提高社会生活质量，转化为降低普遍性的福利供给，重点向最困难的人群提供最低保障。二是我国社会政策的基本理念发生了重大的变化。从过去"社会主义"的理念向新自由主义的理念靠拢；从注重公平、平等转化到了更加注重经济效益和反对高福利；从过去严重依赖国家和政府，转化到了更加强调社区、家庭和个人责任。②

(三)社会政策改革与发展的新时期(2002年以来)

进入新世纪以来，党提出构建"和谐社会"及坚持"科学发展观"的思想，给社会政策的改革与完善指明了方向。

一是从2001年起，国家对完善城镇社会保障制度在东北三省陆续进行了试点，做实城镇职工基本养老保险的个人账户，实现"下岗"与失业保险制度的并轨。二是从2002年起，中央政府加强完善了城市居民最低生活保障制度；从2003年起，我国城乡陆续建立起了医疗救助制度、法律援助制度、流浪乞讨人员救助制度，进一步完善了住房救助制度，修订了《农村五保供养条例》，

---

① 关信平．改革开放30年中国社会政策的改革与发展[J]．甘肃社会科学，2008(5)：10.

② 关信平．改革开放30年中国社会政策的改革与发展[J]．甘肃社会科学，2008(5)：10.

并于2007年在全国普及了农村最低生活保障制度。三是2007年通过了《劳动合同法》、《促进就业法》和《劳动争议调解仲裁法》，进一步完善了促进就业的政策行动和保护劳动者就业权利的法规体系。四是2004年起实施了《城镇低收入家庭廉租住房管理办法》，又于2007年修改为《廉租住房保障办法》并正式实施。五是中央和地方政府加强对教育事业的投入，进行农村义务教育经费保障机制的改革，实行全国九年义务教育。六是政府加强公共卫生服务体系建设，普及基本医疗卫生服务，着力解决卫生资源分配不合理和看病贵、看病难问题及公共卫生体系中的问题。七是进一步完善了农村“五保户”制度，建立了农村医疗救助制度，普及新型农村合作医疗制度和农村低保制度，研究建立普遍性的新型农村养老保险制度。八是从2002年起，中央政府强调要求农民工参加城镇社会保险，各地设立了一些适合农民工的社会保险项目；积极探索解决养老保险关系转接等制度性难题；陆续将农民工子女教育问题纳入城市公共教育体系，并且积极探索在更大范围内将农民工纳入城市社会福利、社会救助和公共服务体系的问题。九是全国各地加大对公共服务设施建设的投入。

改革开放30年来，通过上述三个阶段的改革和完善，我国的社会政策比较成功地实现了社会转型，初步适应了我国由传统计划经济体制向社会主义市场经济体制的转变，正在朝着兼顾效率和公平的构建社会主义和谐社会目标，努力实现民族振兴、国家富强和人民幸福的中国梦而前进。

思　考　题

1. 什么是社会问题？它的构成要素包括哪些？
2. 社会问题的特征是什么？如何区分社会问题的不同类型？
3. 什么是社会政策？它的实质和特点是什么？
4. 社会问题与社会政策的关系如何？
5. 我国当前的主要社会问题有哪些？
6. 试论改革开放以来，我国社会政策的发展与完善。

主要参考文献

[1]朱力．社会问题概论[M]．北京：社会科学文献出版社，2002.
[2]王尚银．中国社会问题研究引论[M]．杭州：浙江大学出版社，2006.
[3]彭华民，杨心恒．社会学概论[M]．北京：高等教育出版社，2006.
[4]柴志明，冯溪屏．社会学原理[M]．杭州：浙江大学出版社，2005.
[5]范和生．现代社会学(下)[M]．合肥：安徽大学出版社，2005.

[6]刘庆龙，韩树军．中国社会政策[M]．郑州：河南人民出版社，2002.

[7]关信平．社会政策概论[M]．北京：高等教育出版社，2005.

[8]杨伟民．社会政策导论[M]．北京：中国人民大学出版社，2004.

[9]关信平．改革开放30年中国社会政策的改革与发展[J]．甘肃社会科学，2008(5).

推荐阅读书目

[1]郑杭生．中国社会转型中的社会问题[M]．北京：中国人民大学出版社，1996.

[2]孙本文．现代中国社会问题[M]．北京：商务印书馆，1942.

[3]雷洪．我国当前社会问题透视及治理方略[M]．天津：天津人民出版社，1991.

后 记

2009年中国社会学年会(西安)之后，武汉大学出版社舒刚先生曾向我发出邀请，建议我能够参与社会学专业系列规划教材的编写。其实，组织社会学同仁编写教材，本是我思量已久的一个愿望。我介入社会学教研领域已经不算晚了，只是因为兴办专业较晚，未能形成团队，因此，长时间内还缺乏实施这一计划的勇气。经过多年的奔走呼号，我们学校终于开办了社会工作和社会学本科教育专业。尤其值得一提的是，在社会学的旗帜下，我们已经聚集了一批科班出身、训练有素的社会学专业教师。经过多年历练，他们在教学科研方面都有了长足进步，编写教材的时机已经成熟。

中国社会学恢复重建的1979年，也正是我步入大学的年头。我的本科和研究生读的是汉语言文学专业，但因为工作需要，我长期从事的是社会学的教学工作。1986年，我去当时的上海大学文学院进修社会学。初次接触社会学，万般新鲜。启蒙导师是庞树奇教授。我的社会学教学生涯自此开始，至今不曾中断。1988年，我有幸去北京大学社会学系教师进修班学习，孙立平老师、王思斌老师等都曾经给我们亲自授课，当时确有眼界大开、学习很晚的强烈感受，对社会学的热爱更加坚定。1997年至1998年，我又去中国人民大学社会学系访学，拜在导师李强先生门下，选听了郑杭生先生、李路路先生、林克雷先生、潘绥铭先生、周孝正、洪大用诸先生的课程，并参与了导师李强先生主持的两项国家级课题的研究。至此，更加深刻地理解了社会学的学科属性，意识到社会学学科地位的重要以及它所承担的神圣使命。

平心而论，以我的学养、资历及学术积累，主持编写一部社会学教材，尚觉力不从心，是出版社同志的鼓励和我的同事们的热情才促使我下了决心。本书略有新意之处主要有三：

一是研究视角求新。在可能的条件下，我们力争以新的视角观察老的问题，这是一个方面。另一个方面，对于一个传统议题，我们尽可能把前人已有的研究成果及其所采取的研究视角进行梳理归纳，旨在使读者既知其然，又知其所以然。如关于家庭问题的介绍。

二是引用材料求新。依我们的设想，如果不能及时将学界研究的新成果、新观点、新材料补充进来，其实也就没有了编写新教材的价值和意义。我们也为此付出了努力，有些参考文献和研究数据，最新的已用到2009年以至2010年上半年的材料，譬如文化、社会化、社会保障、社会政策、社会工作、社会问题等一些与社会现实联系较为紧密的章节内容。有些以往的教材一般不予介绍的内容，但鉴于研究的新进展或其重要性的进一步凸显，我们将其补充了进来。如"第三部门"、网络文化、网络与社会化、网络控制等。而有关当代中国社会分层状况的研究，则是将中国社科院课题组的权威研究成果吸收了进来。

三是特别关注中国社会的现实问题。无论是专门讨论社会问题的"社会问题与社会政策"一章，还是其他各个章节，我们都坚持一个基本原则：讲解阐释社会学的基本原理，紧密联系中国的社会实际。这是因为，社会学本来就是一门应用性很强的学科，无论是哪个专业的学生，学习社会学的目的，终归还是要思考和解决社会实际问题。对于中国学生来说，当然首先要思考解决中国社会的实际问题。

作为大专院校的一部社会学教材，本书一共18章，大体上把一本"概论"所应承载的核心内容都包含进去了。我们考虑，作为一部通用教材，未必能够做到内容的深刻，但至少应保证构架的完备。

本教材是我们社会学专业、社会工作专业教师集体劳动的成果。编写过程及任务分担情况如下：

2009年下半年，根据出版社的意见和建议，主编和副主编进行过多次策划、商讨，初步拟定编写大纲，确定编写人员名单，并就大纲框架进行反复研讨修订。2009年底，主编、副主编根据编委讨论意见，最终确定编写大纲，统一了编写体例与要求，落实了各章编写任务，编写工作正式启动。2010年4月底，各编写成员完成了初稿。之后，由副主编拓宏伟、高布权及惠晓峰、张娟娟、秦敏、古小波几位老师对各位编委所提交的初稿进行交叉审读，并反馈意见与建议给各编委。2010年5月，主编及上述六位老师就初稿修改情况进行座谈分析，根据存在的问题，提出二次修改意见。2010年6月，主编对二次修改稿进行全书审阅、修改，并提出进一步修改意见。2010年7月，主编对三稿进行最后统阅、润色并定稿。需要特别说明的是，拓宏伟、高布权、惠晓峰、张娟娟、秦敏、古小波六位同志不仅很好地完成了他们自己所承担的编写任务，而且花费了大量时间，协助主编对初稿、二稿进行认真细致地阅校修订；其中，拓宏伟、高布权两位副主编付出的劳动更多，大量日常联络、协调及文本格式的规范化处理等事务主要是由他俩完成的。书稿的初审、初统也是由他俩牵头完成的。在此，我要对参与编写的各位老师的精诚合作与辛勤劳动表示诚挚谢意！对上述包括两位副主编在内的六位同志表示特别致谢！

在整个成书过程中，武汉大学出版社的舒刚先生始终如一地给予我们最真诚的指导、鼓励与帮助，为此付出了艰辛劳动，在此一并表示致谢！

本书各章执笔人如下：

拓宏伟：第一章

王　彦：第二章

杨晓华：第三章

马慧芳：第四章

张娟娟：第五章、第十四章

李晓有：第六章

陈小锋：第七章

王　宁：第八章、第十三章

秦　敏：第九章、第十三章

刘飞轮：第十章

古小波：第十一章、第十六章

胡俊生：第十二章

冯建玫：第十五章

高布权、惠晓峰：第十七章

郝　琦、高延春：第十八章

由于时间仓促，水平有限，本书的缺点或疏漏在所难免，远未达到我们所期望的水平高度。希望广大读者提出宝贵意见，我们将在以后的修订中予以补救。

本书在编写过程中，参考借鉴了大量同行专家的研究成果，我们已在各章节中以注释或参考文献的方式明确列出，在此，也要向他们致谢！

胡俊生

2010 年 7 月

再版修订后记

本教材于2010年出版至今，已经过了5个年头。本次修订，主要做了以下工作：

一是修正错误。在教材使用过程中，我们发现了一些因编写或印制而导致的常识性错误、数字错误，或一些参考文献使用不够规范的地方。本次修订，在力所能及的范围内，对已知的上述诸误差一一予以修正。

二是补充新材料。社会学发展很快，我们努力想把这五年间社会学研究所取得的新成果吸收到教材中去。比如第一章“社会学导言”对社会学研究对象、学科地位及功能大篇幅更新了内容；第二章“社会学的缘起和发展”对社会学中断与重建内容进行局部调整；第三章“社会学研究方法”补充了研究体系以及方法论部分内容；第五章“文化”变更了文化含义及功能相关内容，充实了网络文化的内容；第六章“社会化”增加了社区的内容，强调了网络文化对社会化的影响力；第七章“社会互动”对社会互动理论作了进一步深入的阐释；第九章“家庭”增加了微观互动的视角和女性主义视角；第十章“社会组织”规范了社会非正式结构的叙述；第十二章“城市化”补充了新型城镇化及国家城镇化发展战略的内容；第十三章“社会分层与社会流动”重新梳理了功能论、冲突论对社会分层的解释及影响因素；第十四章“社会制度”中社会转型与社会制度一节作了较多修改与充实；第十五章“社会控制”增加了对越轨理论与行为的分析内容；第十七章“社会保障与社会工作”补充了国家相关政策的最新信息；第十八章“社会问题与社会政策”增补了新内容。

三是精简文字。力图用尽可能规范的学术语言表达，用简洁精准的文字概括。经过数年教学科研工作的历练，教材编写人员的学术水平也在进步和提高。倘能将学术上的进步在教材编写质量上反映出来，也就达到了修订的目的。

修订的人员，总体上还是原来承担编写的人员，各人负责修订各自原先承担的部分。需要说明的是，因工作调动等原因，下列几章的修订由新成员完成：第一章：古小波；第五章和第十四章：高志奇；第十五章：刘传磊和冯建玫。全书最后由胡俊生、高布权进行统稿。

由于水平有限，问题和不足仍难避免，敬请读者提出批评意见。教材编修过程中借鉴参考了大量学界同行的研究成果，在此再次表示致谢！

胡俊生

2015 年 7 月